2019年国家社会科学基金项目资助“乡村振兴战略背景下乡村旅游公共服务供给机制创新研究”（19BGL141）

文化和旅游产业融合质量评价及空间溢出效应研究

Quality Evaluation of the Integration of Cultural and Tourism Industries and Study on the Spatial Spillover Effects

张新成◎著

中国经济出版社
CHINA ECONOMIC PUBLISHING HOUSE
·北 京·

图书在版编目（CIP）数据

文化和旅游产业融合质量评价及空间溢出效应研究/张新成著. --北京：中国经济出版社，2023.9

ISBN 978-7-5136-7479-9

Ⅰ.①文… Ⅱ.①张… Ⅲ.①文化产业-研究-中国②旅游业发展-研究-中国 Ⅳ.①G124 ②F592.3

中国国家版本馆 CIP 数据核字（2023）第 178638 号

策划编辑　姜　静
责任编辑　郑　潇　汪银芳
责任印制　马小宾
封面设计　任燕飞工作室

出版发行　中国经济出版社
印 刷 者　北京富泰印刷有限责任公司
经 销 者　各地新华书店
开　　本　710mm×1000mm　1/16
印　　张　21.75
字　　数　311 千字
版　　次　2023 年 9 月第 1 版
印　　次　2023 年 9 月第 1 次
定　　价　78.00 元
广告经营许可证　京西工商广字第 8179 号

中国经济出版社 **网址** www.economyph.com **社址** 北京市东城区安定门外大街 58 号 **邮编** 100011
本版图书如存在印装质量问题，请与本社销售中心联系调换（联系电话：010-57512564）

前言 Preface

产业融合发展最早兴起于20世纪60年代，是由于技术发展的变革和扩散引发的新产业范式。而文化和旅游融合需要打破产业边界，使原先分属于文化和旅游产业的功能、服务、技术、要素、资源和产品等流动起来，推动要素由生产效率较低的部门向较高的部门转移，最终实现要素资源的优化配置。目前，我国文化和旅游产业融合发展虽然已取得一定成效，但仍存在融合深度不够、产品供给能力不高、要素投入不足等问题，反映出两个产业融合不充分和供给质量不高的现状。已有研究针对文化和旅游产业融合的内涵、效应、动因以及业态发展等方面关注较多，而对其质量概念及评价研究关注较少。与此同时，在持续深化区域协同发展和勠力构建双循环新发展格局的背景下，地区发展不平衡问题仍旧存在，决定了两个产业的融合发展更需要“空间”概念的引入。据此，本书提出了文化和旅游产业融合质量概念和评价模型，通过时空演化特征解析了两个产业融合发展不充分的现实，并借助空间溢出效应及驱动因素分析探究了两个产业融合地区发展不平衡的形成机制，为促进地区文化和旅游产业深度融合发展提供了有益参考。

本书依托国家社会科学基金项目“乡村振兴战略背景下乡村旅游公共服务供给机制创新研究”（19BGL141），内容上遵循“探理—建模—实证—启示”的逻辑体系。具体而言：①探理分析。以产业融合、条件趋同、技术效率、耦合等理论为支撑，结合新时代文化和旅游产业融合发展实践，从理论上阐释了文化和旅游产业融合质量。②建模分析。通过数理推导构建了文化和旅游产业融合质量的概念模型。在此基础上，综合运用扎根理论、专家访谈和统计分析从发展要素（Element）、发展效应（Effect）、发展环境（Environment）三个维度构建了文化和旅游产业的3E指标体系，并通过主客观综合赋权法确定了指标权重。③实证分析。首先，通过非参数随机前沿模型以及耦合协调度模型分别测算文化和旅游产业融合路径和融合指数；其次，采用Dagum基尼系数分解、Kernel密度估计、Bayesian时空层次非线性法等时空分析方法，重点探究了我国31个省（区、市）文化和旅游产业质量的总体时序特征、静态时空差异和动态演化规律，并进一步按融合质量划分为热点区、温点区和冷点区三种发展类型；最后，借助社会网络从整体特征、个体特征和块模型上，分析了融合质量的空间关联及溢出特征，构建了空间邻近竞争机制假设和五大发展理念，建立了影响两个产业融合质量的驱动力因素框架体系，并运用空间计量模型进行了空间溢出效应假设验证及驱动机制的实证分析。④启示分析。在系统总结前述理论和实证分析结果的基础上，提出了推动地区文化和旅游产业融合发展的对策建议。

本书主要结论如下：

（1）我国文化和旅游产业融合从历史阶段特征来看，先后经历了消费市场需求拉动—产业供给结构优化—供需协同扩散三个演化阶段；从等级变迁特征来看，2009年融合指数由轻度失调类型升迁至濒临失调类型，2010—2015年则始终徘徊于濒临失调类型阶段，直到2016年才升迁为勉强协调类型。文化和旅游产业融合路径则经历了旅游产业促进文化产业、相持博弈和文化产业促进旅游产业三个阶段，每一次阶段转换都会显著提升融合程度。同时，相持博弈阶段会影响下一阶段路径选择，本质上是技术效率提升的结果；两条融合路径指数与其理想水平的偏离度呈现间断交替波动趋势。

（2）我国文化和旅游产业融合质量呈现出由东部至西部阶梯递减

的空间格局，但向高等级类型的升迁现象多发生于中西部地区，表明其发展相对活跃；从静态空间差异来源而言，三大地区之间的差异是主要来源；总体动态演化趋势上，东部与西部地区融合指数均出现双峰现象，中部出现单峰的集聚现象，而融合路径则均出现双峰现象；局部线性变化趋势上，地区两个产业融合质量水平与其发展速度呈现正向关联的马太效应特征，与其加速度则呈现反向变动趋势，其中东部部分热点地区具有边际效应递减特征。

(3) 我国文化和旅游产业融合质量地区之间空间关联特征显著，表现出空间邻近的同伴效应和空间溢出效应，省份之间的依存度不断提高。由空间关联特征可知，整体空间关联网络关联程度偏低，网络等级度和网络效率均呈现下降趋势，表明网络之间的空间关联性增强；个体空间关联网络中，整体高水平和较高水平类型省份处于核心地位，呈现“核心—边缘”空间关联网络格局。由块模型分析可知，净溢出板块成员由热点类型省份构成，双向溢出板块成员多来自温点类型省份，经纪人板块省份属于温点类型和冷点类型，主受益板块由冷点类型省份构成。

(4) 我国文化和旅游产业融合质量受邻近地区空间溢出效应以及五大系统发展共同作用影响。实证结果基本证明了空间溢出效应的存在。从驱动因子层来看，创新发展驱动是核心力，实现融合质量增长动力由资源比较优势向创新驱动竞争优势转换；协调发展驱动是集聚力，实现融合质量增长结构由数量规模向结构优化转变；绿色发展驱动是共生力，实现融合质量增长方式由粗放型向绿色低碳转变；开放发展驱动是影响力，实现融合质量增长格局由“请进来”向兼顾“走出去”转变；共享发展驱动是支撑力，实现融合质量增长成果由非平衡向包容共享转变。

与已有研究相比，本书创新如下：

(1) 基于技术效率思想提出了文化和旅游产业融合质量概念。已有研究多围绕耦合协调视角展开，且鲜少针对文化促进旅游产业（以文促旅）和旅游促进文化产业（以旅促文）的融合发展路径进行深层次探讨。本书不仅提出了两个产业融合质量概念，还进一步从两个产业融合路径和融合指数两个层面展开文化和旅游产业融合质量评价研究，为深入探究文化和旅游产业融合发展成效等问题提供了参考和借鉴。

（2）基于条件趋同理论构建了文化和旅游产业融合质量的评价模型。现有研究多基于产业融合和产业链等理论探讨文化和旅游融合机理，而运用条件趋同理论并构建评价模型进行拟合研究的较少。本书构建了融合质量评价模型和测度方法，为文化和旅游产业融合质量评价的实证分析提供了理论基础。

（3）将空间邻近竞争机制引入文化和旅游产业融合质量的空间溢出效应研究。提出了“见优思齐”假说和“见劣思缓”假说，探讨了本地与邻近地区文化和旅游产业融合质量的空间相互作用和影响关联，将更有利于从全局视野统筹协调好地区之间产业融合过程中各类空间要素资源及利益关联，最终提升地区产业融合质量水平。

张新成

2023 年 6 月于太原

目录 Contents

图表目录 Contents

第1章 绪 论

1.1 研究背景

1.1.1 现实背景

（1）文化和旅游产业融合发展的经济效益越发显著。

文化和旅游是重要的幸福产业，文化和旅游消费则是人民群众幸福生活的刚性需求（徐翠蓉等，2019）。伴随着社会经济水平提升，人民群众生活水平上升，文化和旅游消费成为人民群众日常消费的重要组成。结合我国文化和旅游产业实践发展的统计数据来看（见图1-1）：文化产业战略地位显著提升，推动了文化产业市场繁荣发展。2019年文化产业实现增加值44363亿元，占GDP比重为4.5%，占第三产业比重为8.3%，与2010年相比，分别增长了301.4%、63.63%、36.79%。可见，我国文化产业对国民经济的贡献攀升明显。与此同时，中国作为世界旅游大国，旅游总收入同样增长显著，对国民经济的贡献凸显。如图1-2所示，2019年我国实现旅游总收入6.63万亿元，占GDP比重为6.72%，占第三产业比重为12.41%，与2010年相比，分别增长了322.29%、70.36%、44%。总体来看，2019年文化产业增加值与旅游总收入两者之和为110663亿元，占第三产业比重为20.71%。文化产业和旅游产业作为第三产业代表，伴随其规模和体量的不断扩大，产业融合发展问题成为我国社会经济领域的热点话题。

文化和旅游产业融合有利于提高产业综合实力、健全产业门类、产业转型升级、延伸产业链条、强化创新驱动、提升治理能力、优化产业供给

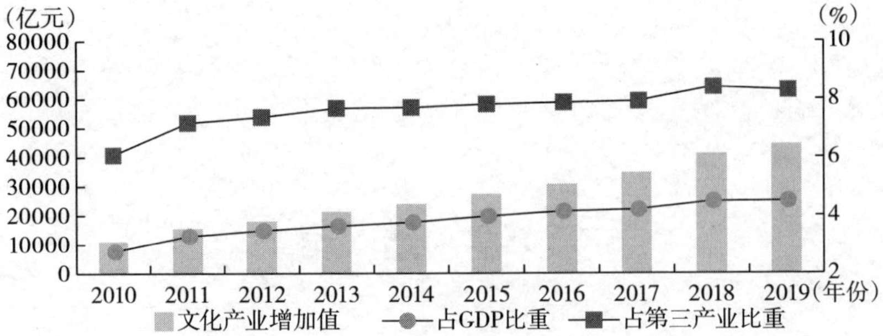

图1-1 文化产业增加值及占GDP比重

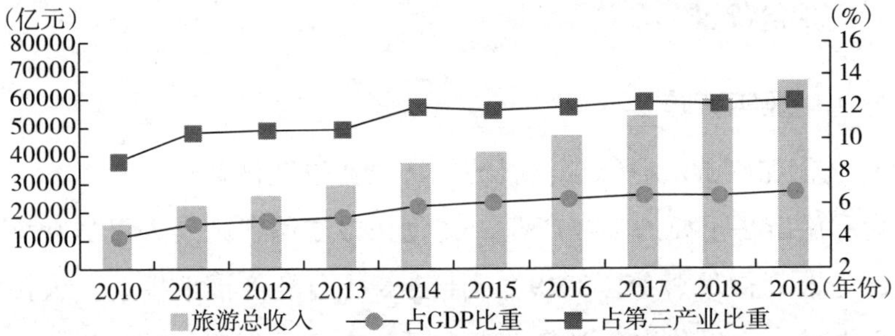

图1-2 旅游总收入及占GDP比重

体系结构、推动新兴业态发展、扩大和引导消费需求，实现社会效益、经济效益的统一。文化和旅游深度融合，一方面，能够推动产业结构调整和优化，对两个产业内部资源、技术、产品、市场等进行系统性和全方位的整合，通过对文化和旅游产业链进行解构和重构，创意旅游、夜间旅游、康养旅游、非遗旅游等新兴业态随之产生，丰富了产业门类，同时也扩展了新的消费市场。如南京秦淮灯会入选2019年文化和旅游部非遗与旅游融合典型案例，通过“以会带旅”“以旅促会”，既促进了非遗的保护和传承，同时也丰富和延伸了非遗发展链，提升了旅游景区吸引力，扩大了消费市场群体规模。另一方面，产品融合的同时，文化和旅游服务也随之融合，体现为可以通过旅游和文化服务人才融合，提高服务的专业化水平；将旅游餐饮服务与地方民俗文化结合，发展美食旅游；将文化数字化技术引入景区，提高景区服务效率等。如广东省在景区、酒店、旅游交通线路等场所开展“粤书吧”建设，不断增强旅游服务中的文化内涵，通过文化和旅游融合为消费者提供标准化和个性化的服务，从而有利于构建现代化的产业供给体系。

（2）政府推动文化旅游融合作用不断增强。

政府作为推动我国文化和旅游产业融合发展的主导力量，能够通过积极的干预和调节行为，为产业融合发展指明方向（黄锐等，2021）。综合我国文化和旅游产业融合发展政策来看，2009年《关于促进文化和旅游结合发展的指导意见》中指出文化是旅游的灵魂，旅游是文化的载体，应强化文化和旅游的深度融合。2011年《中共中央关于深化文化体制改革推动社会主义文化大发展大繁荣若干重大问题的决定》提出发展旅游业对拉动文化消费的积极作用。2012年《文化部"十二五"时期文化产业倍增计划》推出了文化旅游主题年。2014年国务院陆续出台了《关于推进文化创意和设计服务与相关产业融合发展的若干意见》《关于促进旅游业改革发展的若干意见》，重点提升文化旅游内涵，创新文化旅游产品。2017年《国家"十三五"时期文化发展改革规划纲要》《"十三五"旅游人才发展规划纲要》相继发布，强调大力发展文化旅游，培育文化旅游人才。2018年国家组建文化和旅游部，随后省级层面相继成立了文化和旅游厅，为提高国家文化软实力和推动旅游业发展，促进文化和旅游深度融合发展成为趋势，并提出了"宜融则融，能融尽融，以文促旅，以旅彰文"的工作思路。2019年，中宣部在文化和旅游融合发展座谈会中提出"坚持高质量发展方向，推动文化和旅游在更广范围、更深层次、更高水平上实现融合发展"。《关于进一步激发文化和旅游消费潜力的意见》提出以高质量目标提升文化和旅游供给，进一步丰富文化和旅游产业融合的新兴消费业态。2021年文化和旅游部印发《"十四五"文化和旅游发展规划》，明确将"以文塑旅、以旅彰文""不断提高发展质量和综合效益"作为基本原则。同年7月，《"十四五""一带一路"文化和旅游发展行动计划》提出推动"一带一路"文化和旅游高质量融合发展。由此可见，伴随着我国对文化和旅游融合发展重视程度不断提高，关注重点由"浅层"向"深层"推进（朱鹤等，2021）。

（3）文化和旅游产业融合质量成为关注焦点。

在供给侧改革背景下，质量对于我国社会经济发展的重要性已经受到广泛关注。1996 年国务院发布了《质量振兴纲要（1996 年—2010 年）》，指出质量问题已成为我国社会经济发展的战略问题。2011 年，“质量强国”战略提出。2012 年印发的《质量发展纲要（2011—2020 年）》指出，质量发展是国家综合实力的体现；党的十九大报告亦强调了“质量第一”。结合文化和旅游产业融合发展而言，当前两个产业融合的产品供给和需求之间并不能够完全匹配，与满足人民群众追求文化旅游更高质量的需求仍存在一定差距。2019 年国务院办公厅印发《关于进一步激发文化和旅游消费潜力的意见》，提出提升文化和旅游消费质量，同时提高文化和旅游供给质量，以高质量文化和旅游供给提升大众获得感，大力促进文化和旅游产业融合发展，到 2022 年建设 30 个国家文化和旅游产业融合发展示范区，进一步丰富文化和旅游产业融合的新兴消费业态。2021 年《“十四五”文化和旅游发展规划》和《“十四五”“一带一路”文化和旅游发展行动计划》强调了质量引领文化和旅游产业融合发展具有重要意义。

目前，在国家政策扶持下，我国文化和旅游产业融合呈现出蓬勃发展态势，涌现出旅游演艺、主题公园、非遗旅游、夜间旅游等多种业态类型。虽然两个产业融合发展已取得了一定成效，但仍存在融合深度不够、产品供给能力不高、要素投入不足等问题（侯兵等，2020）。具体而言，一是文化和旅游产业融合深度不够，融合发展仍停留于初级阶段（马胜清，2021），融合发展的领域相对单一，而文化产业的辐射、带动和影响范围更为广泛，地区文化特色并未得到充分挖掘，其对旅游产业发展的促进作用尚未完全发挥，引致两个产业的融合停留于浅层，造成文化资源的严重浪费。与此同时，两个产业的融合不应仅局限于已有业态的局部融合，应该大力拓展融合边界，实现从无到有的突破，不断开发新兴融合领域，改变和创新传统产业融合模式，不断提升两个产业融合成效。二是文化和旅游产业融合产品供给能力不高。各地区文化旅游产品开发质量相对较低，业态模式创新匮乏，存在盲目跟风和模仿行为，虽然涌现出了特色小镇、夜间旅游、花海、演艺、文旅综合体等新兴产品和业态，但产品品质、特色化、辨识度等不高，造成可持续发展能力不强。三是文化和旅游产业融合发展关联要素投入不足，表现为资金来源渠道以政府投入为主。文化旅游服务设施亟待完善，不仅包括食宿、交通等传统服务，还包括数字技术引领下的信息化场景的应用。复合型的文化和旅游人力资本投入存在短板，尤其是人才培养体系尚待健全。与产业融合发展密切关联的税收、金融等要素供给机制有待优化协调。此外，文化和旅游产业部门之间的管理和协作仍需持续改进，造成文化在融合过程中缺失主动性，而旅游则缺乏对文化的表达和展示，这种不完善现象会引致文化和旅游产业融合发展的结构错位（崔凤军等，2020）。这些问题反映了文化和旅游产业融合供给总量不高和结构不合理，是融合供给质量不高的集中体现。

此外，受区域文化和旅游资源禀赋差异影响，文化和旅游产业的融合会更加凸显区域发展空间格局的异质性。在持续深化区域协同发展和勠力构建双循环新发展格局的背景下，文化和旅游产业融合的地区发展不平衡问题仍旧存在，部分地区甚至还处于融而不合的低位发展阶段。《“十四五”文化和旅游发展规划》中明确提出优化文化和旅游融合发展的空间布局，建设国家文化公园、精品文化旅游带，打造特色文化旅游廊道、夜间文化旅游消费集聚区等，进一步强化区域之间的合作关联，激发两个产业融合的空间效应，从而提高其资源利用效率和产品供给质量。如北京率先在省级层面出台文化旅游融合 26 条意见，明确提出扩大北京文化旅游产业融合圈层；福建提出“全福游”的全域旅游战略，推进文化旅游全域融合发展；广东则通过发掘南粤古驿道、粤港澳大湾区文化遗产等新业态，不断寻求与其他省份的协作发展。在这一背景下，更加需要文化和旅游融合发展具备空间理念和思维体系，协同区域文化旅游产业要素配置，优化空间布局和区域系统供需要素的同频共振，对于打造地区文化和旅游均衡化发展的新格局并推动产业融合质量提升意义重大。

1.1.2　理论背景

通过文献梳理可知，理论研究对文化和旅游融合内涵、融合效应、业态发展以及融合动因、路径、机制等关注较多，而涉及文化和旅游产业融合质量概念及评价的研究较少。

（1）文化旅游融合内涵研究已有一定基础。

目前，有关文化旅游的概念界定尚未形成共识（王娟，2019）。国际旅游组织从不同的角度对文化旅游进行了界定，如1985年联合国世界旅游组织提出，文化旅游是以文化为出游动机的旅游活动。联合国教科文组织（United Nations Educational，Scientific，and Cultural Organization，UNESCO）将其界定为旅游者为了获取新的信息与体验，离开常住地了解当地文化环境的旅行过程。1997年国际纪念碑及遗址委员会认为文化旅游是离开惯常环境，深入体验异域文化环境。可见，国际组织从出游动机、动态过程、体验感知等方面界定了文化旅游概念。基于动机角度离开惯常环境，满足和获取异域生活、文化和思想等，由此引发的出游行为或者活动，而导致的地区之间的旅游流，从这一视角来阐述文化旅游概念被多数学者所接纳。与此同时，伴随着文化概念、文化产品、文化环境、价值观念的逐渐演化，文化范畴的拓展带来了文化旅游概念范围和种类的延伸（张朝枝等，2020），如Smith（2003）将文化旅游进一步划分为遗产旅游、城市旅游、乡村旅游、艺术旅游等。Flutur等（2018）则将民宿旅游、节庆旅游、创意旅游等纳入文化旅游范畴。文化旅游概念难以界定的主要原因，根源于“文化”含义本身的模糊性和演化性。国内最早关注文化和旅游关系的研究始于20世纪80年代，于光远（1986）指出旅游活动具有文化属性。90年代后，我国旅游文化学会成立，其认为文化旅游是社会主义精神文明建设的重要组成，文化和旅游活动具有密切关联（中国旅游文化学会，1995）。基于“灵魂载体说”，部分学者从文化消费和民族文化振兴等角度对旅游产业发展影响展开多视角探索，认为民族文化和旅游产业发展具有互利关系（杨振之，2009）。与此同时，基于研究视角的不同，还出现了“文化旅游”和“旅游文化”的分野（徐菊凤，2005；谢春山，2017）。马波等（2020）遵循旅游活动特征、文化与经济间的关系，提出了包括有机文化、实体文化、旅游产业和事业的四象限模型。总体上，国内外研究均认为文化和旅游之间存在相互促进和相互影响的关联关系。

文化和旅游的深入融合发展过程，也是满足人民群众获得感和幸福感的过程，是平衡地区发展差异、强化区域联系、促进循环发展的过程，是形成新的文化旅游产品和新兴文化旅游业态的过程（李俊霞，2012），是将非经济性的资源转化为具有消费需求潜力和经济价值的过程，是挖掘地区文化特色，继承和弘扬地区文化的过程。可见，文化和旅游深入融合提升了居民的幸福感，促进了产品和业态发展，缩小和平衡了区域差异，刺激了地区消费，促进了技术进步，增强了经济效应、社会效应和文化效应。也有部分学者指出，旅游产业发展对地区文化会产生负面影响。如Cheer（2013）指出，地区旅游产业的快速发展会加速地区传统文化的商业化，会给地区文化带来负面冲击和影响，提出应该以保护传统文化为前提，对传统文化进行适度的商业化，达到提高文化遗产对旅游者的长期吸引力目的。Fatimah（2015）则通过对乡村文化旅游进行田野调研发现，旅游产业的引入，不同程度地改变了乡村地区的文化景观，这种改变有利于改善乡村文化旅游服务，提高文化景观的吸引力，但也要警惕，过度的改变会破坏乡村原有的文化景观。

（2）文化和旅游产业融合发展研究成为主流。

对于文化和旅游产业融合业态，国外有关研究主要聚焦于文化和旅游融合的某一个具体业态层面，如文化旅游节庆、创意旅游、影视旅游、遗产旅游、主题公园、文化旅游产品等，核心观点上侧重于文化和旅游产业的相互促进功能和影响，具体包括提高旅游产品内涵和品质、提高文化资源向产业资源转化效率、传播和弘扬地区文化等方面（Brendan，2016）。重点探讨了文化遗产与旅游产业的融合发展旅游化开发，认为其对地区文化遗产的保护和延续具有重要意义（Canava，2016）。而文化遗产是旅游产业开发的重要源泉，涉及遗产与旅游产业融合的研究最为丰富。另外，有关文化遗产保护利用与旅游产业开发的悖论也是热门研究话题（Ballesteros et al.，2007）。部分学者还探究了文化创意与旅游产业融合发展，认为文化创意与旅游产业的转型升级密不可分，文化创意驱动加速了旅游产业的转型升级，文化创意对传统文化进行提炼和改造，促使有形遗产向无形文化发展，使其面向大众旅游，为大众旅游提供更多机动灵活和真实的文化体验（Richards，2018）。同时，认为需求是文化和旅游融合发展的重要驱动力，因为游客存在社会人口特征和个人选择偏好的差异性（Santa et al.，2017），而文化旅游的转型发展须面向大众旅游消费群体，通过将文化生产和文化消费相结合的方式，满足大众旅游市场需求，为大众提供丰富和高品质的体验（Jovicic，2016）。与国外研究相比，国内研究更关注促进文化和旅游产业融合发展这一课题，相继探讨了文化和旅游产业融合动因、路径模式、融合机制等问题（周建新等，2021），并将其拓展至演艺、动漫、遗产、文创、文化街区、主题公园等新兴文旅业态研究，还针对文化旅游与冰雪、工业、海洋、体育等资源相融合进行了研究。

围绕文化和旅游融合机制的研究大致可以划分为三类：一是从文化和旅游产业融合动因来看，黄先开（2021）在文献梳理的基础上，将产业融合的内部和外部驱动力，进一步细分为产业关联是原动力，市场需求是拉动力，技术创新是支持力，政策保障是推动力。赵书虹等（2020）提出民族地区文化和旅游产业融合的动力为资源要素、旅游需求、创新变革和企业管理。黄大勇等（2019）围绕文化旅游融合的服务和体验，提出科技、交通、教育、政策是文化旅游融合驱动力。二是从文化和旅游产业融合的路径模式来看，可以划分为分别以文化产业、旅游产业为主导的融合路径模式。如张海燕等（2013）、杨军（2018）分析了文化资源、文化创意、节庆会展等推动两个产业融合发展的模式。而黄剑锋等（2017）认为文旅融合是以旅游产业为主体，不断向文化产业渗透形成新的产业和业态。三是从文化和旅游产业的融合机制来看，范建华等（2020）基于文化和旅游产业融合发展实践，提出已有体制难以满足融合发展需求，提出从行政、市场、业态、人才等方面进行改革。把多勋（2018）指出我国探索出了“政府—产业—企业”“三位一体”产业融合机制。马胜清（2021）从技术、产业、消费、政府和市场方面阐述了文化和旅游产业的融合机制。侯兵等（2020）在高质量发展视角下，从产业融合发展内涵出发，将融合机制归纳为交叉、重组、创新、协同四个层面。

此外，部分学者还对文化旅游发展政策进行了探讨，如Tomljenović（2004）等对克罗地亚文化旅游发展政策进行研究，针对文化旅游消费内容的不足，提出了投资、合作、营销、市场等刺激文化旅游发展的措施。Kouri（2012）指出2009年希腊成立了文化旅游部门，并就文化和旅游部门融合对社会经济发展产生的影响进行了探讨。与国外相比，国内文化旅游起步较晚，伴随着《关于促进文化与旅游结合发展的指导意见》出台，提出扶持文化旅游产业融合发展（黄锐等，2021）。对于文化和旅游产业政策的研究多将其视为文化产业或者旅游产业的一部分，并对政策实施的有效性进行了评估和分析（程晓丽等，2012；唐晓云，2014；王长松等，2018）。王凤荣等（2016）提出属地化管理政策容易引致文化产业发展过程中的无序竞争，不利于地区文化产业的协同发展。Shan（2014）则认为国家推动文化产业发展的政策容易引致文化产业项目盲目建设，缺乏科学合理的规划。苏卉（2012）则提出文化旅游产业融合政策制定应因地制宜，政策的实施应当目标明确，提高政策实际运行的效率。

（3）文化和旅游产业融合质量亟须界定和评价。

当前，实现更高质量的融合发展是新时代推动我国文化和旅游产业深入融合的重要论题，区别于传统产业融合发展的数量和规模要求，其更注重产业融合在发展方式、发展结构和动力方面实现转变（刘敏，2021）。侯兵等（2020）指出高质量发展背景下，更应该注重文化和旅游产业融合的成效问题。石燕等（2021）指出伴随着我国文化和旅游产业融合发展日趋深化，如何界定和测算两个产业融合程度和发展质量成为亟待解决的问题。朱鹤（2021）认为双循环新发展格局下，质量提升是推动文化旅游产业发展的关键。刘敏（2021）指出我国文化和旅游产业已由数量增长步入精益发展阶段。厉新建等（2021）则从产品供给、市场需求、融合环境等方面解读了文化和旅游融合高质量发展的逻辑框架。可见，新时代发展背景下，文化和旅游产业融合质量问题受到诸多学者关注。然而，相关文献问题鲜少直接分析文化和旅游产业融合质量，仅部分学者的研究从不同视角涉及这一命题，可归纳为四类：一是发展效率视角，尹华光等（2016）、古冰（2017）构建了有效评估文化和旅游产业发展效率和融合效益的评价体系；二是结构优化视角，王琪延等（2014）、李晓标等（2018）、周春波等（2018）关注了文化旅游产品结构、文化旅游产业结构的优化升级问题；三是融合协同视角，通过耦合协调模型估算了文化和旅游产业的协调趋势（翁钢民等，2016；刘安乐等，2020；汪永臻等，2020）；四是竞争力视角，涉及文化旅游服务质量、产品质量、发展潜力等方面。结合学界研究来看，既有研究为分析文化和旅游产业融合质量问题提供了启示和借鉴，但多聚焦于理论层面的解读和探讨，缺乏深入揭示两个产业融合发展成效，并对其融合质量进行理论和实证层面论证的研究。

（4）文化和旅游产业融合质量的空间效应有待探讨。

当前，地区不平衡发展已成为制约文化和旅游产业深度融合发展的重要因素（朱鹤等，2021）。在持续深化地区协同发展和勠力打造双循环新发展格局的背景下，空间效应对地区文化和旅游产业融合发展的作用不容忽视，决定了两个产业的融合发展更需要具备全局视野。“空间”概念的引入，有利于统筹协调地区之间文化和旅游产业融合过程中各类空间要素资源及利益关联，从而提升地区产业融合水平。当前，不同地区之间文化和旅游产业融合发展存在一定的空间相关性（刘安乐等，2020），即本地区文化和旅游产业融合发展会受到邻近地区的影响，引致相邻地区之间融合发展可能产生溢出效应。空间溢出效应在地区文化和旅游产业融合发展过程中的作用凸显。在相关研究中，有学者研究得出空间相关性在文化产业、旅游产业以及二者融合发展过程中具有重要意义。如王文姬等（2021）通过测算长江经济带文化产业效率，发现各个省市发展存在显著的空间关联和集聚特征，认为空间效应对地区文化产业效率具有重要影响。张梁梁等（2016）基于我国居民文化消费的空间效应统计分析，指出地区文化消费具有显著的空间关联性，意味着本地区文化消费会受到邻近地区的影响。吴玉鸣（2014）系统检验并证明了我国省域旅游经济发展存在显著的空间依赖，邻近省域旅游经济增长的空间溢出效应明显。翁钢民等（2016）通过分析我国各省份之间文化和旅游产业融合发展空间演化，认为地区之间两个产业的融合发展均有显著的空间相关性且集聚水平不断提高。刘安乐等（2020）基于文化和旅游产业融合发展的空间面板数据分析，指出我国各地区两个产业融合发展在空间上具有显著的正向集聚特征。可见，地区文化和旅游产业融合发展过程中，伴随着两个产业发展所需要的资本、劳动力等要素资源在区域之间的流动，导致文化和旅游产业的融合活动具有空间相关性。更进一步来看，周边地区产业融合发展可能对本地区产业融合发展产生溢出效应。那么，文化和旅游融合质量的空间溢出效应如何，即周边融合质量高的地区会对本地区产生何种影响？周边融合质量较低又会对本地区产生何种影响？这将是本书需要持续深入探讨的问题。

综上可知，文化和旅游产业融合质量测度及空间溢出效应问题已成为发展实践和理论研究关注的热点话题（厉新建等，2021；王世伟，2021）。经过多年发展，我国文化和旅游产业融合是否实现了理论和实践预期？文化和旅游产业在漫长的融合过程中，“以文塑旅、以旅彰文”处于何种发展程度，即文化产业促进旅游产业融合作用程度如何？旅游产业促进文化产业融合水平怎样？针对以上问题，本书提出了文化和旅游产业融合质量的理论和实证模型。与此同时，当前社会经济发展面临的新要求，我国正在勠力构建的双循环新发展格局，亦要求提升文化和旅游产业融合质量以激活市场消费潜力，为新格局形成贡献力量。文化和旅游产业融合发展亦需要具备全局视野，亟待将“空间”概念引入两个产业融合发展之中，以统筹地区产业融合发展的各类空间要素。在新的背景下，我国文化和旅游产业融合质量在区域协作中的发展现状如何？各省在国内大循环的区域协作中所发挥的作用，即地区之间文化和旅游产业融合质量的空间关联现状如何？地区之间呈现怎样的空间溢出关联和驱动影响机制？这些都关乎文化和旅游产业融合是否充分和地区发展是否平衡，且这些问题集中反映了文化和旅游产业融合质量发展水平。回答这些问题，将为促进文化和旅游产业实现深度融合发展提供有益指导。

1.2 研究意义

目前，理论上，缺乏能够有效解释文化和旅游产业融合质量的理论，并缺少对其进行测度的模型分析，本书拓展了文化和旅游产业融合发展的研究视角。实践中，地区文化和旅游产业融合质量水平究竟是高还是低，地区两个产业融合是否充分和是否平衡，其在各地区的时空演变规律如何，是否具有空间相关性，两个产业融合质量所产生的溢出效应究竟怎样等，有关此类现实问题的实证研究较少；实施上，如何有效推动两个产业在更高水平上实现融合发展成为重中之重。为此，深入探讨文化和旅游产业融合质量具有重要的理论价值和实践意义。

1.2.1 理论意义

（1）从技术效率视角界定了文化和旅游产业融合质量概念。本书通过引入技术效率思想，将文化和旅游产业融合质量界定为：文化产业和旅游产业相互作用与相互促进，以实现技术效率趋向于最优目标转变的过程或者过程状态。结合条件趋同理论建立了文化和旅游产业融合质量发展的概念模型。在此基础上，从发展要素（Element）—发展效应（Effect）—发展环境（Environment）三个维度构建了文化产业和旅游产业3E指标体系，并借助非参数随机前沿模型分析了31个省（区、市）文化和旅游产业融合质量发展特征。本书在理论上丰富了文化和旅游产业融合研究，更加关注文化和旅游产业融合动态过程质量的评测，进一步探讨了文化和旅游产业融合路径及协调发展。

（2）将空间邻近竞争机制引入文化和旅游产业融合质量的空间溢出效应研究。提出了“见优思齐”“见劣思缓”两种假设，探讨了本地与邻近地区文化和旅游产业融合质量的空间相互作用和影响关联，将更有利于从全局视野统筹协调好地区之间产业融合过程中各类空间要素资源及利益关联，最终提升地区产业融合质量水平。据此，设计了能够表达空间邻近竞争溢出的高位压力和低位吸力变量，并将其纳入空间计量模型之中，最终验证了该假设情形的成立。在驱动因素筛选过程中，选取了面向高质量发展要求的“五大发展理念”作为驱动因素，进行了文化和旅游产业融合质量的空间溢出效应和驱动机制分析。本书有助于充实文化和旅游产业融合的空间分析，为地区之间开展文化和旅游产业融合发展协作以及空间治理提供逻辑支撑和理论参考。

1.2.2 实践意义

（1）通过科学性的量化测度了我国文化和旅游产业融合质量的水平。文化产业如何促进旅游产业发展，反之，旅游产业如何促进文化产业发展，两个产业融合质量和效益问题等依然是第三产业发展的热点议题。本书以全国31个省（区、市）文化和旅游产业融合质量发展为案例，通过发展要素、发展效应和发展环境对文化和旅游产业指标体系进行估算，依次进行了时间序列、空间差异、动态演化、影响因素等测算，运用纵向历史分析和横向样本对比分析、静态空间差异和动态空间演化分析、定性和定量分析等方法，找寻文化和旅游产业融合质量发展的热点区、温点区和冷点区，明确各个地区的发展潜力、差异及不足，从而提出更有针对性的对策建议。

（2）为激发地区之间文化和旅游产业融合的空间帮扶和带动提供参考。我国文化和旅游产业融合质量存在融合不充分和空间发展不均衡问题，除了文化和旅游产业自身在融合发展过程中受到摩擦阻力影响外，还存在外部环境的发展制约影响，亟待引入空间溢出效应和驱动机制研究。本书尝试在空间视角下，探析地区之间文化和旅游产业融合发展要素的有效流动和沟通，强化地区之间的联动发展，以弥补本地区产业自身发展存在的制约，有助于更好地发挥邻近地区文化和旅游产业融合质量对本地区的帮扶和带动效应，通过强化地区之间乃至跨地区之间的联合和协作，增强文化和旅游产业的强辐射性、强关联性和强带动性，进一步激发和加大地区文化和旅游产业融合质量的空间溢出效应，从而提高地区之间的技术创新能力、学习吸收能力，改善市场竞争环境和强化产业规模集聚发展，不断提升和扩散文化和旅游产业融合质量的综合效益与价值。

1.3 研究内容与方法

1.3.1 研究内容

第一部分内容为文化和旅游产业融合质量的理论基础与研究综述。主要围绕理论基础、国内外相关研究综述和概念界定三个部分展开阐述。理论基础具体包括产业融合理论、条件趋同理论、技术效率理论等。国内外相关研究主要围绕基础理论、融合实践、研究启发三个部分展开。其中，基础理论包括文化和旅游关系及其融合效应阐发研究，融合实践则包括文化和旅游产业融合及新兴业态发展、文化和旅游产业政策及融合体制机制改革、文化和旅游产业融合质量等相关研究，概念界定有利于明确本书对象，甄选出本书范围，具体概念包括：文化产业、旅游产业、文化和旅游产业融合、文化和旅游产业融合质量、空间溢出。

第二部分内容为文化和旅游产业融合质量测度与指标构建。重点对产业融合机理、融合质量概念、测度模型、指标体系构建进行了详细阐述与分析。首先，从理论上分析了文化和旅游产业的相互作用机理，并从文化和旅游产业价值链视角出发，分析了文化促进旅游产业、旅游促进文化产业融合发展的价值链条；其次，在引入趋同理论和技术效率理论的基础上，构建了在完全竞争和非完全竞争条件下文化产业和旅游产业融合的规范概念模型，并提出了基于随机前沿面生产函数的文化和旅游产业融合质量测算方法；再次，通过文献分析、扎根理论和专家访谈等方法，构建了文化和旅游产业融合质量指标体系；最后，运用主观与客观两种赋权方法，对已经定型的指标体系进行赋权。

第三部分内容为文化和旅游产业融合质量的时空演化特征分析。重点探究了我国各地区文化和旅游产业融合质量是否充分，各个省份之间两个产业融合质量是否平衡，不同空间单元两个产业融合质量的差异怎样，地区之间融合质量差异演化趋势和脉络如何。为解决这些问题，将从总体和局部两个层面对两个产业融合质量的时空演化格局进行深入分析。首先，进行文化和旅游产业发展综合评价分析。通过搭建健康距离模型描述了文化产业、旅游产业失配度情况，以全面反映文化和旅游产业发展现实。其次，进行文化和旅游产业融合质量的总体时序发展特征分析。借助非参数随机前沿模型系统测算了文化促进旅游产业、旅游促进文化产业的路径，并通过耦合协调度模型估算了产业融合指数。结合产业发展政策文本分析诠释了两个产业融合质量的历史演化特征。再次，提炼并总结出两个产业融合质量的空间格局、协调演化、区域发展和地区差异发展规律。最后，分析两个产业融合质量的动态演化规律。运用核密度估计法分析融合质量的运行状态和趋势，并构建了 Bayesian 时空层次非线性模型，通过线性及非线性演化速度脉络进行分析，从而实现对文化和旅游产业融合质量动态演化规律的全面解析。

第四部分内容为文化和旅游产业融合质量的空间溢出效应分析。基于我国文化和旅游产业融合质量“不平衡不充分”的发展现实，尝试从空间溢出效应视角找寻其深层次原因。该章节重点探究：文化和旅游产业融合质量的空间溢出效应的竞争机制；文化和旅游产业融合质量的空间溢出现状如何；如何引导文化和旅游产业融合质量高水平地区发挥积极的溢出效应，带动低水平地区发展；其影响因素和形成机制如何。为解决这些问题。首先，对文化和旅游产业融合质量的空间溢出的邻近竞争进行分析，通过文献梳理的方式构建了空间溢出影响文化和旅游产业融合质量路径，提出了“见优思齐”和“见劣思缓”的文化和旅游产业融合质量空间溢出效应的邻近竞争机制假说；其次，探究了文化和旅游产业融合质量的空间溢出现状，基于探索性空间数据分析方法验证了建立空间关联网络的可能性，在此基础上，采用社会网络分析建构了文化和旅游产业融合质量的空间关联网络；再次，基于“五大发展理念”建构了文化和旅游产业融合质量空间溢出效应的驱动因素；最后，借助空间计量模型，从全国和分区尺度探究了文化和旅游产业融合质量的空间溢出效应及其驱动机制。

1.3.2 研究方法

（1）文献分析方法。运用 CiteSpace 5. 8. R2 软件对文化和旅游产业融合发展相关文献进行检索、整理和深入分析，确定本书的研究思路、理论基础和亟待深入的方向。梳理、总结和归纳了国内外文化和旅游产业融合发展相关研究，以其基础概念、理论探讨，以及文化和旅游产业指标体系构建、量化测度方法、文本分析等方面研究，为本书文化和旅游产业融合质量研究提供有力支撑。

（2）评价指标构建。通过扎根理论分析，对收集的文献资料进行概念提炼和归类处理，形成初始指标体系。考虑到客观赋权方法依赖于资料收集与数据获取，需经严密推导后估算出权重数值，缺乏灵活性；而主观赋权方法采取专家打分形式，容易受到专家自身学科背景、研究经验、主观偏好的影响，对各个指标之间的真实关系存在判断偏误问题；因此将Yaahp层次分析软件的主观赋权方法和熵值客观赋权方法相结合，以熵值信息权重对层次分析法权重系数进行修正，最终获取文化和旅游产业指标体系的最终权重值。

（3）时空特征分析。空间相对差异与绝对差异测算：采用极差和标准差反映融合路径指数的绝对差异，以变差系数反映融合路径指数的相对差异。Dagum基尼系数分解：用于衡量地区发展差异的方法，通过MATLAB R2018软件将我国各省（区、市）文化和旅游产业融合质量的非平衡问题解构为地区间非均衡、地区内非平衡、超变密度三类。Kernel密度估计：通过连续的密度曲线刻画产业融合质量的偏向程度，运用STATA 16.0软件能够辨析出伴随着时空演变，全国及各个空间单元产业融合质量的动态演化规律。Bayesian时空层次非线性分析：该模型运用OpenBUGS 3.2.1软件，能够动态刻画局域时空交互项演化是速度和加速度发展趋势，从而实现对文化和旅游产业融合质量动态演化规律的全面解析。

（4）网络结构分析。探索性空间数据分析：采用GeoDa软件测算地区文化和旅游产业融合质量的空间关联属性，检验本地区与相邻地区是否存在空间关联和空间异质属性。修正的引力模型：将省份之间的经济地理距离纳入修正的引力模型中，来构建我国两个产业融合质量的空间关联网络。社会网络分析法：通过Unicet 6.0软件分别从整体及个体两个层面解析文化和旅游产业融合质量的网络结构演化特征。

(5) 模型构建分析。非参数随机前沿模型，通过GAUSS软件，分别估算出“以文促旅”与“以旅促文”的融合路径指数。耦合协调度模型的测算文化和旅游产业融合路径的耦合协调度，即为两个产业融合指数。空间计量模型：构建了空间溢出对地区文化和旅游产业融合质量发展影响机制的空间计量模型，从全国和分区域尺度探究了文化和旅游产业融合质量的空间溢出效应。

1.4 相关概念与界定

1.4.1 文化产业

文化产业作为特殊的文化形态及经济范畴，其包含内容相对广泛，缺乏统一的概念界定。《启蒙辩证法》提出了“文化工业论”，被认为是文化产业的最早来源（胡惠林，2017）。伴随着文化发展过程中的传播方式和传递媒介演变，其受到其他学科的关注，但尚未形成统一的概念（邓安球，2009），主要可从文化角度和产业角度两方面展开探讨。从文化角度定义认为，文化产业是基于娱乐教育等为目的的产出（Lawrence et al.，2002），但却忽视了文化自身发展特点。从产业角度定义认为，符号性商品是文化产业产出的主要目的（林拓等，2004），这一角度扩大了文化产业的范畴。也有学者（Scott et al.，2004）将文化产业的生产组织模式等同于其他产业，未区别文化产业的特殊性。此外，法国结合文化事业发展，将文化产业定义为文化事业中能够进行规模化复制的产业；韩国认为文化产业应该重点以文化商品为核心展开；美国用文化产品体现的创意和知识产权界定文化产业；日本则认为与其他产业相比，更应关注文化产业独特的精神内核。联合国教科文组织从文化产品的标准化生产角度出发，认为文化产业与工业化生产具有某种程度上的相似属性，即均需要经过创作、生产、销售等系列流程（弗朗索瓦，2002）。

国内对文化产业的理解也存在不一致性。具体从文化角度来看，部分学者认为文化产业是围绕精神产品的生产和消费，将文化产业聚焦于文化精神内涵的体现；从产业角度来看，部分学者认为文化产业是国民经济发展的重要构成，是遵循社会经济市场化发展规律，以赚取利润为目的，在产品提供上具有无形的服务和有形的实物两大部分（李江帆，2003）。针对"文化"与"产业"两者关系的争论集中于文化产业属性上是归属于文化精神还是市场经济范畴（李向民等，2005），学者们就文化产业与事业之间的界定问题展开了深入探讨（辛向阳，2012）。党的十六大将文化产业界定为"从事文化产品生产和提供文化服务的经营性行业"。而在国家统计局《文化及相关产业分类（2018）》中，认为文化产业是指能够为大众提供文化娱乐消费的产业合集，进一步将文化及相关产业定义为"为社会公众提供文化产品和文化相关产品的生产活动的集合"，并由此绘制了图1-3。

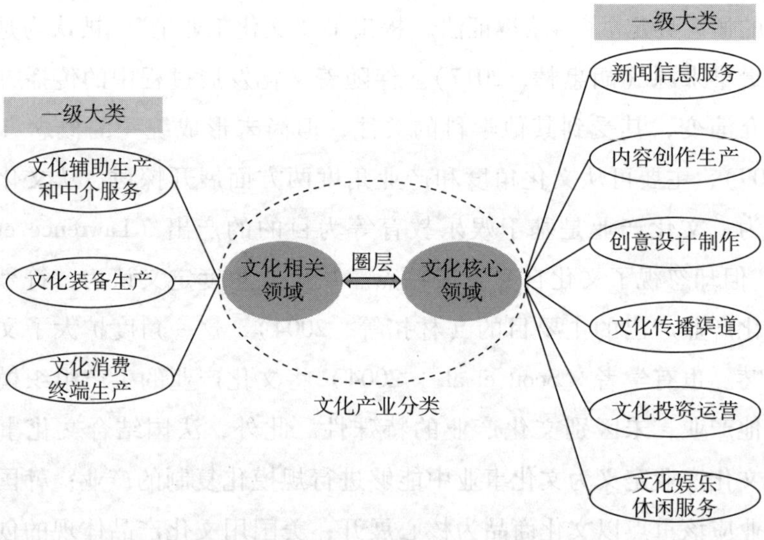

图1-3 文化产业分类（2018年）

伴随着文化市场发展以及政府扶持，相关研究除了文化产业本身概念外，还涉及文化产业的资源产品开发、产业体系、业态集聚、体制机制、文化政策（王凤荣等，2016）等方面。总之，通过对文化产业的概念界定研究进行梳理，本书发现文化产业发展与涉及国民经济社会统计的产业部门分类密切关联，文化产业发展涉及多个圈层和细分的门类。据此，本书更认同2018年国家统计局有关文化及相关产业的界定。在上述概念范畴下，为便于统计分析，提取了文化及相关产业的从业人员、固定资产投资、法人单位、文化出口重点企业、部门收入、文化产业示范基地、报纸杂志图书出版量等部分指标用于后续实证研究。

1.4.2 旅游产业

从理论经济学视角来看，难以将旅游产业视为一项标准的产业（潘海岚等，2018）。首先，与标准化的产业相比，旅游企业之间的产品并不存在较高的替代关联，亦不同于采用相同原材料进行一系列复杂加工的合集。其次，旅游产业更聚焦于旅游者本身的体验活动展开，难以进行科学的统计和量化。最后，从国民经济统计角度来看，旅游产业中的部分企业主体归属于其他统计门类之中。由此可见，旅游产业是一个相对模糊的概念（宋子千等，2001），缘于旅游产业本身具有较强的辐射关联特征，旅游产业涉及范围较为宽泛，围绕旅游产业概念界定一直存在着争议。国外研究中，日本学者前田勇提出旅游产业关联多个部门，以满足旅游者需求为目标（徐翠蓉等，2019）；英国学者利克柯伦认为旅游产业与交通业发展类似，均是以满足旅游者的出行需求为目标；美国学者唐纳德指出旅游产业是为旅游者服务的所有相关联产业的集合（李峰，2014）；1971 年联合国旅游业大会认为旅游产业是为满足国内外旅游者需求，提供的产品和服务的集合。可见，国外学者认为旅游产业是为满足旅游者需求，由多种产品和服务企业组合而成。

国内有关旅游产业学术上的界定，大致可以划分为两大类：一类是广义范畴上的界定。如李江帆等（1999）提出旅游产业是为旅游者提供交通、通信、娱乐等，为满足旅游者生活需要的集合。李天元（2003）指出旅游产业是为了满足旅游者在游览过程中的安全、舒适等需求，并伴随着旅游活动产生，为其提供所需要的产品和服务的综合性产业。另一类是狭义范畴上的界定。如张涛（2003）认为旅游产业是与旅游者密切关联的产业集合，在涵盖范围上相对较小，仅包括交通、餐饮、住宿集合。师守祥等（2009）认为旅游产业由具有营利属性的旅游部门组合而成，强调旅游产业的经济属性。可见，狭义范畴更关注旅游者本身，其覆盖范围相对较小。此外，王慧敏（2007）将旅游产业定义归纳为三大类，一是认为旅游产业是多产业集合体，其内部构成重点围绕旅游的“食、住、行、游、购、娱”六要素展开；二是从三次产业的分类上来看，旅游产业具有鲜明的满足旅游者需求的服务属性，将旅游产业归属于第三产业范畴；三是旅游产业广泛的关联性、辐射性和产业带动性，决定了其内部具有多个因素共同作用的复杂性，因此将旅游产业视为一个复杂的系统。

结合我国旅游产业发展历程来看，1979 年《国民经济计划执行结果公报》首次出现旅游外汇收入表述。90 年代后旅游产业由外事接待型向产业发展型转变。1999 年 11 月中央经济工作会议再次明确加快文化、旅游等服务产业发展，大力鼓励服务性消费发展，并将旅游业发展上升为国家战略，旅游业得以快速发展。伴随着旅游产业在我国社会经济中重要性日益凸显，旅游产业的统计工作也越发受到重视。2001 年《国民经济和社会发展统计公报》明确列出了旅游产业统计指标（包括入境人次、出境人次、国内旅游人次、旅游外汇收入、国内旅游收入共 5 项指标）。《2008 年国际旅游统计建议》分别按照形式分类法（包括国内旅游、入境旅游和出境旅游）、旅游支出分类法（包括餐饮、交通、娱乐、购物、套餐旅行等）、旅游产品和生产活动等进行分类。2018 年《国家旅游及相关产业统计分类》明确旅游业是指围绕旅游者食、住、行、游、购、娱等的集合，旅游相关产业则包括旅游辅助服务（为旅游者提供交通、金融、教育、安全等服务）和政府管理服务等构成的集合（见图 1－4）。

通过对旅游产业的概念界定研究进行梳理，本书发现旅游产业涵盖了多种关联产业，与文化产业类似，其内容亦涉及国民经济社会统计的多个产业部门。据此，本书更认同 2018 年国家统计局有关旅游产业及相关产业统计分类中的界定。同时，在上述旅游产业概念范畴体系下，提取了旅游人次、旅游收入、景区、星级饭店、旅行社、从业人员、固定资产投资等部分指标，方便后续进行实证分析。

1.4.3 文化和旅游产业融合

文化和旅游产业本身具有较高的互补性，决定了其融合发展的必然性

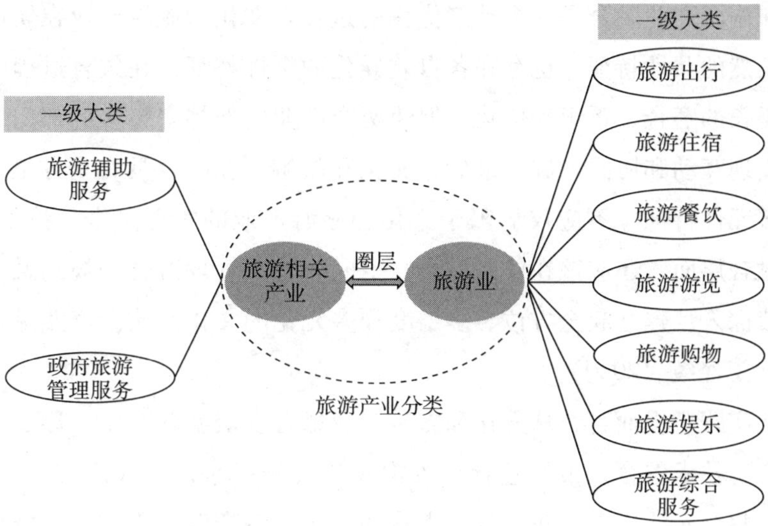

图1-4 旅游产业分类（2018年）

资料来源：依据《国家旅游及相关产业统计分类》，由笔者绘制。

（翁钢民等，2016）。在融合过程中，两个产业的边界趋于模糊，产业链中的价值环节产生交叉和渗透，由原产业价值链渗透到另一个产业，推动文化和旅游产业之间的分工和协作转变为产业内部的分工，推动要素由生产效率较低的部门向较高的部门流动和转移，实现要素资源的优化配置（刘治彦，2019）。原先分属于文化和旅游产业的功能、服务、技术、要素、资源和产品等不断交织、渗透、交换和流动，从而获得比原先产业分立更强的叠加效应（庄志民，2020；张祝平，2021）。由此可见，理解文化和旅游融合概念，需要对文化和旅游产业融合的形成逻辑进行分析。

本书将文化和旅游产业融合的形成逻辑划分为理论逻辑和实践逻辑（见图1-5）。具体从理论逻辑而言，首先，文化和旅游产业融合发展是资源要素动态重组的过程。这一动态过程中，文化和旅游产业的资源、要素、技术、产品等产生交叉、渗透、流动和交换，逐渐建立其新的文化旅游产业体系。其次，文化和旅游产业融合过程强调动态优势互补，不断实现价值创新。通过对文化和旅游产业价值链进行重组和优化，完成文化和旅游产业价值链条的延伸和价值创新，推动产业的转型升级发展。再次，文化和旅游产业融合是一个动态优化的过程。文化和旅游产业在属性上既存在天然的共性特征，也存在各自差异化的个性特征，在融合过程中需要经历漫长的磨合、重组和优化，促使两个产业内部越来越多的部门参与其中，实现互动和协同发展。最后，文化和旅游产业融合具有全方位、多维度和多元性特征。不应仅局限于文化和旅游产业的资源融合、技术融合、产品融合层面，还应该在体制融合、空间融合、管理融合和规划融合等方面持续深入，建立起全方位、多维度和多元化的文化和旅游产业融合发展体系（王经绫，2020）。

从实践逻辑而言，从文化和旅游产业融合发展实践入手，逐步实现要素整合、技术整合、市场整合、机构改革（张祝平，2021）。首先，从资源产品整合实践来看，我国具有丰富的自然景观资源和人文景观资源，丰厚的文化旅游资源是文化和旅游产业融合发展的先决条件，应充分挖掘资源潜在价值，对现有文化旅游资源进行整合，在此基础上，打造出丰富多样的文化旅游产品。产品整合是文化和旅游产业融合的基础支撑，包括产品设计、生产、营销和消费等多个维度的融合，逐渐形成复合型的文化旅游产品是推动文化和旅游产业融合的直接引擎。其次，从技术整合实践来看，技术的扩散是产业融合的重要基础。目前，大数据、虚拟现实、云计算、通信技术的普及和推广，在获取和捕捉消费者偏好、消费市场分析、丰富消费者体验、扩大产业营销范围、制定产业发展规划等方面拥有广阔前景。尤其是数字化技术的运用，新媒体传播技术、网络化建设等提高了文化和旅游产业融合发展的创新能力和治理能力。再次，从市场整合实践来看，以市场作为文化和旅游产业融合发展导向，将文化产品与旅游产品进行融合，将旅游产品注入文化内涵和创意，通过旅游市场传播和地区文化扩散，实现文化传承和弘扬，既迎合了大众市场需求，同时也推动了文化产业发展，最终打通文化和旅游产业融合的良性循环。最后，从机构改革实践而言，仅仅依赖于文化和旅游市场推动文化和旅游产业融合是不够的，还需要政府政策和资金的扶持。2018 年文化和旅游部组建，在文化和旅游部门的职能、服务、产业等方面展开了积极探索。制度经济学中，制度变迁被视为促进经济发展的重要变量，而文化和旅游产业机构改革则是推动文化和旅游产业融合发展的强劲动力（崔凤军等，2020）。

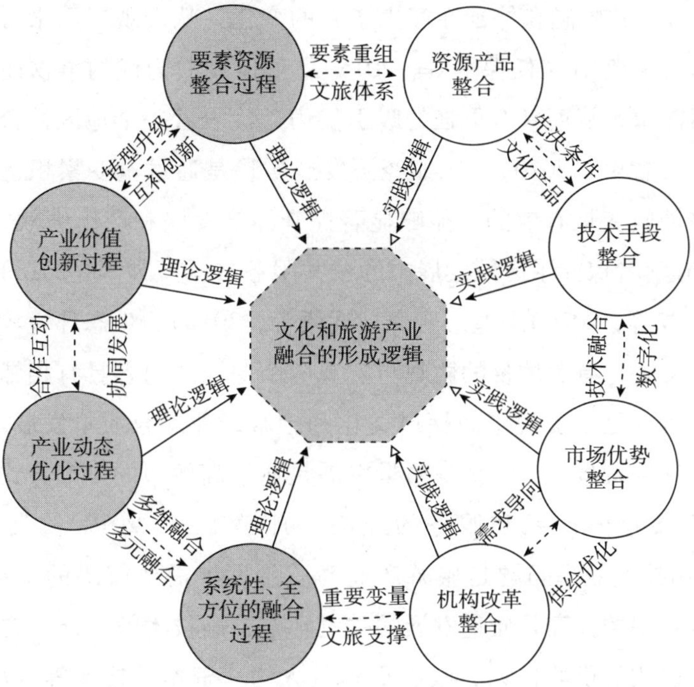

图1-5 文化和旅游产业融合的形成逻辑

资料来源：整理文旅融合文献，由笔者绘制。

为此，基于动态视角下文化和旅游产业融合形成的理论和现实逻辑，本书将文化和旅游产业融合概念界定为：文化和旅游产业的边界趋于模糊，原先分属于文化和旅游产业的功能、服务、技术、要素、资源和产品等不断流动，推动要素由生产效率较低部门向较高部门转移，从而实现优化要素资源配置的过程。

1.4.4 文化和旅游产业融合质量

质量总体可以划分为微观质量和宏观质量两个层面（汪建等，2021）。从微观层面而言，《质量管理体系：基础和术语》提出组织的产品和服务质量至关重要，《质量发展纲要（2011—2020年）》中指明质量是组织发展的核心竞争力，具体涵盖产品、工程、服务等内容。质量也是组织文化、品牌、形象、创新的保障（刘源张，2012）。伴随着经济活动的开展以及社会需求的变化，质量概念不再局限于组织产品和服务领域（Reeves et al.，1994），其内涵和外延亦产生了新的变化。从宏观层面来看，质量是一种优劣价值判断（任保平等，2015），价值判断为优的事物往往能够满足使用者需求，从而具有更强的吸引能力，代表着一个地区社会经济发展优劣程度（程虹，2010）。比如经济发展质量是通过量变累积达到质变转换，而这种质变是有效的，能够显著提升经济发展和产出绩效（金碚，2018）。还有学者探究了区域发展中的公共服务（马慧强等，2018）、产业运行（张新成等，2020）、业态融合（谢康等，2012）、生态环境等领域的质量发展。总之，有关质量的微观与宏观两个层面的内容具有相辅相成的关系，本书将立足于宏观层面探讨文化和旅游产业融合质量发展。同时，在高质量发展的背景下，经济高质量发展是通过高效率的生产方式，为全社会提供高质量的产品和服务的经济（孙学工等，2019）。吕腾捷等（2020）提出技术效率问题是旅游产业高质量发展需要解决的重点难题。可见，技术效率的提高是质量发展的关键环节，高技术效率能够提高生产效率，形成优质的供给体系，吸引更多的人力、资本、技术等资源集聚，形成规模经济，从而提高经济发展质量（付晨玉等，2020）。

从文化和旅游产业融合发展来看，Liebowitz 和 Margolis（1990）认为技术效率低下所形成的路径依赖成为阻碍产业质量提升的主因。黄蕊等（2020）提出产业效率变革能够改变文化和旅游产业融合的路径依赖，从而提高文化和旅游产业融合水平。2021 年《“十四五”文化和旅游发展规划》中明确提出“以文塑旅、以旅彰文”“不断提高发展质量和综合效益”的基本原则，高质量发展为文化和旅游产业的融合提升指明了方向（侯兵等，2020）。由此可见，效率发展也是实现文化和旅游产业供给侧改革的关键，有利于不断改变和优化产业融合的资源配置效率。效率不仅是高质量发展的核心要义（吕腾捷，2020），也是考察和检验文化和旅游融合发展成效的重要标准。为此，技术效率思想已成为质量界定和高质量评价的重要标准，综合动态视角下文化和旅游产业融合概念，从质量的宏观层面出发，本书将文化和旅游产业融合质量界定为：文化产业和旅游产业相互作用与相互促进，以实现技术效率趋向于最优目标的过程或过程状态。

1.4.5 空间溢出

当前，空间溢出研究已成为新经济地理学和内生增长理论领域研究的热门话题，空间溢出通过空间相互作用的形式推动地区新兴产业发展，尤其是基于空间相互作用推动地区文化和旅游产业融合创新，促使其成为地区新的增长点具有重要意义。

溢出概念由 Marshall（1890）提出，Lucas（1988）认为空间溢出是地区经济增长对邻近地区产生的影响。空间溢出作为空间相互作用的重要形式，表现为社会经济要素在空间中的扩散作用，集中体现为看似毫不相关的空间单元之间的人力、物力、资金、信息等要素的流动。空间扩散作用能够使相互分离的各个地区形成一种有机的空间系统（Grossman et al.，1991）；空间溢出的内容主要为知识和技术；在溢出方向上，一般认为由高势能向低势能方向流动；空间溢出的载体由人员、资本和实体货物等构成；空间溢出根据对应的渠道可划分为人流、资金流、物流等方式。Engelmann 等（1955）认为空间溢出是在特定空间范围内组织产生的影响，并由此引发的影响其他组织生产过程的外部效应。据此，为深入理解空间溢出内涵，还需要对空间溢出的类型、效应和实现条件进行分析。空间溢出依据不同的划分标准，能够分为不同的类别，在借鉴已有研究基础上，本书将从溢出的内容、范围、产业、外部性、载体和渠道进行划分（见图1－6）。

①从空间溢出的内容来看，可划分为技术溢出和知识溢出，技术溢出表现为创新、R&D 等在空间相互作用，知识溢出则表现为知识的空间扩散形式。②依据产业标准可划分为产业内和产业间空间溢出，前者是指企业与企业之间的溢出，而后者则表现为具有互补性质的产业，由于空间位置相互邻近产生的互惠性溢出。③从范围标准来看，可划分为区域内和区域外溢出两种。区域内溢出包括企业间和产业间溢出。区域外溢出则包括区

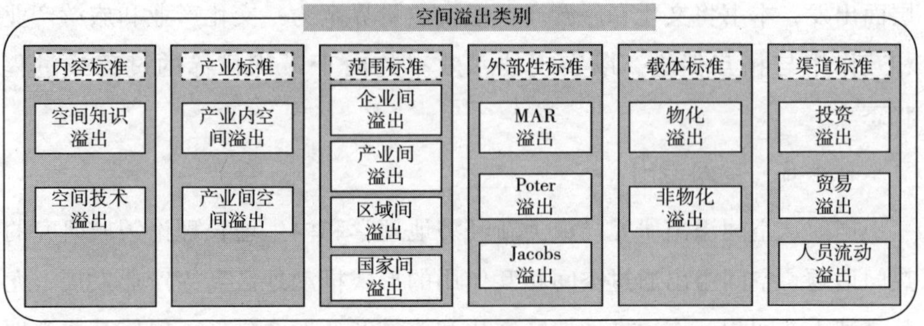

图1-6 空间溢出的类别

资料来源：系统梳理相关文献由笔者绘制。

域间和国家间溢出。其中，区域间溢出是指区域之间社会经济活动相互交织产生影响，而国家间溢出是将区域范围扩展至国家边界产生的相互影响。④根据外部性标准可划分为三种空间溢出（Marshall，2004），MAR和Porter溢出都强调知识的产业内溢出，不同之处在于Porter溢出更注重竞争产生的外部性影响。Jacobs溢出归属于产业间溢出。⑤依照载体标准可划分为物化溢出和非物化溢出。⑥按照渠道标准可划分为投资、贸易以及人员流动产生的空间溢出。

为此，本书认为文化和旅游产业融合质量的空间溢出是本地区两个产业融合质量增长受到邻近地区的影响，相邻地区之间存在显著的溢出效应，在类别上归属于区域之间的溢出关联。

1.5 研究思路与技术路径

1.5.1 研究思路

本书遵循“探理—建模—实证—启示”的研究逻辑板块，按照提出问题、研究问题和解决问题的思路，分别从融合理论、模型构建、实证检验等方面对文化和旅游产业融合质量的概念模型、指标构建、质量测算、时空演化、空间溢出效应等进行归纳和总结。

（1）探理：针对文化和旅游产业融合质量进行理论阐释。首先，将国内外已有文献的研究现状梳理和归纳为文化和旅游关系及融合效应阐发、产业融合及新兴业态发展实践、产业政策即融合体制机制改革、文化和旅游产业融合质量等方面。其次，重点阐述了产业融合、条件趋同、技术效率等理论在本书中的运用。从理论上分析了文化和旅游产业的相互作用机理，并从文化和旅游产业价值链视角出发，分析了文化促进旅游产业、旅游促进文化产业融合的价值链条，阐明了两个产业融合的实现机理。最后，基于技术效率思想，并结合文化和旅游产业融合发展的形成逻辑，依据条件趋同理论，将文化和旅游产业融合质量界定为：文化产业和旅游产业相互作用与相互促进，以实现技术效率趋向于最优目标的过程或过程状态。

（2）建模：建立文化和旅游产业融合质量的概念模型及测度方法模型。综合文化和旅游产业融合实际情况，考虑到两个产业在融合过程中会受到地区社会经济发展水平、部门协作、组织管理、技术水平、市场开放水平等外部环境制约，形成摩擦阻力，产生实际融合水平与理想状态偏离的现象，从而降低文化和旅游产业融合质量水平，本书借助数理推导，构建了未考虑文化和旅游产业融合演化过程中摩擦阻力问题的完全竞争模型，以及将摩擦阻力和主动协调行为纳入模型之中的不完全竞争模型。需要说明的是该假定并未考虑在现有技术条件制约下，文化和旅游产业能否实现充分融合的问题，这种假定在经济学中常见的有理性经济人假定、完全信息假定、市场出清假定等，在此基础上建立了文化和旅游产业融合质量的概念模型。为使研究方法与概念模型相契合，运用非参数随机前沿模型，以技术效率理论为指导，通过测算“以文促旅”和“以旅促文”两条融合路径（融合过程）综合作用下的协调水平（融合结果），从两个层面来测度文化和旅游产业融合质量。

（3）实证：全面分析了我国文化和旅游产业融合质量时空格局演化及空间溢出效应。为进一步探究我国地区文化和旅游产业融合是否充分和发展是否平衡问题，尝试从空间溢出效应视角找寻其深层次原因。首先，从时序和空间两个视角分析了我国文化和旅游产业融合质量的时空格局和演化趋势。时序研究基于文化和旅游产业相关发展政策，梳理出文化和旅游产业融合质量的阶段性特征。其次，从静态差异和动态演化两个角度展开空间特征分析，运用极差、标准差、变差系数等解析其静态空间差异，动态分析则通过核密度估计判断其运行状态，并通过 Bayesian 层次时空模型精细化描述其时空线性、非线性演化速度过程。再次，采取空间统计分析方法，基于探索性空间分析法中的全局和局部 Moran's I 指数对两个产业融合质量的空间关联性进行分析，并验证了空间关联网络建立的可行性。运用社会网络分析方法，分别从整体及个体两个层面解析文化和旅游产业融合质量的网络结构演化特征。最后，构建了空间溢出对地区文化和旅游产业融合质量发展影响机制的空间计量模型，并基于"五大发展理念"设计了两个产业融合质量空间溢出效应的驱动因素分析框架。

（4）启示：在文化和旅游产业融合质量理论和实证分析的基础上。一方面，针对文化和旅游产业融合发展要素、发展效应和发展环境所面临的问题，遵循供给侧结构性改革的主线，逐步实现系统结构的优化发展；另一方面，以"五大发展理念"为指导，针对产业融合发展中存在的问题，逐步完善文化和旅游产业融合发展的驱动力支撑。最终提出了强化文旅融合发展要素协同、提振文旅融合发展效应水平、补齐文旅融合发展环境短板、增强文旅融合发展创新驱动、优化文旅融合协调发展空间、深挖文旅融合绿色发展潜力、建设文旅融合开放发展体系、推进文旅融合共享发展服务等推动地区文化和旅游产业融合质量发展的对策建议。

1.5.2 技术路径

首先，探理分析。在国内外相关研究分析基础上，结合本书研究选题，将产业融合、条件趋同、技术效率、耦合、TOE 框架、空间相互作用等作为本书研究的理论基础。其次，建模分析。在产业融合和趋同理论基础上，以随机前沿技术效率思想为指导，构建了文化和旅游产业融合质量评价的概念模型。基于扎根理论、专家访谈、层次分析等方法，从发展要素、发展效应和发展环境三个维度构建了文化和旅游产业的 3E 指标体系，借助非参数随机前沿模型分析了 31 个省（区、市）文化促进旅游产业融合指数、旅游促进文化产业融合指数，借助耦合协调度模型测算了两条融合路径的协调水平。再次，实证分析。通过静态空间差异分析、动态演化分析分别探究了文化和旅游产业融合质量的时序和空间格局演化特征，并进一步划分出热点区、温点区和冷点区三种发展类型。从全局和局部考察了文化和旅游产业融合质量的空间关联性，借助社会网络从整体特征、个体特征和块模型上，分析了其融合质量的空间网络关联特征；提出了空间邻近竞争机制假设，运用“五大发展理念”建立了面向高质量发展要求的驱动力因素框架体系，综合运用空间计量模型进行空间溢出效应及驱动机制的实证分析。最后，启示分析。在前述理论和实证分析的基础上，提出了推动地区文化和旅游产业融合质量发展的对策建议。本书揭示了我国文化和旅游产业融合质量发展的时空演化规律特征及空间溢出效应，为探讨“以文促旅、以旅彰文”的融合发展实践、理解和把握两个产业深度融合发展方向提供参考和借鉴（见图1－7）。

1.6 研究创新点

（1）拓展了文化和旅游产业融合的研究视角。从技术效率视角界定了文化和旅游产业融合质量概念。已有文化和旅游产业融合多围绕耦合协同视角展开，较少针对“以文塑旅、以旅彰文”的产业融合发展进行深入探讨。本书在技术效率思想指导下，将文化和旅游产业融合质量概念界定为：文化和旅游产业相互作用与相互促进，以实现技术效率趋向于最优目标的过程或过程状态。进一步从两个层面展开文化和旅游产业融合质量评价研究：一是融合路径指数评价，反映出技术效率思想下，两个产业融合路径发展的有效性。二是融合发展指数评价，反映出两个产业发展的协调性。从而拓展了文化和旅游产业融合理论研究的涉及面，为探究文化和旅游产业融合发展成效问题提供了参考和借鉴。

（2）构建了文化和旅游产业融合质量的测评体系。本书尝试从概念模型构建、测度方法模型、指标体系三个层面全面解构文化和旅游产业融合质量发展。首先，在科学界定文化和旅游产业融合质量概念基础上，通过数理推导形式，构建了在假定不考虑目前技术条件制约情况下，文化和旅

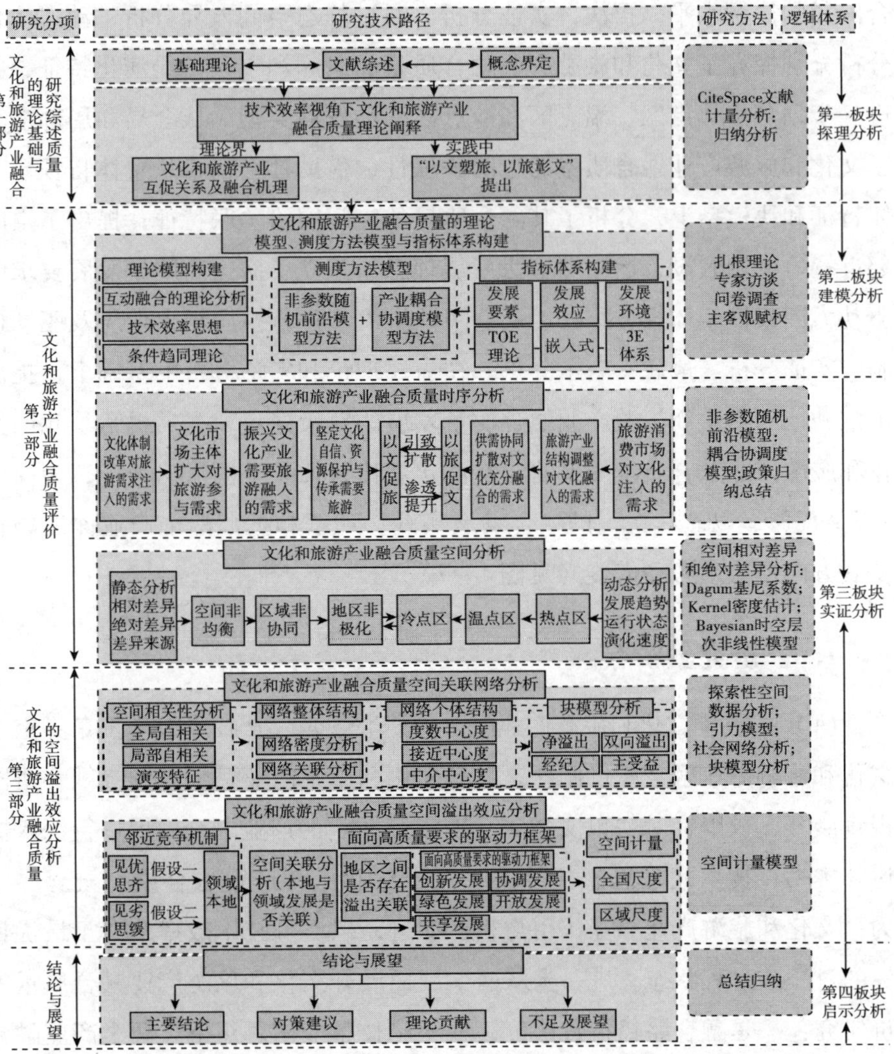

图1－7　技术路径

资料来源：由笔者绘制。

游产业自身能否完全和充分融合的问题（这种假定在经济学中常见的有理性经济人假定、完全信息假定、市场出清假定等）。搭建了完全竞争和非完全竞争两种情境下的概念模型推导，前者是并不考虑外部融合摩擦阻力和其他因素的理想融合状态，后者则是为拟合现实情境下存在外部摩擦阻力和产业自身的主动协调性行为综合作用下的推导模型。其次，基于随机前沿技术效率思想，引入非参数随机前沿模型分别估算出文化促进旅游产业、旅游促进文化产业的融合路径指数，并借助耦合协调方法测算了其融合发展指数。最后，借助扎根理论构建了发展要素、发展效益和发展环境的 3E 指标体系，并通过 TOE 理论验证和说明了该指标理论的科学性，初步实现了理论与实践的相互印证。

（3）发展了文化和旅游产业融合质量的空间效应实践和理论认知。本书尝试从空间邻近竞争机制、空间关联网络分析、驱动力框架构建三个层面探究文化和旅游产业融合的空间溢出效应。首先，通过引入邻近竞争机制，在实践和理论分析基础上，通过本地与邻近地区文化和旅游产业融合质量的空间相互作用和影响关联，提出了“见优思齐”假说和“见劣思缓”假说；其次，通过空间关联分析和社会网络分析，判断地区之间的空间是否存在溢出关联，探析地区之间空间溢出关联现状；最后，搭建了面向高质量发展要求的驱动力框架体系，并分别以全国和三大地区为样本，通过空间计量模型验证和探讨了文化和旅游产业融合质量的空间溢出效应和驱动因素影响。在已有空间关联研究成果基础上，深入分析了其空间溢出效应和驱动机制，继承并发展了文化和旅游产业融合质量的空间效应研究。

第2章 理论基础与研究综述

本章主要从理论基础和国内外相关研究综述两方面展开阐述。从融合质量、指标体系构建、空间溢出效应三个方面为本书提供理论支撑，具体包括产业融合理论、条件趋同理论、技术效率理论、耦合理论、TOE框架理论、空间相互作用理论等。国内外文化旅游融合研究进展主要围绕基础理论、融合实践、研究启发三个部分展开。其中，基础理论包括文化和旅游关系及其融合效应研究，融合实践包括文化和旅游产业融合及新兴业态发展、文化和旅游产业政策即融合体制机制改革、文化和旅游产业融合质量等相关研究，最后在已有文化旅游融合研究文献述评的基础上，提出了对本书的启示。

2.1 理论基础

2.1.1 关于融合质量的相关理论

文化和旅游产业融合质量支撑相关理论包括：产业融合理论、技术效率理论、条件趋同理论、耦合理论。其中，产业融合理论、耦合理论分别为文化和旅游产业融合的价值链分析以及二者相互作用分析提供理论支撑；技术效率和条件趋同理论为本书界定文化和旅游产业融合质量概念，构建文化产业促进旅游产业、旅游产业促进文化产业发展的概念模型及测算模型提供理论支撑。

（1）产业融合理论。

1）产业融合理论回顾。

产业融合概念总体可归纳为技术角度、边界角度、融合过程、产业组织和产业创新五个方面（桑彬彬，2014），如表 2－1 所示。具体从技术角度而言，产业融合发展最早兴起于 20 世纪 60 年代，是由于技术发展的变革和扩散引发的新产业范式。Rosenberg（1963）基于技术角度，认为产业融合是技术扩散引发的现象，产业之间通过生产技术产生关联；Negrouponte（1978）认为产业之间的交叉有利于产业快速发展；20 世纪 90 年代后，信息技术兴起为产业融合发展带来新的契机，David（1997）从产品角度认为产业融合是技术经济作用下，产业各自独立产品的重新整合。日本学者植益基于产业角度，认为产业融合是通过技术创新降低行业壁垒，从而有利于产业之间形成协作关系。

表 2－1　产业融合概念总结

概念分类	概念内涵表述
技术角度	是由技术扩散引发，改变了产品和产业之间的边界（Rosenberg，1963）
边界角度	产业之间的边界模糊化和不断调整（Greenstein，1997）
融合过程	先后经历了技术、业务、市场等，是一个逐步实现的过程（Malhotra，1994）
产业组织	是一个自组织过程（胡金星，2007）
产业创新	是相互作用，形成新兴产业的过程（厉无畏，2002）

Greenstein（1997）认为融合现象产生是缘于产业发展的技术扩散和管制放宽，产生的边界模糊和调整。郭鸿雁（2008）指出产业边界由诸多子系统有机组合而成，具有与外部环境沟通和联系的界面，通过与外部进行物质、能量和信息的交换，将其转换为内部子系统。为了明确产业边界，周振华（2002）从四个层次界定了产业边界（见图 2－1），若技术边界消失，其他三个层次也将消失，呈现出动态性和相互渗透性。李美云（2005）指出周振华的产业边界理论仅局限于该产业生产一种产品的基础上，并提出产业边界形成是从技术到产品、组织到业务的多个层面过程。

从融合过程角度而言，Malhotra（1994）将产业融合定义为独立的产业之间，被视为竞争对手情形下，开始了产业之间的融合。詹浩勇（2005）认为伴随着信息技术的兴起，尤其是互联网技术发展，数字融合产生，产业之间的联系越发密切，产业之间的壁垒开始逐渐降低，数字技

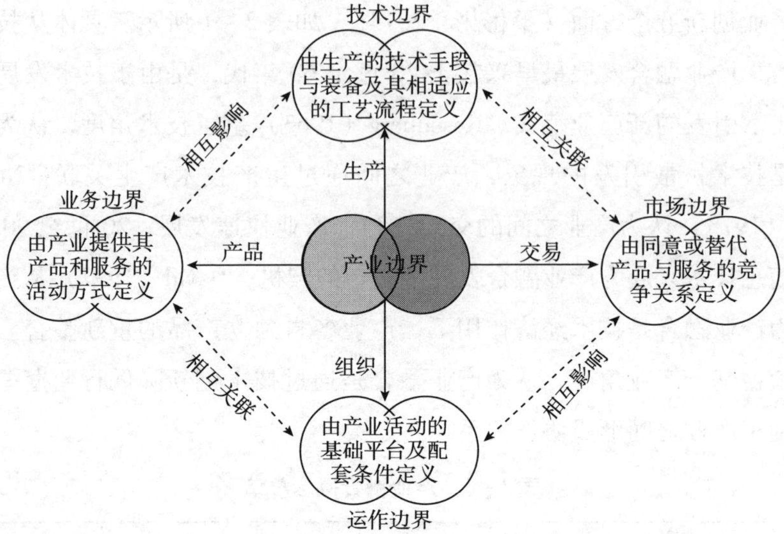

图2-1　产业融合边界的类型

资料来源：由笔者绘制。

术作用下，产业相互之间的竞争与合作逐渐强化，视为一个较长的融合过程；基于产业发展及创新视角，厉无畏（2002）指出产业融合是独立产业之间的渗透和交叉，并最终诞生出新的产业。何立胜（2005）认为产业融合是产业之间交叉形成新兴产业的过程。胡金星（2007）认为产业融合是一个自组织发展过程，是在开放发展的环境中，因技术扩散而逐渐形成的。综合来看，无论从哪个角度对产业融合发展进行界定，均认为信息技术的扩散推动了产业之间的融合发展。

产业融合本质上是一种产业创新，两个或多个独立产业之间通过技术产生关联，进一步融合形成新的产业。产业融合是一种扩张型的创新，不仅局限于技术层面，还在产品、业务、管理、组织、市场等层面展开广泛的融合发展，逐渐改变产业结构，形成新的产业形态。产业融合往往发生于产业边界：产业融合过程中，边界逐渐趋向于模糊化，影响着产业链内部进行重新调整和优化，使得其具备了多个产业的功能。产业融合是一个动态过程：产业融合离不开技术的扩散和整合，这一过程是逐渐演化形成的，是由技术扩散引发的产品、服务、市场等的交叉、渗透和融合。产业融合是分工的结果：胡永佳（2007）认为产业融合重新调整了产业内部价值链，使其具备了多个产业的功能，是产业通过融合降低外部成本的重要手段。

2）产业融合理论在本书中的运用。

从上述理论可知，文化和旅游产业融合亦是产业边界不断交叉和渗透的动态演化过程，本质上是产业创新发展，符合上述产业融合特征。伴随着信息技术的逐渐扩散，旅游产业消费逐渐趋于多样化，而文化创意产业日益兴起，加之文化和旅游产业均具有“文化”属性、包容性和开放性特质，两大产业由独立向互动方向发展。两大产业融合发展实践上，文化遗产、文物古迹等成为旅游产业开发的源泉，而旅游产业的发展，亦刺激了文化市场繁荣，吸引了更多消费群体关注，促进了地区文化艺术的传播和推广，最终形成有利于文化和旅游产业发展的聚合优势。可见，文化和旅游产业存在相互影响、彼此作用和依存的关系，为本书研究两个产业互动融合发展提供理论支撑。

（2）技术效率理论。

1）技术效率理论回顾。

技术效率理论提出于20世纪50年代，Solow（1956）提出了具有规模报酬不变的总量生产函数和增长方程，认为资本投入、劳动力投入和技术进步共同构成和决定了总产出水平。在量化分析过程中，Solow认为在产出增长过程中，扣除了资本和劳动力部分后，应将方程未诠释的部分，即“余值”归结于技术进步原因。但影响“余值”的因素难以被技术进步完全诠释。M J Farrel（1957）首次从投入的角度提出了技术效率，认为技术效率是在产出和市场价格固定情形下，依照一定的要素投入比例，最小生产投入与实际生产投入之比。Leibenstein（1966）从产出角度，认为技术效率是在一定情形下实际与最大产出水平之比。可见，技术效率的提出，离不开生产效率和技术进步的研究，亦反映出技术进步与经济增长之间的密切关联。

技术效率理论与生产前沿面密切关联。生产前沿面由M J Farrel

(1957) 提出，是指在一定的要素投入水平下，生产者所能够获得的最大产出所构成的集合，用图形表示是一个曲面。图2-2表示在一定的要素投入情形下，生产者能够获取的最大产出水平。*A* 为技术无效点，缘于 *A* 与 *B* 点虽然处于相同的要素投入水平，但并未达到最大产出。Farrell 指出在规模报酬固定情形下，生产效率取决于技术和价格效率，技术效率是在既定投入要素下能够获得的最大产出水平，而价格效率则是以最优比例利用投入要素的比例。图2-3揭示了基于投入角度说明技术效率和配置效率对生产效率的分解。C_1C_2表示等成本曲线，*OP* 表示规模报酬不变的扩张线，U_1U_2表示生产前沿面。技术非效率和配置非效率由样本点与 U_1U_2位置进行估算，*A* 点表示生产前沿面、等成本曲线、扩张线的交会位置，是技术和配置效率的最优点，而 *B* 点处于扩张线上，表示仅处于配置效率最优点，但技术处于非效率状态，*D* 点表示仅处于技术效率最优点，但配置处于非效率状态，*E* 点是技术非效率和配置非效率状态。

目前，技术效率理论在旅游产业研究中已相对广泛和普遍，国外学者对旅游产业技术效率研究主要聚焦于测度旅游部门的运行效率，以景区、酒店等为研究对象较多。如 Morey 等（1995）、Assaf 等（2012）分别基于酒店服务提供和顾客满意度感知测评了酒店经营效率，Cracolici 等（2008）还评估了旅游目的地效率。国内研学者则重点聚焦于产业效率、时空特征、影响因素等方面。如杨丽等（2021）、谢朝武等（2021）分别对黔北黔西红色旅游区、城市旅游等进行了效率测评。部分学者还关注了产业融合效率研究，如黄蕊等（2020）通过文化和旅游产业效率研究，提出产业融合能够显著提升文化和旅游产业发展效率。陈红玲等（2021）基于文化和旅游投入产出分析，构建了两个产业融合效率评价指标。Herrero 等（2017）分析了文化旅游资源投入对旅游目的地效率所产生的影响。邓兰等（2021）评测了我国文化旅游资源利用效率水平。可见，基于技术效率视角探究两个产业融合已有一定基础，但研究方法上多采用 DEA 模型评估，而基于随机前沿方法构建测算模型运用相对较少。

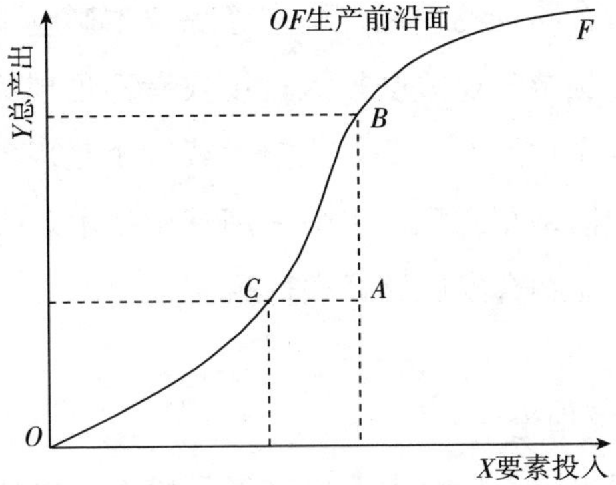

图 2－2　技术效率与生产前沿曲线

资料来源：笔者依据技术效率与生产前沿面理论绘制。

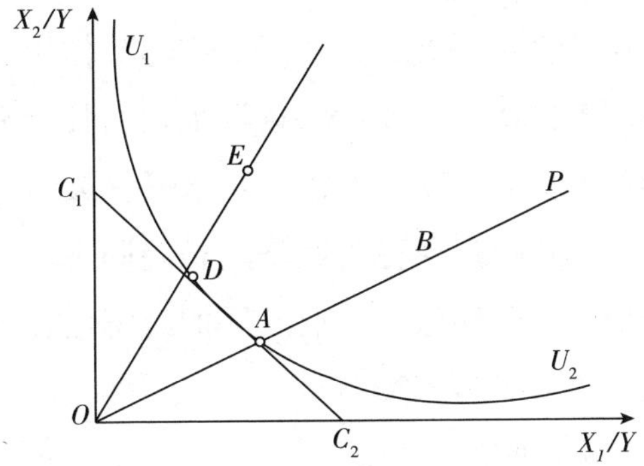

图 2－3　Farrell 模型的直观图

资料来源：笔者依据 Farrell 技术效率理论绘制。

2）技术效率理论在本书中的应用。

基于技术效率视角界定了文化和旅游产业融合质量概念模型，表现为一定文化产业发展效应条件下旅游产业关联投入最小，或者在既定旅游产业发展效应条件下文化产业关联投入最小，两个产业关联投入总成本最小点也成为文化和旅游产业融合点。文化和旅游产业在互动融合过程中存在摩擦阻力问题。摩擦阻力是指在社会经济实际运行过程中，文化和旅游产业融合发展受到多种因素的制约和影响，如地区社会经济发展水平、部门协作、组织管理、技术水平、市场开放水平等，构成了文化和旅游产业融合的摩擦成本，将会引致最终融合结果的偏离。针对文化和旅游产业的融合路径而言，会引致融合路径的偏离，即在摩擦成本影响下，一定的文化产业投入水平下，出现旅游产业关联投入过度或者不足现象；一定的旅游产业投入水平下，出现文化产业关联投入过度或者不足现象。同时，为了使研究方法与所构建的模型相匹配，本书采用基于技术效率理论的随机前沿方法对文化和旅游产业融合发展路径进行测算。

（3）条件趋同理论。

1）经济趋同的相关理论。

经济趋同由索罗提出，通过新古典经济增长模型，以技术进步揭示了地区之间经济增长过程中存在差异，是经济趋同假说的基础（刘凤良，2006）。假定其余外生变量并不产生变化，长期稳定于某一个值附近，那么经济增长将长期维持稳定状态。在边际效应递减作用下，富国经济增长将逐渐减缓，贫穷国家经济增长速度将逐渐加快，长期来看，贫穷国家经济增长水平将最终赶上富裕国家的经济增长水平，最终贫穷国家和富裕国家经济水平逐步收敛，这一现象称为经济增长趋同现象。目前，经济趋同理论被广泛应用于地区文化和旅游产业发展的经济增长、地区差异、时空演化等方面的研究（方叶林等，2018）。

2）组织趋同的相关理论。

Tolbert 等（1983）认为组织趋同过程受理性选择和合法机制的影响。在发展过程中，组织趋同现象在前期表现为自我理性选择，即组织自身能够决定是否需要采纳该制度，后期则受到合法性机制影响，即该种制度已经被其他组织所接纳，迫使组织本身接受。同时，制度环境通过强迫、模仿和社会规范也能够实现社会组织的趋同（Maggio et al.，1984）。组织趋同被用于文化产业结构趋同、地区特色文化发展战略、旅游业监督管理、消费行为、发展战略等方面（齐飞，2014）。

3）条件趋同的相关理论。

在经济趋同和组织趋同等理论发展基础上，基于系统之间的不确定性发展，谢康（2005）提出了条件趋同。从趋同的动因来看，一是社会交易成本的最小化目标。具体表现为趋同行为有利于减少协调成本（促使系统之间的偏好趋于一致性）、信息成本（解决信息非对称，实现产业组织观念和思想的一致性）、运作成本（通过产业融合和共享减少组织结构成本）和制度成本（制度相近则资源整合利用更加高效）。二是受收益递增的驱使。消费者在选择和购买某种产品和服务过程中的预期收益，会伴随着购买的人数增加而递增，是一种从众行为获得的收益。从趋同分类来看，可以划分为同质和异质趋同（属性划分标准）、条件和无条件趋同（范围划分标准）、方向相反和一致趋同、一重和多重趋同（单一技术为一重趋同，不同群体则为多重趋同）。在此基础上，肖静华等（2006）、谢康等（2012）将该理论应用于工业化与信息化的融合发展的技术路径之中。结合谢康提出的趋同理论，假定产业 A 和产业 B，两个产业在发展过程中逐渐产生相互影响和相互促进的融合发展趋势。如图2－4所示，X_1^i 代表产业 A 在某一个阶段融合过程中所处的位置，i 归属于1，2，3，…，m，起始位置为 a，X_2^j 代表产业 B 在某一个阶段融合过程中所处的位置，j 归属于1，2，3，…，m，起始位置为 b，r_1 与 r_2 分别为产业 A 趋向于产业 B 以及产业 B 趋向于产业 A 的融合系数，能够反映出两个产业融合发展的速度。在一定范围内的条件趋同理论指导下，本书探究了两个产业融合发展质量问题。

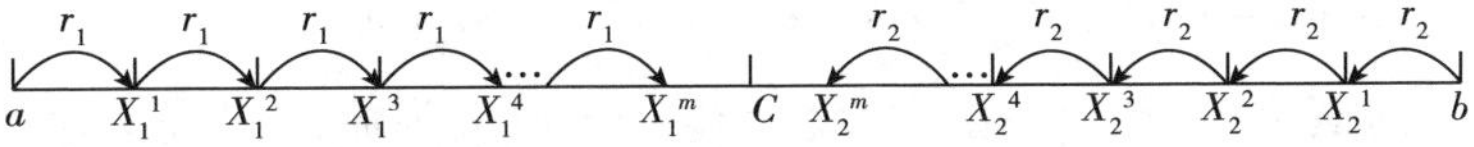

图2－4　趋同理论视角下的产业融合

资料来源：依据肖静华等（2006）、谢康等（2009）条件趋同理论绘制。

4）条件趋同理论在本书中的应用。

在技术效率和趋同理论基础上，进一步针对文化和旅游产业融合质量概念进行数理推导，谢康（2005）指出融合在经济和生物学中称为趋同，而在数学中被称为收敛现象。依据趋同模型，CUL 表示文化产业，TOU 表示旅游产业，文化和旅游产业融合过程可以表示为两个产业的趋同过程。假定 CUL^j 表示文化产业在 j 阶段末所处的位置，TOU^j 表示旅游产业在 j 阶段末所处的位置，CUL^0 设定为 a，TOU^0 设定为 b。假设文化促进旅游产业

的融合指数为 r_1，旅游促进文化产业的融合指数为 r_2，两者均是产业融合路径演化速度的反馈。为简单化模型，此处，令 $r_1=r_2=r$，假定经过一轮趋同融合之后，由原先的 CUL^0 和 TOU^0 位置演化为 CUL^1 和 TOU^1 位置，同理，在经过多轮趋同融合过程之后，由 CUL^1 和 TOU^1 位置演变为 CUL^n 和 TOU^n 位置，结合上述趋同理论可知，n 阶段末文化产业或者旅游产业所处的位置为：

$$\begin{aligned}
&CUL^1=CUL^0+r(TOU^0-CUL^0)=(1-r)CUL^0+rTOU^0\\
&CUL^2=CUL^1+r(TOU^1-CUL^1)=(1-r)CUL^1+rTOU^1\\
&CUL^3=CUL^2+r(TOU^2-CUL^2)=(1-r)CUL^2+rTOU^2\\
&\vdots\\
&CUL^n=CUL^{n-1}+r(TOU^{n-1}-CUL^{n-1})=(1-r)CUL^{n-1}+rTOU^{n-1}
\end{aligned}\tag{2-1}$$

$$\begin{aligned}
&TOU^1=TOU^0+r(CUL^0-TOU^0)=(1-r)TOU^0+rCUL^0\\
&TOU^2=TOU^1+r(CUL^1-TOU^1)=(1-r)TOU^1+rCUL^1\\
&TOU^3=TOU^2+r(CUL^2-TOU^2)=(1-r)TOU^2+rCUL^2\\
&\vdots\\
&TOU^n=TOU^{n-1}+r(CUL^{n-1}-TOU^{n-1})=(1-r)TOU^{n-1}+rCUL^{n-1}
\end{aligned}\tag{2-2}$$

由公式（2-1）和公式（2-2）可知，文化和旅游产业的融合发展是一种动态的演化过程。为此，可将上述公式定义为旅游促进文化产业融合发展、文化促进旅游产业融合发展的方程式，为进一步证明上述公式符合融合互促发展规律，只需证明第 n 个阶段 $\lim\limits_{n\to\infty}CUL^n=\lim\limits_{n\to\infty}TOU^n$，结合公式(2-1)和公式（2-2）可知：

$$\begin{bmatrix}CUL^n\\TOU^n\end{bmatrix}=\begin{bmatrix}(1-r)&r\\r&(1-r)\end{bmatrix}\begin{bmatrix}CUL^{n-1}\\TOU^{n-1}\end{bmatrix}=\begin{bmatrix}(1-r)&r\\r&(1-r)\end{bmatrix}^2\begin{bmatrix}CUL^{n-2}\\TOU^{n-2}\end{bmatrix}$$

$$=\cdots=\begin{bmatrix}(1-r)&r\\r&(1-r)\end{bmatrix}^n\begin{bmatrix}CUL^0\\TOU^0\end{bmatrix}\tag{2-3}$$

令 $A=\begin{bmatrix}(1-r)&r\\r&(1-r)\end{bmatrix}$，通过进一步求解 A^n，可以证明出 $\lim\limits_{n\to\infty}CUL^n=\lim\limits_{n\to\infty}$

$TOU^n = \frac{r\ CUL^0 + r\ TOU^0}{r+r} = \frac{1}{2}$（$a+b$），原命题成立，在经过多轮趋同融合发展之后，在假定的理想发展状态下，能够实现最终的趋同目标。为此，本书将基于条件趋同理论，尝试构建文化产业促进旅游产业、旅游产业促进文化产业发展的理论假设模型及测算模型，以进一步拟合和估算出文化和旅游产业的融合路径以及地区之间的发展差异。

（4）耦合理论。

1）耦合理论概念与特征。

“耦合”概念最早源自物理学，伴随着相关研究深入，耦合概念被拓展至生态学、社会学、经济学和管理学等领域。耦合概念也不仅仅局限于物理领域中彼此相互作用现象的单一描述，更多被用于诠释自然界以及社会经济发展过程中事物之间或者系统之间所产生的复杂性影响和彼此作用现象。在此背景下，“系统耦合”概念被部分学者进行了诠释，如彭攀（1995）认为某一个系统的功能与另外一个系统的发展条件契合，同理，另外一个系统的功能亦与某一个系统的功能吻合，构成了系统耦合循环往复回路的自组织现象，称为系统耦合。任继周等（1994）从生态系统出发，认为系统耦合是两个系统之间所产生的相互亲和行为，并不断向更深层次递进的现象。一般认为，两个或者多个系统内部要素之间表现出密切的互惠关系，称为良性耦合，反之，则称为恶性耦合。良性耦合有利于形成新的复合系统，促使整体功能大于个体分散发展，通过耦合弥补原产业自身发展过程中的不足，逐渐形成新的有机体（杨玉珍，2011）。笔者以简化的两个系统为例绘制了图2－5所示的耦合度图形。其中f（x）与g（y）分别代表两个系统，K_1、K_2、K_3依次代表由低到高不同水平的发展曲线，而BB'、O_1O'、AA'代表协调度射线，F、O_2、T处于相同发展水平，但F与T处于系统耦合的“高发展水平和低耦合水平”陷阱。O_1点虽然处于协调度射线上，但发展水平较低，容易陷入“高耦合水平和低发展水平”陷阱。可见，耦合度本质上用于衡量多个变量之间的交互作用程度，综合考虑了系统之间的发展水平和协调水平。

目前，耦合理论在旅游领域研究中已相对成熟，重点探讨了系统耦合协调作用机理、协调发展特征以及演化，并对旅游系统内部以及生态环境、城镇化、经济、文化等领域开展了广泛研究。生延超等（2009）探讨了旅游业与区域经济的耦合协调发展。翁钢民等（2016）全面测度了我国31个省（区、市）文化产业和旅游产业耦合协调发展。袁中许（2013）实证分析了乡村旅游业与大农业耦合协调发展。张春晖等（2013）基于供给和需求视角，分析了入境旅游流与目的地耦合协调发展。

2）耦合理论在本书中的应用。

基于以上分析可知，耦合理论能够探究两个及两个上系统之间的彼此影响关系。本书重点探讨了文化和旅游产业融合发展质量问题，两个产业的融合能够极大优化两个产业自身结构，提高产业发展效率，亦是融合质量的重要表征。文化和旅游产业在融合过程中实现了功能的延伸、互补和拓展，最终实现两个产业之间的紧密配合发展局面。为此，本书以我国31个省（区、市）为研究样本，在测算出文化产业促进旅游产业融合、旅游产业促进文化产业融合两条融合路径基础上，通过耦合协调模型估算两条融合路径的协同发展水平，并将其视为文化和旅游产业的融合指数。

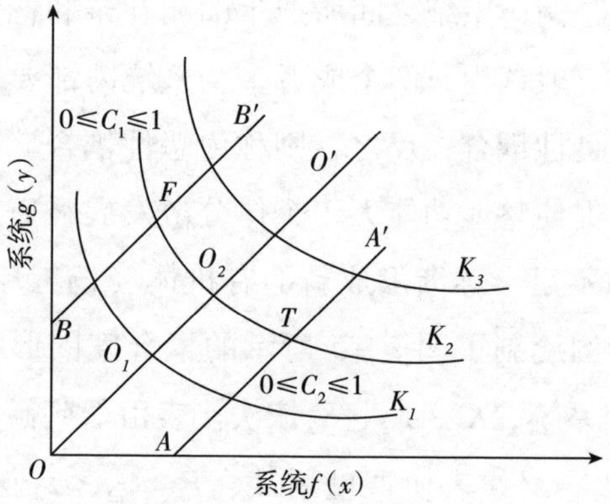

图2-5　耦合度图形解析

资料来源：依据耦合理论绘制。

2.1.2　关于指标体系构建的相关理论

为了从理论上验证本书所提出的文化和旅游产业3E评价体系的科学

性，将其与 TOE 框架理论有效结合，通过将 TOE 框架理论嵌入 3E 评价体系之中，提高了文化和旅游产业指标体系的合理性，为其提供了理论诠释和支撑。

（1）TOE 框架理论阐述。

TOE 框架理论由技术（Technology）、组织（Organization）、环境（Environment）三个维度构成（见图 2－6）。最早出现于 Tornatizky 和 Fleischer《技术创新的流程》一书中，提出了技术应用情境对其效果产生的影响。TOE 框架理论将影响技术的应用划分为三类（谭海波等，2019），一是技术资源，聚焦于技术资源对产业组织发展产生促进或阻碍的影响，地区技术资源与产业组织相互匹配则能够促进其发展，反之，则会阻碍其发展；二是组织条件，其对技术的消化吸收和应用程度，聚焦于组织应用技术所产生的影响如何，例如对组织的发展规模、组织的制度、组织的资源条件、组织的经营范围等方面（Walker，2014）；三是环境条件，组织的环境条件对组织的技术应用具有重要影响，例如组织所处的市场环境、政府政策环境、政府的规制等方面（Oliveira，2011）。伴随着 TOE 理论发展，其被更多研究所关注，广泛应用于技术应用场景的差异化分析（Awa et al.，2016；

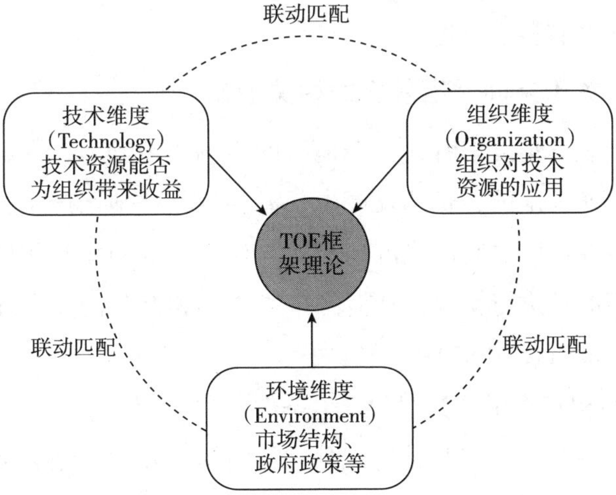

图 2－6 TOE 框架理论

资料来源：由笔者绘制。

Zhang，2017），例如电子商务、政府信息服务、大数据技术、工业数字化等领域。还有学者将其应用于政府网络建设的形成条件、政府数据开放水平的影响因素、中小企业发展的影响因素（Abed，2020）、贫困县脱贫摘帽的影响因素、知识共享扩散的关键因素、人力资源管理的影响因素等方面的分析。

（2）TOE 框架理论在本书中的应用。

综合 TOE 框架理论，借助技术、组织和环境三个维度为文化和旅游产业的指标维度建构提供理论诠释和支撑。在指标构建过程中，本书提出了"发展要素（Element）—发展效应（Effect）—发展环境（Environment）"的文化和旅游产业指标体系，简称为 3E 评价体系。通过嵌入方式将 3E 评价体系与 TOE 框架理论相融合，更好地诠释本书所构建的 3E 评价体系的合理性，即技术资源维度是文化和旅游产业融合的先决条件，人力、物力和财力的投入是否与目前文化和旅游产业组织发展相匹配，是否能够有效促进组织发展。而产业组织作为文化和旅游产业融合发展主体，其对技术要素投入产生的影响如何，其规模和绩效如何，地区环境因素与产业组织相互匹配能够促进其发展，反之，则会阻碍其发展。通过将 TOE 框架理论嵌入 3E 评价体系之中，提高了文化和旅游产业评价体系的合理性，为其提供了理论诠释和科学支撑。

2.1.3 关于空间溢出效应的相关理论

从经济地理学角度来看，一个地区的市场、劳动力、资金等经济要素和资源总量并非无限的，长期发展中，需要与其他地区产生关联，促使经济要素和资源在地区之间形成流动和相互作用。空间相互作用理论认为地区之间需要不断地进行交换，从而产生了空间相互作用，增强了地区之间的联系（Ravenstein，1885）。

（1）空间相互作用的类型和发生条件。

Haggett（1972）参考热传递现象，将空间相互作用划分为对流、传导和辐射，分别指不同地区之间的要素流动、现金交易和资源扩散。可见，地区空间联系表现为人力、物力和财力在地区之间的流动和扩散。Ullman

（1985）将空间相互作用发生的条件划分为地区之间具有互补性、中介性和可运输性。互补性指地区之间的经济贸易往来，而中介性则为推动空间相互作用产生提供可能。可运输性指地区之间的可达性，而运输距离增加，会增加空间关联的摩擦力，但伴随着信息技术的发展，这种影响在逐渐减弱。

（2）空间扩散的类型及影响因素。

空间扩散与空间相互作用的区别主要体现在，空间扩散和传播受特定时空制约，由原生地扩散至目的地需要经过一定的时间周期（秦可德，2014）。具体而言，传染扩散是从原生地逐渐向外扩散。等级扩散被应用于空间溢出效应发挥上，接受地区的吸收能力强，则扩散效应作用显著。同时，如果等级扩散过程中周边接受地区数量并未增长，则表现出重新定位扩散。影响空间扩散的因素可以分为两大类，分别为阻力和障碍因素。阻力因素是指新事物的发展只有少数群体接受，伴随着时间推移，参与群体增加，会出现“赶浪头”效应，出现爆发式的增长；障碍因素是指新事物在空间扩散过程中受到的制约因素，如自然条件、文化环境、政治环境等，同时一般情况下，空间扩散符合地理空间距离衰减规律，即距离越远，扩散作用的影响越有限。

（3）空间溢出效应与实现条件。

1）空间溢出效应。

在开放的经济体系中，本地区经济发展不仅依赖于自身基础，也需要获取自周边乃至更远地区的知识和技术扩散，从而促进本地发展繁荣。从类型上表现为宏观、中观和微观效应。宏观上能够推动产业在地区之间形成空间集聚，中观上有利于加快产业创新发展，而微观上表现为个人之间的知识传递、企业间的产品竞争等。

2）空间溢出效应的实现条件。

空间溢出效应的实现条件虽然受到多方面因素制约，但主要受到地区溢出和受益双方之间的彼此作用影响。结合已有文献来看（Shi et al.，2021），空间溢出效应影响文化和旅游产业融合发展的条件为：一是溢出与受益双方存在适当的技术发展差异，缘于溢出效应存在一定的门槛特征，即当溢出和受益双方技术距离尚未达到某一个临界位置时，溢出效应与地区双方的技术差异存在正向关联，能够产生显著的空间溢出效应；反之，空间溢出效应超过某一临界位置时，则会出现溢出效应与地区双方技术差异的负向关联，不利于空间溢出效应的发挥。二是受益方具备一定的消化吸收能力，即在溢出和受益双方存在着一定的技术差距情况下，如果受益方对溢出方的知识和技术的吸收转化能力较弱，那么在受益过程中难以实现技术效率的再次创新和提升，溢出效应亦难以实现预期效果。三是溢出和受益双方均需要长期的研发投入与合作。如果受益方研发投入不足，会引致其创新能力较弱，不利于溢出方获利，难以形成互惠和互利关系，双方难以展开长久、持续且稳定的合作。四是受益方除满足上述条件外，还应该具备相对完善的市场经济制度，这是形成高度开放经济体的必要条件，亦为溢出和受益双方合作发展创造条件，降低知识技术转移过程中产生的额外成本，提高合作效率，进而实现技术引入—空间溢出—技术创新的良性循环发展。

综合上述分析可知，空间相互作用与空间溢出具有显著关联，且在文化和旅游产业中应用相对广泛，如唐晓莉等（2016）认为地区旅游类型、空间距离、旅游承接力和旅游流规模是影响区域间旅游需求溢出的重要因素；王松茂等（2020）探究了旅游减贫的空间溢出效应；纪小美等（2015）探究了入境旅游流的空间溢出效应。亦有学者基于空间相互作用，探究了文化和旅游产业的空间关联网络，如张新成等（2021）通过空间引力模型，构建了红色旅游资源关注度的空间关联网络。王俊等（2018）运用引力模型，探究了我国地区旅游经济空间网络结构。张涛等（2021）分析了我国文化产业绿色发展效率的空间网络结构。陈金丹等（2017）探索了我国文化产业的空间关联网络。

（4）空间溢出效应相关理论在本书中的应用。

本书中有关空间溢出效应支撑理论的运用体现在两个方面，一方面是本书通过空间关联分析，判断得出文化和旅游产业融合发展在空间中具有显著的关联特征，即本地区文化和旅游产业融合发展会受到周边地区的作用和影响，提出了文化和旅游产业融合质量空间溢出效应的邻近竞争机制，对本地区和周边地区的空间竞争行为进一步探索和论证，分析不同空间竞争作用模式下会产生哪些影响，其作用差异体现在哪里；另一方面，基于空间相互作用理论，构建了文化和旅游产业融合质量的空间关联网络，通过空间相互作用的引力模型，对我国文化和旅游产业融合质量空间关联结构形态进行深入探析，即我国文化和旅游产业融合发展的时空演化过程中，文化和旅游产业融合质量的空间关联网络在整体与个体层面将表现出怎样的网络结构与演化特征。为此，该理论亦为深入探索文化和旅游产业融合质量的空间溢出效应提供支撑。

2.2　国内外相关研究进展

首先，基于国内外文化旅游融合相关文献研究进行了知识图谱分析。其次，通过针对现有文献的研究现状解析，梳理和总结出文化旅游融合研究关注的焦点。最后，围绕文化和旅游关系及融合效应、产业融合及新兴业态发展实践、产业政策及融合体制机制改革、文化和旅游产业融合质量、文化和旅游产业质量评价等论述了国内外研究进展。

2.2.1　文旅融合相关研究的趋势分析

（1）国外研究的知识图谱分析。

1）研究方法。

知识图谱是表示实体与实体之间关系的集合，通过将信息、图形学、可视化等元素内容相互融合，通过分析文献的被引用情况、共词情况、合作情况等，结合聚类分析、网络分析等方法，以“图”和“谱”的全方位、多维度、网络化和可视化的展示，将文献内部信息（包括作者、单位、摘要、关键词、引用情况等内部信息）以及关联文献之间的信息进行序列化的处理。与传统文献分析方法相比，该方法借助高效率的数据和统计分析方法，能够更为直观，避免了烦琐的文献整理和筛查，使文献管理、分析和研究更为快捷。据此，本书将采用 CiteSpace 软件来实现国内外文化和旅游产业融合发展相关研究的现状分析。该软件由陈超美教授开发，能够实现文献计量的可视化分析，针对文献作者发文及合作情况、机构发文及合作情况、文献关键词频率及突显等进行重点分析，有利于更加系统性地掌握和了解目前研究选题的发展态势、关注焦点、学科交叉情况等，在旅游学科中运用相对广泛，如国家公园、生态旅游、传统村落旅游、旅游管理、乡村旅游等领域（邓爱民等，2018；田里等，2018）。

2）数据来源。

外文文献获取自“Web of science”核心数据库合集，以“cultural tourism”或“tourism culture”或“‘cultural’且‘tourism’且‘integrat *’”为输入词条进行篇名检索。为进一步提高检索结果的精确性与可靠性，将语言设置为“English”，考虑到期刊文章的时效性和对前沿的敏感度相对高于书籍和报告等，将文献类型设置为“Article or Review”，时间检索范围设置为“2000 年至 2021 年 7 月 31 日”。在此基础上，对所获取的文献进行了筛选，剔除了与研究选题关联性不高、没有作者信息、成果介绍等无关内容。最后，获取外文文献共 1002 篇。采用 CiteSpace 5.8.R1（64 - bit）版本对所收集到的样本数据进行分析，采用 TOP 50 per slice 作为参数，重点分析了文化和旅游产业融合有关文献的作者、机构和关键词等内容。

3）发文量趋势。

依据图 2 - 7 所示的国外研究发文量趋势可知，2001—2007 年为起步探索时期，该阶段发文总量为 15 篇，占总发文量的 0.5%。2008—2014 年为平稳发展时期，截至该阶段末累计发文总量达到 180 篇，占总发文量的 16.47%，该时期重点关注了文化和旅游发展关系、文化旅游本真性、旅游与文化传承保护、文化旅游再生产等方面。2015—2021 年为快速发展时期，该阶段末累计发文总量达 1002 篇，占总发文量的 83.03%。该时期对文化和旅游产业融合的具体业态层面及其所产生的影响进行了探讨，关注了生态文化旅游、文化旅游可持续发展、文化旅游安全等话题。

从国外研究主要载文刊物来看（见表 2 - 2）：“Sustainability”共 65 篇，“Journal of Tourism and Cultural Change”共 38 篇，“Journal of Sustainable Tourism”共 28 篇，“Pasos – Revista de Turismo Y Pataimonio Cultural”共 25 篇，“Tourism Management”共 23 篇，“Journal of Heritage Tourism”共 22 篇，“Current Issues in Tourism”共 17 篇，“Asia Pacific Journal of Tourism Research”共 16 篇，“Journal of Coastal Research”共 15 篇，“International Journal of Tourism Research”共 14 篇。结合期刊类型来看，旅游类和生态类期刊发文量最多。

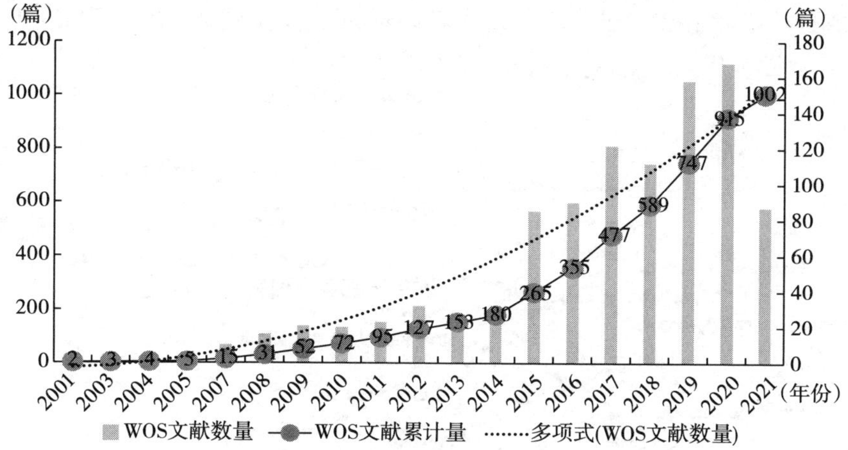

图 2 – 7　国外相关研究发文量

资料来源：由笔者绘制（截至 2021 年 7 月）。

表 2 – 2　国外文化和旅游融合相关研究前十位来源期刊（2001 年至 2021 年 7 月）

序号	来源期刊	发文量
1	“Sustainability”	65
2	“Journal of Tourism and Cultural Change”	38
3	“Journal of Sustainable Tourism”	28
4	“Pasos – Revista de Turismo Y Patrimonio Cultural”	25
5	“Tourism Management”	23
6	“Journal of Heritage Tourism”	22
7	“Current Issues in Tourism”	17
8	“Asia Pacific Journal of Tourism Research”	16
9	“Journal of Coastal Research”	15
10	“International Journal of Tourism Research”	14

4）国外研究作者共现特征。

文献作者的共现分析能够反映出该领域文献中核心作者以及作者之间的合作关系。采用赖普斯定律确定研究选题方面的核心作者（李先跃，2019）。计算公式为：M（核心作者数）$\approx 0.749\sqrt{N_{max}}$（论文最多的篇数）。计算可知，$M$ 值为 1.83，表明高于该值的核心作者共有 52 位，然而核心作者发文量占比远低于 50%，表明国外文化和旅游融合相关研究并未形成核心作者群体。进一步分析作者共现特征（见图 2－8），Tomas Lopezguzman、Angela Martinezperez、Juan Ignacio Pulidofernandez、Pablo Juan Cardenasgarcia、Pedro M Garciavillaverde 等学者存在共现，文献回溯发现其研究领域集中在遗产旅游、文化旅游行为、文化传承与旅游发展、城市文化旅游发展等方面。虽然存在局部小范围的合作，但整体上国外作者之间的合作关联并不密切。

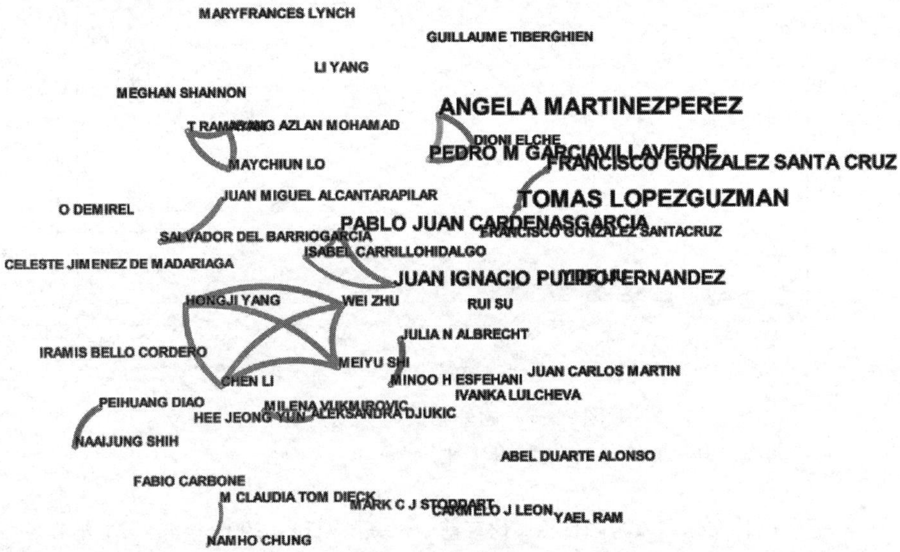

图 2－8　国外研究文化和旅游融合作者共现图谱

资料来源：由笔者绘制。

5）国外研究机构共现特征。

研究机构共现可以考察相关研究的发文核心机构及合作关系。通过研究机构共现分析可知，合作排名靠前的机构为 Hong Kong Polytech Univ、Univ Cordoba、Univ Johannesburg、Sun Yat Sen Univ、Univ Otago、Griffith Univ、Univ Queensland、Kyung Hee Univ、Univ Castilla La Mancha、Jinan Univ 等。表明文化和旅游的研究机构以高等院校为主，且在全球空间分布上主要来自世界遗产地丰富地区。从机构合作共现网络图来看（见图 2－9），共呈现出 86 个节点，节点与节点之间的连线数为 36 条，网络密度为 0.0049。表明国外文化和旅游融合发展相关研究并未形成广泛化和系统化的合作关系，其中仅出现了部分比较有代表性的合作机构，如 Univ Johannesburg、Univ Cordoba、Monash Univ、Sun Yat Sen Univ、Griffith Univ 等，机构之间的合作较为密切，其他研究机构之间的合作有待强化。

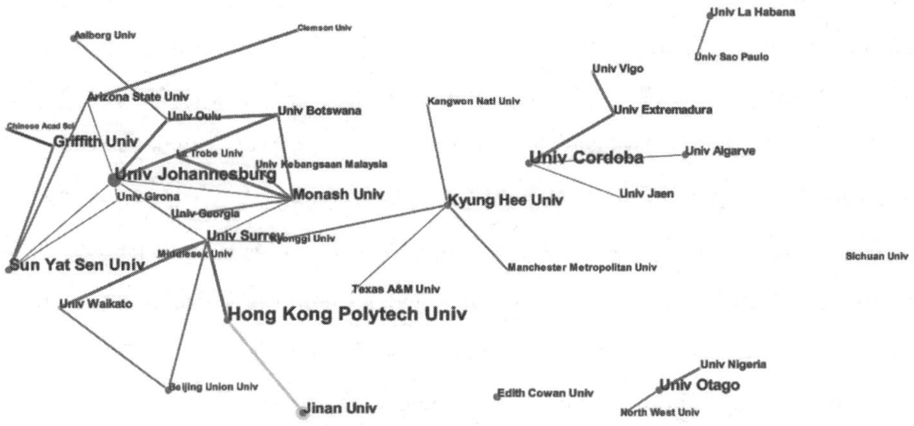

图 2－9　国外文化和旅游融合研究机构共现图谱

资料来源：由笔者绘制。

6）国外研究关键词共现分析特征。

关键词是在文献计量研究过程中，对文献主题进行高度提炼和总概，具体通过频率、突现率、中心性等量化指标判断，能够系统性和科学性地反映文化和旅游融合发展研究领域的热点、关联、重要性和发展趋势。关键词共现分析则能够直观表达文化和旅游融合发展领域有关研究的结构关联、热点和主题。为此，本书重点选取了频率、突现率、中心性三大指标进行研判。其中，频率代表关键词关注程度，其越高代表文献受关注越多。突现率代表关键词在一段时间研究中作为突出的研究热点方向，突现率越大，表示该关键词热点研究的关注程度越高。中心性为关键词的重要程度。

依据图 2－10 国外文化和旅游融合相关研究的关键词共现图谱可知，节点和字号越大，表明其在该领域文献中出现的频率越高。线条表示关键词之间的密切程度，其越粗表示节点之间的联系越密切。一般认为，关键词中心性高于 0.1 则该关键词在选题领域研究地位相对重要，而半衰期较长的关键词，被认为在该研究领域被学者关注的时间较为长久。表 2－3 为关键词网络共现图谱分析结果，该表汇总了国外文化和旅游融合发展相关研究关键词中心性前 60 名的高频词。中心性高于 0.1 的为 culture、model、satisfaction、attitude、motivation、innovation、place、quality、support、behavioral intention、participation 共 11 个。这些关键词出现的年份集中于 2011—2016 年，共同构成了国外文化和旅游融合研究的基础领域。关键词的突现率是反映某一个时期或者研究阶段，突然增加或者出现频率明显增多的关键词。关键词分析能够展示国外文化和旅游融合发展研究领域的热点和前沿成果。如图 2－11 所示，共获取了 20 个突现关键词，分别为 tourism、cultural tourism、authenticity、model、culture、ecotourism、motivation、spain、visitor、sustainable tourism、tourism development、performance、behavior、place、world heritage、involvement、resident、policy、city、satisfaction。其中“tourism”是关注最早的突现关键词，持续时间相对较长的突现关键词为 tourism、cultural tourism、authenticity、visitor、behavior。通过对该类关键词进行原文追溯，除了文化旅游融合的具体业态层面发展话题关注度较高外，文献还探讨了在商品化、外来文化冲击影响下以及旅游化开发过程中，文化遗产的原真性以及体验的真实性对目的地文化旅游所产生的影响，分析了原真性能否成为文化旅游发展的有效途径，以及这种真实性对旅游者体验和行为所造成的影响（Lee 等，2020；Su 等，2020；García，2019；Moosa，2016）等，这些也成为目前国外研究者关注的前沿焦点话题。

表 2 – 3　国外文化和旅游融合相关研究前 60 名的高频词及其中心性

序号	频率	中心性	关键词	序号	频率	中心性	关键词
1	196	0. 02	cultural tourism	31	15	0. 09	travel
2	159	0. 06	tourism	32	15	0. 00	ecotourism
3	92	0. 01	heritage	33	14	0. 03	intention
4	81	0. 03	cultural heritage	34	14	0. 11	place
5	67	0. 00	authenticity	35	14	0. 08	performance
6	63	0. 11	culture	36	14	0. 08	value
7	61	0. 06	impact	37	13	0. 00	development
8	59	0. 18	model	38	13	0. 24	quality
9	57	0. 05	management	39	13	0. 05	spain
10	45	0. 04	perception	40	12	0. 00	intangible cultural heritage
11	43	0. 03	travel	41	10	0. 01	perspective
12	42	0. 02	sustainable tourism	42	10	0. 02	image
13	38	0. 03	experience	43	9	0. 04	dimension
14	36	0. 08	destination	44	9	0. 15	participation
15	36	0. 24	satisfaction	45	9	0. 23	support
16	35	0. 1	identity	46	9	0. 10	sustainable development
17	33	0. 17	attitude	47	9	0. 01	demand
18	30	0. 04	heritage tourism	48	9	0. 04	world heritage
19	28	0. 10	community	49	9	0. 00	place attachment
20	26	0. 05	sustainability	50	8	0. 06	cultural heritage tourism
21	25	0. 05	tourism development	51	8	0. 05	determinant
22	24	0. 06	city	52	8	0. 16	behavioral intention
23	23	0. 16	motivation	53	8	0. 03	resident
24	21	0. 15	innovation	54	8	0. 03	technology
25	20	0. 02	behavior	55	8	0. 07	cultural landscape
26	19	0. 04	landscape	56	8	0. 00	ethnic tourism
27	18	0. 10	museum	57	8	0. 09	perceived value
28	18	0. 02	visitor	58	8	0. 02	policy
29	17	0. 04	conservation	59	7	0. 00	competitiveness
30	15	0. 08	rural tourism	60	7	0. 00	involvement

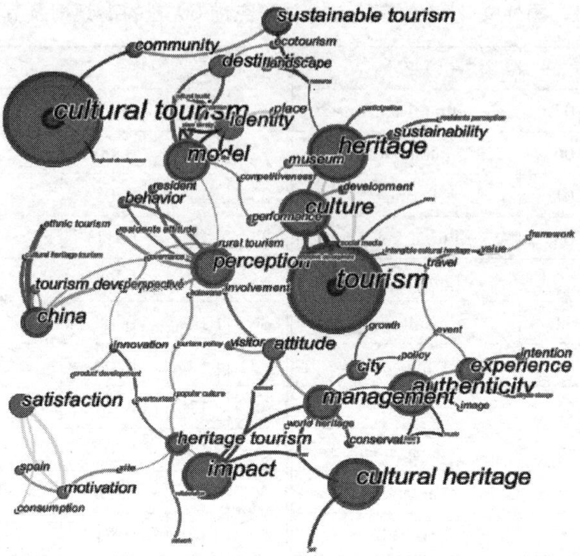

图 2－10　国外文化和旅游融合相关研究关键词共现图谱

资料来源：由笔者绘制。

Keywords	Year	Strength	Begin	End	2001—2021年
tourism	2001	5.64	2007	2009	
cultural tourism	2001	7.62	2009	2011	
authenticity	2001	3.89	2011	2013	
model	2001	2.85	2013	2014	
culture	2001	2.91	2014	2016	
ecotourism	2001	4.06	2015	2016	
motivation	2001	2.74	2015	2016	
spain	2001	3.56	2016	2017	
visitor	2001	3.24	2016	2018	
sustainable tourism	2001	2.67	2016	2016	
tourism development	2001	5.26	2017	2018	
performance	2001	4.51	2017	2017	
behavior	2001	4.37	2019	2021	
place	2001	2.73	2019	2019	
world heritage	2001	2.67	2019	2019	
involvement	2001	3.73	2020	2021	
resident	2001	3.47	2020	2021	
policy	2001	3.19	2020	2021	
city	2001	2.85	2020	2021	
satisfaction	2001	2.82	2020	2021	

图 2－11　国外文化和旅游融合相关研究突现关键词

资料来源：由笔者绘制。

（2）国内研究的知识图谱分析。

1）数据来源。

国内文献获取自“CNKI”的核心期刊数据库，以“文化”“旅游”“融合”为检索词进行“篇关摘（篇名、关键词和摘要）”查询。时间范围设定为“2000年1月1日至2021年7月31日”。在此基础上，将书评、内容不相关、会议综述和缺少作者信息等文献剔除。最后，共得到983篇文献数据。在测算方法上与国外文献计量分析相同，亦将TOP 50 per slice作为参数，系统性地分析文化和旅游产业融合相关文献的作者、机构和关键词等内容。

2）发文量趋势。

由图2－12所示的国内相关研究发文量趋势可知，2000—2008年为起步探讨时期，发文总量为48篇，占总发文量的3.81%。2009—2021年为急速攀升期，发文总量为1259篇，占总发文量的96.19%。可能原因在于，2009年《关于促进文化和旅游结合发展的指导意见》提出强化文旅融合发展，打造一批文化和旅游融合发展的品牌和业态产品。通过政策扶持带来的红利效应，对产业发展扶持力度加大，文化和旅游产业融合发展进程加快，推动了学者对文化和旅游产业融合发展关注的持续走高。尤其是

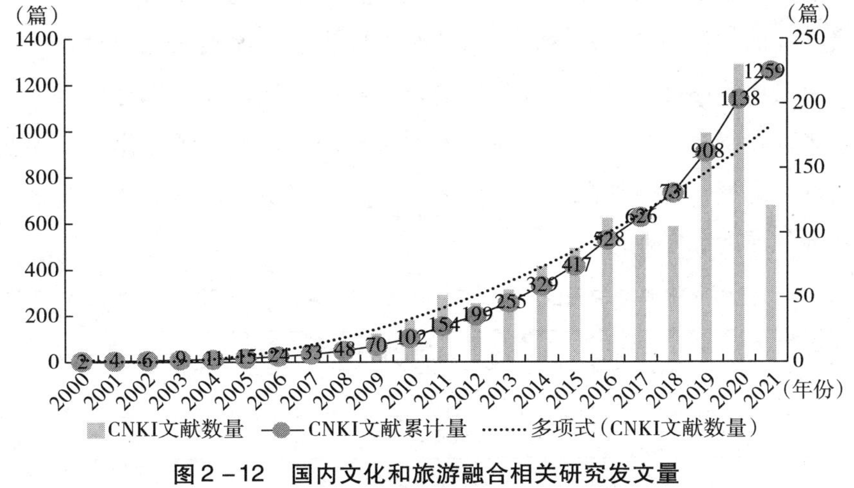

图2－12　国内文化和旅游融合相关研究发文量

资料来源：由笔者绘制（截至2021年7月）。

2018 年后，国家文化和旅游部组建，一系列产业融合发展的扶持政策相继出台，文化和旅游融合研究热度再度高涨，发文量高达 633 篇，占总发文量的 50.28%。

进一步分析发文量前十位期刊发现：《旅游学刊》45 篇，《农业经济》36 篇，《贵州民族研究》29 篇，《经济地理》24 篇，《社会科学家》21 篇，《企业经济》20 篇，《体育文化导刊》20 篇，《人民论坛》19 篇，《西南民族大学学报（人文社会科学版）》16 篇，《中华文化论坛》13 篇（见表 2-4）。由此可见，国内文化和旅游融合相关研究主要发表在旅游、农业、文化、社会等期刊。

3）国内研究作者共现特征。

根据前述赖普斯定律在确定文化和旅游融合研究核心作者功能上的优势，计算出发文量最高作者总发文量为 6 篇，*M* 值为 1.83（达到该数值及以上的篇数为核心作者）。经统计发现共有 191 位作者满足要求，共同形成了国内作者的核心研究群体。但国内核心作者群体内部的合作研究相对较少。其中，具有代表性的作者合作团队为黄震方、孙九霞、刘沛林、明庆忠、李伯华、张海燕、王忠云、尹华光等学者，重点探讨了文化和旅游产业融合发展、乡村文化旅游发展、传统村落、特色小镇、民族文化旅游发展、武陵山地区文化旅游发展。研究者合作情况连线相对稀疏，表明研究者之间的合作关系并不密切，团队合作较少。考虑到文化和旅游产业融合具有跨产业属性，呈现出较强的辐射性和关联性，多学科合作将更为普遍，未来在研究过程中，应该注重不同学科和领域的学者合作，发挥各自学科优势力量，通过加深不同学科之间的交流与协作，提高文化和旅游融合研究的深度和专业性。

表 2-4　国内文化和旅游融合相关研究前十位来源期刊（2000 年至 2021 年 7 月）

序号	来源期刊	发文量
1	《旅游学刊》	45
2	《农业经济》	36
3	《贵州民族研究》	29

续表

序号	来源期刊	发文量
4	《经济地理》	24
5	《社会科学家》	21
6	《企业经济》	20
7	《体育文化导刊》	20
8	《人民论坛》	19
9	《西南民族大学学报（人文社会科学版）》	16
10	《中华文化论坛》	13

4）国内研究机构共现特征。

与国外研究机构共现特征相比，国内机构之间的合作关联相对较少，且并未形成有效的网络合作关联，机构之间的协作关系有待强化。研究机构上，与国外具有一致性，以高校和研究院所为主，从研究机构的二级院所来看，以经济管理和地理科学为主。地区分布上以东部和中部高等院校为主，发文量较大的研究机构为：华中师范大学国家文化产业研究中心、华东师范大学经济与管理学部、云南大学工商管理与旅游管理学院、西北师范大学旅游学院、中山大学旅游学院、吉首大学商学院等。结合文献追溯来看，部分高校围绕地区资源特色展开研究，如华中师范大学重点对武汉及周边省份的文化旅游发展进行了探索，吉首大学重点探讨了武陵山和湘西地区文化和旅游资源开发、民族文化旅游以及产业发展等，中山大学则围绕广州民族地区、传统村落、特色街区等展开探讨，云南大学则对遗产地区和民族地区文化旅游发展进行了丰富研究。可见，一方面，地域特色文化资源及其开发程度对研究机构选题具有较大的影响，这一点与国外研究机构结论相一致。另一方面，在研究过程中更加关注地区文化旅游发展实际，更关注将实践发展与理论研究相结合，在研究问题的选择和分析逻辑上，重点突出揭示和探寻地区文化和旅游融合发展中存在的现实问题。

5）国内研究关键词共现分析特征。

图 2－13 为国内文化和旅游融合相关研究关键词共现图谱。关键词中心性高于 0.1 被视为在该领域具有重要地位，进一步统计发现共有 7 个关

键词中心性高于0.1，依次为文旅融合、产业融合、乡村旅游、文化旅游、乡村振兴、融合发展、非物质文化遗产（见表2-5）。从关键词出现的年份来看，主要集中于2011—2018年，是国内文化和旅游融合研究的基础阶段。结合关键词突现率来看（见图2-14），共有旅游开发、旅游业、文化产业、产业融合、旅游产业、融合发展、文化旅游、文化创意产业、发展战略、旅游资源、体育旅游、特色小镇、休闲农业、供给侧改革、乡村旅游、全域旅游、文旅融合、高质量发展、公共图书馆19个关键词，其中持续时间较长的突现关键词为旅游开发、旅游业、产业融合、旅游产业、文化创意产业。与国外研究聚焦于文化旅游的原真性和旅游者体验，更注重文化产品开发过程的真实性及其对文化旅游发展产生的影响相比，国内研究除了关注文化和旅游发展关系外，也注重产业层面的文化旅游融合发展，尤其是两个产业层面深度协调和融合发展问题。通过文献溯源来看，国内学者对文化和旅游产业融合的类型（石映昕等，2021）、时空演化及驱动力（刘安乐等，2020）、产业链（刘洋等，2019）、路径（黄先开，2021）等进行了探讨。

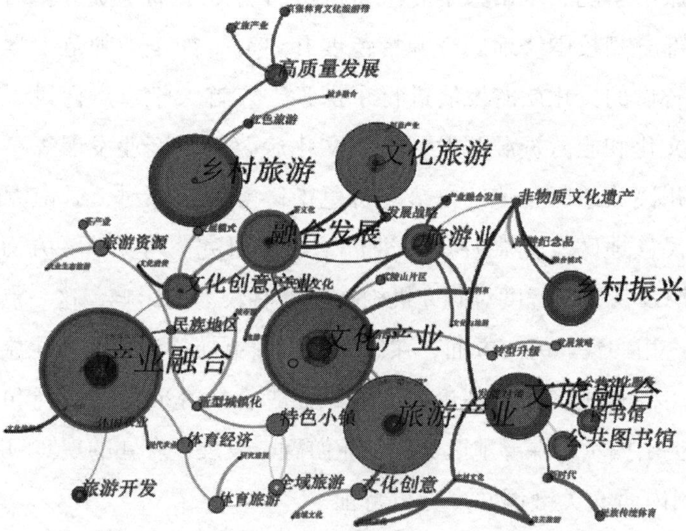

图2-13 国内文化和旅游融合相关研究关键词共现图谱

资料来源：由笔者绘制。

表 2－5　国内文化和旅游融合相关研究前 60 名的高频词及其中心性

序号	频率	中心性	关键词	序号	频率	中心性	关键词
1	157	0.68	文旅融合	31	8	0.01	文旅融合发展
2	103	0.27	产业融合	32	7	0.00	民族文化
3	85	0.09	文化产业	33	7	0.00	休闲农业
4	79	0.10	旅游产业	34	7	0.00	食用菌
5	76	0.20	乡村旅游	35	7	0.00	精准扶贫
6	61	0.12	文化旅游	36	7	0.01	生态旅游
7	54	0.13	乡村振兴	37	7	0.02	发展路径
8	47	0.13	融合发展	38	7	0.03	传统村落
9	38	0.05	旅游业	39	6	0.00	产业融合发展
10	23	0.01	公共图书馆	40	6	0.00	旅游纪念品
11	23	0.02	文化创意产业	41	6	0.00	文化旅游产业
12	17	0.00	旅游开发	42	6	0.00	供给侧改革
13	17	0.04	特色小镇	43	6	0.01	新时代
14	17	0.05	民族地区	44	5	0.00	发展战略
15	17	0.05	高质量发展	45	5	0.00	驱动机制
16	16	0.16	非物质文化遗产	46	5	0.00	发展策略
17	15	0.00	体育经济	47	5	0.00	文化遗产
18	15	0.06	全域旅游	48	5	0.00	旅游公共服务
19	14	0.02	文化创意	49	5	0.00	文旅产业
20	13	0.00	图书馆	50	4	0.00	现代农业
21	13	0.06	旅游资源	51	4	0.00	文化与旅游
22	12	0.00	公共文化服务	52	4	0.00	文化消费
23	12	0.03	体育旅游	53	4	0.00	旅游者
24	12	0.03	地域文化	54	4	0.00	茶文化
25	10	0.01	红色旅游	55	4	0.00	公共服务
26	9	0.00	发展模式	56	4	0.00	协同发展
27	9	0.03	新型城镇化	57	4	0.00	体育文化
28	9	0.04	体育产业	58	4	0.00	转型升级
29	8	0.01	一带一路	59	4	0.00	城乡融合
30	8	0.01	民族传统体育	60	4	0.00	乡村旅游地

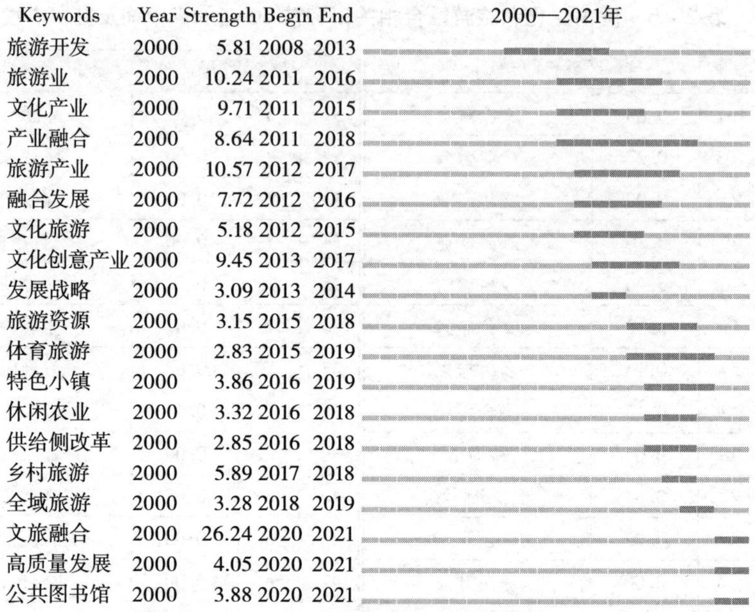

图2-14 国内文化和旅游融合相关研究突现关键词

资料来源：由笔者绘制。

综上所述，伴随着文化旅游实践活动开展，国内和国外学者对文化和旅游融合发展研究保持了长期和持续性的关注，研究主题先后经历了文化和旅游关系论述、文化和旅游发展产生的影响、产业层面的融合、新兴业态发展等，并取得了丰富的研究成果。从国内外文化和旅游融合发展研究的侧重点来看，国外研究更注重某一具体业态层面的文化和旅游融合发展研究，并对文化和旅游融合发展过程中的互动关系、产品开发与管理、文化旅游体验、文化旅游发展中的原真性等给予了较多关注。国内研究除了关注文化和旅游融合发展关系探讨外，对产业层面的协调和融合的评价、时空演化、动因、产业链条、路径等关注较多。而国外鲜有对文化和旅游产业融合的提法（徐翠蓉等，2020）。总体上，无论是国外还是国内研究，均将增强文化和旅游之间的协同效应视为文化和旅游融合发展的重要目标，认同文化和旅游之间存在较高的互促关系。虽然目前国内外文化和旅游融合研究已经取得了相对丰富的成果，但学者之间以及研究机构之间的合作不够密切，缺乏跨学科和地域之间的协作研究。伴随着文化和旅游融合发展壮大，相关理论亟待深入，研究方法需要进一步创新。在新时代高质量发展背景下，文化和旅游融合内涵更为丰富，相关研究应该强化与时代背景、政策文件、行业发展实践的敏感度，通过加强作者和机构之间的协作，从更多学科视角、更多理论维度对文化和旅游融合出现的新问题、新特征展开研究，推动文化和旅游融合纵深发展。

据此，结合文化和旅游产业融合质量主题，在上述分析总结基础上，本书将从文化和旅游关系及融合效应、产业融合及新兴业态发展实践、产业政策及融合体制机制改革、文化和旅游产业融合质量、产业发展质量评价等层面论述国内外研究进展。

2.2.2　文旅融合相关研究进展

（1）文化和旅游关系及融合效应研究。

1）文化和旅游关系相关研究。

伴随着文化和旅游融合的深入发展，文化和旅游关系亦呈现出新趋势和新方向，表现为文化和旅游关系研究由模糊化到更加具象化、由浅层到深层、由物质到精神、由资源到创意等方向转变。Csapo（2012）基于产品视角，认为文化旅游是一种产品，文化元素加入成为旅游目的地的独特产品和竞争优势。更为激进的观点则将旅游活动等同于文化旅游，如 Metelka（1996）认为除去文化旅游外，不存在其他类型的旅游活动。Muntean 等（2012）提出了任何形式的旅游活动都离不开对文化的需求。Jelen（2018）则认为旅游者远离惯常环境的外出旅行就是文化旅游。随着文化旅游新兴业态涌现，文化和旅游的关系已经由不可移动的文化历史遗址和遗迹，向有形和无形的服务、体验、精神和创意产品发展。为此，Davidová（2008）将文化旅游划分为创意旅游、生活旅游和旅游伦理。Lavinia（2008）认为文化旅游包括遗产旅游、城市旅游、民俗旅游、节事旅游、创意旅游等方面。Hurst 等（2020）从尊重、信任、文化认同、交流、治理、精神等方面提出了文化和旅游关系的敏感性概念。国内学者结合我国新时代文化和旅游融合发展的目标和要求，从多个角度诠释了文化和旅游之间的关系，并绘制了文化和旅游关系研究视角分类图（见

图2－15）。具体而言，张朝枝（2018）提出旅游者找寻文化身份认同是文化和旅游关系的起源。马勇等（2019）认为区域视角下文化和旅游关系体现为文化距离、旅游流和区域协作。宋子千（2019）指出文化和旅游的

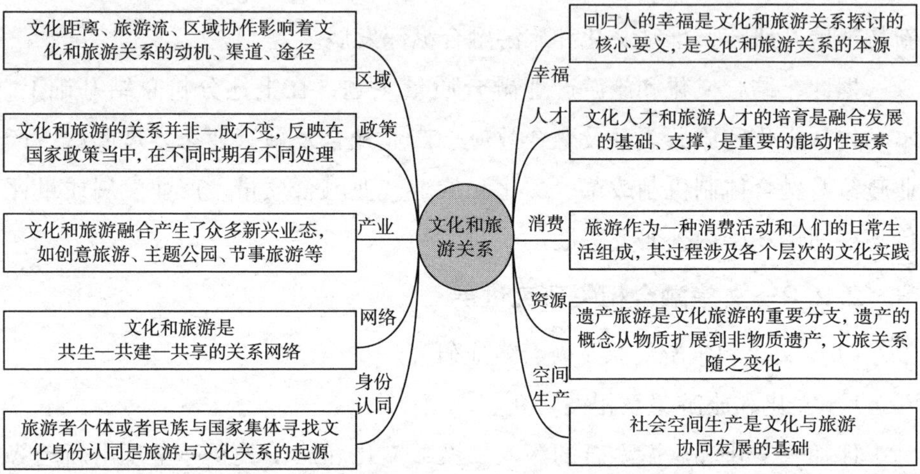

图2－15　不同视角下文化和旅游关系分类

资料来源：由笔者绘制。

关系与国家不同时期的政策密切关联。陈怡宁等（2019）认为空间生产是文化和旅游协同的基础。毕绪龙（2019）提出人才培育是文化和旅游融合的首要因素。徐金海（2019）认为人的幸福是文化和旅游关系的核心要义。范建华等（2020）认为文化和旅游在产品、内容和消费上本为一体。陆明明等（2021）从网络视角出发，指出两者关系是共生、共建和共享的关联网络。

2）文化和旅游融合效应的相关研究。

本书梳理并总结了文化和旅游融合效应（见表2－6）。其中，文化效应是文化和旅游融合发展的最直接体现（吴丽慧等，2017），文化和旅游融合对文化资源的整合利用效率明显高于其他产业的融合，创造出独特的文化旅游品牌，打造了明星化的区域文化旅游形象；社会效应是发展文化的首要目标，国家《文化产业振兴规划》亦明确规定了文化产业发展的社会效应属性，而旅游业产业的发展亦是满足群众精神文化需求，文化和旅

游融合发展是对传统文化的深入挖掘，通过传递积极向上的精神来提高居民素质，从而实现社会效应（李峰，2014）；经济效应体现在促进剩余劳动力就业，为地区带来收益和拉动地区经济增长（马胜清，2021）。同时，文化和旅游消费效应凸显，表现为文化和旅游产业融合会催生出新的服务、产品和消费市场需求，这一过程既是对原有消费品的替代，又是创造新的消费需求，满足居民对于多元化、高质量、高水平消费层次需求。文化和旅游融合使得两个系统更包容、多元和开放，有利于扩大地区市场边界。

表 2－6　文化和旅游融合效应

融合效应	融合效应阐发
文化效应	文化效应是文旅融合的最直接效应，有利于文化资源保护、推动文化的交流与传播、创造出地区独特的文化旅游品牌，打造明星化的区域文化旅游形象（吴丽慧等，2017）
社会效应	社会效应是发展文化的首要目标，提高居民素质，实现社会主义精神文明建设（李峰，2014）
经济效应	带动地区就业，创造新的消费需求，满足人民群众多元化、高质量、高水平消费需求（马胜清，2021）
协同效应	协同效应是文化和旅游融合的关键效应，文化软实力与旅游硬实力的协同（张苏秋等，2020）
引领效应	引领效应能够促进地区经济结构优化，有利于转变地区经济发展方式，推动资源经济转型，催生出历史街区、文化旅游演艺、主题公园等业态，建设文化旅游特色小镇，引领和助力第三产业发展（朱鹏，2014）
乘数效应	乘数效应是驱使原先文化和旅游功能通过产业融合产生的放大倍增，拉动地区投资和基础设施建设，发挥文化和旅游产业自身的广泛的关联性和辐射性，带动相关产业发展（张宜，2017）
结构优化效应	结构优化效应一方面能够提高自身供给能力，满足消费市场需求，另一方面产业的融合离不开创意技术进步和扩散的推动作用，这一过程也是对产业相关联的要素资源有效重组阶段，本质上是一种产业创新发展行为（王兆峰，2011）
竞争力提升效应	融合提高了业态竞争实力，产业融合带来了文化和旅游产业原有链条的重组，使得文化和旅游产业发生协同关联，降低了成本，提高了文化和旅游的共享性，对市场也进行了整合和扩充，产业融合的规模经济扩大了发展空间和范畴（程圩等，2021）

协同效应是文化和旅游融合发展的关键效应，体现为文化资源、创意、精神等软实力建设与旅游产品、服务和市场等硬实力建设的协同发展（张苏秋等，2020）；引领效应主要通过文化和旅游产业融合发展，促进地区经济结构优化，作为绿色第三产业，有利于转变地区经济发展方式，尤其是推动城镇化建设过程中，推动资源经济转型，发展历史街区、文化旅游演艺、主题公园等，建设文化旅游特色小镇，引领和助力第三产业发展，形成规模经济（朱鹏，2014）；乘数效应指通过文化和旅游融合，将原先文化和旅游功能通过产业融合产生的放大倍增，拉动地区投资和基础设施建设，发挥文化和旅游产业自身的广泛的关联性和辐射性，带动相关产业发展（张宜，2017）；结构优化效应是指文化和旅游产业融合一方面能够提高自身供给能力，满足消费市场需求，另一方面产业的融合离不开创意技术进步和扩散的推动作用，这一过程也是对产业相关联的要素资源有效重组阶段，本质上是一种产业创新发展行为（王兆峰，2011）；竞争力提升效应是文化和旅游产业的融合提高了业态竞争实力，产业融合带来了文化和旅游产业原有链条的重组，使得文化和旅游产业发生协同关联，降低了成本，提高了文化和旅游的共享性，对市场也进行了整合和扩充，产业融合的规模经济扩大了发展空间和范畴（程圩等，2021）。

（2）文化和旅游产业融合及业态发展研究。

1）国外相关研究进展。

国外有关研究主要聚焦于文化和旅游融合的某一个具体业态层面，如文化旅游节庆、创意旅游、影视旅游、遗产旅游、主题公园、文化旅游产品等，核心观点侧重于文化和旅游产业的相互促进功能和影响，具体包括提高旅游产品内涵和品质、提高文化资源向产业资源转化效率、传播和弘扬地区文化等方面（Brendan，2016）。总体上可归纳为文化和旅游产业融合的供给（包括文化遗产与旅游产业的融合发展、文化创意与旅游产业的融合研究）和需求两个层面。

供给层面1：文化遗产与旅游产业的融合发展。

有关文化遗产与旅游产业的相互作用研究可以划分为两类：一是文化

遗产与城市旅游融合研究。Bob 等（2005）以香港为例，基于利益相关者视角，认为城市文化遗产管理离不开利益相关者推动作用。Hertiari（2014）则以印尼城市 Surabaya 为案例，认为遗产旅游开发能够加快城市化进程。Lim（2011）以槟城为案例，得出了地方政府和企业协调配合在推动遗产旅游开发与城市旅游融合方面发挥了积极作用。Chai（2011）通过槟城尝试打造的历史名城乔治城为例，揭示了旅游城市化问题与遗产保护之间的矛盾。Bujdosó（2015）提出文化遗产在区域发展中具有举足轻重的地位，是影响地区竞争力的重要因子。Dans 等（2019）、Osman 等（2018）重点探究了遗产管理、可持续发展、城市转型、冲突理论（conflict theory）等方面的问题，认为文化遗产管理有利于加快城市化进程，在文化遗产旅游可持续发展理念指导下，成为推动城市经济增长、转型和实现复兴的有效模式，是城市竞争力的重要来源，并且由冲突模式走向合作共生发展的良性模式。二是文化遗产与旅游开发融合研究。Loulanskit 等（2011）通过元分析指出利益相关者参与、市场和产品多样化、资金提供、国际治理和支持系统、遗产资本方法、目的地管理等因素是文化遗产旅游开发的基本组成部分。Bujdosó 等（2015）提出文化能够提高旅游产业的区域竞争力。Dans 等（2019）对西班牙 Altamira 文化遗产进行研究，发现存在价值、审美价值、经济价值、遗产价值、社会价值是影响遗产地旅游开发的重要因素。Bui 等（2020）基于社会生态系统的视角，探究了大众旅游的开展对文化遗产地空间文化变化的适应能力，以进一步深入挖掘地区文化资源的旅游开发潜力。可见，文化遗产在旅游开发中，既有助于形成文化旅游产业集群，提高地区旅游产业竞争力，又能够保护地区文化遗产，遵循文化继承的同时进行创新，形成复合型的文化遗产旅游产品，是文化遗产旅游开发的一般路径。

供给层面2：文化创意与旅游产业的融合研究。

有关文化创意与旅游融合的相互作用研究可划分为以下三类：一是现代文化、流行文化和旅游产业融合研究。Larson 等（2013）认为流行文化有利于提升旅游目的地形象，虽然流行文化有利于吸引旅游者，但流行文化会对地区文化形成冲击和影响。Lee 等（2016）认为流行文化对旅游目的地形象产生了重要影响，对目的地吸引旅游流产生积极作用。Whang 等（2016）将流行文化参与分类为持久水平和情境水平，将流行文化参与的概念应用于旅游话语，以了解其对目的地形象和访问意图形成的影响。可见，流行文化对旅游产业的影响体现在对旅游目的地现象营销和推广方面，且流行文化的影响作用对旅游目的的重要程度在上升。二是影视业与旅游产业融合研究。Connell（2012）认为电影旅游已成为旅游产业发展的重要增长部门，并且是推动旅游业发展的驱动力，认为电影文化和旅游的深入结合，将成为旅游目的地新的增长点。Hobikoğlu 等（2015）通过乘数效应分析了电影业对城市经济、文化和旅游发展的贡献，认为电影产业是连接旅游经济和文化发展的桥梁。Edelheim（2009）以动画片为案例，从教育建构主义视角分析了学生群体对旅游目的地社会认知过程所产生的影响。三是作为文化和旅游产业融合的典型业态主题公园。Zhang 等（2021）认为主题公园具有隐含的消费符号和文化意蕴，被视为城市文化旅游空间开发的重要选择，是文化和旅游产业融合的典型业态模式。总之，文化创意与旅游产业融合能够在推动旅游产业转型、宣传和推广目的地营销、推动旅游市场创新发展和加快文化和旅游融合进程等方面发挥重要作用。

需求层面：文化和旅游产业融合的需求研究。

部分学者从旅游者的文化动机、认知和体验角度出发，提出了旅游者个体行为特征和文化认知的差异决定了需求的差异化。如 Altunel（2015）等尝试对这种差异的动机和来源进行分类研究。在诸多文化旅游产品类型中，文化旅游的体验类研究最多，Chambers（2009）指出伴随着旅游者环保、教育、阅历等水平的提高，对旅游产品的深度体验认知将更加强烈，旅游者会期待更有广度和深度的旅行体验，在满足休闲娱乐的同时，实现自我价值的提升。Lynch 等（2011）认为旅游者往往对旅游目的地原生文化具有强烈兴趣和需求。Weaver 等（2017）以中国侨民为研究对象，通过观察其在中国的文化消费和体验活动，认为这是一个独特的消费群体，应该针对该群体制定和设计独特的产品和营销策略。Vergori 等（2020）提出文化旅游具有非季节性特征，能够抵消旅游目的地淡季带来的影响，认为老年游客群体是文化旅游市场的重点消费群体。Sánchez 等（2021）尝试构建了衡量文化旅游行为的模型，认为社会文化和旅游者对目的地忠诚度具有密切关联，能够增加旅游者对目的地的重复访问。Gavriilidis（2021）采用 Facebook 数据源进行研究，认为社交网络与文化旅游需求之间存在显著关联。综上所述，需求是文化旅游融合的重要驱动力，考虑到旅游者群体的个体教育背景、社会文化环境、阅历和经验不同，在选择文化旅游产品时存在个体差异偏好。同时，在诸多文化旅游产品和服务中，体验类市场需求最高，相关研究指出，在提供文化旅游产品时应注重区分这种差异。

2）国内相关研究进展。

与国外研究相比，国内研究更关注促进文化和旅游产业融合发展这一课题，相继探讨了文化和旅游产业融合动因、路径模式、融合机制等问题（周建新等，2021），并将其拓展至演艺、动漫、遗产、文创、文化街区、主题公园等新兴文旅业态研究。为此，国内相关研究将从文化旅游融合的发展机制和新兴业态发展两个层面展开。

第一，文化和旅游产业融合的发展机制研究。

从文化和旅游产业融合动因来看，周春波（2018）发现消费需求、技术创新和政府规制三个方面均对我国文化旅游融合产生显著的推动作用。黄蕊等（2017）结合东三省文化和旅游发展实际，提出融合的动力机制包括文化要素、文化消费、技术创新、政府管制四个层面。侯兵等（2020）结合新时代高质量发展要求，提出生产、技术和产业是驱动融合的内部动因，消费、共享、创意、体制是外部动因。整体上，文化旅游融合的动因主要围绕内部和外部、供给和需求视角，且基本围绕消费需求、资源整合、技术创新和政府规制四个方面展开探讨。

从文化和旅游产业融合的路径模式来看，大致可以归为两大类。一是以文化产业为主导的融合路径模式。通过文化资源的旅游化利用，尤其是文化创意和价值逐步向旅游产业延伸，不断丰富旅游产品，扩大其内涵和外延，推动旅游产业转型升级。例如博物馆旅游、非遗旅游、红色文化旅游、特色文化小镇、文化产业园区、会展旅游等。任云兰（2016）探讨了强化地区文化资源保护和旅游产业协同发展。韩丽群（2011）提出历史文化内涵是促进旅游产业发展的基础性资源。刘瑞明等（2020）指出文化体制改革激发了文化市场活力，促进了文化和旅游融合。二是以旅游产业为主导的产业融合路径模式。通过对文化资源的保护利用和开发，推动资源向产品转换。与此同时，大众旅游市场发展为文化产业发展带来了新的发展空间。桂拉旦等（2016）探讨了在自然和文化资源丰富的乡村地区，文化和旅游产业融合背景下，乡村旅游精准扶贫发展模式。林明水等（2021）认为红色旅游发展有利于该区域红色文化资源的有效整合，推动地区红色文化旅游融合和协同发展。据此，绘制了文化和旅游产业融合路径及产品概念图（见图2－16）。

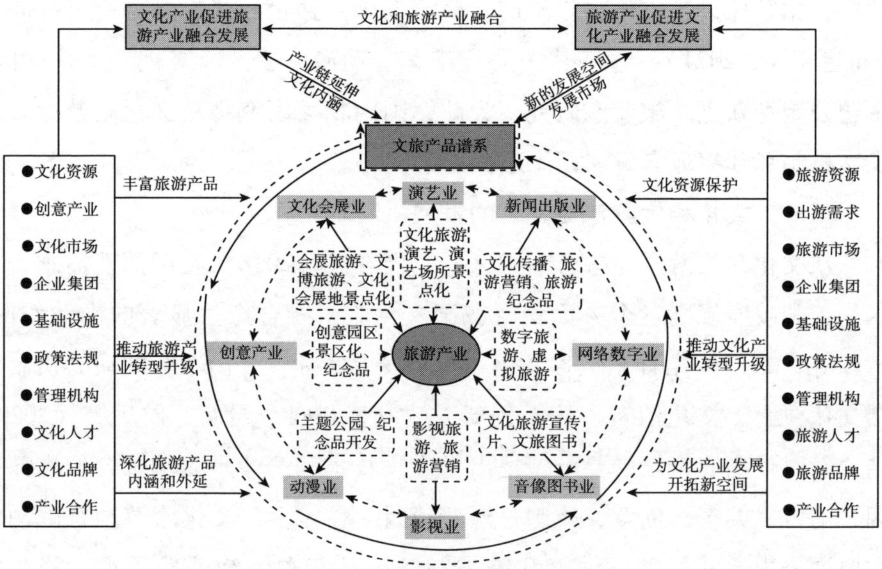

图2－16　文化和旅游产业融合路径模式

资料来源：系统梳理相关文献由笔者绘制。

从文化和旅游产业的融合机制来看，曾博伟等（2020）提出“十四五”时期，我国应该加快构建政府、企业、社会多方协同的融合体制机制。崔凤军等（2020）在文化和旅游部组建后，提出职能、市场、服务等融合发展。同时，伴随着数字技术和数字经济的发展，众多学者探讨了数字化和网络化等技术手段变革兴起，文化旅游的服务、产品、消费和体验方式随之产生变化，引发两个产业融合机制不断创新变革（郑憩，2020；曾博伟等，2020；冯学钢等，2021；白凯等，2021；孙九霞，2021）。整体而言，文化和旅游产业融合机制集中体现在文化旅游内涵、市场发展、体制机制、技术进步等方面（见图 2－17）。

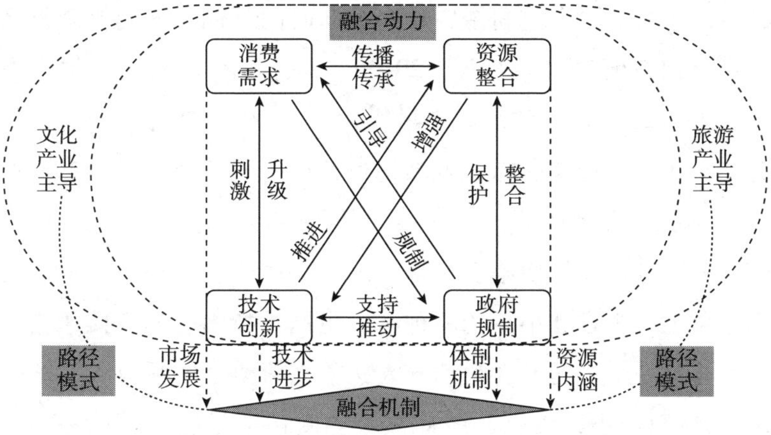

图 2－17　文化和旅游产业融合发展机制

资料来源：由笔者绘制。

第二，文化和旅游融合的业态发展。

文旅融合衍生出了演艺、主题公园、博物馆旅游等多种业态类型。具体而言，文化旅游演艺是指文化艺术表演与旅游活动相结合，作为一种旅游吸引物，是塑造地区旅游品牌和营销推广的新范式，是汇集了文化创意、传统文化、节庆、造型艺术、舞台表演等的大型娱乐休闲文化旅游产业（焦世泰，2013）；主题公园是融合了旅游休闲、文化娱乐、餐饮、酒店等内容的综合场所，主题公园空间分布结构以人口规模和经济体量较大地区为主（肖妮等，2019），主题公园发展与旅游城市化进程密切关联，同时主题公园的品牌和 IP 属性，能够与影视、动漫等结合，为旅游者提供深入和丰富的文化旅游体验（李秋雨等，2013）；博物馆旅游是文化和旅游产业深度融合的体现（钱兆悦，2018），是将公共文化服务与旅游产业发展深度结合，是文化旅游融合高质量发展的趋势，博物馆的内涵和范畴得以延伸，尝试与更多的产业进行融合，形成大博物馆旅游综合开发体；非物质文化遗产旅游是非遗与旅游开发的有效融合，能够加深旅游者身临其境的体验感，旅游者的参与是非遗“活态化”发展的关键（吕宛青，2019；刘少艾等，2020）。此外，伴随着城市商圈发展，夜间经济兴起（中国旅游研究院文化旅游研究基地等，2020）。2019 年是夜间文化旅游元年，是将城市旅游的横向空间拓展转向纵向时间延伸，夜间旅游是文化和旅游产业融合创新模式（戴斌等，2019）。生态文化旅游以保护生态为核心（黄渊基等，2017），1997 年最早提出了“99 生态旅游年”，在“两山”理论指导下，生态文化旅游发展迅速，在研究区域上以生态资源相对丰富的地区为主（肖黎明等，2021）。主题酒店是指具有特定文化氛围和提供个性化的服务，能够使旅客获得深度文化体验和知识。主题酒店根据类型可以划分为大主题和小主题两种，大主题是指酒店的整体风格，而小主题是指展开某一个主题或者活动。人文主义精神是主题酒店的核心（魏小安，2005）。目前主题酒店发展存在着创新性不足、主题单一、产品不完善、形象模糊、服务不到位等问题。乡村文化旅游是乡村旅游和乡村文化的有机融合（张艳等，2007；李勇军等，2016），乡村文化是乡村旅游的灵魂（黄震方等，2015），伴随着国家美丽乡村、乡村振兴战略、精准扶贫等的提出，乡村文化旅游的研究范围相对较广，涉及产品开发、文化建设、可持续发展等方面。特色小镇是在城乡一体化发展过程中产生的，文化是其精神内核，对地区文化的挖掘和再造不足是旅游特色小镇面临的文化难题。部分学者指出，旅游特色小镇需要在步行、体验、环境、景区和主题方面进行重点规划（刘家明，2018）。旅游街区既包括城市商业街区，是创意文化和旅游的融合，是“创意 + 文化”“创意 + 商业”的新载体（中国旅游研究院文化旅游研究基地等，2020），也包括历史文化街区，是城市中具有较高的历史文化价值和遗迹保存相对完整地区（廖春花等，2015）。既能够满足旅游者对了解地区文化的需求，其厚重的文化特色也是城市文化旅游的品牌，其文化旅游体验包括审美、教育、娱乐、社交等方面，通过旅游复兴文化历史街区是一种可持续的发展模式（刘家明等，2010）。红色旅游是红色文化基因与旅游活动形式的有效结合，本章将博物馆、纪念馆、革命遗址和遗迹等和旅游活动相结合，以传播和弘扬红色文化精神为主题（高楠等，2020）。目前红色旅游发展面临着体制机制不顺、产业链条短板、人才培育不足、资源整合力度不够等问题，对此有学者指出红色旅游的高质量发展应坚持内涵化、组合化、融合化、体验化、科技化的路径（宋昌耀等，2021）。旅游文创是对地域历史、文化、景区等特色以创意方式进行深度加工，具有商品属性。与一般商品相比，旅游文创产品更能够代表地区文化特色，具有深远的传播意义。目前，旅游文创发展过程中存在产品品质不高、质量参差不齐、资金投入不足、文化 IP 授权、产品销售渠道不畅等问题（胡钰等，2018）。文化遗产是优质的文化旅游资源，是地区文化旅游发展的核心竞争力。遗产资源保护是文化遗产地旅游所要遵循的第一原则，是国家集体记忆和身份认同的重要方式。近年来，伴随着文化强国发展，国家文化公园建设成为研究热点议题，作为典型的线性文化遗产（李飞等，2021），是我国遗产旅游的重要发展方向。

此外，冰雪文化旅游是冰雪旅游与冰雪文化的融合，将冰雪旅游资源融入区域文化，形成特色鲜明的新兴产业。工业文化旅游是伴随着近代工业革命发展而逐渐兴起的，是经济发展结构调整、传统工业文化和旅游业发展融合的产物（谢彦君等，2018）。虽然工业文化旅游是一种工业文化遗址性旅游开发，也具有精准扶贫属性（孙巍溥等，2019），但目前工业文化旅游的理论研究相对匮乏，存在开发程度低、市场吸引力低、建设规划短板、人才培育不足等问题，亟待理论研究进一步跟进。体育文化旅游是体育文化与体育旅游的融合，其产品类型包含民俗表演、竞技娱乐、休闲养生、体育赛事、体育用品购物等。我国已经成为体育节事大国（李慧等，2018），体育文化旅游发展不仅带动了体育产业发展，还塑造了城市品牌形象，吸引众多旅游者参与。同时，体育文化旅游具有独特的体验性、健身性、娱乐性等，不仅能够与城市旅游相融合，还可以与乡村旅游相互融合，发展户外运动和民族体育运动等。基于以上分析编制了表2－7。总体而言，在新时代面向高质量发展背景下，伴随着文化和旅游产业深入融合，涌现出愈来愈多的文化和旅游新兴业态，拓展了文化和旅游产业融合外延，为文化和旅游产业融合创造了新的发展空间。

表2－7　文化和旅游产业融合的业态发展

业态类型	业态简介	存在问题
文化旅游演艺	将文化艺术表演与旅游活动相结合，是汇集了文化创意、传统文化、节庆、造型艺术、舞台表演等的大型娱乐休闲文化旅游产业	质量参差不齐、行业盈利困难、地区分布不均衡、作品同质化严重、表现形式单一
主题公园	融合了旅游休闲、文化娱乐、餐饮、酒店等内容的综合场所，主题公园空间分布结构以人口规模和经济体量较大地区为主	拿地困难、资金使用成本高、文化主题不够鲜明、创新力度不足
博物馆旅游	是文化和旅游产业深度融合的体现，是将公共文化服务与旅游产业发展深度结合的体现，是文化旅游融合高质量发展的趋势	融合度不高、产品体系不完善、公共服务能力偏低
非物质文化遗产旅游	非遗与旅游开发有效融合，旅游者的参与是非遗“活态化”发展的关键	开发深度不够、缺乏创新力、体验感不强
夜间文化旅游	是将城市旅游的横向空间拓展转向纵向时间延伸，伴随着夜间经济发展、城市商圈的兴起，夜间经济业态逐渐丰富	缺乏整体规划、业态类型单一、公共服务配套不足、管理存在短板
生态文化旅游	是以保护生态理念为核心要义，将生态、旅游和文化资源整合为生态旅游与文化旅游一体化的融合发展形式	多头管理、专业人才不足、法规制度不健全、生态管理不规范
主题酒店	是指具有特定文化氛围和提供个性化的服务，能够使旅客获得深度文化体验和获取知识	创新性不足、主题单一、产品不完善、形象模糊、服务不到位
乡村文化旅游	是乡村旅游和乡村文化的有机融合，乡村文化是乡村旅游的灵魂	缺乏前期规划、经营管理人才不足、同质化严重、配套服务滞后
特色小镇	是独立于城区且具有明确产业特色和功能的载体	发展方向不明确、主体功能融合不充分、投资与运营脱节

续表

业态类型	业态简介	存在问题
旅游街区	既包括城市商业街区，是创意文化和旅游的融合，也包括历史文化街区，是城市中具有较高的历史文化价值和遗迹保存相对完整地区	同质化严重、运营能力不高、保护开发和协调机制不畅
红色旅游	是红色文化基因与旅游活动形式的有效结合，将博物馆、纪念馆、革命遗址和遗迹等与旅游活动相结合，以传播和弘扬红色文化精神为主题	体制机制不顺、产业链条短板、人才培育不足、资源整合力度不够
旅游文创	对地域历史、文化、景区等特色以创意方式进行深度加工，具有商品属性。与一般商品相比，旅游文创产品更能够代表地区文化特色，具有深远的传播意义	产品品质不高、质量参差不齐、资金投入不足、文化 IP 授权问题、产品销售渠道不畅
文化遗产地旅游	文化遗产是优质的文化旅游资源，是地区文化旅游发展的核心竞争力，是国家集体记忆和身份认同的重要方式	游客人数超载带来的破坏、遗产旅游相关统计不完善
冰雪文化旅游	是冰雪旅游与冰雪文化的融合，以独特的冰雪资源为基础，形成特色鲜明的新兴产业	服务配套滞后、产品竞争力有待提升、市场运营管理水平不高
工业文化旅游	是伴随着社会经济转型、经济发展结构调整，传统工业文化和旅游业发展融合的产物	开发程度低、市场吸引力低、建设规划短板、人才培育不足
体育文化旅游	是体育文化与体育旅游的融合，其产品类型包含民俗表演、竞技娱乐、休闲养生、体育赛事、体育用品购物等	融合深度不够、人才培育滞后、产业支撑力不足

（3）文化和旅游产业政策及融合体制机制研究。

1）产业发展政策相关研究。

20 世纪 80—90 年代，文化旅游业态类型逐渐涌现，美国、日本和欧洲国家等相继出台了推动文化旅游发展的政策。与此同时，学者们主要集中于政策制定的原因、对地区社会经济带来的影响、现行政策是否合理、如何制定更为合理的政策等方面研究，部分学者也关注了文化和旅游机构改革所带来的影响。如 Kim 等（2013）研究了韩国政府如何通过扩大折扣店和网上购物领域，发展文化旅游。Russo 等（2002）以欧洲四个城市为案例，表明城市文化旅游元素往往被政府管理者所忽视。Whitford 等（2010）研究了澳大利亚土著旅游政策，认为政策实施不能“一刀切”，应该采取灵活多样的政策措施。Aytuğ等（2017）从社会、文化、经济、空间和环境等功能角度分析了欧盟国家支持乡村旅游发展的原因。Boukas 等（2016）探讨了塞浦路斯文化旅游政策的有效性。认为塞浦路斯的旅游政策只是间接地解决了居民的福祉，提出塞浦路斯应该纠正“自上而下”的官僚规划过程。提出应该采用“由内而外”的方法，通过授权居民“自下而上”的参与来提高旅游规划效率。Petrevska 等（2020）以塞尔维亚旅游政策为案例，通过探索旅游政策所产生的社会、经济、环境效应分析，认为旅游政策推行应该具有可持续性。这些研究成果为我国文化和旅游产业政策出台和体制机制改革提供了有益借鉴。

2）体制机制改革研究。

2018 年国家文化和旅游部的组建，是我国文化旅游产业融合发展治理体系的大变革。而制度是推动文化和旅游产业融合发展的重要动力（Kouri，2014）。从有关旅游管理体制机制改革而言，Alipour（2005）提出制度的低效率不利于旅游产业的可持续发展。Torres – Delgado 等（2012）系统评估了欧洲的旅游制度性政策，认为合理的制度是景区可持续发展的重要因素。Ghalia 等（2004）指出制度改革是一种积极的发展行为，有利于刺激旅游经济活跃，还能够为地区带来额外的旅游经济收益。国外学者的研究重点聚焦于产业组织制度管理等问题。部分国内学者关注了旅游体制机制改革，如李光勤等（2018）指出“局改委”能够提高旅游资源利用效率，从而显著促进旅游经济增长。从有关文化管理体制机制改革研究来看，刘玉珠（1988）较早地关注了文化管理体制中存在的问题。杨立青（2013）则探究了文化管理体制改革的动力和路径，认为较高的改革成本成为最大阻力。陈世香（2010）从大部制出发，探讨了文化管理体制改革过程中面临的问题。崔凤军等（2020）从理论和现实角度出发，从功能、资源、市场、行政、人力等角度探讨了文化旅游融合发展，并指出目前市县文化和旅游部门存在人力不足、运行不畅等诸多问题。

总体而言，囿于中西方不同语境，国内和国外文化与旅游产业政策及体制机制研究存在较大差异（徐翠蓉等，2020），且呈现出鲜明的本土特色，但均认为文化和旅游产业融合发展仅依赖于市场自身调节和控制是不够的，需要政府部门的参与，而且政府政策出台、有效实施、管理制度、组织体系等都对文化和旅游产业融合产生重要影响。

（4）文化和旅游产业融合质量相关研究。

目前，直接分析文化和旅游产业融合质量问题的相关文献相对较少，可归纳为文化和旅游产业融合的发展效率、结构优化、产业协同、竞争力四大类（见表 2 -8）。

表 2 -8　文化和旅游产业融合质量相关研究分类

研究视角	研究方法	研究内容
发展效率	专家打分方法、因子分析方法	构建了文化和旅游产业融合效益评价体系，并将融合效益划分为五个等级（尹华光等，2016）
	人工神经网络模型、投入产出方法	测算了文化和旅游产业关联度以及融合水平（古冰，2017）
	数据包络分析	文化旅游产业发展效率分析（王琪延等，2014；吴丽慧等，2017；黄蕊等，2020）
结构优化	文化资本结构测度	文化资本结构对旅游产业的影响（李晓标等，2018）
	计量模型	两个产业融合对旅游产业结构升级的影响（周春波，2018）
产业协同	耦合协调模型	构建了文化和旅游产业评价指标体系（翁钢民等，2016；孙剑锋等，2019；刘安乐等，2020；汪永臻等，2020；吴丽等，2021）
	主成分分析	构建了文旅融合高质量发展评价体系（从财政、文化、旅游三个维度）（石燕等，2021）
竞争力	层次分析方法	构建了区域文化旅游产业竞争力的钻石模型（张春香，2018；侯兵等，2016）
	熵值法	构建了城市文化旅游竞争力评价体系（Shi et al.，2021）

一是发展效率视角，构建了有效评估文化和旅游产业发展效率和融合效益的评价体系。尹华光等（2016）选取武陵山为案例地，通过多轮专家打分方法，构建了文化和旅游产业融合效益评价指标体系，并将其由差到好划分为五个等级。古冰（2017）通过国家统计局公布的投入产出表，运用投入产出方法分析了文化和旅游产业融合值，并测算了两个产业融合对文化和旅游产业各自产生的影响。王琪延等（2014）以北京市为案例地，通过投入产出分析方法，分析了北京文化和旅游产业关联度水平。吴丽慧等（2017）借助数据包络分析方法，估算了中部六省份的文化旅游产业发展效率水平。黄蕊等（2020）则提出了文化和旅游产业融合能够带来技术效率的变革，突破两个产业原有路径依赖，显著提升文化和旅游产业的发展水平。陈红玲等（2021）采用交叉 DEA 模型，通过投入产出对我国文化和旅游产业融合效率进行评价。总体上，效率视角能够直接观测和分析文化和旅游产业融合的效率和效益问题，能够反映出文化和旅游产业融合的成效问题。但在实际测算过程中，由于统计口径限制，数据获取和剥离困难，投入产出法存在观测时序和周期较短问题。而专家打分方法侧重于某一个具体案例，导致研究结论往往缺乏宏观视野。

二是结构优化视角，关注了文化旅游产品结构、文化旅游产业结构的优化升级问题。李晓标等（2018）测算了文化资本结构对旅游产业发展的影响，发现文化遗产的促进作用最为显著，而文化体制的促进作用并不显著，文化体制不利于促进旅游产业发展；周春波（2018）提出了文化和旅游产业融合使文化和旅游产业之间的分工向旅游产业内部分工转变，推动要素配置效率流动，推动旅游产业由资源开发向创意附加转变，促使旅游产业结构的优化升级。整体而言，结构优化研究上更关注文化和旅游产业融合对产业自身发展带来的影响，但对文化和旅游产业融合结构问题探讨较少，如融合过程中，哪一个产业对融合发展的影响更大，甚至发挥了主导地位。

三是产业协同视角，通过耦合协调模型估算了文化和旅游产业的协调趋势。孙剑锋等（2019）测算了山东省文化资源和旅游产业融合协调发展态势。翁钢民等（2016）从机构、人员、资源等方面构建了文化和旅游产业融合评价指标体系并进行了协调态势测算。刘安乐等（2020）从产业基础、人力资本和产业效应三个维度构建了文化和旅游产业综合评价指标体系。汪永臻等（2020）探究了西北五省区文化和旅游产业融合发展水平。吴丽等（2021）从文化和旅游产业的服务属性出发，构建了涵盖服务的队伍、空间、受众和产业四个方面的文化和旅游产业融合发展评价体系。石燕等（2021）从财政投入、文化和旅游产业三个方面构建了文旅融合高质量发展的评价指标，并以江苏省为案例进行了测算。整体上，在构建文化和旅游产业评价指标基础上，再通过耦合协调模型进行两个产业融合水平的估算是当前的主流方法，且相比结构优化视角，耦合协调模型关注了文化和旅游产业融合过程中的优先发展类型和滞后发展类型。但两个产业融合过程中，文化产业对旅游产业促进作用大小、旅游产业对文化产业促进作用强弱、谁处于主导地位等问题难以估算。

四是竞争力视角，涉及文化旅游服务质量、发展潜力等方面。王静等（2017）以游客需求角度，揭示了北京博物馆文化旅游服务质量提升路径。张春香（2018）基于波特五力竞争分析，从要素、需求、产业、政府等维度构建了文化旅游产业竞争力评价体系。侯兵等（2016）则在文献梳理的基础上，从文化旅游的品牌、文化创意、收益等维度建立了文化旅游竞争力评价体系。Shi 等（2021）以长江三角洲为案例地，构建了文化旅游发展质量测度指标体系，并指出长江三角洲文化旅游发展质量具有显著的空间溢出效应。可见，基于竞争力视角的研究，区别于耦合协调模型对文化和旅游产业分开构建评价指标估算方法，其构建了文化旅游一体化发展的评价指标体系，是从文化和旅游产业本身较高的产业关联属性出发，体现了文化和旅游产业发展过程中的资源、要素和环境的共享和共有特点，但这一方法同样存在难以观测文化和旅游产业融合互促的问题。

当前，面向更高质量发展的要求，更注重产业融合在发展方式、发展结构和动力方面实现转变。为此，对步入新时代文化和旅游产业融合发展也提出了新的要求：侯兵等（2020）指出高质量发展背景下，文化和旅游产业融合应该更注重产业融合的成效问题。石燕等（2021）认为应该重点发展文化和旅游产业融合过程中的供给侧和需求侧，这是推动文化旅游产业高质量发展的重要保障。张祝平（2021）指出文化和旅游融合是推动乡村旅游高质量发展的重要路径。朱鹤等（2021）基于国土空间视角，认为文化旅游产业融合是扩大国内消费市场和循环发展的重要路径之一，应强化区域规划和协同发展，为推动文化旅游产业高质量发展和构建新发展格局提供新方向。厉新建等（2021）从产品供给、市场需求、融合环境等角度解读了文化和旅游高质量融合发展的逻辑框架，并提出文化和旅游融合高质量发展的资源、市场、产品等辩证观，指明了国家公园、入境旅游、遗产开发、机制创新等是未来文化和旅游融合高质量发展的重中之重。可见，高质量发展背景下，相关学者对文化和旅游产业融合提出了新的要求，为本书文化和旅游产业融合质量及其空间溢出效应研究提供了有益参考和启发。

（5）文化和旅游产业质量评价相关研究。

目前，两个产业发展质量界定尚未统一。从旅游产业质量研究来看，陈秀琼等（2006）从要素生产率质量界定旅游产业发展质量，认为评价其质量高低重点在于资源利用效率。王细芳等（2011）认为旅游产业质量重点在于满足旅游者需求程度。孙盼盼等（2017）等从投入产出的技术效率视角界定旅游产业质量。刘佳等（2016）认为旅游产业质量由效率、结构和环境构成。刘英基等（2020）指出旅游产业质量内容广泛，既包括技术效率产出，也包括满足旅游者需求的内外部发展环境协调性。然而，文化产业质量研究相对较少，何昀等（2016）认为文化消费质量包括文化消费水平和结构等方面。顾江等（2021）指出产业结构、要素系统及治理机制等方面是文化产业质量发展的重要内容。更多的文献聚焦于新时代背景下，从“五大发展理念”角度界定两个产业高质量的发展内涵（杨头平等，2018；张新成等，2020；魏鹏举，2020；王文姬等，2021；范建华等，2021；胡静等，2021）。可见，基于技术效率的结构视角界定产业发展质量具有丰富的研究基础。

从文化和旅游产业质量评价来说，史灵歌等（2014）从要素质量、结构质量、产品质量、服务和环境质量等维度构建了旅游产业综合评价体系。刘佳等（2016）、刘英基等（2020）从旅游经济效率、结构和环境三个维度测算了旅游发展质量。魏婕等（2016）、孙盼盼等（2017）则建立了旅游要素投入和产出评价指标体系，并利用 DEA 模型对旅游发展质量进行评价。张新成等（2020）通过“五大发展理念”构建了旅游产业高质量发展评价体系。吕腾捷（2020）通过技术效率分解视角测算了旅游高质量发展。王文姬等（2021）、牛君等（2021）从投入产出效率出发，通过 DEA 模型和 SFA 模型测度了文化产业效率。袁渊等（2020）、喻蕾等（2021）从“五大发展理念”出发，结合文化产业特点，构建了其高质量发展的评价体系。丁仕潮等（2020）从质量、效率、动力等维度构建了文化产业质量评价体系。

此外，综合其他产业质量评价研究来看，徐侠等（2007）基于道格拉斯生产函数构建了产业增长质量评价模型。程正中等（2007）通过投入产出方法评价了高技术产业发展质量。刘恒（2013）基于供给、需求、环境和效益构建了物流产业质量评价体系。陈文锋（2016）从产业导向、带动性和效益三个维度构建了新兴产业战略评价体系。杨林等（2020）从服务项目、设施、保障等维度构建了公共服务质量评价体系。付晨玉等（2020）基于效率视角，从产业配置效率、结构效率、技术效率、排放效率、节能效率等维度构建了工业产业质量测评体系。

可见，有关产业质量评价研究多集中于产业竞争力测度、效率测评和多指标评价三个方面：一是在波特钻石竞争模型基础上（杨头平等，2018），重点以要素、市场和政府为基础，并拓展构建了产业竞争力评价体系。二是采用技术效率的数据包络方法，对产业发展的投入产出效率进行测算。三是围绕要素投入、产品、服务和发展环境（包括政策、经济、科技、生态等环境）等维度构建多指标综合评价体系，进行产业质量评价。

2.3 研究述评与启示

2.3.1 研究述评

首先，文化和旅游关系及融合效应相关研究已经取得丰富成果。众多学者从区域、政策、产业、网络、身份认同、幸福、人才、消费、资源、空间生产等方面系统论述了文化和旅游之间的关系，且伴随着文化概念、文化产品、文化环境、价值观念的逐渐演化，文化范畴的拓展带来了文化旅游概念范围和种类的延伸，这也是文化旅游概念难以界定的主要原因，根源于“文化”含义本身的模糊性和演化性为文化和旅游关系界定带来困难。国内有关文化和旅游关系的研究均认为两个产业之间具有相互促进和相互影响的关联关系。同时，文化和旅游融合效应方面，已有研究认为文化和旅游深入融合提升了居民的幸福感，促进了产品和业态发展，缩小和平衡了区域差异，刺激了地区消费，促进了技术进步，增强了经济效应、社会效应和文化效应。

其次，从文化和旅游产业融合及新兴业态发展研究来看，国外有关研究主要聚焦于文化和旅游融合的某一个具体业态层面，如文化旅游节庆、创意旅游、影视旅游、主题公园、文化旅游产品等，可归纳为文化和旅游产业融合的供给和需求两个层面。供给层面提出，文化遗产在旅游开发中，一方面有助于形成文化旅游产业集群，提高地区旅游产业竞争力。另一方面，在旅游开发过程中，保护地区文化遗产，遵循文化继承的同时进行创新，形成被赋予更多意义和功能的复合型文化遗产旅游产品，是文化遗产旅游开发的一般路径。而文化创意与旅游产业融合能够在推动旅游产业转型、宣传和推广目的地、推动旅游市场创新发展和加快文化和旅游融合进程等方面发挥重要作用。需求层面指出，需求是促使文化和旅游融合的重要驱动力。与国外研究相比，国内研究更关注促进文化和旅游产业融合发展这一课题，相继探讨了两个产业融合动因、路径模式、融合机制等问题，并将其拓展至文化旅游演艺、主题公园、非遗旅游等新兴文旅业态研究。

再次，从文化和旅游产业政策及融合体制机制改革研究而言，由于国外文化和旅游市场兴起较早，文化和旅游产业政策研究文献较为丰富，相关成果对文化旅游发展政策研究主要集中于政策制定的原因、对地区社会经济带来的影响、现行政策是否合理、如何制定更为合理的政策等方面，部分学者也关注了文化和旅游机构改革所带来的影响，为我国文化和旅游产业政策出台和体制机制改革提供有益借鉴。同时，伴随着文化和旅游部组建，文化和旅游融合研究成为热点议题，相关文献发表数量明显增多。众多学者研究指出，制度是推动文化和旅游产业融合发展的重要动力，并指出构建合理的管理体制和机制是建立文化和旅游产业现代化治理体系的关键。

最后，已有涉及文化和旅游产业融合质量的相关研究，大体围绕两个产业融合的发展效率、结构优化、融合协同、竞争力四大类展开阐述，但均直接或间接与文化、旅游产业发展效率话题相关。新时代高质量背景下，部分学者对文化和旅游产业融合发展方向作出了科学预测和判断，重点关注了文化和旅游融合的成效问题。以上研究为本书从技术效率理论视角出发，揭示出文化和旅游产业随机融合过程中的技术效率问题，为文化和旅游产业融合质量发展研究提供了有益参考。

2.3.2　研究启示

第一，现有研究以评测文化和旅游产业融合协调度为主，但对两个产业融合质量测度关注不够，难以反映两个产业随机融合过程中的技术效率问题。目前，有关文化和旅游产业融合质量相关研究中，直接分析文化和旅游产业融合质量及测度问题相对较少，但总体上可归结为发展效率、结构优化、融合协同、竞争力四大类。发展效率上，提出了文化和旅游产业融合的成效问题。但在实际测算过程中，由于统计口径限制，数据获取和剥离困难，投入产出法存在观测时序和周期较短问题。而专家打分方法只能侧重于某一个具体案例，导致研究结论往往缺乏宏观视野。结构优化上，重点关注了文化旅游产品结构、文化旅游产业结构的优化升级问题。融合协同视角的研究相对普遍，文献数量较多，通过耦合协调模型估算了文化和旅游产业的协调趋势和时空演化。竞争力上，研究涉及文化旅游服务质量、发展潜力和竞争力等方面。但文化和旅游产业融合结构问题探讨较少，如融合过程中，文化和旅游究竟哪一个产业产生的影响更大，发挥了主导作用。

第二，有关文化和旅游产业融合路径文献以定性理论探讨为主，缺少文化促进旅游产业、旅游促进文化产业两条融合路径的测算，难以反映两个产业相互融合的动态演化过程，尤其是通过非参数随机前沿模型测度两个产业融合路径指数鲜少。已有文献围绕文化和旅游关系及其融合效应从多个视角展开了充分的探讨，且均达成了文化和旅游之间是相互促进和相互影响的关联关系，并提出了文化产业主导和旅游产业主导的融合路径发展模式。在前期文化和旅游融合路径模式理论分析基础上，本书尝试引入非参数随机前沿模型，深入探究文化促进旅游产业融合、旅游促进文化产业融合路径发展水平，以进一步通过测算反映文化和旅游产业相互融合的动态演化过程。

第三，虽然已有学者构建了文化和旅游产业指标体系，但产业自身发展环境维度缺失，难以凸显出两个产业融合过程中的自我协调能力及其所产生的影响。有关文化和旅游产业融合的协调发展评价研究虽然相对丰富，但以评测文化和旅游产业融合协调度为主，文化和旅游产业指标体系构建过程多以文献梳理为主，指标构建方法单一，且指标维度多聚焦于产业发展要素和发展效应维度，而对产业发展的政策环境、市场环境、技术进步、对外交流等指标关注不足。为此，本书围绕文化和旅游产业融合质量测算，综合采用了扎根理论、专家打分方法、熵值法、层次分析等方法构建了文化和旅游产业指标体系。

第四，虽然已有研究探讨了文化和旅游产业融合发展的空间相关性，但进一步探究文化和旅游产业融合发展的空间关联网络特征研究较少。现有文献多基于空间相关性的 Moran's I 指数来探讨文化和旅游产业融合的空间发展，但其空间关联效应大小易受到距离远近影响，缺少从更大尺度进行空间关联特征分析的研究。与此同时，在研究样本选取上，多基于属性数据，较少将空间关系作为样本来源，以进一步提高空间关联分析的精确度。为此，本书从全局和局部考察了文化和旅游产业融合质量的空间关联性，借助修正的引力模型和社会网络，从整体特征、个体特征和块模型维度，分析了文化和旅游产业融合质量的空间网络关联特征。

第五，地区之间文化和旅游产业融合发展非平衡所引发的空间溢出效应及其驱动机制探讨较少。虽然相关研究指出了文化和旅游产业融合发展存在空间非平衡性，但对所产生的溢出效应如何及其驱动因素的探究较少。因而，文化和旅游融合质量的空间溢出效应如何，即周边地区融合质量高的地区会对本地区产生何种影响，周边融合质量较低又会对本地区产生何种影响，成为本书持续深入探讨的方向。与此同时，文化和旅游产业融合的驱动机制已有一定基础，但缺乏针对两个产业融合质量构建实践与理论相结合的驱动力框架体系。为此，本书设计了能够表达空间邻近竞争溢出的高位压力和低位吸力两个变量，将其纳入空间计量模型之中。同时，基于“五大发展理念”建构了文化和旅游产业融合质量空间溢出效应的驱动机制，借助空间计量模型，从全国和分区尺度探究了文化和旅游产业融合质量的空间溢出效应及其驱动机制。

在上述分析基础上，本书从基础理论、融合实践和研究启发三个方面出发，具体阐述了现有文献成果中文化和旅游关系的概念及内涵、融合产生的效应，以及融合实践中的业态类型、运行发展机制、融合政策和制度。在理论发展和实践发展的基础上，发现了技术效率视角下文化和旅游产业成效问题，即文化和旅游产业面临着朝更高水平和更深层次的融合方向发展，提出了文化和旅游产业融合质量的研究选题，并系统梳理了文化和旅游融合相关研究的方法论、实践发展和研究方向（见图2－18）。

2.4　本章小结

本章主要从理论基础和国内外研究进展进行阐述。理论基础能够为本书的后续研究提供理论指导。具体包括：产业融合理论为本书文化和旅游产业互动融合发展提供理论支撑；条件趋同理论包括经济趋同、组织趋同

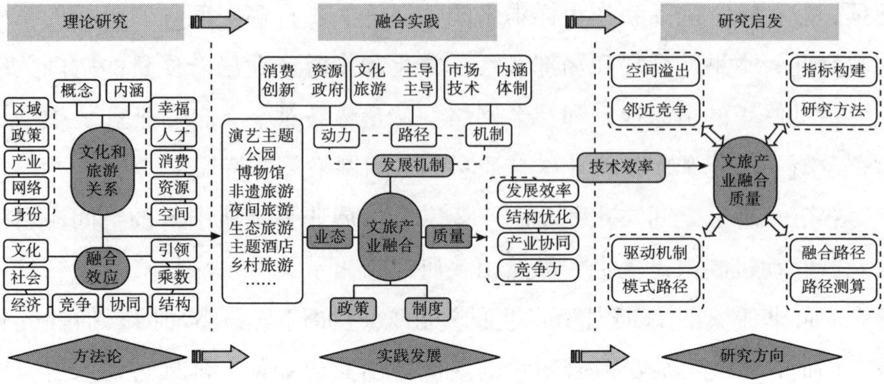

图2－18　文化和旅游产业融合发展相关研究框架总结

资料来源：基于文献梳理，由笔者绘制。

和条件趋同三个方面，基于条件趋同理论，尝试构建理论假设模型及测算模型，为文化和旅游产业融合质量概念模型提供基础支撑；技术效率在产业研究方面相对广泛，并已经拓展至产业融合发展及其产生的影响研究，基于技术效率视角，本书构建了文化和旅游产业融合质量概念模型；TOE理论框架由技术、组织、环境构成，将该理论嵌入3E体系之中，提高了文化和旅游产业融合评价体系的合理性，为其提供了理论诠释和科学支撑；空间相互作用理论为本书的空间关联分析、邻近竞争机制和空间关联网络建构提供理论基础。

国内外相关研究主要围绕基础理论、融合实践、研究启发三个部分展开。其中，基础理论包括：文化和旅游关系及其融合效应研究。目前，国内外研究均认为文化和旅游之间是相互促进和相互影响的关联关系。同时从区域、政策、产业、网络、身份认同、幸福、人才、消费、资源、空间生产等方面对文化和旅游关系进行分类。提出文化和旅游融合效应包括文化效应、社会效应、经济效应、协同效应、引领效应、乘数效应、结构优化效应和竞争力提升效应。融合实践包括：融合测算以及融合新兴业态发展等。文化和旅游产业的融合发展机制分为融合动力、融合路径模式和融合机制三个方面。同时对文化旅游演艺、主题公园、博物馆旅游、非物质文化遗产旅游、夜间文化旅游、生态文化旅游、主题酒店、乡村文化旅游、特色小镇、旅游街区、冰雪文化旅游、工业文化旅游、海洋文化旅游、体育文化旅游等多种业态类型发展进行了阐述。文化和旅游产业政策及融合体制机制改革研究发现，文化和旅游产业融合发展仅依赖于市场自身调节和控制是不够的，需要政府部门的参与，而且政府政策出台、有效实施、管理制度、组织体系等都对文化和旅游产业融合产生重要影响。文化和旅游产业融合质量相关研究发现，新时代发展背景下，相关学者对文化和旅游产业融合所提出新的要求，为本书文化和旅游产业融合质量及其空间溢出效应研究提供了有益参考和启发。

第3章　文化和旅游产业融合质量测度与指标构建

本章节对文化和旅游产业融合理论、质量测度方法与指标构建进行了阐述。在延续上一个章节理论研究基础上，结合实践发展来看，2018年文化和旅游部组建，提出了“以文促旅，以旅彰文”的工作思路，2021年《“十四五”文化和旅游发展规划》提出“不断提高发展质量和综合效益”。据此，在借鉴和整理已有文化和旅游产业融合的理论分析和实践发展的基础上，展开两个产业融合质量的探讨。首先，基于产业融合和耦合理论相继分析了文化和旅游产业融合的内在价值链和外在相互作用机理；其次，在引入趋同理论基础上，构建了在完全竞争条件下和非完全竞争条件下，文化产业和旅游产业融合的规范概念模型，并提出了基于随机前沿面生产函数的文化和旅游产业融合质量的测算方法；再次，通过文献分析、扎根理论和专家访谈等方法，构建了文化和旅游产业的测算指标体系；最后，运用主观层次分析与客观熵值法两种赋权方法，对已经定型的指标体系进行赋权。

3.1　文化和旅游产业互动融合的机理分析

3.1.1　文化和旅游产业融合的价值链分析

基于产业融合理论，文化和旅游产业融合重新调整了产业内部价值链，两大产业在融合价值创造过程中呈现出由无序向有序、由碎片化向系统化、由混沌化向重组化的演变。文化和旅游产业融合实质是其各自价值链的解构和重构。为此，本书将基于产业价值链视角，进一步解析文化和旅游产业融合发展的实现过程。

（1）文化产业价值链分析。

基于微观层面来看，价值链是文化和旅游企业通过系列活动创造价值的过程，这一过程并非价值链各个价值创造活动的简单组合，而是将价值活动重新组合为一个函数（潘海岚等，2018）。文化产业将创意视为核心要义，进一步将其创意形成的知识产权，经过授权、升值、转换等流程，通过最大化的增值实现其生产价值（顾江，2009）。文化产业的价值链（Cultural Industry Value Chain，CIVC）是重点围绕文化创意生产，并通过多种渠道进行销售，实现价值不断增值的系列活动产业链条。假设用方程形式，可表示为 $CIVC = f(C1, C2, C3, C4, c1, c2, c3, c4)$，其中，$C1$、$C2$、$C3$、$C4$ 和 $c1$、$c2$、$c3$、$c4$ 分别表示文化产业价值链条上的核心活动和各类辅助活动。具体核心活动包括：内容创意是整个文化产业价值活动创造的关键环节；文化产品的设计与生产是将抽象的创意借助媒介和工具转换为消费者能够体验的文化产品，在实现文化产品效用增加的基础上，满足消费者的体验需求；营销是实现文化产品传播的重要渠道，通过逐步拓展多元化的文化产品营销路径，将文化创意价值让渡给消费者，实现增值；服务则是文化产业与消费者之间的互动和反馈环节，为提升消费者体验感知价值的最大化，文化企业将联合其他产业，为消费者提供二次文化衍生品的销售和服务。除去上述纵向产业链条外，存在着与其他各个行业的企业和部门之间协作，形成横向价值再造链条（潘海岚等，2018）（见图 3－1）。

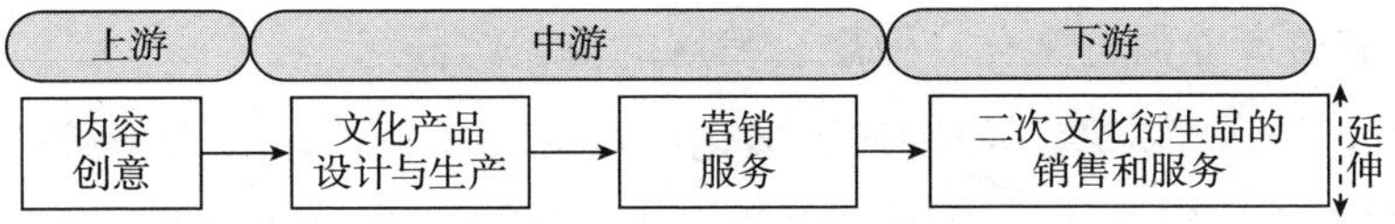

图 3－1　文化产业价值链

资料来源：基于文献梳理，由笔者绘制。

（2）旅游产业价值链分析。

旅游产业价值链是由不同旅游企业，通过上下游分工合作，共同向旅游者提供服务以创造价值的活动（黄继元，2006）。旅游产业价值链

(Tourism Industry Value Chain, TIVC) 用方程形式可表示为: $TIVC = f(T1, T2, T3, T4, t1, t2, t3, t4)$。其中, $T1$、$T2$、$T3$、$T4$ 和 $t1$、$t2$、$t3$、$t4$ 分别代表旅游产业价值链的基本活动和各类辅助活动。具体可以划分为纵向供需链条和横向协作链条,纵向供需链条由旅游供应商(景区、旅游产品等)、中间商(旅行社、旅游网站等)和旅游消费者构成(桑彬彬,2014)。旅游产业横向协作链条不同于文化产业的横向价值再造链条,注重产业内部成员之间的协作关联,成员之间具有不可替代性,并由实物产品和无形服务共同构成,最终传递给旅游消费者(见图3-2)。

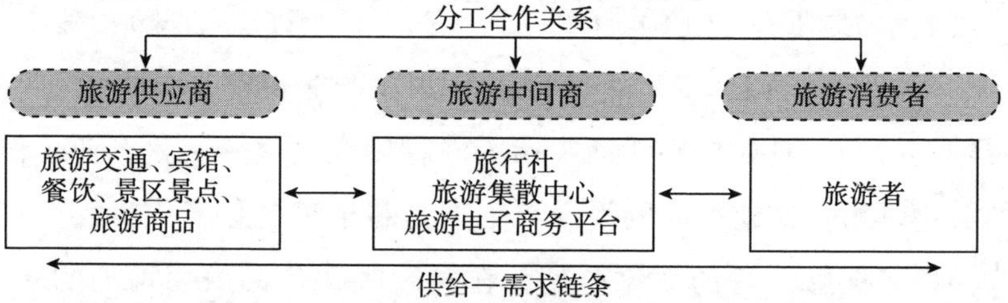

图3-2 旅游产业价值链

资料来源:基于文献梳理,由笔者绘制。

(3)文化和旅游产业价值链解构与重构。

从产业链条视角来看,文化和旅游产业融合实质上为两大产业链条之间的解构与重构。文化和旅游产业均属于第三产业,且存在较高的互促融合关联,势必会改变原有的价值链运行方式,文化和旅游新产品出现必然推动文化和旅游产业结构升级发展。

1)旅游产业促进文化产业融合发展的价值链分解。

从价值链分解来看,旅游促进文化产业融合发展,表现为旅游产业嵌入文化产业价值创造活动之中。旅游产业能够显著提高文化产业附加值,例如将演艺产品纳入旅游产品、将影视拍摄基地和文化场馆等纳入游览线路产品。可见,旅游产业能够为文化产业附加更多的休闲和旅游功能,进而推动文化产业链条的延伸。

2)文化产业促进旅游产业融合发展的价值链分解。

文化促进旅游产业融合发展过程中,表现为文化产业融入旅游产业发展过程，并最先嵌入旅游产业的产品、营销和服务等环节之中，有助于旅游产业的资源产品化、品牌化运营和新市场开拓等，进而促使旅游产业价值链条变得更为丰富，新功能的嵌入使得旅游产业更具有竞争力。

3）文化和旅游产业融合发展价值链的重构。

文化和旅游产业价值链条的融合，是在原来各自产业价值链条断裂和分解的基础上，对产业链条进行的重构。两个产业融合发展价值链的重构实质上为文化和旅游产业在相互博弈并综合评估价值活动融合价值所能够产生的利益最大化结果基础上，对两大产业价值链条进行的整体优化和有效重组。

图 3－3 绘制了文化和旅游产业价值链的重构过程，$CTIVC=g$（$CIVC$，$TIVC$）$=g$（$C1$，$C2$，$T1$，$T2$，$N'1$，$N'2$，$N'3$，$N'4$）。上述公式中，$CTIVC$ 代表文化和旅游产业融合价值链，$C1$ 和 $C2$ 代表原文化产业价值链条的核心环节，$T1$ 和 $T2$ 代表原旅游产业价值链条的核心环节，而 $N'1$、$N'2$、$N'3$、$N'4$ 代表文化和旅游产业价值链重构之后的服务活动环节。假定在以文化产业促进旅游产业融合发展情形下，文化产业和旅游产业价值链条的供应商和中间商进行要素整合，从创意内容设计和产品制作等环节进行嵌入，在提升旅游产品文化内涵的同时，通过文化产业的品牌营销和服务，整合旅游产业的营销和服务，推动旅游产业价值链的升级和增值；而在旅游促进文化产业融合发展情形下，通过激发旅游产业功能，重点针对增加文化产业的产品供给、资源开发和新空间上进行整合，延伸文化产业的二次衍生产品的销售和服务。

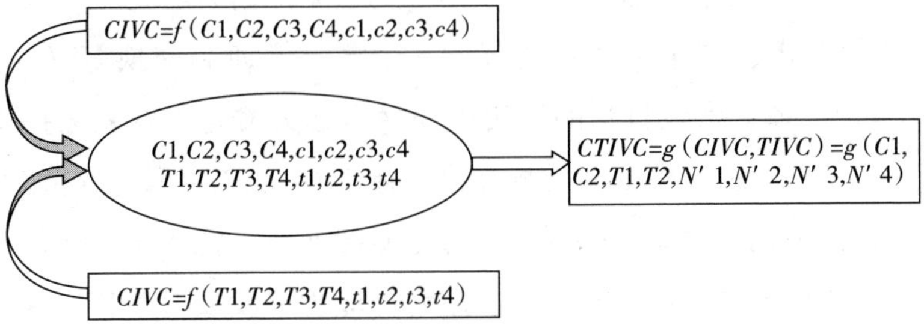

图 3－3　文化和旅游产业融合过程中的价值链重构

资料来源：基于文献梳理，由笔者绘制。

总体来看，通过文化和旅游产业融合发展价值链的分解和重构分析，在这两个产业融合发展情形下，文化消费者最终获得了动态、多元和趣味性的消费体验，旅游消费者则获得了超越旅游六要素之上的文化活动和体验。据此，基于文化和旅游产品的策划设计、生产制作、市场营销、消费和后续服务等价值创造活动环节，绘制了图3－4。

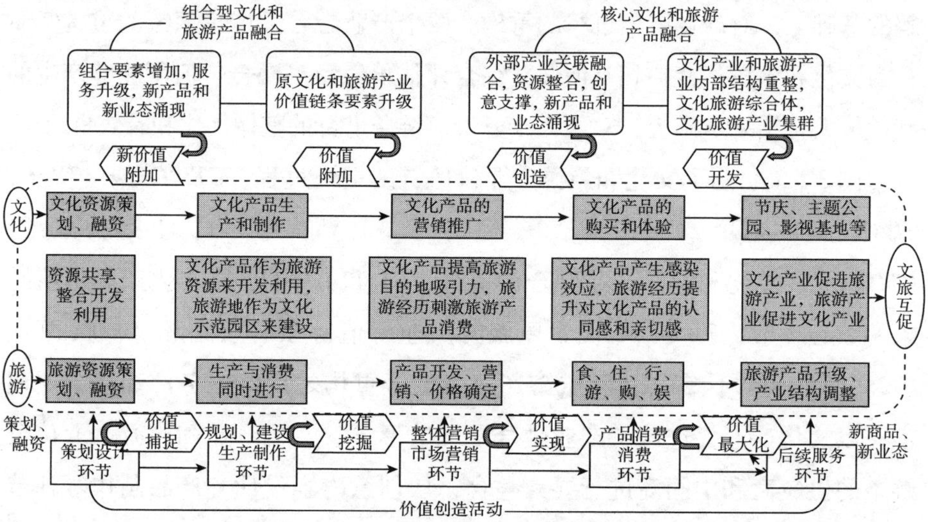

图3－4　文化和旅游产业融合价值链环节

资料来源：由笔者绘制。

3.1.2　文化和旅游产业的相互作用分析

文化和旅游之间具有天然的联系，形成了文化和旅游产业相互影响、相互渗透、相互融合发展态势。文化内涵构成了旅游资源的核心要素，文化通过多种方式参与旅游产业的开发、生产、流通和交换等（张朝枝，2018）。同时，旅游产业自身的消费市场潜力亦为文化产业繁荣提供了动力来源。文化和旅游产业之间的相互作用体现在，一方面，文化产业发展拓展了旅游产业的资源开发外延，也为旅游产业发展注入了文化内涵，进一步丰富了旅游产品供给体系，推动旅游产业创新发展，延长了旅游产品生命周期，激发了潜在市场消费需求和活力，实现了旅游产业转型升级和供给侧改革。另一方面，旅游产业自身拥有广阔的消费市场，能够促进文化资源开发，为文化开发、生产和传播提供载体和渠道，旅游者通过旅游体验和消费等形式，实现了地区文化传播，拓展了文化产业的发展空间（厉新建等，2021）（见图3－5）。

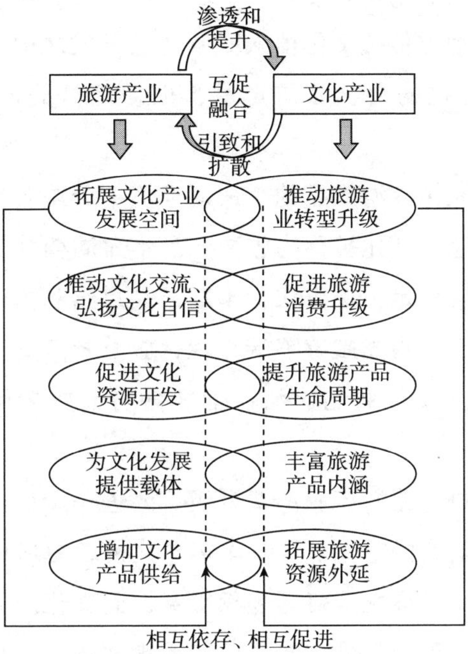

图3－5　文化和旅游产业融合互促作用机理

资料来源：基于文献梳理，由笔者绘制。

（1）文化产业促进旅游产业的发展。

文化产业发展有效拓展了旅游资源开发的外延。资源是文化和旅游产业发展的先决条件，吸引力是旅游资源的核心构成，是促进旅游产业开发、旅游者出游动机的首要因素，文化资源中的非遗、历史文化名城、文物古迹等亦是人文旅游资源的重要依托。伴随着现代文化产业发展，文化市场不断繁荣，为大众市场提供文化、艺术、精神等的文化创意产业兴起，逐渐拓展至旅游资源开发领域，丰富了地区旅游产业资源，发展了节庆活动、文旅演艺、主题公园、影视文化等，拓展了旅游资源开发的外延（保继刚等，2020）。

文化产业发展丰富了旅游产品内涵。旅游产业发展以旅游产品为载体，产品的开发设计是旅游目的地的核心竞争力。单纯依赖于自然生态资源开发，难免存在对生态资源的破坏，同时观光旅游难以满足日益多元的市场化需求。而文化内涵挖掘和注入，有助于形成特色化和差异化的旅游产品，将地方精神和地方传统文化植入旅游产品开发之中，将地区静态资源转换为动态和可视化的文化旅游产品，推动地区旅游产品的可持续发展。

文化产业发展延长了旅游产品的生命周期。部分旅游目的地经历了由盛而衰的发展历程，这种变化被称为旅游产品生命周期（吴必虎，2010），实质是旅游产品不能够满足市场需求，出现产品供给和需求失配现象。伴随着大众市场需求转变，观光旅游弊端显现，旅游者需要更深层次的旅游体验，出现了丰富的文化体验与旅游产业相融合，如文化主题公园、演艺、历史文化街区等。

文化产业发展促进了旅游产业消费升级。要进一步扩大目的地旅游消费需求，除了满足旅游者的吃住行等基本需求之外，更应该为旅游者提供娱乐消费、体验消费、发展性消费等超额服务，而文化产业发展能够对传统旅游产品进行升级，如文化演艺产品、艺术表演场所、文化创意等在满足旅游者多样化需求的同时，有效推动了旅游产业的消费升级。

文化产业促进了旅游产业转型发展。旅游业经过多年发展，已成为部分地区国民经济发展的重要支柱产业。结合上述分析可知，在供给侧改革背景下，文化产业对于拓展旅游资源开发的外延、丰富旅游产品内涵、延长旅游产品生命周期、促进旅游产业消费升级等方面具有重要意义。可见，文化产业发展有助于优化旅游产品、调整旅游产业结构和扩大旅游产业影响力，促进旅游产业的转型发展。

（2）旅游产业促进文化产业的发展。

旅游产业促进了文化资源的开发与保护。依据属性，我国文化资源可以划分为物化型、精神型和交叉型（徐翠蓉等，2019），无论何种属性的文化资源，都需要投入大量人力、物力和财力进行修复和保护、传承。为此，将部分文化资源开发成为景区是多数地区采用的模式。近年来，我国开展了历史文化名城、民镇和民村评选工作，这些文化资源丰富的地区旅游产业发展带动了社会经济发展。尤其是地区传统文化资源的旅游开发，在其带动地区经济价值增加的同时，地方政府亦增加了对文化资源保护的投入，形成良性循环。

旅游产业是文化产品的有效载体。我国具有丰富的历史文化资源，其中典型的历史文化文物和遗址如世界文化遗产，具有较高的文化资源品位度，往往也是国家 5A 级旅游景区，是热门的旅游地方，具有较高的旅游经济价值，是旅游产业发展重点开发的地带，能够为文化产品提供有效载体。

旅游产业增加了文化产品供给。文化产品供给可划分为经济性和公益性两大类供给，前者以获取经济价值最大化为目标，后者以社会价值最大化为目标。旅游产业的融入促进了文化资源向文化产品转换，通过旅游产业自身的市场经济属性，推动旅游文化产品的开发，丰富旅游文化产品类型，进一步满足人民群众多方位的文化需求。

旅游产业促进文化产业的交流与传播。文化产业的交流和传播是基于多个地区之间具有显著的文化差异所进行的互通有无活动。在交流过程中，文化传播是将文化从一个区域传递到另外一个区域的互动现象。旅游者的跨区域出游行为是地区之间交流的重要渠道和纽带，地区之间的旅游流既是旅游活动的参与主体，亦是文化流动的重要载体，从而推动了文化产业的交流与传播。

旅游产业拓展了文化产业发展的新空间。当前，在高质量发展背景下，文化产业面临着自身结构调整和效率提升，亟待由量变向质变转型发展，需要开拓新的发展空间。而旅游产业与文化产业密切关联，旅游产业本身具备广阔的市场空间和广泛的产业关联属性，会吸引更多文化资本涉足该领域。同时，旅游产业作为文化产品的重要载体，通过文化资源保护与开发、丰富文化产品供给、推动文化交流和传播、弘扬文化自信等，极大地拓展了文化产业的发展空间。

总体而言，文化和旅游产业的融合能够极大优化两个产业自身结构，提高产业发展效率。一方面，文化产业在与旅游产业融合过程中，具有渗透和提升功能。文化产业丰富了旅游产品，进一步深化了旅游产品内涵和外延，推动旅游产业转型升级；另一方面，旅游产业在与文化产业融合过程中，具有引致和扩散功能（李峰，2014），旅游产业发展能够融入文化资源的保护利用和开发过程，推动文化资源向文化产品的转换，同时，大众旅游市场发展亦为文化产业发展带来了新的发展空间。

3.2 文化和旅游产业融合质量的概念模型与测度

3.2.1 文化和旅游产业融合质量的概念模型

基于文化和旅游产业互动融合的理论分析可知，文化和旅游产业融合发展是两个产业互促共生的叠加影响过程（翁钢民等，2016）。从产业融合发展的技术效率角度而言，文化和旅游产业之间具有高度的产业关联性（尹华光等，2016；古冰，2017）。文化和旅游产业的互促共生亦是实现技术效率融合的一种过程状态，表现为一定文化产业发展效应条件下旅游产业关联投入最小，或者是既定旅游产业发展效应条件下文化产业关联投入最小，其投入总成本最小点也成为文化和旅游产业融合点（谢康等，2005）。然而，在社会经济实际运行过程中，文化和旅游产业融合发展受到多种因素的制约和影响，如地区社会经济发展水平、部门协作、组织管理、技术水平、市场开放水平等，构成了文化和旅游产业融合的摩擦成本，该摩擦成本集中表现为产业外部条件的制约，这一外部环境制约，仅仅凭借产业自身发展难以改变，这种摩擦成本不利于文化和旅游产业的深度融合发展。针对文化和旅游产业的融合路径而言，其会引致融合路径的偏离，即在摩擦成本影响下，一定的文化产业投入水平下，出现旅游产业关联投入过度或者不足现象。同理，一定的旅游产业投入水平下，也会出现文化产业关联投入过度或者不足现象。与此同时，为避免文化和旅游产业融合过程中出现摩擦阻力引致的偏离问题，文化和旅游产业的管理部门、行业协会、企业组织、技术进步、市场调节等产生，以消解和抵消文化和旅游产业融合发展过程中的部分摩擦阻力作用，称为协调成本。此外，需要说明的是，此处并未考虑在现有技术条件约束下，文化和旅游产业自身能否全方位和充分性融合的问题，与经济学中的理性经济人假定、完全信息假定、市场出清假定等相类似，任何模型都有其适用的范围和条件，该处仅考虑产业融合过程中受外部不利条件干扰和制约情形下的融合趋同现象。

为此，本书将通过数理推导形式，为文化和旅游产业融合质量概念模型提供支撑和依据。上述分析揭示了文化和旅游产业互促融合过程中存在摩擦阻力问题。为此，将构建完全竞争条件和不完全竞争条件两种概念模型，其中完全竞争模型并未考虑摩擦阻力问题，而不完全竞争则将摩擦阻力纳入模型之中。

（1）完全竞争条件下的融合路径。

本书基于谢康（2005）提出的一维两点趋同理论基础来推理模型。趋同理论提出，假定两个不同的产业之间存在差异，两个产业的趋同速度与两个产业差异成反比。即文化和旅游产业差异愈大，两个产业之间的融合促进指数愈小，趋同的融合发展速度愈小。假定在不完全竞争条件下，不存在摩擦成本和协调成本，是两个产业融合路径的理想状态。两个产业融合状态用 CUL^j 表示文化产业在 j 阶段末所处的位置，TOU^j 表示旅游产业在 j 阶段末所处的位置，而在初始阶段 CUL^0 设定为 a，TOU^0 设定为 b。结合趋同理论可知，谢康等（2009）指出融合在经济和生物学中表现为趋同，在数学中表现为收敛，在融合发展过程中，两个产业影响力大小会直接影响两个产业的融合演化速度，影响力愈大的产业向影响力较小的产业融合的速度愈小。假设文化促进旅游产业的融合指数为 r_1，表示了文化产业促进旅游产业的融合演化速度；假设旅游促进文化产业的融合指数为 r_2，表示了旅游促进文化产业的融合演化速度。具体而言，在文化促进旅游产业的融合发展路径中，旅游产业将会更加积极地与文化产业实际发展水平相匹配，主动调节和适应文化产业的发展，表明文化促进旅游产业的融合指数（r_1）小于旅游促进文化产业的融合指数（r_2）；与之相反，在旅游促进文化产业的融合路径中，文化产业会积极地与旅游产业实际发展水平相匹配，主动调节和适应旅游产业的发展，表明文化促进旅游产业的融合指数（r_1）大于旅游促进文化产业的融合指数（r_2）。为此，假定第 n 阶段的文化和旅游产业融合状态如下：

$$CUL^n = CUL^{n-1} + r_1(TOU^{n-1} - CUL^{n-1}) = (1 - r_1)CUL^{n-1} + r_1 TOU^{n-1} \tag{3-1}$$

$$TOU^n = TOU^{n-1} + r_2(CUL^{n-1} - TOU^{n-1}) = (1 - r_2)TOU^{n-1} + r_2 CUL^{n-1} \tag{3-2}$$

由公式（3-1）和公式（3-2）可知，文化和旅游产业的融合发展是一种动态的演化过程。在完全竞争情形下，两个产业融合发展路径中，第 n 阶段的文化产业（或者旅游产业）的融合变化量，均会受到 $n-1$ 阶段两个产业之差与融合指数乘积的影响，即 $r_1(TOU^{n-1} - CUL^{n-1})$ 和 $r_2(CUL^{n-1} - TOU^{n-1})$。可见，两个产业融合指数能够反映出文化和旅游产业融合的过程和状态。可将上述公式定义为旅游促进文化产业融合、文化促进旅游融合的方程式。为进一步证明上述公式符合融合互促发展规律，只需证明第 n 个阶段 $\lim\limits_{n\to\infty} CUL^n = \lim\limits_{n\to\infty} TOU^n$，结合公式（3-1）和公式（3-2）可知：

$$\begin{bmatrix} CUL^n \\ TOU^n \end{bmatrix} = \begin{bmatrix} (1-r_1) & r_1 \\ r_2 & (1-r_2) \end{bmatrix} \begin{bmatrix} CUL^{n-1} \\ TOU^{n-1} \end{bmatrix} = \begin{bmatrix} (1-r_1) & r_1 \\ r_2 & (1-r_2) \end{bmatrix}^2 \begin{bmatrix} CUL^{n-2} \\ TOU^{n-2} \end{bmatrix}$$

$$= \cdots = \begin{bmatrix} (1-r_1) & r_1 \\ r_2 & (1-r_2) \end{bmatrix}^n \begin{bmatrix} CUL^0 \\ TOU^0 \end{bmatrix} \tag{3-3}$$

令 $A = \begin{bmatrix} (1-r_1) & r_1 \\ r_2 & (1-r_2) \end{bmatrix}$，通过进一步求解 A^n，可以证明出 $\lim\limits_{n\to\infty} CUL^n = \lim\limits_{n\to\infty} TOU^n = \dfrac{(r_2 CUL^0 + r_1 TOU^0)}{r_1 + r_2}$，原命题成立。

（2）不完全竞争条件下的融合路径。

在不完全竞争条件下，存在阻碍文化和旅游产业融合发展的摩擦成本，以及为抵消两个产业融合阻力产生的促进两个产业融合发展的协调成本。摩擦成本属于社会交易成本范畴，导致文化产业和旅游产业融合发展水平与其理想融合状态产生偏离，即文化和旅游产业融合的非充分性特征。由完全竞争条件下的文化和旅游产业融合路径分析可知，第 n 阶段的文化产业或者旅游产业的融合变化量，会受到 $n-1$ 阶段的影响。同理，第 n 阶段的文化和旅游产业融合摩擦成本亦会受到 $n-1$ 阶段的影响。假定第 n 阶段文化产业、旅游产业在融合发展过程中面临的摩擦成本为 $K_1{}^n=k_1(TOU^{n-1}-CUL^{n-1})$、$K_2{}^n=k_2(CUL^{n-1}-TOU^{n-1})$，$k_1$ 和 k_2 表示交易成本系数，此处设定为小于融合指数的常数。$TOU^{n-1}-CUL^{n-1}$ 与 $CUL^{n-1}-TOU^{n-1}$ 表示由于摩擦成本存在，产生的文化和旅游产业融合发展的过程中的偏离距离。基于上述分析，构建了摩擦成本影响下的文化和旅游产业融合发展路径方程式：

$$\begin{cases} CUL^n = CUL^{n-1} + r_1(TOU^{n-1} - CUL^{n-1}) - k_1(TOU^{n-1} - CUL^{n-1}) \\ CUL^n = CUL^{n-1} + (r_1 - k_1)(TOU^{n-1} - CUL^{n-1}) \end{cases} \tag{3-4}$$

$$\begin{cases} TOU^n = TOU^{n-1} + r_2(CUL^{n-1} - TOU^{n-1}) - k_2(CUL^{n-1} - TOU^{n-1}) \\ TOU^n = TOU^{n-1} + (r_2 - k_2)(CUL^{n-1} - TOU^{n-1}) \end{cases} \tag{3-5}$$

由公式（3－4）和公式（3－5）可知，在文化和旅游产业融合发展过程中，摩擦成本 $k_1{}^n$ 和 $k_2{}^n$ 均会对融合指数产生削减作用，将公式（3－4）和公式（3－5）合并处理为公式（3－6）和公式（3－7）：

$$\begin{cases} \text{令 } r_1 - k_1 = \Delta r_1 \\ CUL^n = CUL^{n-1} + \Delta r_1(TOU^{n-1} - CUL^{n-1}) \\ CUL^n = (1 - \Delta r_1)CUL^{n-1} + TOU^{n-1} \end{cases} \tag{3-6}$$

$$\begin{cases} \text{令 } r_2 - k_2 = \Delta r_2 \\ TOU^n = TOU^{n-1} + \Delta r_2(CUL^{n-1} - TOU^{n-1}) \\ TOU^n = (1 - \Delta r_1)TOU^{n-1} + CUL^{n-1} \end{cases} \tag{3-7}$$

公式（3－5）和公式（3－6）为经过变换后的方程式，能够转换为完全竞争条件下的公式（3－1）和公式（3－2）证明方式，即可以证明出第 n 个阶段 $\lim\limits_{n\to\infty} CUL^n = \lim\limits_{n\to\infty} TOU^n$ 是成立的。但与完全竞争条件下不同之处在于，存在摩擦成本导致的文化和旅游产业融合发展的偏离，融合发展的非充分现象，即 $r_1 - k_1$ 明显小于完全竞争条件下的 r_1 水平。在此基础上，为进一步提升文化和旅游产业的融合水平，两个产业发展过程中会针对摩擦成本进行主动干预，即为促进融合发展的协调成本。与摩擦成本类似，第 n 阶段的文化和旅游产业协调成本亦会受到 $n-1$ 阶段的影响。假定第 n 阶段文化产业、旅游产业在融合发展过程中面临的协调成本为 $T_1{}^n = t_1(TOU^{n-1} - CUL^{n-1})$、$T_2{}^n = t_2(CUL^{n-1} - TOU^{n-1})$，$t_1$ 和 t_2 表示融合协调成本系数，此处取值 f 范围分别为［0，$r_1 - k_1$）和［0，$r_2 - k_2$）之内的某一个常数。$TOU^{n-1} - CUL^{n-1}$ 与 $CUL^{n-1} - TOU^{n-1}$ 表示由于摩擦成本存在，产生的文化和旅游产业融合发展过程中的偏离距离。基于上述分析，构建了协调成本影响下的文化和旅游产业融合发展路径方程式：

$$\begin{cases} CUL^n = CUL^{n-1} + r_1(TOU^{n-1} - CUL^{n-1}) - k_1(TOU^{n-1} - CUL^{n-1}) + t_1(TOU^{n-1} - CUL^{n-1}) \\ CUL^n = CUL^{n-1} + (r_1 - k_1 + t_1)(TOU^{n-1} - CUL^{n-1}) \end{cases} \tag{3-8}$$

$$\begin{cases} TOU^n = TOU^{n-1} + r_2(CUL^{n-1} - TOU^{n-1}) - k_2(CUL^{n-1} - TOU^{n-1}) + t_2(CUL^{n-1} - TOU^{n-1}) \\ TOU^n = TOU^{n-1} + (r_2 - k_2 + t_2)(CUL^{n-1} - TOU^{n-1}) \end{cases} \tag{3-9}$$

由公式（3－8）和公式（3－9）可知，协调成本的加入能够显著提升文化和旅游产业融合协调水平，对摩擦成本产生抵消作用。同理，经过等式变换处理仍旧可以证明出第 n 个阶段 $\lim\limits_{n\to\infty} CUL^n = \lim\limits_{n\to\infty} TOU^n$ 是成立的。

（3）模型讨论。

通过上述公式刻画了完全竞争情形和非完全竞争情形，验证了文化和旅游产业融合质量概念模型的假设逻辑，即文化促进旅游产业融合、旅游促进文化产业融合共同构成了两个产业融合发展的基本路径。在完全竞争情形下，两个产业融合发展能够达到理想路径状态。在非完全竞争情形下，两个产业在外部发展环境的政策、市场、技术和区域等条件制约下，形成了产业融合发展的摩擦成本，其冲击着两个产业融合发展的路径，导致文化或旅游产业实际发展与理想状态偏离，即两个产业融合发展的非充分特性。在此背景下，在推动两个产业融合过程中的政策调控、市场活跃、技术创新和对外开放等有效干预，构成了协调成本，本质上是文化和旅游产业为自身发展环境优化做出的主动调整行为。无论摩擦成本还是协调成本均是通过改变融合环境影响两个产业融合发展质量，区别在于摩擦成本属于外部环境制约，而协调成本则是产业自身对发展环境的主动调节行为，两者共同冲击作用下导致融合发展实际水平低于理想状态。在经历摩擦阻力和主动协调后，在不同调整方式和模式下，文化和旅游产业融合发展将形成平滑调整和非平滑调整两种类型。平滑调整概念由 Balassa（1966）最早在国际贸易领域提出，平滑调整假说认为，协调成本与产业贸易自身结构以及发展水平密切关联，即产业贸易水平愈高，则要素协调成本愈低，并提出了产业内部或者产业之间相近的要素构成和管理水平，调整成本相对更低。在平滑调整假说基础上，文化和旅游产业融合发展的平滑调整是指在同一个地区内部，通过产业政策、激活市场、技术进步等举措，对文化和旅游产业融合发展的偏离现象进行调整和优化。而非平滑调整是指不同地区之间，通过文化和旅游产业融合发展的要素调节、转移和流动，如某一地区文化和旅游产业融合发展水平会受到周边更高水平地区的空间溢出影响，调整和优化本地区的产业融合发展结构。

基于以上分析，绘制图 3－6。该图反映了在投入产出的技术效率视角下，文化促进旅游产业、旅游促进文化产业两条融合路径，通过文化和旅游产业的一系列主动协调行为，调节和控制摩擦阻力的大小和影响方向，减小其对文化和旅游产业融合路径带来的冲击性影响，形成了产业融合发展的平滑和非平滑发展模式，经过 n 个阶段的循环往复，最终实现文化和旅游产业融合向更高水平发展。

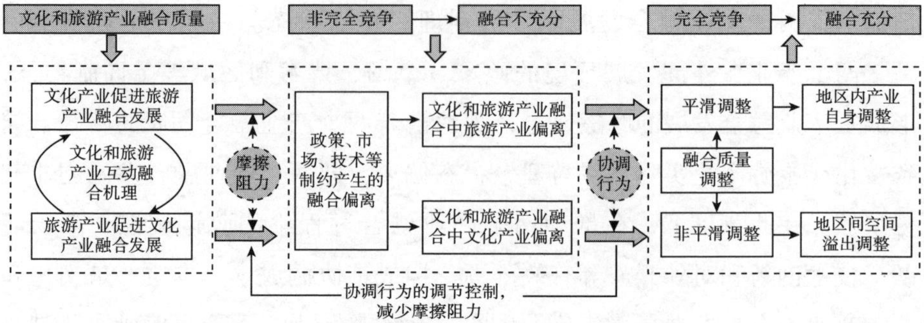

图 3-6 文化和旅游产业融合质量的概念模型

资料来源：由笔者绘制。

3.2.2 文化和旅游产业融合质量的测度方法

为使研究方法与概念模型相契合。考虑到文化和旅游产业在融合实践中受制于产业内部要素投入和规模效应，加之外部政策、市场、技术和区域等条件制约，进而形成了产业融合发展的摩擦成本，其冲击着两个产业融合发展的路径，导致文化或旅游产业发展实际与理想的确定性生产前沿面发生偏离。假定文化和旅游产业融合随机生产前沿面曲线集合，表示生产可能集边缘，曲线上的点表示在特定的生产技术水平下，要素投入与产出的最优组合。基于以上分析，假定在完全竞争市场中，表现为一定文化产业发展效应条件下旅游产业关联投入最小（或既定旅游产业发展效应条件下文化产业关联投入最小），其投入总成本最小点也成为两个产业融合点。然而，在融合实践中，尤其是在非完全竞争市场条件下，受制于文化和旅游产业内部要素投入和规模效应，加之政策、市场、技术和区域等环境制约，冲击着两个产业融合发展的路径，导致两个产业融合实际与理想状态发生偏离，难以实现充分融合。据此，本书以技术效率理论为指导，通过测算“以文促旅”和“以旅促文”两条融合路径（融合过程）综合作用下的协调水平（融合结果），考察我国文化和旅游产业融合质量特征。具体文化和旅游产业融合质量评价包括两个层面：一是融合路径指数评价，反映出技术效率思想下，两个产业融合路径发展的有效性，即两个产业融合质量如何的问题。二是融合发展指数评价，反映出两个产业发展的协调性，即两个产业融合发展运行质量如何。

首先，测算全国 31 个省（区、市）文化产业和旅游产业发展指数，作为两个产业实际发展水平；其次，运用非参数随机前沿模型测算出两个产业理想发展水平，即分别估算出两个产业融合路径指数；最后，通过耦合协调模型测算文化和旅游产业融合水平。

由于文化和旅游产业融合发展态势尚未明朗，基于已有统计资料计算出的是文化和旅游产业融合发展在摩擦阻力冲击和主动调整后，在非完全竞争市场情形下的实际发展水平，需要与完全竞争市场情形下的理想水平进行比较。估算文化和旅游产业融合质量的理想发展水平成为关键。而非参数方法在处理未知函数表达上具有优势（周先波，2008）。非参数随机前沿方法是通过观测值在理想的生产前沿面上获得投影值进行回归分析（Henderson et al.，2008），从而估计出文化和旅游产业理想的融合发展路径指数。公式如下：

$$CUL_{it} = CUL'_{it} + \varepsilon_{it} = h(TOU_i, i, t) + \varepsilon_{it}$$

$$TOU_{it} = TOU'_{it} + \varepsilon_{it} = f(CUL_{it}, i, t) + \varepsilon_{it} \tag{3-10}$$

公式（3－10）中，CUL_{it}、TOU_{it}分别为 i 地区 t 时间文化和旅游产业实际发展水平，ε_{it}为随机扰动项。其中，$TOU_{it}=f(CUL_{it}, i, t)+\varepsilon_{it}$为文化产业发展所要求的旅游产业的理想水平，反映文化产业促进旅游产业融合发展路径，$CUL_{it}=h(TOU_{it}, i, t)+\varepsilon_{it}$为旅游产业发展所要求的文化产业所能达到的理想水平，即旅游产业促进文化产业发展路径。作为包含未知参数的函数形式，且时间和地区效应是以非参数方式作用于文化和旅游产业融合发展过程，需要采用非参数局部线性法对非参数随机前沿模型进行估计（Henderson et al.，2008），公式表达如下：

$$L1_{it} = \exp(\hat{f}(CUL_{it}, i, t) - \max\hat{f}(CUL_{it}, j, t))$$

$$L2_{ii} = \exp(\hat{h}(TOU_{it}, i, t) - \max\hat{h}(TOU_{it}, j, t)) \tag{3-11}$$

公式（3－11）反映了文化产业 CUL_{it}发展所要求的旅游产业水平与观测样本之中文化产业所要求的旅游产业最高发展水平之间的差距以及旅游

产业 TOU_i 发展所要求的文化产业水平与观测样本下旅游产业所要求的文化产业最高发展水平之间的差距。其差距愈小表明融合路径质量愈高，其实质为在既定旅游产业（或文化产业）发展水平下，文化产业（或旅游产业）关联投入成本最小化。

由上述针对文化和旅游产业融合路径的非参数随机前沿面模型设定可知，文化和旅游产业在融合过程中的偏离主要来源于：对两个产业融合随机前沿面的偏离和对理想水平的偏离，其中前者描述了旅游促进文化产业融合发展过程中 $h(TOU_{it}, j, t)$ （或者文化促进旅游产业融合发展 $f(CUL_{it}, j, t)$）与其所要求的随机前沿面 [$\max h(TOU_{it}, j, t)$、$\max f(CUL_{it}, j, t)$] 的距离，如公式（3－12）所示；后者则考察了旅游产业（文化产业）发展水平与其各自理想发展水平的距离 [$f(CUL_{it}, j, t)$、$h(TOU_{it}, j, t)$]，如公式（3－13）所示。

$$\begin{aligned}&\hat{f}(CUL_{it},i,t)-\max\hat{f}(CUL_{it},j,t)\\&\hat{h}(TOU_{it},i,t)-\max\hat{h}(TOU_{it},j,t)\end{aligned}\qquad(3-12)$$

$$\begin{aligned}&TOU_{it}-\hat{f}(CUL_{it},i,t)\\&CUL_{ii}-\hat{h}(TOU_{it},i,t)\end{aligned}\qquad(3-13)$$

最后，采用耦合协调度方法测算文化和旅游产业融合路径的耦合协调度，即为两个产业融合指数，公式如下：

$$\begin{aligned}&C=\sqrt{(L1_i\times L2_i)/(\alpha L1_i+\beta L2_i)^2}\\&D=\sqrt{(C\times G)},G=\alpha L1_i+\beta L2_i\end{aligned}\qquad(3-14)$$

公式（3－14）中，$C\in[0,1]$ 为产业融合路径的发展耦合度，$D\in[0,1]$ 为产业融合路径的协调度，G 为产业融合路径的发展水平，α、β 为产业融合路径的权重系数。考虑到文化和旅游产业的融合交叉特性，取 $\alpha=\beta=0.5$。据此，通过两个产业融合指数测算，既反映了产业融合的技术效率，又涵盖了文化促进旅游产业融合发展（以文促旅）、旅游促进文化产业融合发展（以旅促文）的融合路径特征，从而与本书所构建的概念模型相契合。

3.3　文化和旅游产业融合质量指标体系的内涵依据

3.3.1　指标构建的技术路径

本书首先对已有文化和旅游产业融合发展研究文献中的指标进行初步筛选；其次借助扎根理论分析方法，对收集的文献资料进行概念提炼和归类处理，形成初始的指标体系；再次通过多轮专家访谈，对初始指标内容进行调整，确定最终的指标体系；最后结合专家评分方法和熵值法，从主观和客观两个方面给出指标体系的综合计算权重，如图 3－7 所示。

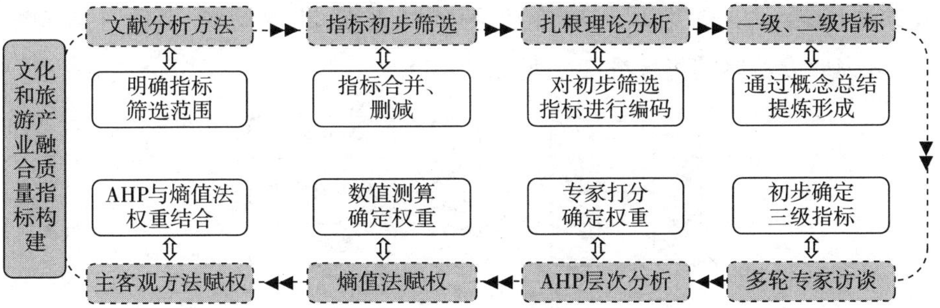

图 3－7　文化和旅游产业融合质量指标构建的技术路径

资料来源：由笔者绘制。

3.3.2　指标体系的文献统计

本书在前述国内知识图谱研究中（通过以“文化”“旅游”“融合”为检索词进行“篇关摘”查询。时间范围设定为“2000 年 1 月 1 日至 2021 年 7 月 31 日”），共获得 983 篇文献。通过对这些文献进行阅读和筛选，重点查阅了文化和旅游产业融合指标有关的文献。经过筛查共发现了 21 篇文献，并对该文献进行了追溯分析，共筛选并整理出 545 项指标，进一步对其进行合并处理，最终获取 157 项指标。通过文献整理发现，自 2012 年后核心文献中文化和旅游产业融合指标逐渐增多，通过有关学者研究成果整理，虽然与本书直接有关指标体系较少，但前期研究成果能够为本书提供有益的理论指导。

3.3.3 基于扎根理论对已有文献指标的分析

在指标整理的基础上，本书采用扎根理论进一步对已有指标进行深入提炼，扎根理论是通过对资料数据进行系统化的分析，从现象挖掘出隐藏在背后的理论。编码过程具有理论敏感性、持续比较性和个人创造性，理论敏感性要求编码过程具有一定方向性，所提炼出的概念既能够反映数据原始信息，又能够进行深度抽象概括（靳代平等，2016）。持续比较性是指研究者通过在数据资料和理论之间持续比较，通过多次和反复修正构建初始框架。个人创造性指研究者具有一定的前期理论基础，在编码过程中注重研究者自身理解与已有研究成果的互动关联。扎根理论的研究流程为开放性编码、主轴编码、选择性编码，在满足理论饱和后（Pandit，1996），形成最终的指标维度（见图3－8）。

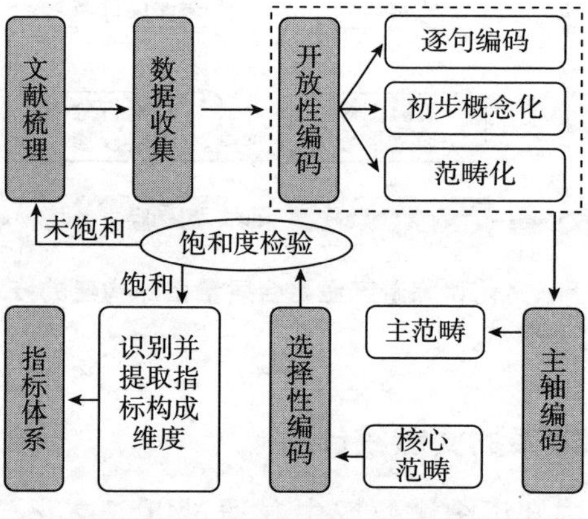

图3－8　扎根理论研究流程

资料来源：由笔者绘制。

(1) 开放性编码。

开放性编码主要处理数据资料的聚敛问题（Yin，1984），具体通过对原始资料进行初步概念界定，将157项指标进行概念和范畴化的提炼，通过逐句编码、初步概念化和范畴化，实现概念的最终归属，最终得到表3－1所示的开放性编码结果。

表 3－1　开放性编码结果

编码	次范畴	频数	编码	次范畴	频数
LY1	旅游经济贡献水平	2	WH1	文化增长贡献水平	2
LY2	旅游经济效益水平	10	WH2	文化经济效益水平	11
LY3	旅游部门结构	5	WH3	文化部门结构	2
LY4	旅游产出效率	5	WH4	文化产出效率	2
LY5	旅游市场参与程度	6	WH5	文化市场参与程度	6
LY6	旅游知识技术支撑	2	WH6	文化知识技术支撑	1
LY7	旅游服务接待能力	4	WH7	文化服务接待能力	2
LY8	旅游服务设施规模	2	WH8	文化公共服务规模	6
LY9	旅游供给主体规模	5	WH9	文化供给主体规模	6
LY10	旅游直接人力资源规模	5	WH10	文化直接人力资源规模	6
LY11	旅游间接人力资源规模	4	WH11	文化间接人力资源规模	1
LY12	旅游市场需求潜力	1	WH12	文化市场需求潜力	1
LY13	旅游市场需求水平	1	WH13	文化事业发展水平	4
LY14	旅游对外开放潜力	2	WH14	文化事业发展潜力	1
LY15	旅游对外开放水平	3	WH15	文化直接投资水平	1
LY16	旅游投资规模	1	WH16	文化间接投资规模	1
LY17	旅游资源丰度	1	WH17	文化资源丰度	13
LY18	旅游资源品位度	1	WH18	文化资源密度	1
LY19	旅游资源品质	1	WH19	文化资源品质	1
LY20	旅游营销能力	3	WH20	文化资源吸引力	2
LY21	旅游特色品牌	1	WH21	文化营销能力	5
LY22	旅游地区知名度	1	WH22	文化政府扶持	1
LY23	旅游政策法规	1	WH23	文化政策法规	1
DQ1	地区创新成果	1	WH24	文化创新成果	2
DQ2	地区服务设施规模	5	WH25	文化特色品牌	1
DQ3	地区知识技术支撑	3	WH26	文化对外开放水平	1

（2）主轴编码。

主轴编码通过归纳演绎，对表 3－1 中的开放性编码结果进行聚类（Juliet et al.，2015）。开放性编码中，所提炼的次范畴之间的关联并不明确，需要通过主轴编码方法对次范畴的关联进行梳理，通过对次范畴进行共性与个性之间的类属划分，进一步厘清各个次范畴之间的深层次关联，提炼出主范畴。在建立次范畴之间的关联时，需要对次范畴的潜在联系进行逐一分析，建立次范畴与主范畴之间的因果关联关系。据此，本书提炼总结出文化资源、人力资本、产业投资、产业规模、传播力、产业绩效、政策环境、市场环境、技术进步、对外交流共10类主范畴（见表3-2）。

表3-2 主轴编码结果

主范畴	对应次范畴	范畴内涵
文化资源	文化资源丰度、文化资源密度、文化资源品质、文化资源吸引力、旅游资源丰度、旅游资源品位度、旅游资源品质	是文化和旅游产业发展的资源禀赋、资源丰度和资源品位度的综合体现
人力资本	旅游直接人力资源规模、旅游间接人力资源规模、文化直接人力资源规模、文化间接人力资源规模	是文化和旅游产业发展的直接和间接人力资源投入的综合体现
产业投资	旅游投资规模、文化直接投资水平、文化间接投资规模	是文化和旅游产业发展的直接和间接资金投入的综合体现
产业规模	旅游供给主体规模、文化供给主体规模、文化公共服务规模、文化服务接待能力、旅游服务接待能力、旅游服务设施规模、地区服务设施规模、文化部门结构、旅游部门结构、文化事业发展水平、文化事业发展潜力	是指文化和旅游产业的主体规模、部门发展结构、服务设施规模和服务接待能力，是产业供给能力和结构的综合体现
传播力	文化营销能力、旅游营销能力、旅游地区知名度、文化特色品牌、旅游特色品牌	是文化和旅游产业的营销能力、地区知名度、特色品牌的综合体现
产业绩效	旅游产出效率、文化产出效率、旅游经济贡献水平、旅游经济效益水平、文化增长贡献水平、文化经济效益水平	是指文化和旅游产业的利润和收益、投入产出效率、对地区经济发展贡献，是文化和旅游产业发展质量效益的综合体现
政策环境	文化政府扶持、旅游政策法规、文化政策法规	是指文化和旅游产业的政府政策规范，是政府对产业融合发展的支持和规范化导向
市场环境	文化市场参与程度、旅游市场需求水平、旅游市场需求潜力、文化市场需求潜力、旅游市场参与程度	是指文化和旅游产业的市场需求和消费者市场参与程度，是文化和旅游需求环境的综合体现

续表

主范畴	对应次范畴	范畴内涵
技术进步	文化创新成果、地区创新成果、地区知识技术支撑、旅游知识技术支撑、文化知识技术支撑	是指文化和旅游产业的技术水平和创新成果，是文化和旅游产业技术进步的综合体现
对外交流	旅游对外开放水平、文化对外开放水平、旅游对外开放潜力	是文化和旅游产业对外开放水平的综合体现

（3）选择性编码。

选择性编码通过分析主范畴间的逻辑关联，概括出核心范畴，其概述性和覆盖性更高。据此，本书在已有研究成果和各主范畴之间进行深入比较，将主范畴进一步串联为发展要素、发展效应和发展环境（见表3－3）。

表3－3　选择性编码

核心范畴	主范畴	内涵
发展要素	文化资源	是指为文化和旅游产业融合发展提供物力、人力和财力的发展要素
	人力资本	
	产业投资	
发展效应	产业规模	是反映文化和旅游产业融合发展的发展规模、影响传播能力、绩效水平的发展效应
	传播力	
	产业绩效	
发展环境	政策环境	是指为推动文化和旅游产业融合发展，在政策、市场、技术、开放等方面形成有利于产业融合的圈层环境
	市场环境	
	技术进步	
	对外交流	

（4）饱和度检验。

饱和度检验能够判断是否可以终止编码，当所收集的样本数据并不会产生新的范畴，且难以改变已经形成的编码结果时，该编码结果被认定为“饱和”状态。本书通过梳理非核心文献，对引用量和下载量较高的文化和旅游产业融合指标文献进行了分析，结果显示，表3－3中提炼出的范畴已足够全面，新增加的文献并不能够形成新的范畴和关联。可见，本书所提炼出的核心范畴满足饱和度检验。据此，通过扎根理论的编码分析，本书文化和旅游产业指标维度可以归纳为：为文化和旅游产业融合发展提供物力、人力和财力的发展要素；反映文化和旅游产业融合发展的发展规模、影响传播能力、绩效水平的发展效应；为推动文化和旅游产业融合发展，在政策、市场、技术、开放等方面形成有利于产业融合的圈层环境。

3.3.4 指标体系的维度分析

基于扎根理论分析本书，确定了发展要素、发展效应、发展环境三大维度层，在此基础上，构建了“发展要素（Element）—发展效应（Effect）—发展环境（Environment）”的文化和旅游产业3E指标体系。同时，为了表明本书提出的3E指标体系的科学性与合理性，综合发展要素、发展效应、发展环境三大维度，及其各自涵盖的共10项二级维度，将TOE理论框架嵌入3E指标体系，结果如图3－9所示。

综合TOE理论框架，技术资源（Technology）维度包括文旅资源提供、人力资源投入和资金资源投入，技术资源投入，是文化和旅游融合发展的基础和保障，技术资源投入水平与两个产业融合发展相适应，能够满足文化和旅游产业融合发展所必须的人力、物力和财力要素资源投入，技术要素发展过程亦是多种要素资源的有效整合的过程，技术资源维度是文化和旅游产业融合的先决条件；产业组织（Organization）是文化和旅游产业融合发展主体，是检验文化和旅游产业融合在组织方式、产品属性、业务、全要素等方面融合发展成效的标准，能够衡量两个产业融合的技术资源投入要素产出效率水平；环境（Environment）是文化和旅游产业融合发展的支撑力，通过外部环境因素的逐步改善，促使其朝着有利于文化和旅游产业融合方向发展，该环境因素紧密围绕产业组织开展，不同于笼统的宏观发展环境，是两个产业内部为促进融合产生的积极调整行为。

结合文化和旅游产业3E指标体系，发展要素（Element）是文化和旅游产业融合发展的先决条件。依据编码结果可知，发展要素包括文物保护、文化资源、旅游资源、资本资源、人力资源等方面，要素投入是两个产业融合发展的保障条件（冯斐，2020），且物力、人力和财力投入之间存在密切关联。文化旅游资源保护以及产品挖掘、创意产业培育和发展离

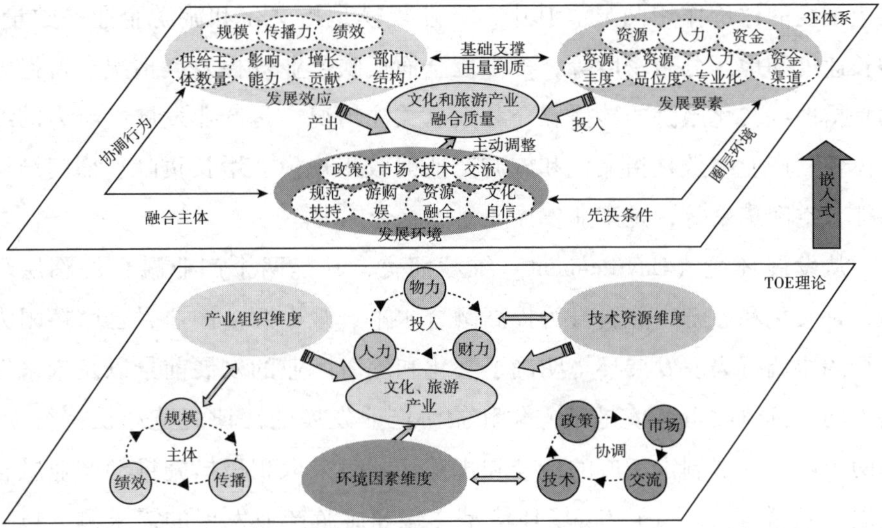

图 3－9　文化和旅游产业 3E 指标体系

资料来源：由笔者绘制。

不开资金投入，且文化旅游资源具有深厚的文化内涵，具有精神产品属性，该类产品的开发离不开高素质的专业人才资源投入，三者共同构成了文化和旅游产业发展的基础支撑（孙剑锋等，2019）。具体而言，文旅资源投入是指文化旅游资源的类型、资源等级、资源分布密度等，资源类型涵盖了文物单位、遗产、自然和人文景观等，资源等级包括文化资源类的国家级、省级和市级及旅游景区的 A 级划分，资源分布密度则重点考察了资源的数量分布情况。人力资源投入是指从事文化和旅游产业的专业性人力供给。资本资源投入是指支撑文化和旅游产业发展必需的直接和间接资金投入。

从发展效应（Effect）维度而言，其作为两融合发展的供给主体，是文化和旅游产业融合发展成效的核心，在文化和旅游产业融合发展评价中处于最重要位置，发展效应不仅体现在产业发展数量、规模、收入的显性量化指标上（翁钢民等，2016），还体现在传播力的隐性指标上（付业勤，2020），以及产业发展绩效方面（洪学婷等，2020）。伴随着文化和旅游产业融合发展，产业转型升级，两个产业融合发展成效逐渐显现，产业发展效应维度的评价作用凸显。其中，产业规模是指文化和旅游企业的数量、增长速度和地区分布密度等，多方位全面反映产业规模发展情况。传播力则是指地区文化旅游的传播媒介和大众关注情况，是产业发展影响力的综合体现。产业绩效是指文化和旅游产业的收入规模、增长贡献、部门结构特征、空间集聚等，是产业发展质量的综合体现。

从发展环境（Environment）维度而言，其是两个产业融合的圈层环境，是文化和旅游产业自身为提高融合水平、减少两个产业融合摩擦阻力进行的协调行为。发展环境明确了文化和旅游产业的发展前景以及未来发展方向。具体政策环境是指文化和旅游产业发展的法律规范和扶持行为，为两个产业发展制定相应的标准和规范，同时采取积极措施推动产业融合发展（黄锐等，2021）。市场环境是文化和旅游产业发展的需求侧，包括文化娱乐消费支出、旅游人次等方面，是产业发展的拉力（吴金梅等，2011）。技术进步有利于深入挖掘文化旅游资源内涵，增强资源向产品的转化率，提高文化和旅游产业的附加值，延伸文化和旅游产业链条，推动产业融合的方式和方法不断进步，减小产业融合的摩擦阻力（侯兵等，2020）。对外交流是文化和旅游产业开放发展的重要表征（肖洁等，2019），一方面，通过开放能够激发国际市场消费潜力，扩大目的地客源市场和影响力，强化国际和国内两个市场之间的联系。另一方面，有助于传播自身文化，弘扬中华文化自信和拓宽产业发展视野。

综上可知，本书通过“嵌入式”理论将 TOE 理论框架导向 3E 指标体系，将技术资源维度、产业组织维度、环境因素维度与发展要素、发展效应和发展环境进行了对标分析，明确了分类的合理性，说明了 3E 指标体系的科学性与合理性。

3.4 文化和旅游产业融合质量指标构建

3.4.1 遴选原则

为确保文化和旅游产业指标体系构建过程的合理性，在上述文献扎根分析的基础上，遵循指标体系构建的科学性与客观性、可操作性和可量化性、系统性与精简性原则，以有效提高文化和旅游产业融合质量测算结果的可靠性。

（1）科学性与客观性。

结合本书研究对象，需要测算地区文化和旅游产业融合质量的发展水平，在空间单元上的集聚和扩散、地区之间的溢出关联等，需要构建多层级和多结构的指标体系，在具体指标筛选上，既要反映出地区文化和旅游产业的质量水平，又要反映出地区差异的时空特征。同时，为保障指标赋权的科学性与合理性，综合了专家打分的主观赋权和客观赋权两种方案，避免了主观赋权“因人而异”的弊端，尽可能多地收集专家有关指标的意见，进行多轮修改完善，以提高指标在实际运算过程中的代表性、客观性和科学性。

（2）可操作性与可量化性。

在数据源获取上，为保障数据的客观、真实和有效性，选取官方渠道的统计资料和网站数据作为来源，为提高数据的量化测算性，在参考已有研究成果基础上，部分指标进行了二次加工处理，保障了指标在测算过程中的一致性、连贯性和可靠性。通过可操作性和可量化性的指标处理，为本书后续实证分析的开展提供了坚实基础。

（3）系统性与精简性。

在文化和旅游产业融合质量的理论性基础上，两个产业融合质量涉及投入、产出等指标分类，指标涉及范围相对较广，需要考虑的内外部因素相对较多。为此，在与有关专家商量后，尽可能选取与文化、旅游产业密切关联的指标，在筛选过程中遵循质量发展有关的指标，在具体指标的处理中，将已有数量型指标转换为贡献度、效率、结构等质量型指标。在数据可获得性上充分考虑和涵盖已有统计资料中有关文化和产业发展指标。在指标筛选过程中，遵循奥卡姆剃刀原理，选取和精简出具有代表性的指标作为计算依据，避免指标过度泛化，缺乏聚焦，不利于深入分析研究对象。

3.4.2 指标甄选

（1）初始指标构建。

基于文化和旅游产业融合质量的3E体系框架，在上述扎根文献分析的基础上，构建了初始指标体系，该初始指标体系是研究者本人整理，并组织了指标讨论小组，该小组由三名从事文化和旅游产业的教师和四名博士研究生组成，其中教师团队中，一人为教授职称，其余两名为副教授职称，博士研究生均长期从事文化和旅游产业融合发展研究，文化和旅游产业有关知识结构相对丰富，且也有参与维度指标构建的扎根理论分析过程，既保障了参与研究人员的广度，也对该领域的研究具有一定的深度。在此基础上，通过研究小组整理后的初始指标，如表3－4和表3－5所示。

表3－4 文化产业初始指标体系

一级指标	二级指标	具体指标
发展要素	文化资源	文化资源总量（包括各级文物保护单位、各级非物质文化遗产、文物藏品数加总）
		文化资源密度（文化资源总量与省份面积之比）
		文化资源等级（国家级文化资源数、省级文化资源数、市县级文化资源数加权求和）
	人力资本	公共图书馆、博物馆从业人员
		艺术表演团体从业人员
		文化市场从业人员
	产业投资	文化及相关产业固定资产投资
发展效应	产业规模	文化市场经营机构数量
		图书馆、博物馆总数
		艺术表演团体数
	影响力	报纸、杂志、图书出版量
		广播、电视节目覆盖率
	产业绩效	文化市场经营机构营业收入
		艺术表演团体经营收入
		规模以上文化制造业营业收入
		重点文化服务业企业营业收入

续表

一级指标	二级指标	具体指标
发展环境	政策环境	文化产业发展法规条例数
		文化产业财政资金拨款额
	市场环境	文化娱乐消费支出
		文化产业商标注册数
	技术进步	R&D 文化制造业企业数
		文化部门教育毕业生数
		文化产业相关学术论坛举办数
	对外交流	对外交流活动人次
		对外交流活动项目

表 3－5　旅游产业初始指标体系

一级指标	二级指标	具体指标
发展要素	旅游资源	旅游资源总量（风景名胜区数、自然保护区数、国家级森林公园数、国家级湿地公园数、景区数）
		旅游资源密度（旅游资源总量占省份面积之比）
	人力资本	星级饭店从业人员
		旅行社从业人员
		景区从业人员
		住宿餐饮业从业人员
	产业投资	星级饭店固定资产投资
		旅行社固定资产投资
		景区固定资产投资
发展效应	产业规模	星级饭店数
		旅行社数
		景区数量
		住宿法人企业数
		餐饮法人企业数
	影响力	旅游媒体指数（百度新闻网站检索“省份名＋旅游”）
		旅游传播指数（维普、知网、万方等期刊网站检索“省份名＋旅游”）

续表

一级指标	二级指标	具体指标
发展效应	产业绩效	星级饭店营业收入
		旅行社营业收入
		旅游景区营业收入
		住宿业企业营业额
		餐饮业企业营业额
发展环境	政策环境	旅游产业发展法规条例
	市场环境	国内旅游人次
		旅游产业商标注册数
	技术进步	旅游高等院校
		旅游高等院校学生数
		旅游产业相关学术论坛举办数
	对外交流	入境过夜游客数
		入境旅游收入

（2）指标定型。

1）问卷前测。

在初始指标设计的基础上，为保障问卷题项设计的合理性，需要前期进行预调研工作。由于受到新冠疫情影响，作者于2020年4月5日至4月24日，重点通过线上形式分别邀请了六位专家对指标进行初步修改和调整，各专家的研究领域分别为旅游产业、文化产业、旅游目的地运营与管理、旅游规划等方向。结合专家反馈的信息，文化产业影响力指标中建议加入网络数据进行支撑；建议对旅游产业中的住宿和餐饮企业数进行合并处理，与从业人员中的住宿和餐饮从业人员数保持一致，减少指标冗余。在专家意见基础上，对指标进行了修正处理，从而获取正式调研问卷。

2）正式调研。

通过在线咨询形式，于2020年5月1日至5月28日，共获取21位专家的定向问卷，专家基本情况如表3－6所示。综合专家问卷的反馈意见，可以规整为以下几类：鉴于本书的目标对象应重点反映技术效率发展情况和提高指标的可比性，专家建议采用比值型指标进行测算，以凸显研究所要反映的结构、效率等质量发展问题；指标内容缺少空间因素的反馈，建议增加空间测算类指标，使其与本书的主题更加契合；部分维度指标存在冗余情况，建议进行合并和剔除处理，提高指标的代表性，如文化和旅游产业中的人力资本问题，可以将从业人员数量进一步合并处理，并剔除无关的数据，提高指标的精确性，同时建议增加文化产业示范基地、文化出口重点企业指标；专家建议对指标进行二次计算，进一步挖掘指标背后的意义，尤其是可以测算指标的贡献度、集聚度、生产率等，提高指标的指代性；文化产业和旅游产业两套指标体系应该注意对应问题，专家建议对部分指标进行调整，增强指标的可行性和可操作性。

表 3-6　专家基本情况统计

分类		人数	比例
年龄区间	40 岁及以下	9	43%
	41～50 岁	7	33%
	51～60 岁	4	19%
	60 岁以上	1	5%
研究领域	文化产业	4	19%
	旅游管理	3	14%
	文旅融合	5	24%
	旅游规划与管理	3	14%
	人文地理	3	14%
	旅游目的地运营与管理	2	10%
	旅游景区部门	1	5%
从业时间	5 年以下	7	33%
	5～10 年	8	38%
	11～20 年	5	24%
	20 年以上	1	5%

结合专家意见，对指标进行了重新梳理和规整，为提高具体指标的可对比性，对文化和旅游产业所有指标进行了增长率、密度、覆盖率、占比、效率等处理；针对缺少反映空间因素类型的指标，在借鉴有关研究成果基础上，增加了密度计算和产业集聚度和集聚效率指标；对于部分维度

指标存在冗余的问题，将指标进行了合并和剔除处理，产业投资合并处理为文化及相关产业固定资产投资占GDP比重、文化事业实际完成基建投资占GDP比重、住宿和餐饮固定资产投资占GDP比重，以及星级饭店、旅行社、景区固定资产投资占GDP比重，产业绩效处理为旅游总收入增长率，星级饭店、旅行社、旅游景区收入增长率，以及旅游产业劳动生产率、旅游产业集聚度、旅游产业集聚效率、文化及相关产业收入增长率、文物部门收入增长率、文化及相关产业劳动生产率、文化产业集聚度和文化产业集聚效率等；部分指标存在计算问题，在参考有关研究指标处理方法的基础上，对指标进行了处理，且在文化和旅游产业具体指标的对标选取上，尽可能保持较高的一致性。修改后指标结果如表3－7和表3－8所示。

表3－7 文化产业指标体系

一级指标	二级指标	三级指标（指标阐释/指标参考）
发展要素	文化资源	文化资源丰度（全国重点文物单位、非物质文化遗产、文物藏品数赋权求和（孙剑锋等，2019））
		文化资源密度（文化资源丰度与省份面积之比）
	人力资本	文化及相关产业从业人员比重（占第三产业从业人员比重（翁钢民等，2016））
		图书馆、博物馆从业人员比重（占第三产业从业人员比重（翁钢民等，2016））
	产业投资	文化及相关产业固定资产投资占GDP比重（雷宏振等，2020）
		文化事业实际完成基建投资占GDP比重
发展效应	产业规模	文化及相关产业法人单位增长率（本期数与上期数之比）
		文化产业示范基地密度（国家级文化产业示范基地累计数与省份面积之比（郭金花等，2019））
		文化出口重点企业密度（文化出口企业数与省份面积之比）
	传播力	人均报纸、杂志、图书出版量
		广播、电视节目覆盖率
		地区文化媒体指数（百度新闻网站检索“省份名＋文化”（王新越等，2020））

续表

一级指标	二级指标	三级指标（指标阐释/指标参考）
发展效应	产业绩效	文化及相关产业收入增长率
		文物部门收入增长率
		文化及相关产业劳动生产率（文化及相关产业收入与文化及相关产业从业人员数之比（马慧强等，2018））
		文化产业集聚度（（地区文化及相关产业收入/地区 GDP）与（全国文化及相关产业收入/全国 GDP）之比（孙智君等，2015））
		文化产业集聚效率（文化及相关产业收入与省份面积之比）
发展环境	政策环境	文化产业发展法规条例占比（中国法律法规信息库检索各省份推出的文化产业相关政策累计数与服务业相关法规累计数之比（郭金花等，2019））
		文化政策法规关注指数（百度指数中检索“文化产业政策”）
	市场环境	人均文化娱乐消费支出
		文化产业商标注册数增长率（中国商标网第 16 类、35 类、38 类、41 类获取各省份产业商标注册数（杨春宇等，2016））
	技术进步	开展 R&D 活动文化企业密度（R&D 文化制造业企业数与省份面积之比（郭金花等，2019））
		文化部门教育毕业生数增长率（刘安乐等，2020）
		文化产业相关学术论坛增长率（中国学术会议在线（杨春宇等，2016））
	对外交流	对外交流活动人次增速（周建新等，2016）
		对外交流活动项目增速（周建新等，2016）

表 3 -8　旅游产业指标体系

一级指标	二级指标	三级指标（指标阐释/指标参考）
发展要素	旅游资源	旅游资源丰度（风景名胜区数、自然保护区数、森林公园数、湿地公园数、旅游景区数赋权求和（孙根年等，2013））
		旅游资源密度（旅游资源丰度与省份面积之比）
	人力资本	旅游三大部门从业人员比重（星级饭店、旅行社和景区从业人员占第三产业从业人员比重）
		住宿和餐饮从业人员比重（住宿和餐饮从业人员占第三产业从业人员比重）

续表

一级指标	二级指标	三级指标（指标阐释/指标参考）
发展要素	产业投资	星级饭店、旅行社、景区固定资产投资占 GDP 比重（李涛等，2019）
		住宿和餐饮固定资产投资占 GDP 比重
发展效应	产业规模	星级饭店增长率
		旅行社增长率
		旅游景区增长率
		餐饮和住宿增长率
	传播力	地区旅游关注指数（百度指数检索“省份名＋旅游攻略”（王新越等，2020））
		地区旅游媒体指数（百度新闻网站检索“省份名＋旅游”（王新越等，2020））
	产业绩效	旅游传播指数（维普、知网、万方等期刊网站检索“省份名＋旅游”）
		旅游总收入增长率
		星级饭店、旅行社、旅游景区、餐饮和住宿收入增长率
		旅游产业劳动生产率（旅游总收入与旅游从业人员数之比）
		旅游产业集聚度（（地区旅游总收入/地区 GDP）与（全国旅游总收入/全国 GDP）之比）
		旅游产业集聚效率（地区旅游总收入与省份面积之比）
发展环境	政策环境	旅游产业发展法规条例占比（中国法律法规信息库检索各省份推出的旅游产业相关政策累计数与服务业相关法规累计数之比）
		旅游政策法规关注指数（百度指数中检索“旅游政策与法规”等）
	市场环境	国内旅游人次增速
		旅游产业商标注册数增长率（中国商标网第 39 类、43 类获取各省份产业商标注册数（杨春宇等，2016））
	技术进步	旅游高等院校密度（旅游高等院校与省份面积之比）
		旅游高等院校学生数增长率
		旅游相关学术论坛增长率（中国学术会议在线（杨春宇等，2016））
	对外交流	国际旅游人次增速
		国际旅游收入增速

3.5　文化和旅游产业融合质量指标赋权

3.5.1　指标赋权处理

考虑到当前文化和旅游产业指标体系中具体指标之间存在一定的差异性，选取客观合理的赋权方法有助于测算结果的科学合理性。已有研究主要有主观和客观两种赋权方法。主观赋权方法是通过专家打分形式，通过指标之间的重要性比较，测算出指标权重分值。具有代表性的方法为层次分析方法，由 TL Saaty 于 20 世纪 70 年代提出，是一种定性与定量相互结合的多目标决策方法，在文化和旅游研究中已有一定基础，尤其是在文化旅游资源测算中应用相对广泛。如黄丹（2020）通过层次分析方法构建了文化旅游演艺传播环境指标体系。张新成等（2020）通过层次分析方法建构了乡村旅游公共服务质量指标体系。冯亮（2018）以红色文化旅游资源为研究对象，通过层次分析方法建构了红色文化旅游资源指标体系。客观赋权法以主成分、熵值法等为代表，在收集资料和数据的基础上，经过严密推导后估算出权重数值。其中主成分和因子分析方法是通过降维方式对指标进行简化处理。与之相比，熵值法、变差异系数等能够确定各项指标的独立权重，应用范围相对广泛，尤其是在文化和旅游产业融合方面的研究中应用较多。如侯兵等（2015）、翁钢民等（2016）、曲景慧等（2016）、刘安乐等（2020）、陈红玲等（2021）均是以文化和旅游产业发展水平为研究对象，通过熵值法进行指标权重测算。总之，客观赋权方法依赖于收集资料的数据基础，但该种方法缺乏灵活性。而主观赋权方法通过专家打分形式获取，但容易受到专家自身学科背景、研究经验、主观偏好的判断影响，对各个指标之间的真实关系存在判断偏误问题（方法林等，2013）。鉴于此，本书考虑综合主观与客观两种赋权方法，既通过专家打分方法保障了指标赋权的灵活性，同时引入客观赋权方法避免专家主观经验带来的偏误问题，从而使得赋权结果贴近实际。

基于以上分析，本书在借鉴温泉旅游开发适宜性、历史文化街区旅游开发、旅游城市人居环境、旅游用地评价、河流旅游开发、文化资源与旅游融合相关研究等基础上，采用主观与客观相结合的两阶段指标赋权方法，即第一阶段是在前期专家调研确定指标基础上，运用层次分析方法进行专家指标打分赋权，第二阶段是借助熵值法，通过指标的样本数值进行客观赋权，通过两种方法的赋予权重进行加权处理获得最终指标权重。具体而言，将通过层次分析软件，将回收的专家问卷数据输入软件之中，估算得出主观权重值 Z，再将基于统计年鉴等资料收集整理的客观数据通过熵值方法测算出客观权重 K。在借鉴张建国等（2017）主观和客观赋权测算方法基础上，最终确定文化和旅游产业指标权重值（μ_i），具体如公式（3－15）所示。

$$\mu_i = \frac{Z_i K_i}{\sum_{i=1}^{n} Z_i K_i}(i = 1,2,\cdots,n) \tag{3-15}$$

（1）层次分析方法。

层次分析方法的测算过程包括层次结构、构建判断矩阵、权重结果、一致性检验。

1）层次结构。

依据图 3－10 文化和旅游产业指标层次结构来看，A1 与 A2 分别为文化和旅游产业发展目标层。目标层由发展要素（B11、B21）、发展效应（B12、B22）和发展环境（B13、B23）三个一级指标层构成，二级指标层由文化资源（C11、C21）、人力资本（C12、C22）、产业投资（C13、C23）、产业规模（C14、C24）、传播力（C15、C25）、产业绩效（C16、C26）、政策环境（C17、C27）、市场环境（C18、C28）、技术进步（C19、C29）和对外交流（C110、C210）构成。文化和旅游具体指标层代码分别为 D1 和 D2。

2）构建判断矩阵。

判断矩阵是在文化和旅游产业层次结构的基础上，对处于同一个指标层内的指标，进行两两比较分析，以此构建判断矩阵。这一过程需要在专家打分的问卷设计中体现出两两比较关系，通过处于同一指标层内的比较，得出相对于上一层的重要程度（张新成等，2020）。可见，层次分析方法能够对单个指标的重要程度进行排序，从而进一步了解指标层内部的逻辑关联。为此，以文化产业指标体系的一级指标层为例，对判断矩阵构建过程进行说明，旅游产业指标体系同理，二级指标和具体指标层级依次类推。

$$F = (b1_{ij})_{3\times3} = \begin{bmatrix} B1_{11} & B1_{12} & B1_{13} \\ B1_{21} & B1_{22} & B1_{23} \\ B1_{31} & B1_{32} & B1_{33} \end{bmatrix} \tag{3-16}$$

公式（3－16）中，满足以下条件：

1）$b1_{ij}=1$，i，$j=1$，2，3；

2）$b1_{ij}=1/b1_{ij}$（$i\neq j$），i，$j=1$，2，3；

3）$b1_{ij}=b1_{ik}/b1_{jk}$（$i\neq j\neq k$），i，j，$k=1$，2，3。

专家依据表 3－9 比较一项指标与另一项指标的重要性程度，形成判断矩阵，再测算其特征根和指标权重值（冯斐，2020）。

表 3－9　标度含义说明

判断尺度	定义（一项指标比另一项指标）
1	同等重要
3	稍微重要
5	明显重要
7	强烈重要
9	极端重要
2、4、6、8	重要程度处于上述相邻两个判断尺度的中间
1/9	极端不重要
1/7	强烈不重要
1/5	明显不重要
1/3	稍微不重要
1/2、1/4、1/6、1/8	不重要程度处于上述相邻两个判断尺度的中间

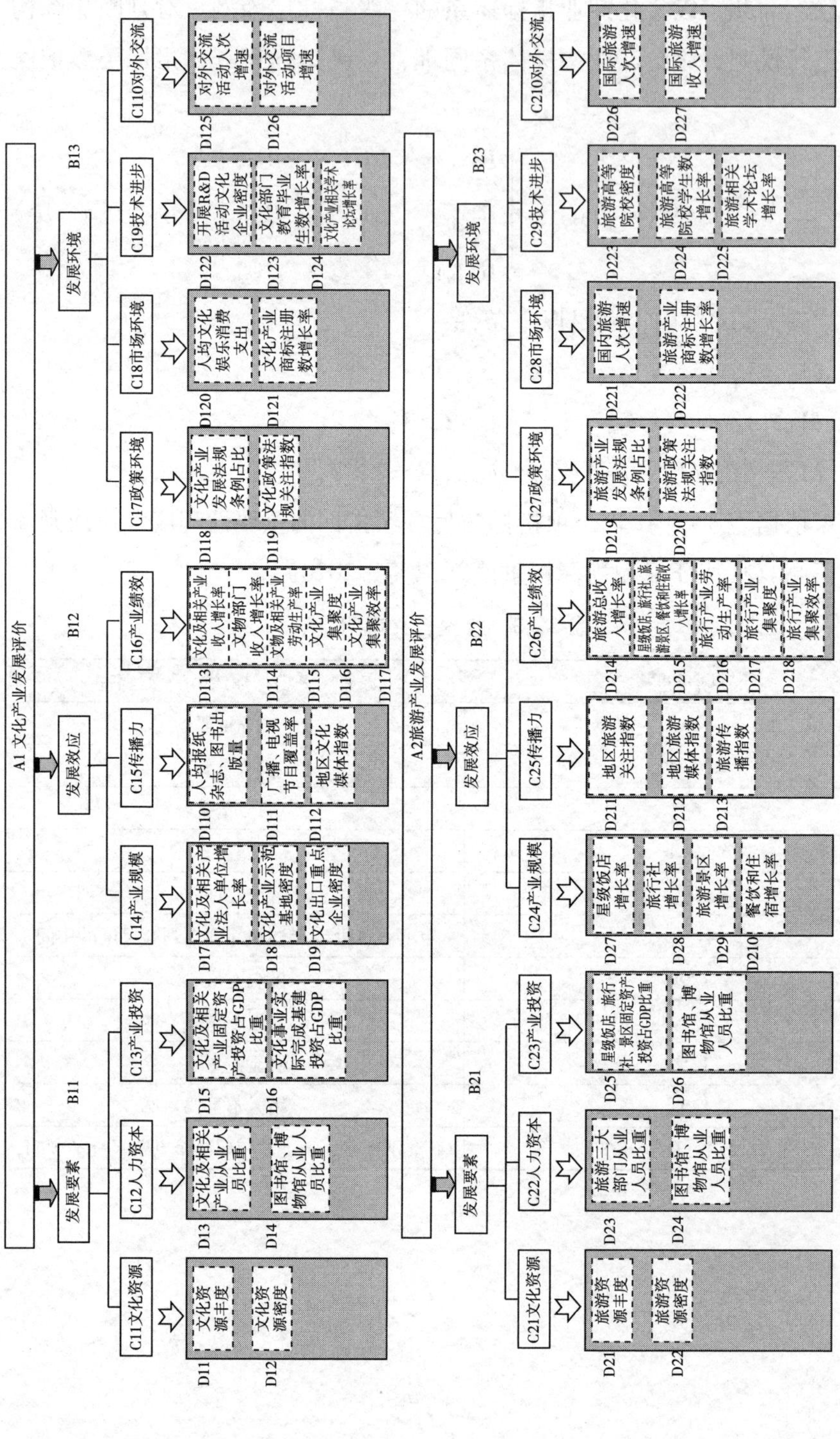

图3-10 文化和旅游产业层次结构

资料来源：由笔者绘制。

3）权重结果。

在上述分析的基础上，考虑到上一批专家对该问卷具有一定的认知和判断基础。为此，笔者于 2020 年 6 月 1 日至 6 月 20 日，面向上一批专家（共 21 人），再次发放了文化和旅游产业指标体系打分问卷，问卷全部回收，回收有效率为 100%。在问卷发放过程中，标注出问卷题项两两指标的判断方法和填写要求，确保专家明确掌握了本问卷的打分规则和方法。同时，将回收问卷数据输入 Yaahp 分析软件中，测算出基于层次分析方法的文化和旅游产业指标权重值，结果如表 3 – 10 和表 3 – 11 所示。

表 3 – 10 基于层次分析法的文化产业指标体系权重值

一级指标（权重）	二级指标（权重）	三级指标（权重）
发展要素（0.332）	文化资源（0.167）	文化资源丰度（0.114）
		文化资源密度（0.053）
	人力资本（0.069）	文化及相关产业从业人员比重（0.056）
		图书馆、博物馆从业人员比重（0.013）
	产业投资（0.096）	文化及相关产业固定资产投资占 GDP 比重（0.074）
		文化事业实际完成基建投资占 GDP 比重（0.022）
发展效应（0.478）	产业规模（0.233）	文化及相关产业法人单位增长率（0.137）
		文化产业示范基地密度（0.064）
		文化出口重点企业密度（0.031）
	传播力（0.069）	人均报纸、杂志、图书出版量（0.021）
		广播、电视节目覆盖率（0.014）
		地区文化媒体指数（0.034）
	产业绩效（0.176）	文化及相关产业收入增长率（0.025）
		文物部门收入增长率（0.017）
		文化及相关产业劳动生产率（0.048）
		文化产业集聚度（0.056）
		文化产业集聚效率（0.030）

续表

一级指标（权重）	二级指标（权重）	三级指标（权重）
发展环境（0.190）	政策环境（0.063）	文化产业发展法规条例占比（0.044）
		文化政策法规关注指数（0.019）
	市场环境（0.035）	人均文化娱乐消费支出（0.022）
		文化产业商标注册数增长率（0.013）
	技术进步（0.065）	开展 R&D 活动文化企业密度（0.033）
		文化部门教育毕业生数增长率（0.018）
		文化产业相关学术论坛增长率（0.014）
	对外交流（0.027）	对外交流活动人次增速（0.012）
		对外交流活动项目增速（0.016）

表 3－11　基于层次分析法的旅游产业指标体系权重值

一级指标（权重）	二级指标（权重）	三级指标（权重）
发展要素（0.323）	旅游资源（0.187）	旅游资源丰度（0.109）
		旅游资源密度（0.078）
	人力资本（0.068）	旅游三大部门从业人员比重（0.051）
		住宿和餐饮从业人员比重（0.017）
	产业投资（0.094）	星级饭店、旅行社、景区固定资产投资占 GDP 比重（0.074）
		住宿和餐饮固定资产投资占 GDP 比重（0.020）
发展效应（0.485）	产业规模（0.236）	星级饭店增长率（0.063）
		旅行社增长率（0.036）
		旅游景区增长率（0.099）
		餐饮和住宿增长率（0.038）
	传播力（0.070）	地区旅游关注指数（0.033）
		地区旅游媒体指数（0.023）
		旅游传播指数（0.015）
	产业绩效（0.179）	旅游总收入增长率（0.025）
		星级饭店、旅行社、旅游景区、餐饮和住宿收入增长率（0.017）
		旅游产业劳动生产率（0.048）
		旅游产业集聚度（0.060）
		旅游产业集聚效率（0.030）

续表

一级指标（权重）	二级指标（权重）	三级指标（权重）
发展环境（0.192）	政策环境（0.060）	旅游产业发展法规条例占比（0.041）
		旅游政策法规关注指数（0.019）
	市场环境（0.036）	国内旅游人次增速（0.022）
		旅游产业商标注册数增长率（0.014）
	技术进步（0.068）	旅游高等院校密度（0.034）
		旅游高等院校学生数增长率（0.020）
		旅游相关学术论坛增长率（0.014）
	对外交流（0.028）	国际旅游人次增速（0.012）
		国际旅游收入增速（0.016）

4）一致性检验。

考虑到采用层次分析方法赋权过程中，专家基于自身经验对两两指标进行主观打分可能存在理论判断的偏误，需要进一步检验由专家问卷构成的判断矩阵是否满足一致性条件，公式如下：

$$CI = \frac{\lambda_{max} - n}{n - 1} \tag{3-17}$$

公式（3－17）中，λ_{max}和 CI 分别为判断矩阵的最大特征值和一致性，n 为矩阵项数。在此基础上，为避免主观打分误差，需要引入一致性检验 CR，公式如下：

$$CR = \frac{CI}{RI} \tag{3-18}$$

公式（3－18）中，CR 值通常小于0.1（张新成等，2021），认为专家打分的判断矩阵满足一致性检验。RI 表示随机修正系数。在上述分析的基础上，文化和旅游产业的判断矩阵最大特征值分别为5.319、4.007，CR 值分别为0.071、0.044，均小于0.1。同时，一级指标之中，文化和旅游产业的发展要素和发展效应指标之和均高于0.6，是文化和旅游产业融合发展过程中的关键因素，这一结论与前述理论分析相一致，侧面说明了专家打分问卷给出的权重计算结论是有效的。

（2）熵值法。

熵值法是利用信息熵估算指标的变异程度。假设有 m 个样本，n 个指标，x_{ij}为样本 i 的第 j 项指标值。据此，指标的判断矩阵为 $X = \{x_{ij}\}_{m \times n}$。$x_{ij}$的差距愈明显，其在文化和旅游产业发展中所发挥的作用愈大。若 x_{ij}的差距并未凸显，则表明其在文化和旅游产业发展中所发挥的作用较小（徐虹等，2021）。

借助熵值法测算文化和旅游产业指标体系时，囿于指标之间存在量纲差异，直接测算容易引致研究结论出现偏误问题，需要进行无量纲的标准化处理。具体步骤如下：

1）熵值法计算步骤。

首先，对于文化和旅游产业指标体系中，以货币为计量单位指标以2000 年为基期进行不变价格处理（高楠等，2021），再对不变价处理后的指标通过极差标准法进行无量纲换算。具体公式如下：

正向指标：

$$u_{ij} = \frac{x_{ij} - \min(x_{1j}, x_{2j}, x_{3j}, \cdots, x_{nj})}{\max(x_{1j}, x_{2j}, x_{3j}, \cdots, x_{nj}) - \min(x_{1j}, x_{2j}, x_{3j}, \cdots, x_{nj})} \quad (3-19)$$

负向指标：

$$u_{ij} = \frac{\max(x_{1j}, x_{2j}, x_{3j}, \cdots, x_{nj}) - x_{ij}}{\max(x_{1j}, x_{2j}, x_{3j}, \cdots, x_{nj}) - \min(x_{1j}, x_{2j}, x_{3j}, \cdots, x_{nj})} \quad (3-20)$$

公式（3-19）与公式（3-20）中，x_{ij}代表原始数据，u_{ij}代表去除量纲后数据。

其次，基于熵值法确定指标权重，指标值离散程度越高，其赋权值也越大；反之则越小。公式如下：

$$p_{ij} = u_{ij} / \sum_{i=1}^{n} u_{ij}, 1 \leqslant i \leqslant n, 1 \leqslant j \leqslant m \quad (3-21)$$

公式（3-21）中，n 表示省（区、市）数，m 表示具体指标数，p_{ij}表示第 i 个省（区、市）的第 j 项指标所占的比重。

$$h_j = -\frac{1}{\ln n} \sum_{i=1}^{n} P_{ij} \ln P_{ij}, 0 \leqslant h_j \leqslant 1 \quad (3-22)$$

$$d_j = 1 - h_j \quad (3-23)$$

$$w_j = d_j / \sum_{j=1}^{m} d_j \tag{3-24}$$

公式（3－22）、公式（3－23）中，h_j数值愈小表示第j项具体指标x_{ij}的差异性愈大，有助于不同省（区、市）之间进行对比分析。最后，公式（3－24）中d_j表示第j项具体指标信息效用值，该值越大表示其重要性越强。w_j表示第j项具体指标的权重。

2）数据来源。

上述指标数据主要有三类来源：第一类通过统计年鉴整理获取，包括《中国统计年鉴》《中国旅游统计年鉴》《中国文化文物统计年鉴》《中国文化及相关产业统计年鉴》《中国区域统计年鉴》《中国文化文物和旅游统计年鉴》；第二类通过数据库网站获取，包括中国法律法规信息库、百度指数、中国商标网、中国学术会议网、中国知识产权网、文化和旅游部网站；第三类通过网络爬虫方式获取，涉及地区文化检索指数和地区旅游检索指数两项指标，分别在百度网站检索"省（区、市）名＋文化""省（区、市）名＋旅游"方式获取。另外，在数据处理上，通过对所有指标进行极差标准化处理，其中涉及价值型指标以基期进行去除通胀换算，并采用熵值法赋予权重，对于部分缺失年份数值，在借鉴有关学者研究的基础上（高楠等，2020；张新成等，2020），采用了算数平均、趋势外推和回归系数方法综合补齐。据此，本书借助公式（3－15），综合测算层次分析方法的主观赋权和基于熵值法的客观赋权，结果如表 3－12 和表 3－13 所示。

表 3－12　文化产业指标体系权重值

一级指标（权重）	二级指标（权重）	三级指标（权重）
发展要素（0.375）	文化资源（0.202）	文化资源丰度（0.169）
		文化资源密度（0.033）
	人力资本（0.082）	文化及相关产业从业人员比重（0.061）
		图书馆、博物馆从业人员比重（0.021）
	产业投资（0.091）	文化及相关产业固定资产投资占 GDP 比重（0.081）
		文化事业实际完成基建投资占 GDP 比重（0.010）

续表

一级指标（权重）	二级指标（权重）	三级指标（权重）
发展效应（0.500）	产业规模（0.265）	文化及相关产业法人单位增长率（0.167）
		文化产业示范基地密度（0.053）
		文化出口重点企业密度（0.045）
	传播力（0.074）	人均报纸、杂志、图书出版量（0.055）
		广播、电视节目覆盖率（0.008）
		地区文化媒体指数（0.011）
	产业绩效（0.161）	文化及相关产业收入增长率（0.041）
		文物部门收入增长率（0.014）
		文化及相关产业劳动生产率（0.038）
		文化产业集聚度（0.046）
		文化产业集聚效率（0.022）
发展环境（0.125）	政策环境（0.038）	文化产业发展法规条例占比（0.038）
		文化政策法规关注指数（0.001）
	市场环境（0.027）	人均文化娱乐消费支出（0.023）
		文化产业商标注册数增长率（0.004）
	技术进步（0.054）	开展 R&D 活动文化企业密度（0.023）
		文化部门教育毕业生数增长率（0.029）
		文化产业相关学术论坛增长率（0.002）
	对外交流（0.005）	对外交流活动人次增速（0.002）
		对外交流活动项目增速（0.003）

表 3－13　旅游产业指标体系权重值

一级指标（权重）	二级指标（权重）	三级指标（权重）
发展要素（0.377）	旅游资源（0.148）	旅游资源丰度（0.132）
		旅游资源密度（0.016）
	人力资本（0.057）	旅游三大部门从业人员比重（0.032）
		住宿和餐饮从业人员比重（0.025）
	产业投资（0.171）	星级饭店、旅行社、景区固定资产投资占 GDP 比重（0.105）
		住宿和餐饮固定资产投资占 GDP 比重（0.066）

续表

一级指标（权重）	二级指标（权重）	三级指标（权重）
发展效应（0.521）	产业规模（0.183）	星级饭店增长率（0.028）
		旅行社增长率（0.040）
		旅游景区增长率（0.084）
		餐饮和住宿增长率（0.031）
	传播力（0.021）	地区旅游关注指数（0.009）
		地区旅游媒体指数（0.007）
		旅游传播指数（0.005）
	产业绩效（0.317）	旅游总收入增长率（0.099）
		星级饭店、旅行社、旅游景区、餐饮和住宿收入增长率（0.014）
		旅游产业劳动生产率（0.137）
		旅游产业集聚度（0.047）
		旅游产业集聚效率（0.020）
发展环境（0.102）	政策环境（0.041）	旅游产业发展法规条例占比（0.027）
		旅游政策法规关注指数（0.014）
	市场环境（0.018）	国内旅游人次增速（0.013）
		旅游产业商标注册数增长率（0.005）
	技术进步（0.031）	旅游高等院校密度（0.017）
		旅游高等院校学生数增长率（0.008）
		旅游相关学术论坛增长率（0.006）
	对外交流（0.012）	国际旅游人次增速（0.009）
		国际旅游收入增速（0.003）

3.5.2　结果分析

由图3－11和图3－12所示的文化和旅游产业指标最终权重可知，两个产业一级指标中，发展效应权重值最高，而发展环境权重值最低，这一结论与专家赋权的结论一致。进一步绘制文化和旅游产业的二级指标权重值（图3－13和图3－14）可知，文化产业二级指标权重排名由大至小依次为：产业规模、文化资源、产业绩效、产业投资、人力资本、传播力、技术进步、政策环境、市场环境、对外交流。旅游产业二级指标权重排名由大至小依次为：产业绩效、产业规模、产业投资、旅游资源、人力资本、政策环境、技术进步、传播力、市场环境、对外交流。可见，文化和旅游产业指标权重排名均处于前五位的为旅游（文化）资源、人力资本、产业投资、产业规模和产业绩效。结合3E指标体系来看，发展要素中的三个二级指标排名靠前，要素投入是文化和旅游产业融合发展的先决条件。而发展效应更注重产业规模和产业绩效，是文化和旅游产业融合发展的核心。发展环境权重值不高，由于其作用发挥离不开发展要素和发展效应的提升，是在其他指标发展基础上的综合作用，发挥调节和控制作用，其权重值相对较低。

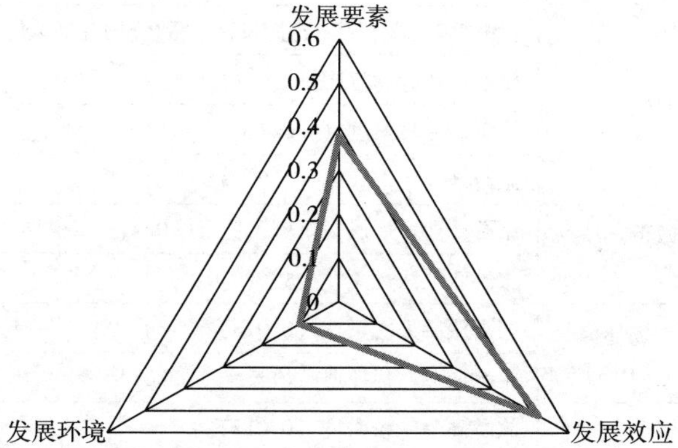

图3－11　文化产业指标体系一级指标权重

资料来源：由笔者绘制。

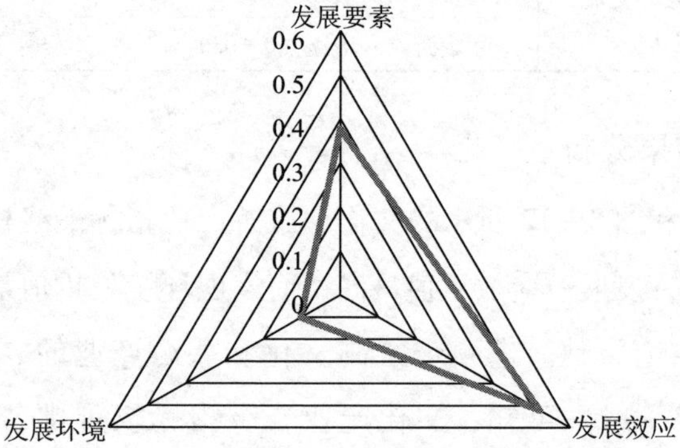

图3－12　旅游产业指标体系一级指标权重

资料来源：由笔者绘制。

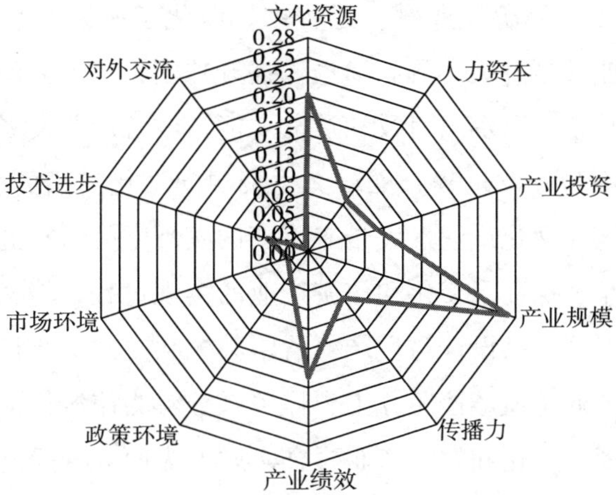

图 3－13　文化产业指标体系二级指标权重

资料来源：由笔者绘制。

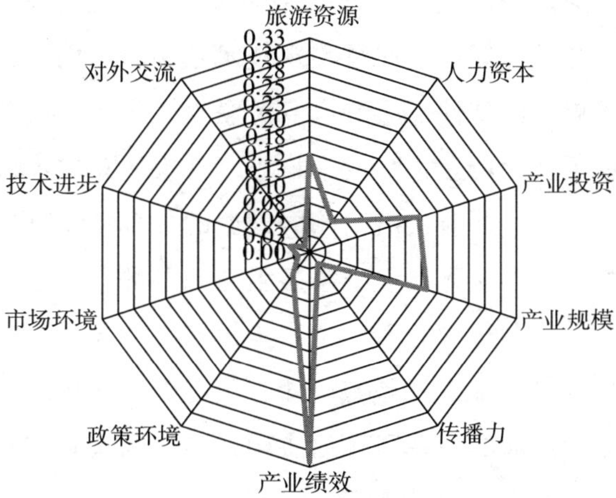

图 3－14　旅游产业指标体系二级指标权重

资料来源：由笔者绘制。

3.6　本章小结

在第 2 章理论分析与研究综述基础上，本章重点解决文化和旅游产业融合质量的理论模型以及两个产业指标体系建立的问题。首先，分析了文化和旅游产业互动融合的理论。文化和旅游产业之间的相互作用机理体现在，一方面文化在与旅游产业融合过程中，深化了旅游产品的内涵和外延，推动旅游产业转型升级，具有渗透和提升功能；另一方面，旅游在与文化产业融合过程中，呈现出引致和扩散功能。旅游产业发展能够融入文化资源的保护利用和开发过程，推动文化资源向文化产品的转换。同时，大众旅游市场发展为文化产业发展带来了新的发展空间。在此基础上，基于产业价值链视角，探究了文化和旅游产业的实现过程，将文化产业价值链分解为内容创意、产品设计与生产、营销服务和二次文化衍生品的销售和服务。将旅游产业价值链按照分工合作关系分解为旅游供应商、旅游中间商和旅游消费者。文化和旅游产业融合实质上为两大产业链条的解构与重构，两个产业融合价值链环节包括文化和旅游产品的策划设计、生产制作、市场营销、消费和后续服务等。

其次，基于产业融合发展的技术效率角度，在产业融合理论基础上，提出文化和旅游产业的互促共生亦是实现技术效率融合的一种过程，表现为一定文化产业发展效应条件下旅游产业关联投入最小，或者是既定旅游产业发展效应条件下文化产业关联投入最小，其投入总成本最小点也成为文化和旅游产业融合点。同时，借助趋同理论的数理模型推导，构建了未考虑文化和旅游产业融合演化过程中摩擦阻力问题的完全竞争模型，以及纳入摩擦阻力和主动协调行为的不完全竞争模型，并在此基础上构建了产业融合的概念模型（即文化促进旅游产业、旅游促进文化产业两条融合路径，通过文化和旅游产业的一系列主动协调行为，调节和控制摩擦阻力的大小和影响方向，减小其对文化和旅游产业融合路径带来的冲击性影响，形成了产业融合发展的平滑和非平滑发展模式，经过 n 个阶段的循环往复，最终实现文化和旅游产业融合向更高质量阶段发展）。为使研究方法与概念模型相契合，以技术效率思想为指导，借助非参数方法在处理未知函数表达上的优势，运用面板非参数随机前沿模型，全面测算了“以文促旅”和“以旅促文”两条融合路径综合作用下的融合指数，来综合估算文化和旅游产业的融合质量。

再次，综合运用扎根理论、多轮专家访谈和问卷方法，最终确定了文化和旅游产业的 3E 指标体系（由发展要素（Element）—发展效应（Effect）—发展环境（Environment）三大维度构成）。具体而言，对依据前期知识图谱所获取的文献指标进行筛选后，共发现 157 项指标。经过文献扎根分析，最终提炼出发展要素、发展效应和发展环境三类核心范畴。为验证所提炼出来的范畴是否合理和科学，将 TOE 框架嵌入 3E 指标体系进行理论验证（发展要素是文化和旅游产业融合发展的先决条件，发展效应是评价文化和旅游产业融合发展成效的核心，发展环境是文化和旅游产业自身为提高融合水平、减少两个产业融合摩擦阻力进行的协调行为）。在此基础上，将三大维度视为一级指标，主范畴中的文化资源、人力资本、产业投资、产业规模、传播力、产业绩效、政策环境、市场环境、技术进步、对外交流视为二级指标。在遵循具体指标遴选的科学性与客观性、可操作性和可量化性、系统性与精简性原则基础上，通过小组讨论和专家问卷形式，确定了最终指标构成。

最后，在综合对比多种指标体系赋权方法基础上，采用主观层次分析与客观熵值法两种赋权方法。既通过专家研究经验打分方法保障了指标赋权的灵活性，同时引入客观赋权方法避免专家主观经验带来的偏误问题，从而使得赋权结果更加贴近实际发展。对已经定型的文化和旅游产业融合发展的指标体系进行赋权。通过计算可知，文化和旅游产业一级指标中，发展效应权重值最高，而发展环境权重值最低，这一结论与专家赋权的结论一致，验证了赋权结果的科学性与合理性。而在二级指标权重值排名中，旅游（文化）资源、人力资本、产业投资、产业规模和产业绩效在文化和旅游产业二级指标排名中处于前五位。

第4章　文化和旅游产业融合质量的时空演化特征分析

本章将重点探究经过多年发展，各地区文化和旅游产业融合质量是否充分、各个省份之间两个产业融合质量是否平衡、不同空间单元两个产业融合质量的差异怎样、地区之间融合质量差异演化趋势和脉络如何。为解决这些问题，本章将从总体和局部两个层面对我国文化和旅游产业融合质量的时空演化格局进行深入分析。首先，进行文化和旅游产业发展水平分析。具体阐述了文化和旅游产业的观测时期选取缘由及其数据样本来源，并通过健康距离模型描述了文化产业、旅游产业失配度情况，以全面反映文化和旅游产业发展现实。其次，进行文化和旅游产业融合质量的总体时序发展特征分析。借助非参数随机前沿模型测算了文化产业促进旅游产业（以文促旅）、旅游产业促进文化产业（以旅促文）两条融合路径，并通过耦合协调度模型估算了文化和旅游产业融合指数。结合文化和旅游发展政策文本分析诠释了文化和旅游产业融合质量的时序演化特征。再次，进行文化和旅游产业融合质量的局部时空特征分析。深入提炼并总结出文化和旅游产业融合路径和融合指数的空间格局、协调演化、区域发展和地区差异发展规律。最后，总结文化和旅游产业融合质量的动态演化规律。为充分解析文化和旅游产业融合质量的动态演化过程，运用Kernel密度估计方法分析两个产业融合质量的运行状态和趋势。在此基础上，构建了Bayesian时空层次非线性模型，尝试对文化和旅游产业融合质量的线性及非线性演化速度脉络进行分析，从而实现对文化和旅游产业融合质量动态演化规律的全面解析。

4.1　文化和旅游产业发展水平分析

4.1.1　研究样本说明

研究样本时间采集范围为 2000—2019 年 31 个省（区、市）样本数据。具体观测样本时间起始于 2000 年，原因如下：

（1）国家文化和旅游发展政策考量。

2000 年是我国第九个五年计划的最后一年，该时期全国经济发展大力推行刺激消费和扩大内需政策。在此背景下，1999 年 11 月中央经济工作会议上再次明确加快文化、旅游等服务业发展，鼓励服务性消费发展，旅游业发展上升为国家战略，在 2000 年召开的全国旅游工作会议中，提出建设世界旅游强国的目标。2000 年《关于进一步发展假日旅游的若干意见》决定施行黄金周，假日旅游的发展极大地激发了旅游市场活力，短线游、郊区游、乡村游、生态游等旅游产品逐渐丰富，国内旅游旺盛使其成为拉动内需、对外开放、提高幸福感的重要动力，亦促进了我国出境旅游的发展，2000 年我国出境旅游首次突破一千万人次，以旅游产业作为经济新支柱的消费拉动机制初步形成。与此同时，2000 年党的十五届五中全会提出“完善文化产业政策，加强文化市场建设和管理”，文化竞争力在我国社会经济发展中地位越发凸显。

结合地区文化及旅游产业实践来看，截至 2000 年底，有 14 个省份将旅游产业确定为支柱产业，有 21 个省份相继出台了系列促进旅游产业发展措施，有高达 80% 的省份已经构建了相对健全的推动旅游产业发展的政策体系，有 18 个省份制定了规范本地区旅游建设的管理条例（任佳燕，2000），旅游产业发展法规体系初步建立。在此期间，广东和江苏在全国首先推行了国民旅游计划，而北京、浙江、福建等省份为促进旅游企业发展，施行了旅游信贷制度。这些系列举措的相继出台，极大地推动了旅游产业大发展。“九五”期间，在“双百”方针和“二为”方向指导下，与“八五”时期相比，文化事业费增长了 109.9%，全国人均文化事业费增长了 85.8%，群众文化投入增长了 133.2%，文化事业得以迅速发展。北京、上海、湖南等省份将文化产业列入地区支柱产业。总之，根据国家对文化和旅游产业发展的战略定位及各省际发展实践，该时期文化和旅游得到了长足进步，是我国文化和旅游产业融合发展的起步阶段（把多勋，2018）。为此，选取2000年作为研究的初始年份。

（2）文化和旅游数据可获取性考量。

在数据的可获取上，考虑到2000年以前的统计年鉴数据样本采集上存在部分省份数据统计缺口较大问题，由于跨越时期较长，伴随着文化和旅游产业发展，较早阶段的部分统计数据指标口径存在不稳定性，导致部分地区的数据难以准确追溯，为了保持研究结论的科学性，结合前述政策因素和现实数据获取，采用2000年作为研究起始年份更为合适。出于已有统计资料收录情况、样本数据指标的可获得性、样本对象观测期跨度时间范畴较大等原因，部分地区的样本数据难以获取。本书研究对象并不包含中国香港、澳门和台湾数据。依据国家统计局划分方法①，并参考和借鉴了国内有关学者研究（高楠等，2021），将31个省（区、市）划分为三大地区。

4.1.2 文化产业失配度分析

由于文化资源与旅游资源具有鲜明的地域和空间属性（翁钢民等，2016），基于空间视角探究文化和旅游产业发展研究已有一定基础。为此，本书尝试引入美国学者Kain（1968）提出的“空间失配”理论，从文化和旅游产业系统整体出发，借助健康距离模型进一步解析文化和旅游产业失配度现状，以更为全面科学地探究文化和旅游产业发展水平。

健康距离模型最先被运用于评估生态系统发展（马慧强等，2018），考察生态系统运行过程中受到外部影响干扰之后，现实发展水平与其理想最佳运行状态的偏离程度（张新成等，2020）。该模型已被广泛运用于人居环境、耕地质量、旅游服务、旅游经济等领域。基于此，本书将该模型运用于文化和旅游产业发展水平测度，可以解读为：在一定的时间和空间

① 资料来源：国家统计局．中国统计年鉴（2002—2016）[M]．北京：中国统计出版社．

范畴之内，产业发展运行过程中受到内外部环境因素干扰，导致产业发展的实际运行状态与其最佳运作状态的偏离，通过两者之间的相对差距来考察产业实际运行状态内部各个因子与其理想最佳运行状态内部各个因子之间的偏离程度（张新成等，2020）。假定 A 和 B 分别代表产业发展的理想水平和实际运行水平两种状态，其中 x_{a1}，x_{a2}，…，x_{an} 代表产业最佳运行状态内部各个因子，而 x_{b1}，x_{b2}，…，x_{bn} 代表产业实际运行状态内部各个因子（见图 4－1）。公式如下：

$$HD(A,B) = \sum_{i=1}^{n} \left| \frac{B(x_{bi}) - A(x_{ai})}{A(x_{ai})} \right| \times K_i \tag{4-1}$$

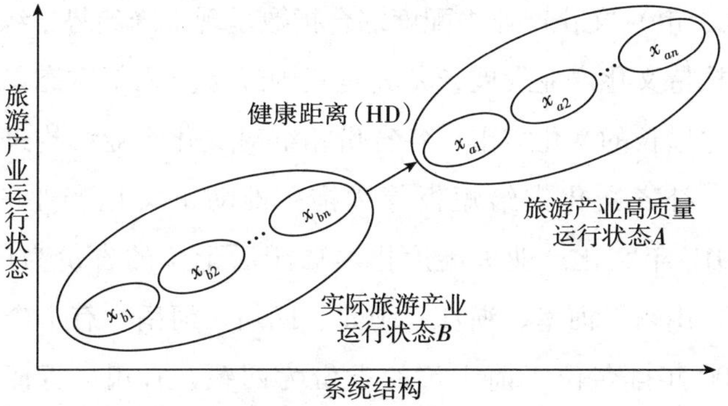

图 4－1　文化、旅游产业系统失配度的健康距离

公式（4－1）中，HD（A，B）表示文化产业（或者旅游产业）实际运行状态与其理想最佳状态之间的相对距离，A（x_{ai}）表示文化产业（或者旅游产业）处于理想最佳运行状态时的标准值，参考马慧强有关标准值的判断方法，即文化和旅游产业系统内部各个因子在研究期间内的最值作为标准，B（x_{bi}）为文化产业（或者旅游产业）经过数据测算后的实际数值，K_i表示各个因子的权重，采用熵值法进行获取。此外，需要说明的是，失配度计算结果为指数值。

为进一步明晰地区文化和旅游产业失配度发展水平，在借鉴已有旅游产业系统失配度分类基础上（张新成等，2020），将文化和旅游产业失配度等级划分为匹配类型、过渡类型、失配类型三种，具体如表 4－1 所示。

表 4 – 1　失配度类型

类型	失配度类型	健康距离值
匹配类型	高度匹配	[0, 0.2]
	中度匹配	(0.2, 0.4]
过渡类型	低度匹配	(0.4, 0.6]
失配类型	中度失配	(0.6, 0.8]
	高度失配	(0.8, 1]

（1）文化产业失配度结果分析。

文化产业发展失配度测算结果如图 4 – 2 所示，2000 年至 2019 年我国 31 个省（区、市）文化产业失配度综合指数呈现下降趋势，缘于国家从战略层面大力扶持文化产业发展，尤其是我国经济步入新常态以来，为满足人民群众日益增长的文化需求，各省份相继对文化产业结构进行调整，做强文化市场、补齐文化供给短板等举措，推动了文化产业的发展繁荣。2000 年与 2019 年文化产业失配度排名居于后十位的省份为广东、上海、北京、江苏、山东、河南、浙江、湖北、四川、河南，有 7 个省份来自东部地区。2000 年排名位于前十位的省份为西藏、甘肃、青海、宁夏、新疆、吉林、黑龙江、海南、天津、重庆，2019 年各省（区、市）文化产业失配度排序前十位的为西藏、青海、甘肃、贵州、宁夏、海南、新疆、天津、内蒙古、黑龙江，大多数省份来源于经济相对滞后的西部地区。经过多年发展，失配度较高的省份变化较小，表明尽管西部地区拥有品质较高的文化文物资源，但存在经济基础薄弱、资源环境脆弱、开发难度较大等问题，导致资源向产品转化滞后，成为长期制约该地区文化产业发展的难题。

（2）文化产业失配度等级演化。

综合 2000 年和 2019 年两个时期文化产业失配度等级类型演化，2000 年我国整体文化产业失配度较高，且尚未出现匹配类型和过渡类型，该时期北京、上海、江苏、浙江、山东、广东、河南、湖北、湖南、四川均属于中度失配类型，仅占总体数量的 32.26%，其余 67.74% 的省份则归属于高度失配类型，该时期失配类型中的高度失配占据主导地位，表明该时期我国文化产业发展尚处于起步时期，整体发展水平不高，地区之间的文化产业发展相对差异较小，地区文化产业发展的竞争优势尚未形成，整体发展相对滞后，与其最佳理想状态差距较大；截至 2019 年，我国文化产业经过多年发展，多数省份在文化产业发展方向长期探索中找寻适合自身的发展模式和路径，2000 年的文化产业高失配度情况逐渐改善，各省份文化产业失配度情况发生了较大扭转，其中北京、上海、江苏、浙江、山东、广东、河南、湖北、四川属于中度匹配类型，河北、辽宁、福建、山西、安徽、江西、湖南、重庆、云南、陕西属于低度匹配的过渡类型，而天津、海南、吉林、黑龙江、内蒙古、广西、贵州、甘肃、青海、宁夏、新疆则属于中度失配类型，唯独西藏仍旧属于高度失配类型，整体上失配类型等级上升迁移较为明显，但部分省份仍旧停留于失配类型之中，丰富的文化文物资源与地区现代化的文化产业体系培育仍存在一定差距，未来上升空间较大。

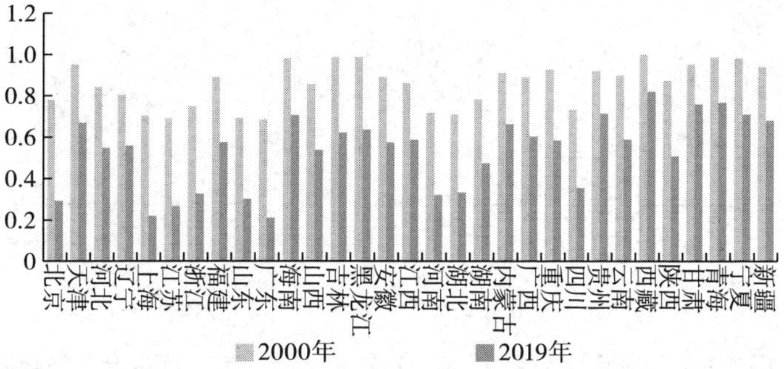

图 4－2　2000 年和 2019 年 31 个省（区、市）文化产业失配度

4.1.3　旅游产业失配度分析

（1）旅游产业失配度结果分析。

旅游产业发展失配度测算结果如图 4－3 所示，2000 年至 2019 年我国 31 个省（区、市）旅游产业失配度指数亦出现下降态势。伴随着我国经济实力增强，居民收入和闲暇时间增加，以国内旅游为主体的大众旅游市场兴起，旅游产业附加值提升，成为地区经济持续上升的新增长点和国民经济中的支柱产业。具体而言，2000年旅游产业失配度排名居于后十位的为浙江、北京、江苏、山东、河南、湖北、四川、广东、上海、湖南，有6个省份位于东部地区，这些省份经济发达，居民收入水平和旅游意愿较高，加之交通和信息化水平较高，旅游基础设施完善，旅游发展水平较高；而宁夏、西藏、黑龙江、青海、甘肃、新疆、吉林、天津、海南、内蒙古为旅游产业失配度排名前十的省份，缘于该类地区旅游市场开发较晚，加之西部内陆省份较多，地区居民收入不高、交通不畅、信息化水平不高，旅游基础服务设施滞后，从而制约地区旅游发展。2019年居于后十位的省份为江苏、广东、北京、上海、浙江、四川、山东、安徽、福建、湖南，而排在前十位的省份为西藏、宁夏、青海、新疆、甘肃、吉林、海南、天津、黑龙江、广西。整体上，排名次序变化相对较小，表明地区之间旅游产业的竞争相对激烈，对于失配度较低的省份在旅游产业发展要素、发展效应和发展环境上，仍存在较大提升空间。

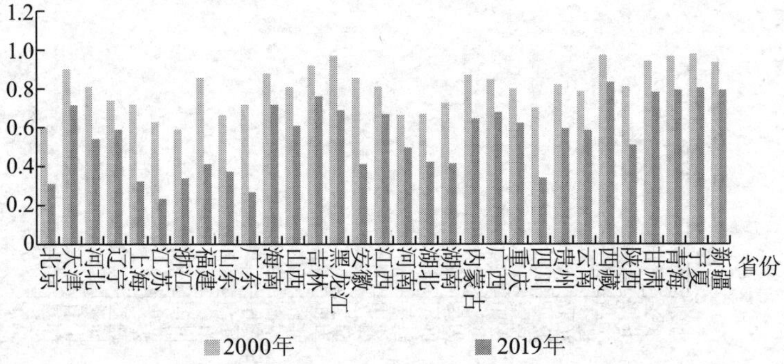

图4-3　2000年和2019年31个省（区、市）旅游产业失配度

（2）旅游产业失配度等级演化。

从我国2000年与2019年31个省（区、市）旅游产业失配度结果及其等级演化来看，2000年尚未出现匹配类型，具体而言，浙江处于低度匹配型，北京、辽宁、上海、江苏、山东、广东、河南、湖北、湖南、四川、云南处于中度失配类型，而其余省份则处于高度失配类型，高度失配类型数量占比达61.29%，可见，失配类型占据主导地位。该时期旅游产业已被确认为我国国民经济发展的新增长点，旅游产业已成为推动地区社会经

济上升发展的重要动能，也是旅游产业发展由依赖经济向反哺经济转型时期，地区之间的旅游产业特色发展优势尚未成形，整体发展水平偏低。2019 年整体等级升迁演化鲜明，北京、上海、江苏、浙江、山东、广东、四川为中度匹配类型，河北、辽宁、福建、安徽、河南、湖北、湖南、贵州、云南、陕西为低度匹配类型，天津、海南、山西、吉林、黑龙江、江西、内蒙古、广西、重庆、甘肃、青海、新疆归属于中度失配类型，仅西藏和宁夏仍旧处于高度失配类型。整体上多数地区旅游产业失配类型等级上升明显，但部分地区仍旧处于失配状态，如海南虽然近年来旅游业发展迅速，但是作为新开发的海岛型目的地，产业发展和服务配套仍在开发之中，属于失配类型。还有东北和西北等部分省份亦处于失配类型，该类省份区位条件较差，经济发展外向度不高，且多位于胡焕庸线西北侧，在吸引旅游产业发展投资上存在瓶颈，尚未形成良好的旅游产业体系适配。

（3）文化和旅游产业失配度障碍因素分析。

为了识别文化和旅游产业发展过程中潜在的障碍因素，对各类型障碍度因子进行排序，筛选出了影响各个地区失配度发展的主要障碍因子，结果如表 4 – 2 所示。就文化产业前五位失配度障碍因子而言，文化及相关产业收入增长率、文化产业集聚度、文化产业集聚效率成为中度匹配和低度匹配的公共性障碍因子，且均属于产业发展效应体系。固定资产投资占 GDP 比重、从业人员则是中度失配和高度失配的共性障碍因子，均属于文化产业发展要素子系统，表明失配类型存在发展要素不足短板，尤其是人力资源和文化产业投资相对滞后，文化要素投入亟待提升。进一步对比中度匹配和低度匹配可知，低度匹配在创新发展环境上存在短板，而中度匹配则在地区文化产业对外传播和影响力上存在不足。就旅游产业失配度前五位障碍因素而言，旅游从业人员比重、旅游产业固定资产投资占 GDP 比重、旅游总收入增长率、旅游资源丰度四项指标成为中度失配和高度失配的共性障碍因子，而中度匹配和低度匹配的共性障碍因子为旅游产业集聚度。其中，中度匹配中旅游从业人员比重亦成为主要障碍因子，而失配类型中亦将旅游从业人员比重视为主要障碍因子，但两者原因不同，失配类型多为经济发展相对滞后地区，人力资源供给本身存在不足问题，匹配类型地区多为旅游产业发展的相对成熟地区，由于旅游从业者本身工作环境以及福利条件难以形成有效的吸引力，成熟地区的旅游市场竞争相对激烈，行业利润空间遭受挤压，导致旅游从业人员外流，反映出旅游行业对劳动力资源吸引竞争力呈现下滑态势。综合文化和旅游产业匹配类型与失配类型障碍度因子来看，失配类型普遍存在产业发展要素投入不足问题，而匹配类型则存在产业发展效应短板，在由“量”到“质”的转变过程中，产业要素投入带来的产业效应附加值亟待提高，实现文化和旅游产业发展效应由低到高的转换，成为文化和旅游产业未来可持续发展的关键。

表4-2　文化和旅游产业失配度前五位障碍因素

文化产业失配度前五位障碍因素		旅游产业失配度前五位障碍因素	
失配度类型	前五位障碍因素	失配度类型	前五位障碍因素
中度匹配	文化及相关产业收入增长率（7.87%），文化产业集聚度（6.34%），文化产业集聚效率（6.08%），文化及相关产业劳动生产率（5.94%），地区文化媒体指数（5.12%）	中度匹配	旅游从业人员比重（7.87%），旅游产业劳动生产率（7.37%），旅游产业集聚度（7.05%），旅游产业集聚效率（6.48%），国际旅游人次增速（6.03%）
低度匹配	文化及相关产业收入增长率（8.72%），文化产业发展法规条例占比（7.17%），文化产业集聚度（6.41%），开展R&D活动文化企业密度（6.01%），文化产业集聚效率（4.98%）	低度匹配	旅游产业固定资产投资占GDP比重（8.32%），旅游产业集聚度（8.13%），旅游产业集聚效率（7.72%），星级饭店、旅行社、A级旅游景区收入增长率（7.33%），地区旅游媒体指数（6.48%）
中度失配	文化及相关产业固定资产投资占GDP比重（8.49%），文化及相关产业从业人员（8.09%），文化及相关产业收入增长率（7.87%），文化产业集聚度（7.19%），文化产业集聚效率（6.27%）	中度失配	旅游从业人员比重（13.87%），旅游产业固定资产投资占GDP比重（13.63%），旅游总收入增长率（12.86%），国内旅游人次增速（11.47%），旅游资源丰度（10.69%）

续表

文化产业失配度前五位障碍因素		旅游产业失配度前五位障碍因素	
失配度类型	前五位障碍因素	失配度类型	前五位障碍因素
高度失配	文化及相关产业固定资产投资占GDP比重（10.94%），文化及相关产业从业人员（9.99%），文化及相关产业法人单位增长率（8.75%），人均文化娱乐消费支出（7.95%），文化政策法规关注指数（6.89%）	高度失配	旅游从业人员比重（13.01%），旅游产业固定资产投资占GDP比重（10.91%），旅行社增长率（10.75%），旅游总收入增长率（10.73%），旅游资源丰度（10.18%）

4.2　文化和旅游产业融合质量的总体时序特征

4.2.1　文化产业促进旅游产业融合发展路径的阶段性特征

依据非参数随机前沿模型测算2000—2019年31个省（区、市）文化产业促进旅游产业融合路径指数可知（见图4－4 a），观察期内整体呈现波动上升趋势，具有明显的阶段性发展特征，且与我国产业发展政策及社会经济体制改革发展存在高度关联性，总体可划分为四个阶段。

第一阶段为2000—2003年，文化促进旅游产业融合发展指数呈现平缓发展趋势，是文化产业起步时期，该阶段文化体制改革进程加快。2000年《中共中央关于制定“十五”计划的建设》明确了完善文化产业发展政策，推动文化产业繁荣发展。2001年党的十五届五中全会提出了文化体制改革。此后，重点区分了文化事业和文化产业的发展方向。2003年《文化体制改革试点中支持文化产业发展的规定（试行）》和《文化体制改革试点中经营性文化事业单位转制为企业的规定（试行）》明确了文化体制改革的目标，提出不断给予文化产业发展资金扶持，丰富文化产业发展类型，增强文化产业发展的竞争力。这一时期，处于文化产业发展的改革阶段，文化产业规模相对较小，文化市场主体单一，对旅游产业的促进作用有待提升。

通过将2000—2003年文化产业促进旅游产业融合发展的路径指数解构为发展要素、发展效应和发展环境的促进系数（见图4－4b、c、d），对其均值排序——发展环境促进系数均值＞发展要素促进系数均值＞发展效应促进系数均值，可知文化产业发展环境促进作用凸显，起步时期文化产业发展相对缓慢，以建设示范点为主探索文化产业发展方向，更依赖于自上而下的行政力量发挥改善产业发展环境的推动作用。具体文化产业发展环境促进系数中，对旅游产业发展环境促进尤为凸显，表明起步时期两个产业发展环境的驱动响应效应呈现较高关联性，更有利于促进文化和旅游产业市场需求融合发展。这种文化和旅游产业发展环境的主动协调行为成为推动两个产业融合发展的重要初始条件。

第二阶段为2004—2007年，文化促进旅游产业融合指数出现上升发展态势，是文化产业全面布局时期，经过上一个阶段体制改革措施出台，文化体制改革试点及优惠政策措施刺激了文化产业发展。2004年中央工作报告中亦明确提出完善文化市场机制，激发文化市场活力，推动文化事业与产业共同发展。2006年首批国家文化产业示范基地评选工作启动，尝试培育一批先进的文化企业发挥示范和辐射功能。总之，该时期通过一系列文化体制改革举措，提升了产业竞争力和影响力。伴随着众多文化市场主体的参与，在规模经济作用下文化产业的融合创新能力逐渐强化，对旅游产业的促进作用显著提升，由平缓发展阶段转换为上升发展阶段，但仍旧落后于旅游产业对文化产业的促进作用。

由图4-4b、c、d可知，2004—2007年文化产业发展要素、发展效应和发展环境的促进系数排序为：发展环境促进系数均值 > 发展效应促进系数均值 > 发展要素促进系数均值。表明诸多政策红利带来的发展环境改善显著，与前一个阶段相比，文化产业发展效应促进系数增长幅度最大为4.08倍，说明该时期融合发展环境的持续改善显著辐射和带动了旅游产业规模、影响力和绩效提升，侧面说明了在文化改革措施引导下，众多市场主体参与到文化旅游开发之中，成为深化文化和旅游产业融合发展的基础支撑。

第三阶段为2008—2015年，文化产业促进旅游产业融合指数表现出波动发展态势，是文化产业全面深化改革时期，该阶段是文化产业发展的拐点和发展换挡期。“十二五”以来，我国社会经济发展已步入新常态模式，产业发展亦由高速转向中高速，文化产业作为社会经济的重要构成部分，

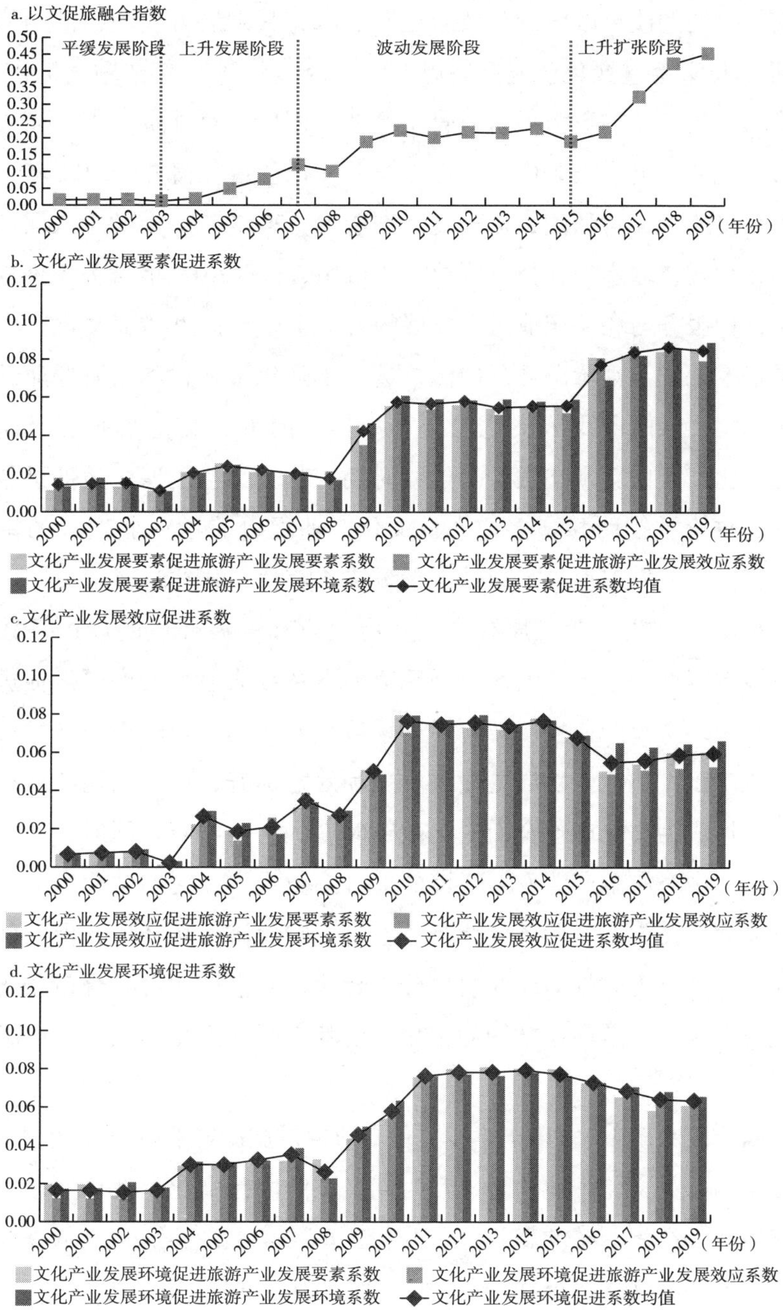

图4-4 文化产业促进旅游产业融合路径指数

伴随前一时期的改革政策红利效应逐渐衰减，其发展方式和内部结构步入换挡期。2009 年《文化产业振兴规划》出台，在 2008 年金融危机背景下，提出将从文化产业的重大项目、骨干企业、园区、对外贸易等方面展开积极探索。党的十七大报告中首次提出了“文化创新”概念。2012 年，党的十八大提出建设文化强国，提升文化创造力。2013 年，党的十八届三中全会提出扩大文化软实力，持续释放文化市场活力。2014 年《关于推进文化创意和设计服务与相关产业融合发展的若干意见》提出“大文化”发展格局，重点挖掘和丰富旅游产品内涵，进一步强化了文化和旅游产业的融合发展。总之，该阶段我国文化产业步入换挡时期，文化产业发展速度放缓，是文化产业向新常态发展的过渡时期。基于文化发展视角促进旅游融合发展的政策举措明显增多，亦是文化产业促进旅游产业发展的探索时期，对旅游产业发展促进系数处于平缓波动阶段。由图 4 - 4b、c、d 可知，2008—2015 年文化产业发展要素、发展效应和发展环境的促进系数排序为：发展效应促进系数均值 > 发展环境促进系数均值 > 发展要素促进系数均值。其中，文化产业发展效应促进系数跃升至第一位，表明与发展速度相比，该阶段文化产业发展更注重质量和效益提升，产业结构的调整和发展方式转换成为文化产业全面深化改革时期的主要特点。同时，文化产业发展效应之中对旅游产业发展环境的促进系数最大，说明文化产业效应改变能够显著促使旅游产业环境调整，通过影响旅游市场环境，促使两个产业之间的市场分工向旅游产业内部分工转化，并借助两者融合市场的资源配置优势，实现旅游产业结构的优化，使其不断向文化和旅游产业融合前沿面逼近。

第四阶段为 2016—2019 年，文化产业促进旅游产业融合发展显现出上升扩张走势，是文化产业稳步上升时期，该阶段是文化产业体制改革、发展方式转变、结构调整的新阶段。“十三五”以来，供给侧改革以及社会经济结构的持续优化，推动产业发展持续上升。2016 年《“十三五”国家战略性新兴产业发展规划》提出对文化资源进行数字化的二次开发，深化文化内容与旅游产业的融合。2017 年《国家“十三五”时期文化发展改革规划纲要》提出大力开展文化遗产保护工程。2018 年，组建文化和旅游部，初步完成了文化和旅游产业融合的体制机制构建。2019 年《长城、大运河、长征国家文化公园建设方案》提出推动文化保护和旅游产业融合发展，构建文化旅游示范区。总体上，该阶段文化产业自身规模、辐射力和带动能力进一步强化，加之文化旅游消费市场、政策扶持、体制机制的逐渐完善，对旅游的促进作用显著提升。由图 4 – 4b、c、d 可知，2016—2019 年文化产业发展要素、发展效应和发展环境的促进系数排序为：发展要素促进系数均值 > 发展环境促进系数均值 > 发展效应促进系数均值，发展要素促进系数均值跃升至首位，表明该时期传统村落名录、非物质文化遗产保护工程、红色经典景区建设等工作开展，有助于践行坚定文化自信和传承优秀中华文化。与此同时，文化产业发展要素之中对旅游产业发展效应的促进系数最大，表明伴随着文化资源要素的深入开发，促使旅游产业结构逐渐向资源深度开发方向发展，最终带来了旅游产业供给质量的提升。

4.2.2　旅游产业促进文化产业融合发展路径的阶段性特征

依据非参数随机前沿模型测算 2000—2019 年 31 个省（区、市）旅游产业促进文化产业融合路径指数可知（见图 4 – 5 a），观察期内整体呈现波动发展趋势，且阶段性特征鲜明，总体可划分为三个阶段。

第一阶段为 2000—2007 年，旅游产业促进文化产业融合发展表现出平缓上升态势，是旅游产业提速时期。在我国加入世界贸易组织后，伴随着社会经济步入快速发展，形成了相对完备的旅游产业体系。2000 年推行一年三个黄金周休假制度，假日经济推动休闲旅游发展。2001 年《关于进一步加强旅游业发展的通知》提出提高旅游产品的文化特色。2002 年全国旅游工作会议提出全方位整合文旅资源，构建起大旅游、大市场的格局。同年，《全国农业旅游示范点、工业旅游示范点检查标准（试行）》提出推动乡村文化旅游发展。这一时期，伴随着假日经济，旅游消费市场需求旺盛，文化资源作为旅游产业发展的基础，在产品开发上急需地域特色文化、传统文化、非物质文化遗产等文化内涵注入，对文化产业发展促进作用显著提升。

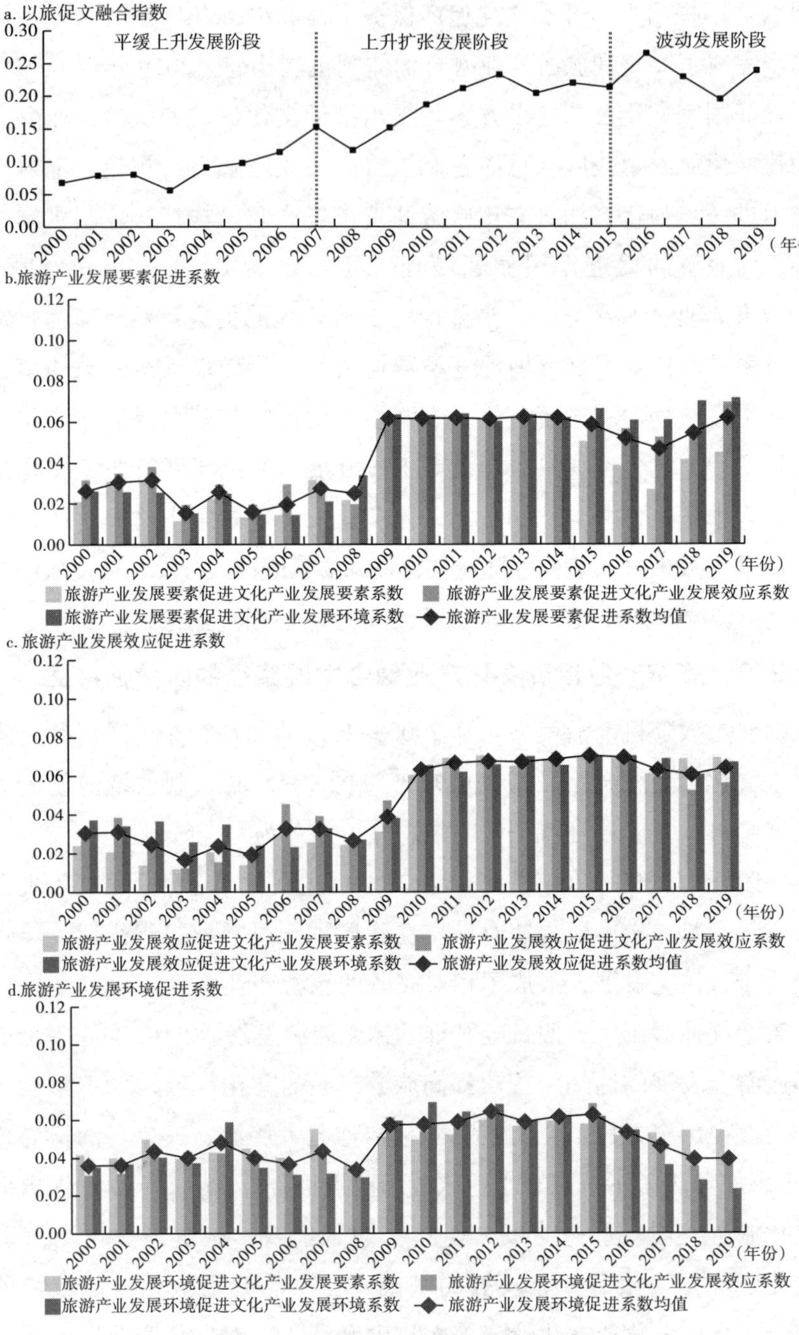

图4－5　旅游产业促进文化产业融合路径指数

由图 4 - 5b、c、d 可知，2000—2008 年旅游产业发展要素、发展效应和发展环境的促进系数排序为：发展环境促进系数均值 > 发展效应促进系数均值 > 发展要素促进系数均值，旅游产业发展环境促进作用显著。结合该阶段发展特征，在政策的扶持和引导下，激活了潜在旅游市场需求，旅游市场环境优化推动了文化旅游产品供给类型的多样化发展。同时，旅游产业发展环境之中对文化产业发展要素的促进系数最大，依赖于文化资源的旅游产业，亦推动了文化资源保护与开发，进而实现文化和旅游的产品融合。

第二阶段为 2008—2015 年，旅游促进文化产业融合具有平缓波动态势，该时期旅游产业由经济性质向兼顾服务民生发展转变，通过发展全域旅游、供给侧改革等措施，优化旅游产业结构，以满足大众旅游消费需求。2009 年《关于加快发展旅游业的意见》强调全面推进产业融合发展，培育文化旅游新业态，成为旅游产业新增长点。2012 年《关于进一步做好旅游等开发建设活动中文物保护工作的意见》进一步规范了旅游产业发展秩序。2013 年国家旅游局印发《旅游质量发展纲要（2013—2020 年）》，明确指出提升旅游服务质量，增强旅游业整体素质。2014 年《国家新型城镇化规划（2014—2020 年）》提出旅游小镇应该彰显文化特色。同年，《国务院关于促进旅游业改革发展的若干意见》明确优化产业发展环境，创新文旅产品，发展乡村旅游、红色旅游、研学等。2015 年中央一号文件首次提出推进乡村地区三次产业融合发展，大力扶持旅游村镇建设。这一时期，伴随着旅游产业供给侧改革，政策红利的扶持，文化和旅游融合发展的新兴业态不断涌现，产业融合发展的新格局初步形成。由图 4 - 5b、c、d 可知，2009—2015 年旅游产业发展要素、发展效应和发展环境的促进系数排序为：发展效应促进系数均值 > 发展要素促进系数均值 > 发展环境促进系数均值，旅游产业发展效应促进作用尤其显著。该时期在全域旅游和供给侧改革大背景下，旅游产业结构调整和优化效果显著，重点通过旅游基础设施完善、旅游服务质量提升、大众旅游产品开发、旅游特色小镇等有序推进，带动和改变了文化旅游原有生产要素配置，催生了新兴业态，显著推动了文化产业发展。旅游产业发展效应之中对文化产业发展效应的促进系数最大，说明两个产业发展效应具有较高的协同和互促作用，能够有效优化产业结构和增强两个产业竞争实力，是其开展多维度融合发展的重要前提。

第三阶段为2016—2019年，旅游产业促进文化产业融合指数呈现短期波动态势，是旅游产业全面发展的新发展时期，旅游产业进入转型升级和提质增效的高质量发展阶段。2016年国务院出台《“十三五”旅游业发展规划》，明确树立创新发展理念，推进其与文化的业态创新、产品创新和市场主体创新。2017年《全域旅游示范区创建工作导则》提出促进旅游业由景区建设向全要素和综合性方向发展。2018年《国务院办公厅关于促进全域旅游发展的指导意见》提出“旅游+”，推动旅游和文化的融合发展。2018年《国务院机构改革方案》宣布组建文化和旅游部，进行文化和旅游产业融合的体制机制构建。2019年《国务院办公厅关于加快发展流通促进商业消费的意见》提出发展夜间商业，各地区相继出台了促进夜间旅游发展方案，以进一步延长消费时间和吸引客流。结合图4-5b、c、d可知，2016—2019年旅游产业发展要素、发展效应和发展环境的促进系数排序为：发展效应促进系数均值>发展环境促进系数均值>发展要素促进系数均值。与上一阶段相比，旅游产业发展环境促进系数均值跃升明显，旅游产业作为综合性产业已步入快速发展时期，“旅游+”和“+旅游”的融合发展模式不断涌现，尤其是在全域旅游战略下，景区、城市、乡村的全域化、全要素化、延伸性培育了巨大的文化需求载体，极大地促进了文化产业发展。

通过对文化促进旅游产业融合发展（以文促旅）、旅游促进文化产业融合发展（以旅促文）两条路径的阶段特征进行总结发现（见图4-6），无论“以文促旅”还是“以旅促文”均先后经历了“消费市场需求拉动→产业供给结构优化→供需协同扩散发展”三个阶段，说明文化产业和旅游产业融合路径演化由文化旅游消费市场需求牵动和文化旅游产业供给结构吸引共同构成，表现为供给与需求系统协调演化进程中文化和旅游产业互相需要、互相促进和彼此影响。在两个产业融合发展过程中，不同的产业领域其融合发展的模式虽然不尽相同，但最终均将驱使产业融合趋向于高级化与合理化发展。而在文化和旅游产业融合发展路径演化过程中，融合重点逐渐由初起技术融合和产品融合扩散至“理念融合（文化内涵注入旅游资源，作为融合发展要素，是融合基础）→市场融合（需求是融合发展的方向，对应融合发展环境，是潜在融合）→产业融合（产业供给则是融合效应的体现，可以透过产业规模和效益进行观测，是外显融合）→职能融合（融合发展体制机制改革，是政策发展环境）”等领域，形成了文化和旅游产业融合的“发展要素—发展效应—发展环境”链式协同发展体系。

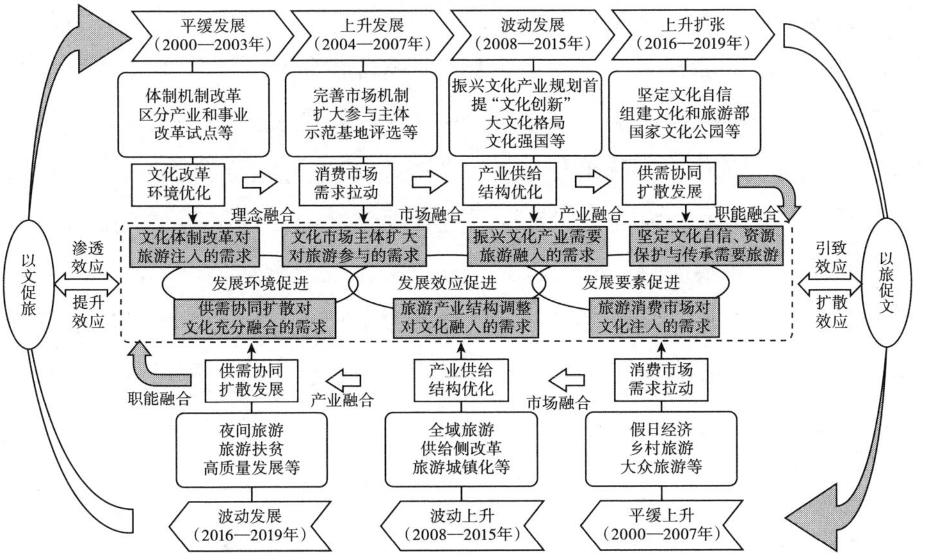

图 4－6　文化和旅游产业融合路径的阶段性特征

4.2.3　文化产业和旅游产业融合指数的阶段性特征

在上述文化和旅游产业融合路径指数测算的基础上，通过耦合协调度模型进一步测算 2000—2019 年 31 个省（区、市）文化和旅游产业融合指数可知（见图 4－7），两个产业融合指数在观测期内整体呈现波动上升态势。具体可划分为：2000—2003 年平缓发展态势，2004—2007 年呈现二次上升趋势，2008—2015 年呈现波动发展趋势，2016—2019 年则呈现上扬态势。由文化和旅游产业融合指数等级变迁来看，2004 年由严重失调升迁为中度失调类型，2005 年则持续升迁为轻度失调类型，2009 年才升迁至濒临失调类型，2010—2015 年则始终徘徊于濒临失调阶段，直到 2016 年才升迁为勉强协调类型。对文化和旅游产业融合的发展要素、发展效应和发展环境进行分析可知，融合发展环境系数整体呈现波动上升趋势且处于较高水平，仅 2016—2019 年文化旅游业态供需结构调整促使融合发展环境呈现出小幅下滑态势；融合发展效应系数在 2000—2005 年处于较低水平，但 2009 年后《关于促进文化与旅游结合发展的指导意见》提出强化二者深度结合，重点打造文旅品牌、旅游演艺、非遗旅游、主题公园、人才培育、规范文化旅游市场，完善文化和旅游部门长效工作机制等举措，其发展水平较上一年显著提升了 35.79%，并长期维持在较高水平；融合发展要素亦受到文化旅游政策影响，在 2009 年之后发展势头强劲，其发展水平在 2018 年跃升至首位，意味着伴随着我国文化和旅游融合发展的稳步增长，在资源、人力、投资为代表的要素层融合尤为凸显，促进两个产业融合水平大幅提升。观察期内，文化和旅游产业总体融合指数仍未突破勉强协调类型。总体来看，文化和旅游产业融合指数呈现周期约为 5 年的间断性波动趋势，与国家战略规划周期吻合，侧面说明文化和旅游都是受国家政策影响极强的产业。

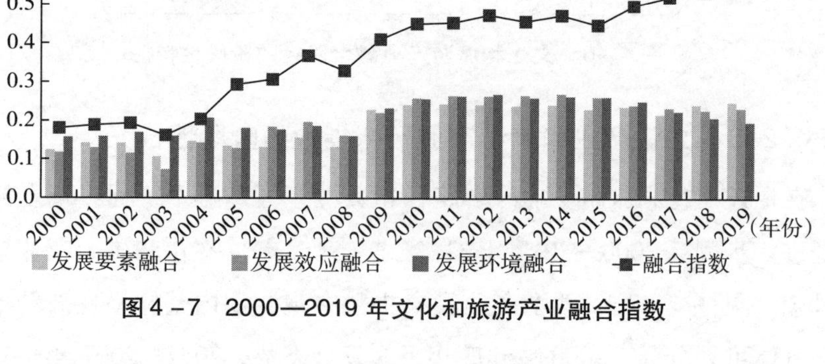

图 4-7　2000—2019 年文化和旅游产业融合指数

基于以上认识，文化和旅游产业融合发展的历史演进与政策制度密切关联。政策制度是调动社会经济要素和催生市场活力的关键，而文化和旅游产业融合作为聚合众多要素资源的复杂巨系统，对政府宏观调控和决策的需求和依赖度更高。尤其是在中国情境下，政策制度的“有形之手”是宏观调控文化和旅游融合要素配置的重要驱动力。为此，将尝试通过政策分析，以进一步梳理和总结出文化和旅游产业融合发展的阶段性演化特征。具体对 2000—2019 年我国文化和旅游产业融合发展政策制度进行系统规整，包括法律法规、部门规章、规范性文件三大类。在政策相关文件搜集过程中，重点选取具有代表性的政策文件，政策文件内容既要针对文化旅游产业要素，又要具备明确促进文化和旅游产业融合发展的目标和措施。

图 4－8 为甄选出的 2000—2019 年文化和旅游产业融合发展的代表性文件，表明在文化和旅游产业融合发展的不同阶段，政策侧重存在差异。各阶段发布的政策数量上，2009 年之前政策数量较少，对两个产业融合指导不足，该时期重点聚焦于融合发展的环境改善，如 2001 年国务院印发《关于进一步加快旅游业发展的通知》，指出旅游业应强化社会主义精神文明建设。2006 年国家旅游局发布《中国旅游业发展“十一五”规划纲要》，提出完善专题旅游，持续推进红色旅游发展。伴随着社会经济发展，大众市场对旅游及文化的需求快速升温，相关部门对两个产业融合发展的管制逐步放松。直到 2009 年《关于促进文化与旅游结合发展的指导意见》提出勠力打造文旅品牌、旅游演艺、非遗旅游、主题公园、人才培育、规范文旅市场等，进一步强化文旅结合。同年，《关于加快发展旅游业的意见》再次强调应深入挖掘文旅资源，开发文旅产品，培育新增长点。

可见，2000—2009 年相关政策文件重点关注了文化和旅游融合发展要素和环境，对其发展效应关注较少。缘于两个产业融合发展早期，融合发展效应尚处于潜层融合阶段，两个产业融合聚焦于融合发展要素、市场需求、政策扶持等基础环境优化层面。2010—2015 年为文化和旅游产业融合发展的探索时期，尤其是经过上一个时期发展后，吸引了资金、技术、人力等要素资源纷纷加入，文化和旅游产业之间的引致扩散、渗透提升效应凸显，随之融合产生的新资源、新产品、新业态不断增多。但也存在着与消费市场需求不协调、公共服务不完善、产品文化内涵不足、文化创意短板、人才资源缺失等问题。2014 年《关于促进旅游业改革发展的若干意见》指出要注重文化传承和创新、品牌效应，提高文化旅游互动的满意度等，对旅游发展过程中的文化开发提出了更高要求。2016—2019 年为文化和旅游产业融合发展的上扬扩张阶段，该时期两个产业融合处于全面发展时期。结合政策文件来看，2017 年《国家“十三五”时期文化发展改革规划纲要》强调做大做强文化事业、文化产业和旅游产业。2018 年《深化党和国家机构改革方案》宣布组建文化和旅游部，进行文化和旅游产业融合的体制机制构建，更有利于从行政层面宏观统筹文化和旅游产业融合发展。两个产业政策环境的改善能够极大促进其融合发展效应提升和发展要素延伸。从融合发展效应来看，2019 年《关于进一步激发文化和旅游消费潜力的意见》为文化旅游消费市场、影响力、业态发展提供指导。同年，《长城、大运河、长征国家文化公园建设方案》发布，长城、大运河、长征是极具代表性的线性文化旅游遗产资源，作为两个产业融合发展要素的重要构成，国家公园建设为两个产业融合发展创造良好条件和示范效应。整体来看，一系列文化和旅游产业融合政策文件出台推动，逐步形成了“发展要素—发展效应—发展环境”三者联动的融合发展体系。

基于以上认识，推导出文化和旅游产业融合指数演化过程（见图4 -9）。在综合文化旅游政策和产业融合路径演化特征的基础上，2000—2009 年政府相关部门对文化和旅游产业融合发展定位由事业型向产业型方向转换，两个产业发展融合实践处于起步阶段，呈现出不确定性。同时，该时期大众文化旅游消费市场需求兴起，必然吸引文化旅游产品供给创新。产业生态位决定了任何一个企业都难以独占整个资源市场，迫切需要突破资源要素瓶颈，导致人才、资金、技术等发展要素资源边界产生改变。这说明起步时期，文化和旅游产业主要受融合发展环境和发展要素的影响，且融合发展效应尚未凸显，属于浅层融合时期。2010—2015 年伴随着两个产业融

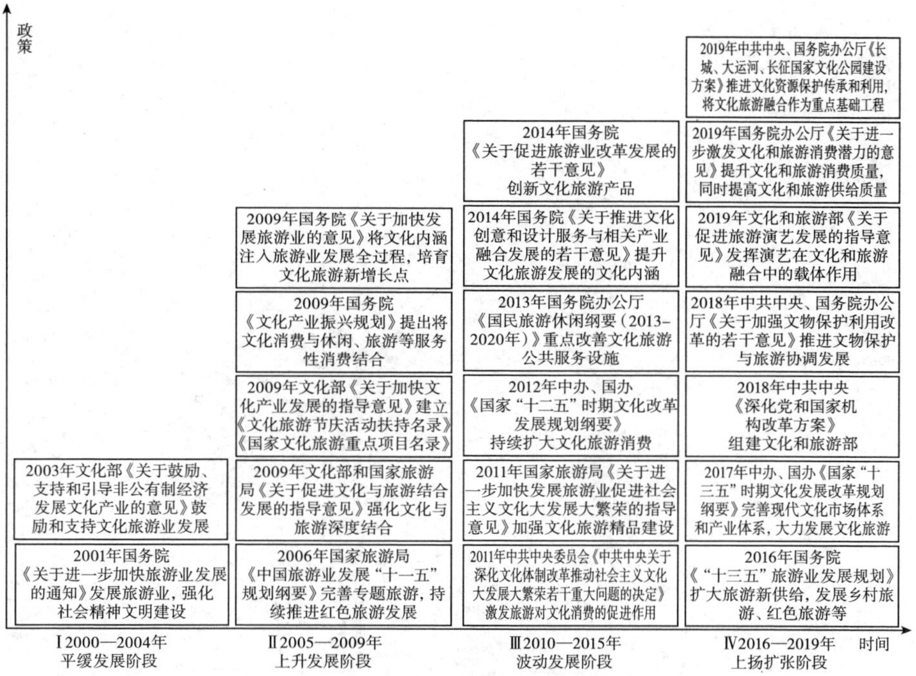

图 4－8　2000—2019 年文化和旅游产业融合发展的代表性政策文件

合发展要素逐渐增多，文化旅游产品与消费市场之间问题凸显，政府政策重点对供给和需求关系进行调节，提出了加强旅游工艺品设计、培育旅游新消费点等。产业融合实践中新兴业态不断涌现，更好地满足不断变化的消费市场需求，且随着两个产业之间产品和业务融合程度扩散，融合产业链条逐渐形成，融合产生的规模效益上升，融合发展效应逐渐显现。2016—2019 年文化和旅游产业融合发展不断完善，新的产业体系和结构显现。在趋向于融合发展的高度化和合理化过程中，管理体制机制由职能分散向职能融合改革成为必然，势必打破原有的发展路径“锁定”，实现由量化积累向质量提升的转变，从而实现两个产业融合供给质量与消费需求质量的协同和提升。

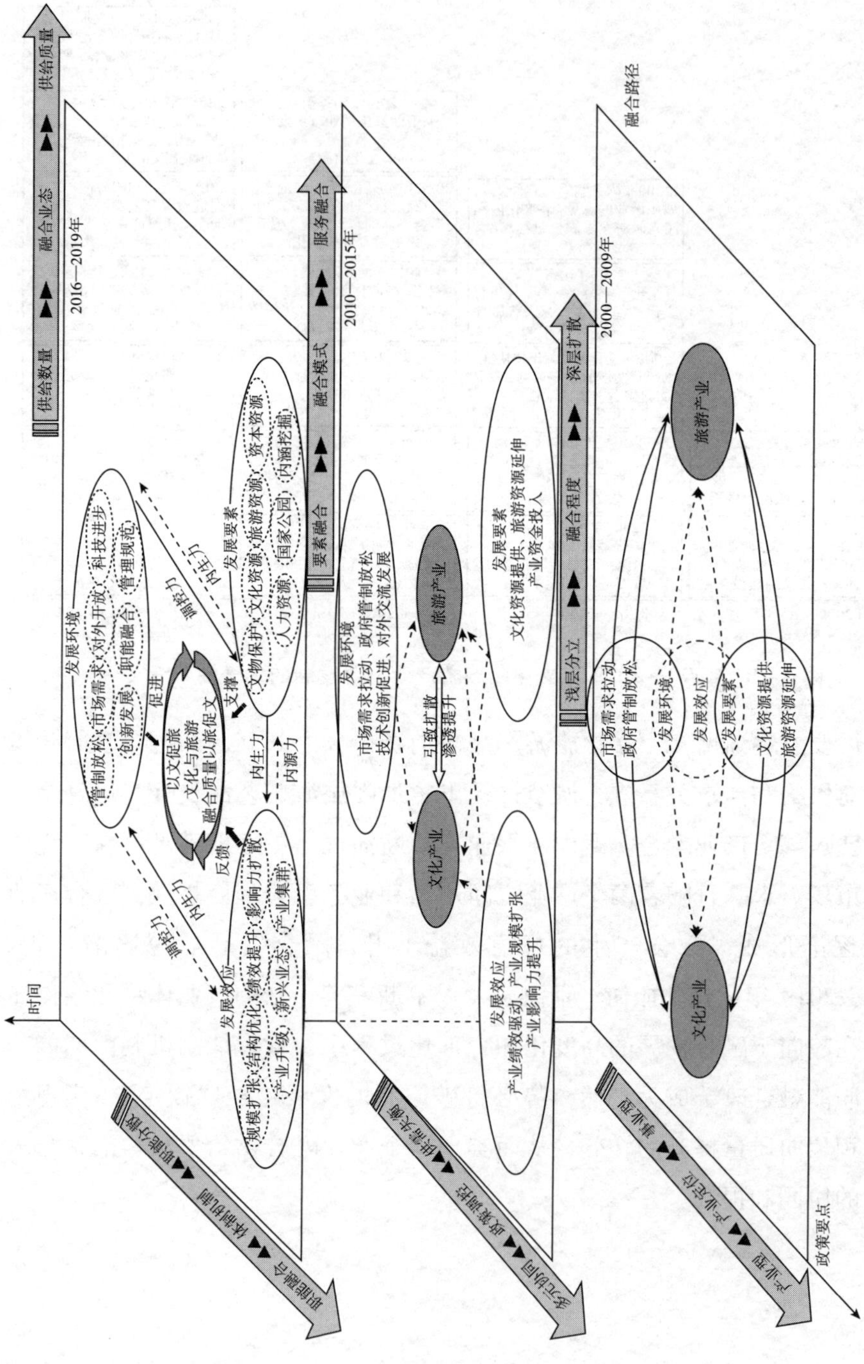

图4-9 文化和旅游产业融合演化过程

此外，综合文化和旅游产业融合水平等级变迁来看，2009年由轻度失调类型升迁至濒临失调类型，2010—2015年则始终徘徊于濒临失调类型阶段，直到2016年才升迁为勉强协调类型（见图4-10）。与此同时，两个产业融合路径先后经历了“以旅促文”阶段（2000—2008年）、两者相持阶段（2009—2015年）和“以文促旅”阶段（2016—2019）。可见，首先，每一次文化和旅游产业融合协调度转折都与两个产业融合过程中的影响力大小密切关联，即某一阶段谁的影响力愈强，对两个产业的融合发展推动力就愈大。其次，两个产业处于相持阶段是不稳定的，但也是必不可少的，尤其是两个产业处于相持博弈阶段中的路径选择会对下一周期路径依赖产生影响。最后，虽然形式上存在“以旅促文”和“以文促旅”的周期性交替特征，但存在本质区别，产业结构调整带来的技术效率提升是这种区别的主要特征，如2008年全国假日制度调整，将原先长假模式调整为“1+2+5”小长假模式，中、短途旅行市场占据主导，迫使旅游产业供给结构进行调整，促使文化和旅游产业融合主导路径发生转换；2016年相继发布了《关于推动文化文物单位文化创意产品开发的若干意见》《关于做好2016年特色小镇推荐工作的通知》政策，激发了以文化创意产业为代表的“文化+”战略和以文化产品开发为主导的特色小镇建设成为重点，亦促使了文化消费的结构性释放。

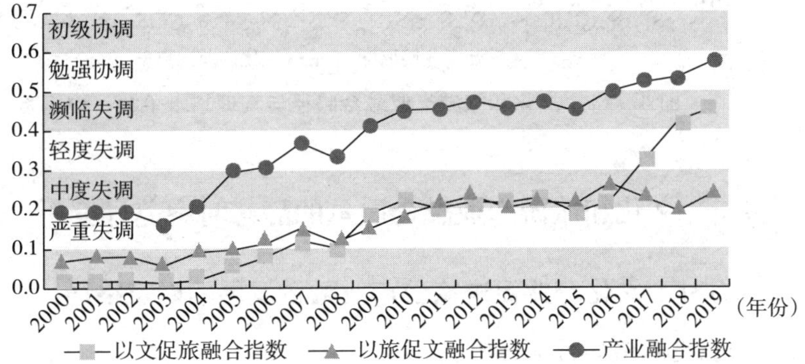

图4-10 文化和旅游产业融合路径及融合指数

依据第3章公式测算可知，观察期内文化和旅游产业融合路径对随机前沿面的偏离呈现出间断平衡性，即2000—2007年两条融合路径均向随机前沿面趋近，但2008年两者同时产生偏离，随后2009—2015年两条融合路径偏离度相对平稳，2016年后两条路径产生分歧，“以文促旅”则向随机前沿面逼近。由此可见，这与2016年以后文化产业结构性调整有关。测算两个产业融合路径与其理想水平偏离可知（见图4-11），两个产业与其理想水平的偏离度呈现交替波动趋势，其中高于0轴的正偏离表示文化和旅游产业关联投入过剩，而低于0轴的负偏离则表示两个产业关联投入不足，尤其是2015年后旅游产业关联投入过剩，但并未显著提升“以旅促文”的融合程度，反映出两个产业关联投入过剩并不能带来融合水平提升，本质上刻画了两个产业关联投入产出绩效问题。总体而言，文化和旅游产业均存在关联投入过剩或不足现象。与文化产业相比，2015年后旅游产业整体关联投入较高，仅2016年旅游直接投资增速达29.05%，在拥有较高投资存量的同时，旅游产业结构效率问题应引起重视。

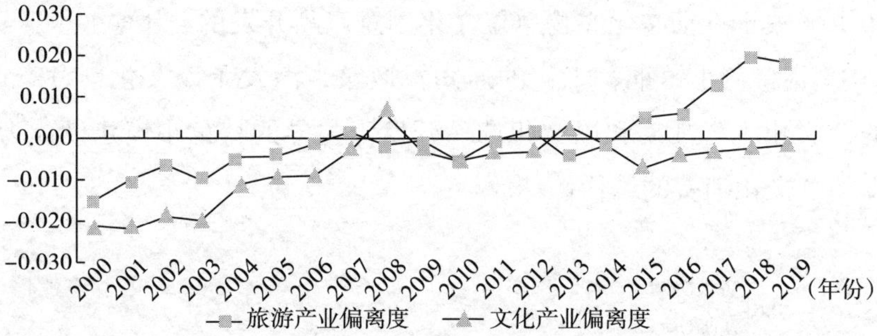

图4-11　文化和旅游产业融合路径与其理想水平的平均偏离

4.3　文化和旅游产业融合质量的静态时空差异分析

4.3.1　文化产业促进旅游产业融合发展的时空格局

（1）空间格局特征分析。

依据2000—2019年31个省（区、市）文化产业促进旅游产业融合发展系数可知（见图4-12），观测期内“以文促旅”均值在0.013～0.454

波动，整体发展水平不高。以 2019 年为例，“以文促旅”指数上海最高（0.499），西藏最低（0.081），相差了 5.16 倍，极差特征明显。为进一步分析“以文促旅”融合指数的空间差异特征，选择绝对差异和相对差异指标进行全面衡量。极差和标准差反映“以文促旅”融合指数的绝对差异，基尼系数和变差系数反映“以文促旅”融合指数的相对差异。指标数值大，表明我国各省（区、市）“以文促旅”融合指数存在较大差异，指标较小则表明整体发展水平较为均衡。测算公式及方法如表 4－3 所示。

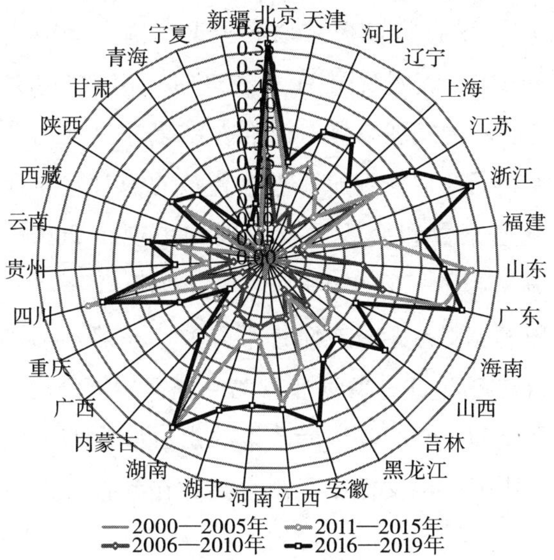

图 4－12　31 个省（区、市）文化产业促进旅游产业融合指数

资料来源：由笔者绘制。

表 4－3　空间相对差异与绝对差异的主要指标测算与说明

指标		计算公式	公式说明	指标含义
绝对差异	极差（R）	$R = x_{\max} - x_{\min}$　（4－2）	R 表示极差，$x_{\max}$、$x_{\min}$ 依次为最大、最小值	绝对差异数值大，表明我国各省（区、市）“以文促旅”融合指数存在较大差异
	标准差（VOC）	$VOC = \sqrt{\frac{\sum_{i=1}^{n}(x_i - \bar{x})^2}{n}}$　（4－3）	VOC 表示标准差，x_i、$\bar{x}$、n 为样本数值、样本均值和样本个数	

续表

指标		计算公式	公式说明	指标含义
相对差异	基尼系数（G）	$G = 1 + \frac{1}{n} - \frac{1}{n^2 \bar{x}}(x_1 + 2x_2 + 3x_3 + \cdots + nx_n)$ (4-4)	G为基尼系数，n、$\bar{x}$为样本个数、样本均值，x_1，x_2，x_3，…，x_n表示从大到小的样本值	相对差异数值愈小，则表明我国各省（区、市）“以文促旅”融合指数发展愈均衡
	变差系数（CV）	$CV = \sigma / \bar{x}$ (4-5)	CV为变异系数，σ、$\bar{x}$为样标准差和均值	

运用空间相对差异和绝对差异测算结果可知（见表4-4），2000—2015年“以文促旅”融合指数极差值先上升，随后2016—2019年降低，呈现“Λ”型发展态势，表明我国31个省（区、市）“以文促旅”融合指数差距呈现出先升后降的发展态势。标准差结果亦呈现出“Λ”型发展态势，进一步印证了我国“以文促旅”融合指数的绝对差异具有先升后降的波动发展趋势。基尼系数和变差系数发展均呈现出2000—2010年下降，2011—2015年上升，2016—2019年再下降的“И”型态势，说明我国“以文促旅”融合指数的相对差距具有阶梯下降波动态势。总体上，无论绝对差异还是相对差异均将2011—2015年视为空间差异缩小的下降拐点期，侧面说明了一系列文化和旅游产业扶持政策的出台成为缩小地区融合发展差异的利好时期，但我国“以文促旅”融合指数在各省（区、市）之间仍存在一定差距。

表4-4　文化产业促进旅游产业融合发展指数的空间差异分析

指标		2000—2005年	2006—2010年	2011—2015年	2016—2019年
绝对差异	极差（R）	0.059	0.286	0.490	0.468
	标准差（VOC）	0.018	0.074	0.143	0.129
相对差异	基尼系数（G）	0.754	0.674	0.680	0.626
	变差系数（CV）	0.894	0.569	0.596	0.388

为深入解析我国“以文促旅”融合指数的时空格局特征，采用Q形聚类方法（马慧强等，2018），通过平方欧氏距离K平均值度量观测值之间的类比情况，并选取最长距离方法推算出分组之间的距离。据此，运用该

聚类方法将我国 31 个省（区、市）“以文促旅”发展指数划分为高水平、较高水平、中等水平、较低水平和低水平五大类，并绘制了文化产业促进旅游产业融合指数时空转移轨迹图 4－13。具体而言，2000—2019 年江苏、浙江、山东、广东四省始终处于高水平类型，多为东部地区；河南、湖北、四川三省则始终处于较高水平类型；山西、陕西两省始终处于中等水平类型；天津、云南两省市始终处于较低水平类型，而广西、西藏、青海、宁夏、新疆五省区则始终处于低水平类型，以西部地区为主。总体上，有近 51.61% 的省（区、市）在观察期内等级变迁现象尚未显现，表明观察期内各省（区、市）“以文促旅”融合指数整体波幅相对较大。截至 2019 年，北京升迁至高水平类型，上海、安徽升迁至较高水平类型，河北、辽宁、福建、江西等六省份上升至中等水平类型，海南、吉林、黑龙江、湖南、内蒙古、重庆、贵州和甘肃则由低水平上升为较低水平类型。整体而言，高水平和较高水平集中于东部地区，中部地区则以中等类型为主，西部地区则处于较低水平和低水平等级，呈现出由东部至西部阶梯递减的空间格局。结合等级跃迁而言，中西部省区等级上升变动更为活跃，其后发追赶优势日益凸显，整体呈现出趋于均衡化发展态势。

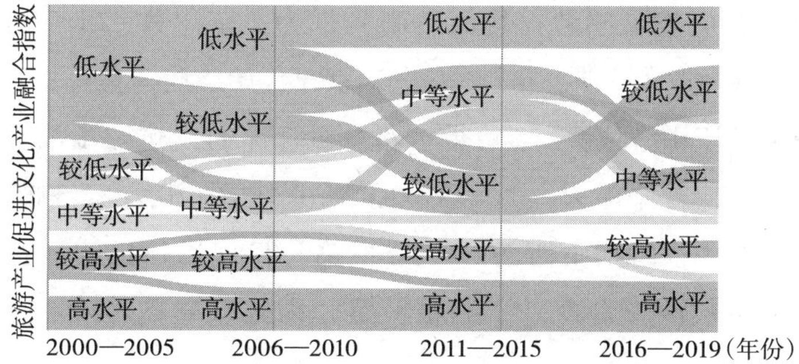

图 4－13　文化产业促进旅游产业融合指数时空转移轨迹

整体上“以文促旅”融合指数由高水平至低水平呈现出金字塔型，其中较低水平和低水平出现“扎堆集聚”现象，且在空间上存在“块状集聚”特征，如北部的吉林、黑龙江、内蒙古、甘肃，西部的贵州、广西、西藏、青海、宁夏、新疆。该类地区往往是经济欠发达地带，文化产业发展相对滞后。虽然西部作为东西方文明交汇窗口，拥有丰富的文化资源优势，但仍存在着文化消费观念落后、文化消费市场发展滞后、人力资源和技术短缺等问题，导致现代文化产业、文化创意开发等发展滞后。

（2）区域发展特征分析。

为进一步分析文化和旅游产业融合质量分布的区域差异，本书尝试从经济地理单元空间尺度进行测算。党的十八大以来，先后提出了京津冀、长江经济带（沪、苏、贵、浙、皖、赣、鄂、湘、渝、川、云）、“一带一路”（新、渝、陕、甘、宁、青、内蒙古、黑、吉、辽、桂、云、藏）、长三角、黄河流域（青、川、甘、宁、内蒙古、晋、陕、豫、鲁）等重大区域战略部署（郭芸等，2020），是区域发展空间单元的重中之重。

从五大经济带“以文促旅”融合指数发展时序演化来看（见表 4－5），2000—2019 年京津冀由 0.025 上升至 0.401，年均增长率为 1.156%；长三角由 0.043 上升至 0.432，年均增长率为 1.157%；长江经济带由 0.025 上升至 0.391，年均增长率为 1.155%；黄河流域由 0.026 上升至 0.298，年均增长率为 1.137%；“一带一路”由 0.014 上升至 0.277，年均增长率为 1.171%。研究结果表明：五大经济带“以文促旅”融合指数均呈现出上升的发展趋势，均值由高到低为：京津冀、长三角、长江经济带、黄河流域、“一带一路”。其中，京津冀始终居于首位，长江经济带与黄河流域处于中游位置，“一带一路”处于末位。进一步测算五大经济带年均增长率快慢排序为：“一带一路”、京津冀、长江经济带、黄河流域、长三角，其中横跨东中西的“一带一路”发展增速最快，长三角增速放缓。变差系数测算发现，“一带一路”内部差异最大，京津冀内部差异最小。

总体上，作为横跨“东部—中部—西部”三大区域的“一带一路”、长江经济带、黄河流域都呈现出“以文促旅”融合指数偏低、内部地区差异较大、增长速度较快的特征。虽然全国整体上文化产业促进旅游产业融合指数呈现上升态势，但东中西地区之间的差异显著，区域发展不均衡发展问题凸显。为此，需要对“东部—中部—西部”三大区域“以文促旅”

融合指数空间格局不均衡问题进行进一步分析。

表 4－5　区域文化产业促进旅游产业融合指数的时序变化

五大经济带	2000—2005 年	2006—2010 年	2011—2015 年	2016—2019 年
京津冀	0.025	0.172	0.346	0.401
“一带一路”	0.014	0.097	0.170	0.277
黄河流域	0.026	0.115	0.226	0.298
长三角	0.043	0.171	0.203	0.432
长江经济带	0.025	0.153	0.278	0.391

（3）地区差异来源分析方法。

Dagum 基尼系数是用于衡量地区发展差异的方法，早期用于测算地区收入非均衡现象。该方法与传统的地区差异测算方法相比（如基尼系数、泰尔指数等），侧重于对样本子群深入分解，能够将研究样本的非平衡问题解构为地区间非均衡、地区内非平衡、超变密度（地区之间交叉重叠引致的非平衡问题）三类。一方面能够实现传统地区差异测算方法的功能，识别地区差异来源；另一方面重点考察了地区之间存在的交叉重叠效应引致的非均衡问题。为此，本书采用 Dagum 基尼系数及其分解考察我国文化和旅游产业融合质量的空间非均衡格局。具体公式如下（孙才志等，2020）：

$$G = \frac{\sum_{j=1}^{k}\sum_{h=1}^{k}\sum_{r=1}^{n_h}|y_{ji} - y_{hr}|}{2n^2 v} \tag{4-6}$$

将全国划分东部、中部、西部三大地区，k 是三大地区个数，n 为省（区、市）个数，y_{ji}为地区 j 内样本省份 i，y_{hr}为地区 h 内样本省份 r，v 为测量样本对象的均值。基尼系数数值愈大，说明地区发展非均衡现象愈明显。同时，为了进一步简化计算方法，需要对地区内样本数据进行排序。具体公式如下：

$$\bar{Y}_1 \leqslant \bar{Y}_h \leqslant \cdots \bar{Y}_j \leqslant \cdots \bar{Y}_k \tag{4-7}$$

地区 j 的基尼系数 G_{jj}，公式表示为：

$$G_{jj} = \frac{\sum_{i=1}^{n_j}\sum_{r=1}^{n_j}\left|y_{ji} - y_{jr}\right|}{2n_j^2\overline{Y}_j} \tag{4-8}$$

G_{jh}表示地区 j 和 h 之间的基尼系数，公式表示为：

$$G_{jh} = \frac{\sum_{i=1}^{n_j}\sum_{r=1}^{n_h}\left|y_{ji} - y_{hr}\right|}{n_j n_h(\overline{Y}_j + \overline{Y}_h)} \tag{4-9}$$

其中，n_j、n_h表示地区 j 和地区 h 内的样本省份数，$\overline{Y}_j$、$\overline{Y}_h$ 则表示地区 j、h 观测样本均值。同时，还需要定义如下变量：

$$p_j = n_j/n \tag{4-10}$$

$$s_j = \frac{n_j\overline{Y}_j}{n\mathrm{v}} \tag{4-11}$$

$$d_{jh} = \int_0^{\infty} dF_j(y)\int_0^{y}(y - x)\,dF_h(x) \tag{4-12}$$

$$p_{jh} = \int_0^{\infty} dF_h(y)\int_0^{y}(y - x)\,dF_j(x) \tag{4-13}$$

$$D_{jh} = \frac{d_{jh} - p_{jh}}{d_{jh} + p_{jh}} \tag{4-14}$$

式（4－14）中，d_{jh}、p_{jh}、D_{jh}分别表示地区 j 与 h 中所有 $y_{ji} - y_{hr} > 0$ 的期望、所有 $y_{ji} - y_{hr} < 0$ 的期望、观测样本值的相互响应，F（x）表示观测样本累积密度函数。据此，依据 Dagum 基尼系数总体差异：$G_{总体差异} = G_{w(地区内差异)} + G_{nb(地区间差异)} + G_{t(超变密度)}$，具体公式如下：

$$G_w = \sum_{j=1}^{k} G_{jj}p_j s_j \tag{4-15}$$

$$G_b = \sum_{j=2}^{k}\sum_{h=1}^{j-1} G_{jh}D_{jh}(p_j s_h + p_h s_j) \tag{4-16}$$

$$G_t = \sum_{j=2}^{k}\sum_{h=1}^{j-1} G_{jh}(1 - D_{jh})(p_j s_h + p_h s_j) \tag{4-17}$$

基于以上空间差异和特征分析可知，我国文化产业促进旅游产业融合指数在东中西三大地区整体呈现由东至西阶梯递减格局，存在一定的空间非均衡特征。结合标准差分析可知，全国整体处于波动上升趋势，表明 31

个省（区、市）发展绝对差异有所扩张，2000—2019 年增长了 1.766 倍。进一步结合东中西三大地区而言，依次增长了 1.359 倍、3.523 倍和 2.671 倍，其中东部地区标准差最大，观察期末达到 0.109，中部标准差异最小，说明区域文化产业促进旅游产业融合发展存在区域内和区域之间的鲜明差异特征。据此，运用 Dagum 基尼系数能够测算地区之间、地区内部和地区交叉重叠优势，将我国文化产业促进旅游产业融合发展指数分解为东中西地区之间、地区内部和超变密度差异，以深入揭示“以文促旅”融合指数非均衡发展的差异来源。根据表 4－6 可知，我国文化产业促进旅游产业融合指数总体基尼系数呈现下降态势，表明整体上各省（区、市）“以文促旅”融合指数差距趋于缩小态势，2000—2019 年整体差距下降了 0.256，观察期内整体下降幅度为 33.96%，整体的空间非均衡化态势有所减缓。

由三大地区内差异可知，整体东中西地区内部差异呈现波动下滑趋势，观察期内西部地区空间非均衡化发展差异最大，东部地区内部差异在 2000—2005 年最小，2006 年以后中部地区内部非均衡化差异最小。具体而言，东部地区基尼系数均值为 0.269，下降过程相对平稳，整体下降了 60%；中部地区基尼系数均值最小，为 0.216，且在 2006 年和 2011 年前后出现波动，下降幅度最高达 76.79%；西部地区基尼系数均值最大，为 0.353，下降幅度最小，为 48.71%。

表 4－6　文化产业促进旅游产业融合指数的 Dagum 基尼系数及其分解

基尼系数及其分解		2000—2005 年	2006—2010 年	2011—2015 年	2016—2019 年
地区间差异	东部—中部	0.449	0.252	0.258	0.134
	东部—西部	0.570	0.419	0.407	0.317
	中部—西部	0.496	0.339	0.375	0.289
地区内差异	东部地区	0.375	0.288	0.265	0.150
	中部地区	0.431	0.103	0.228	0.100
	西部地区	0.462	0.341	0.372	0.237
贡献	地区内差异 G_w	0.138	0.087	0.097	0.055
	地区间差异 G_{nb}	0.212	0.154	0.141	0.133
	超变密度差异 G_t	0.127	0.074	0.091	0.032

续表

基尼系数及其分解		2000—2005 年	2006—2010 年	2011—2015 年	2016—2019 年
贡献率	地区内差异 G_w	28.90%	27.74%	29.38%	24.92%
	地区间差异 G_{nb}	44.41%	48.83%	42.84%	60.40%
	超变密度差异 G_t	26.69%	23.42%	27.78%	14.68%
三大地区总体差异 G		0.477	0.315	0.329	0.221

由三大地区间差异可知，三大地区之间的基尼系数整体呈现“阶梯型”下降态势。其中，西部与中部、西部与东部地区差异较大，其均值分别为0.374、0.428，下降幅度依次为44.39%、41.73%。东部与中部地区差异均值最小，为0.273，且下降幅度最高为70.15%。同时，西部与中部地区基尼系数在2006—2015年呈现扩大趋势，2016—2019年呈现下降趋势。总体发展水平仍呈现出下降态势，东西部之间差异最大，而东中部之间差距最小，但三大地区之间差异逐渐缩小，空间非均衡化有所改善，整体呈协调发展态势。

从东中西三大地区差异分解及贡献来看，地区之间差异是非均衡化空间格局差异的主要来源，三大地区之间差异的平均贡献率为49.12%，尤其是2016—2019年，三大地区间差异贡献率高达60.40%，表明地区之间差异成为非均衡格局的主要来源。地区内差异平均贡献率为27.73%，超变密度则仅为23.14%，两者贡献率并不高，对地区非均衡化发展的影响较小。研究时间段内，超变密度差异始终不高，且地区内和地区间两者差异贡献率均值高于70%，说明主要来源于不同地区间以及地区内部差异，而地区之间的交叉重叠影响强度不高，侧面印证了东中西三大地区内部尚未形成相对稳定的极化发展中心。

4.3.2 旅游产业促进文化产业融合发展的时空格局

（1）空间格局特征分析。

由2000—2019年31个省（区、市）旅游促进文化产业融合指数可知（见图4-14），观测期内“以旅促文”融合指数均值处于0.067~0.238波动，整体发展水平偏低。与“以文促旅”融合指数趋势类似，“以旅促文”

亦存在明显的地区极差特征。由空间相对差异和绝对差异测算结果可知（见表4-7），从绝对空间差异来看，“以旅促文”融合指数极差值与标准差均呈现“三升一降”的波动下降态势，具体2000—2005年、2006—2010年、2011—2015年呈连续上升趋势，“以旅促文”融合指数总体差距逐渐扩大。2016—2019年“以旅促文”融合指数总体差距呈逐渐缩减趋势。从相对空间差异来看，“以旅促文”融合指数的基尼系数和变差系数在观察期内均呈现阶梯型连续下降趋势，其现实意义在于，虽然总体上在2000—2019年各省（区、市）“以旅促文”融合指数的差距在不断缩减，但平均仅下降了23.23%，不均衡化发展问题仍较为明显。

表4-7 旅游产业促进文化产业融合发展指数的空间差异分析

指标		2000—2005年	2006—2010年	2011—2015年	2016—2019年
绝对差异	极差（*R*）	0.266	0.304	0.489	0.418
	标准差（*VOC*）	0.066	0.090	0.126	0.117
相对差异	基尼系数（*G*）	0.754	0.674	0.680	0.626
	变差系数（*CV*）	0.839	0.603	0.594	0.456

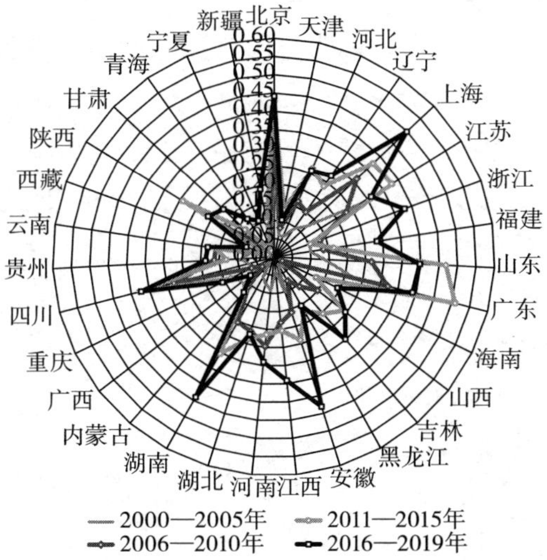

图4-14 31个省（区、市）旅游产业促进文化产业融合指数

资料来源：由笔者绘制。

采用系统聚类中的Q形聚类方法对2000—2019年我国“以旅促文”融合指数进行分类，并绘制了旅游产业促进文化产业融合指数时空转移轨迹（见图4-15）。其中，上海、江苏、广东三省市始终处于高水平类型，均归属于东部地区；浙江、四川始终处于较高水平；辽宁、福建、河南始终处于中等水平；海南、黑龙江、重庆、云南始终处于较低水平类型；内蒙古、广西、甘肃、西藏、青海、宁夏六省区始终处于低水平类型，均归属于西部地区。整体上，约61.29%的省（区、市）在观察期内尚未表现出等级变动现象，表明其整体发展的活跃程度低于“以文促旅”融合指数。进一步探究其等级时空变迁轨迹，观察期间内，北京、山东两省市由原较高水平升迁至高水平类型，天津、河北、山西、陕西、湖北、湖南、安徽、吉林、贵州等省份由较低水平升迁至中等水平类型，江西、黑龙江则由低水平类型升迁至较低水平。结合等级类型演化来看，呈现出由东部至西部阶梯递减的空间格局，且等级升迁现象多发生于中西部地区，表明中西部地区活跃程度更高。整体上，“以旅促文”与“以文促旅”融合指数较低水平和低水平扎堆集聚的金字塔型特征类似，尤其是较低和低水平发展类型具有较高的重叠性，说明我国文化和旅游产业发展具有高度的互

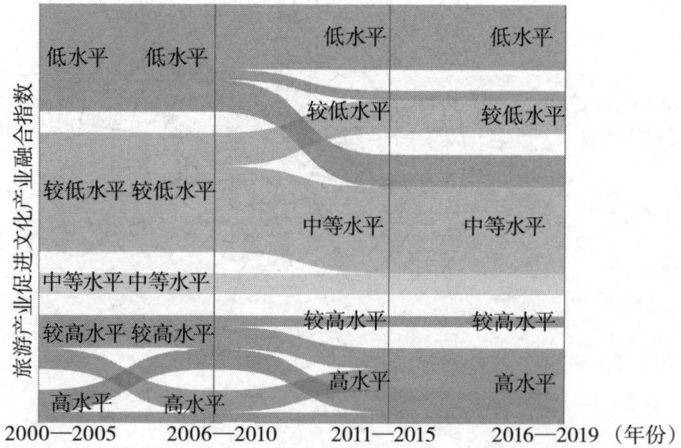

图4-15　旅游产业促进文化产业融合指数时空转移轨迹

资料来源：由笔者绘制。

补性。尤其是低发展类型集聚的西部地区，其较低的互补性抑制了其乘数效应的发挥，形成了低水平发展循环。

（2）区域发展特征分析。

测算文化和旅游产业融合发展中区域单元差异，有助于解析和辨析两个产业融合发展过程中的地区非均衡来源。基于多空间尺度下“以旅促文”融合指数发展时序演化来看（见表 4-8），2000—2019 年，京津冀地区由 0.129 上升至 0.268，年均增长率为 1.28%；长三角由 0.166 上升至 0.397，年均增长率为 1.34%；长江经济带由 0.097 上升至 0.320，年均增长率为 1.49%；黄河流域则从 0.054 上升至 0.230，年均增长率为 1.63%；“一带一路”从 0.059 上升至 0.218，年均增长率为 1.54%。研究结果表明：整体上五大经济带整体呈现上升态势，由高至低排序为长三角、京津冀、长江经济带、黄河流域、“一带一路”。长三角始终居于首位，长江经济带与黄河流域处于中游位置，“一带一路”处于末位。从年均增长率排序来看，与其均值排序呈现相反方向发展，由大到小依次为黄河流域、“一带一路”、长江经济带、长三角、京津冀，黄河流域增长速度最快，而京津冀增长速度逐渐变缓。从地区变差系数排序来看，“一带一路”与黄河流域内部差异最大，而京津冀内部差异最小。

整体而言，与“以文促旅”融合指数类似，从均值水平、年均增长率、变差系数三个维度来看，“以旅促文”融合指数在横跨东部、中部、西部的空间单元亦呈现出均值水平偏低、年均增长率较快和地区内部差异较大的情况，需要对其东中西三大地区差异进行进一步解析。

表 4-8　区域旅游产业促进文化产业融合指数的时序变化

五大经济带	2000—2005 年	2006—2010 年	2011—2015 年	2016—2019 年
京津冀	0.129	0.189	0.275	0.268
“一带一路”	0.059	0.110	0.166	0.218
黄河流域	0.054	0.146	0.209	0.230
长三角	0.166	0.225	0.285	0.397
长江经济带	0.097	0.191	0.240	0.320

（3）地区差异及来源。

通过我国旅游产业促进文化产业融合指数的空间差异、空间特征和区域发展特征分析可知，总体上“以旅促文”在三大地区呈现由东至西阶梯递减格局，空间非均衡化显著。依据 Dagum 基尼系数及其分解测算 2000—2019 年旅游产业促进文化产业融合指数，结果如表 4－9 所示。地区总体差异呈现下降态势，总体下降幅度为 38.38%。地区内差异上，中部最小，呈现先降后升的趋势。东部地区下降趋势呈现“阶梯型”，而西部地区则经历了先上升后下降的发展趋势。中部地区基尼系数均值为 0.174，在 2016—2019 年内部差异呈现出上升反弹，但波动幅度较小，为 31.88%。西部地区基尼系数均值为 0.35，在 2006—2010 年内部差异出现短暂上升后又出现回落下降趋势，下降幅度为 38.42%。

从三大地区间差异来看，东西部地区和中西部地区之间的差异较大，其基尼系数均值分别为 0.448 和 0.348，观察期内整体下降幅度依次为 35.1% 和 2.69%。其中，中部与西部地区差异降幅较小，基尼系数趋势经历了 2006—2010 年的短暂上升随后下降的微调。东部与中部地区差异基尼系数均值最小，为 0.289，且下降幅度最高为 57.01%。整体而言，三大地区之间的差异亦出现均衡化态势发展，地区发展协同化趋势鲜明。

从三大地区差异分解及贡献来看，东中西地区非均衡化发展差异主要来源于地区之间差异，其贡献率达 53.95%，在 2000—2005 年该贡献率高达 61.63%，成为横跨东中西经济空间单元和文化空间单元非均衡格局的主要来源。同时，三大地区内差异平均贡献率（27.15%）高于超变密度平均贡献率（19.86%）。整体上，我国旅游产业促进文化产业融合指数空间差异主要来源于不同地区间以及地区内部差异，而地区之间的交叉重叠影响强度不高。为此，要解决两个产业融合发展的地区非均衡问题，应重点从缩小地区差异、推动区域协调发展出发。

表 4 –9　旅游产业促进文化产业融合指数的 Dagum 基尼系数及其分解

基尼系数及其分解		2000—2005 年	2006—2010 年	2011—2015 年	2016—2019 年
地区间差异	东部—中部	0. 442	0. 264	0. 261	0. 190
	东部—西部	0. 547	0. 444	0. 447	0. 355
	中部—西部	0. 334	0. 374	0. 359	0. 325
地区内差异	东部地区	0. 335	0. 281	0. 277	0. 192
	中部地区	0. 254	0. 181	0. 086	0. 173
	西部地区	0. 367	0. 417	0. 390	0. 226
贡献	地区内差异 G_w	0. 113	0. 100	0. 090	0. 066
	地区间差异 G_{nb}	0. 260	0. 152	0. 172	0. 141
	超变密度差异 G_t	0. 049	0. 091	0. 069	0. 054
贡献率	地区内差异 G_w	26. 87%	29. 17%	27. 26%	25. 31%
	地区间差异 G_{nb}	61. 63%	44. 39%	51. 94%	53. 95%
	超变密度差异 G_t	11. 50%	26. 44%	20. 80%	20. 73%
三大地区总体差异 G		0. 422	0. 343	0. 331	0. 260

基于上述文化和旅游产业融合路径的空间分析，进一步绘制了图 4 –16，其中，两个产业融合指数均表现出由东部至西部的阶梯递减格局，且在各个地区梯度内的指数聚类呈现“金字塔型”。两条融合路径指数在空间表现上具有较高的重叠性质，表现为融合路径的空间格局发展的非均衡化趋势、区域发展单元内部的非均衡化问题、地区差异的非均衡化态势。空间格局的非均衡导致了较低水平和低水平出现“扎堆集聚”现象，且在空间上存在“块状集聚”特征。从区域五大经济带来看，尤其是横跨东中西三大地区的区域单元，存在着显著的内部差异，影响了区域内部单元的协同发展。两个产业融合路径指数落后地区，其后发竞争优势明显，呈现较高的年均增长速度。从地区差异解析及来源来看，三大地区之间差异贡献率最高，是地区非均衡的主要来源，且表征三大地区之间的交叉重叠的超变密度差异贡献率不高，表明了地区非极化发展存在上升空间。综上可知，东部地区在两个产业融合路径指数内部差异较小且发展水平较高，具有较强的先发竞争优势，在促进区域协同和地区局部优化过程中，应该发挥增长极化的模范示范带动效应，而中西部地区在年均增长率上具有后发

竞争优势，可以形成较高的追赶吸收和学习能力，打破边界壁垒，使得地区之间融合路径指数差距逐步缩小。

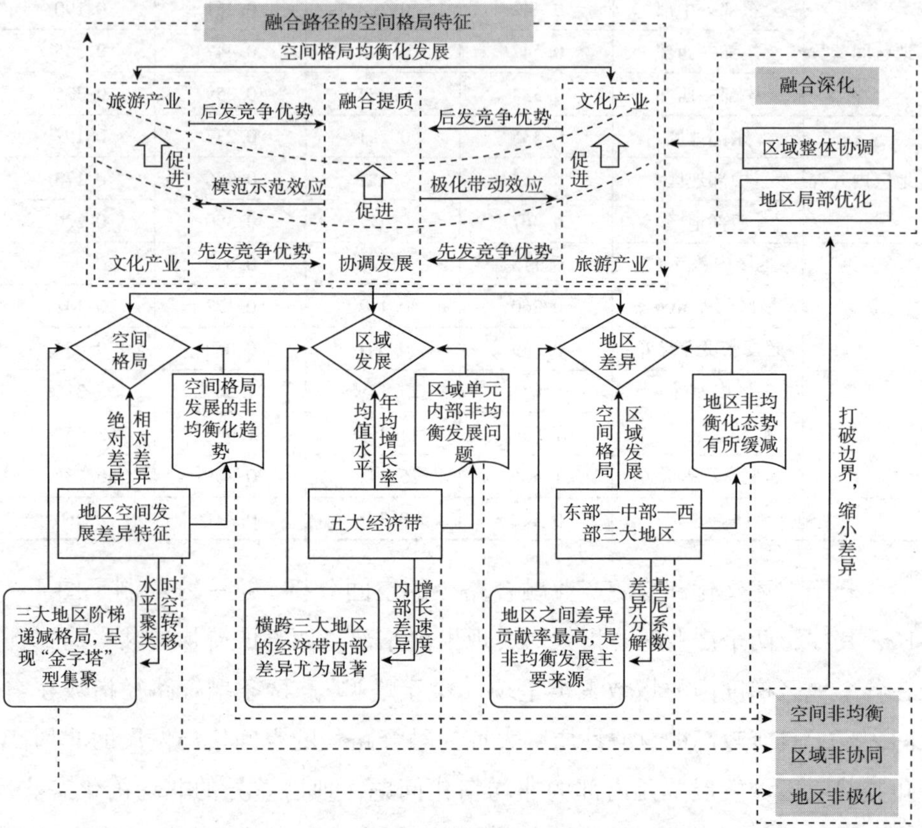

图4-16　文化和旅游产业融合路径的空间格局特征

4.3.3　文化产业和旅游产业融合发展的时空格局

（1）空间格局特征分析。

由2000—2019年31个省（区、市）文化和旅游产业融合发展指数可知（见图4-17），观察期内全国整体水平偏低，且存在极差特征。空间相对差异和绝对差异测算结果如表4-10所示。从绝对空间差异来看，文化和旅游产业融合指数呈现“先升后降”的趋势，尤其是2006—2015年地区差异有所上升，2016—2019年整体差异呈现缩小态势。从相对空间差异来看，文化和旅游产业融合指数呈现出连续下滑趋势。

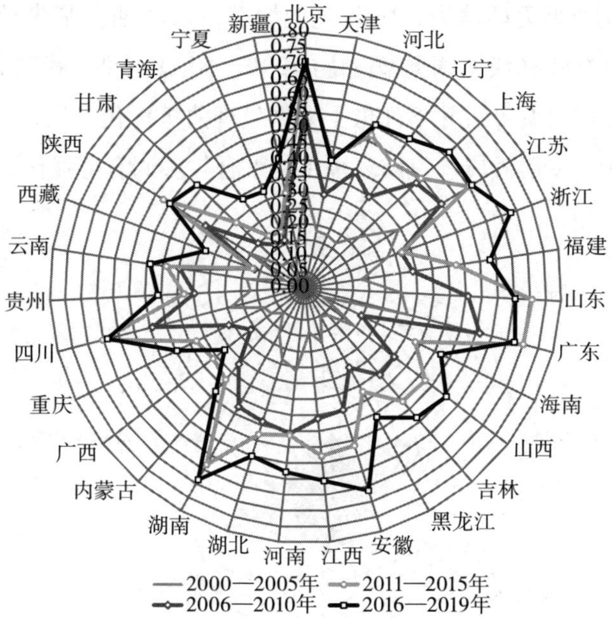

图 4-17　31 个省（区、市）文化和旅游产业融合指数

表 4-10　文化和旅游产业融合指数的空间差异分析

指标		2000—2005 年	2006—2010 年	2011—2015 年	2016—2019 年
绝对差异	极差（R）	0.279	0.400	0.532	0.392
	标准差（VOC）	0.078	0.112	0.141	0.114
相对差异	基尼系数（G）	0.754	0.674	0.680	0.626
	变差系数（CV）	0.431	0.318	0.312	0.216

从空间上看，协调类型集中于东部地区，而西部以低水平失调类型为主，整体呈现由东至西递减格局。结合翁钢民等（2016）将全国文化和旅游产业耦合协调划分方法，绘制 31 个省（区、市）各个时期两个产业耦合协调等级统计图（见图 4-18）。2000—2005 年全国整体文化和旅游产业融合指数偏低，严重失调类型占比最高为 35%，极度失调年份最少，占比为 16%，该时期均为失调类型；2006—2010 年轻度失调占比最高为 35%，随着年份波动，勉强协调类型增多，占比为 10%，极度失调类型消失，该时期伴随着各省（区、市）协调等级上升，地区之间发展差距逐渐扩大；2011—

2019 年，失调类型逐渐消失，协调类型增多，该时期濒临失调类型占比最高。2016—2019 年初级协调类型占比达 29%。由此可见，我国文化和旅游产业融合指数整体协调等级并不理想，整体呈现曲折优化发展，尤其是在两个产业发展要素、发展效应、发展环境中的整合与协调有待强化。

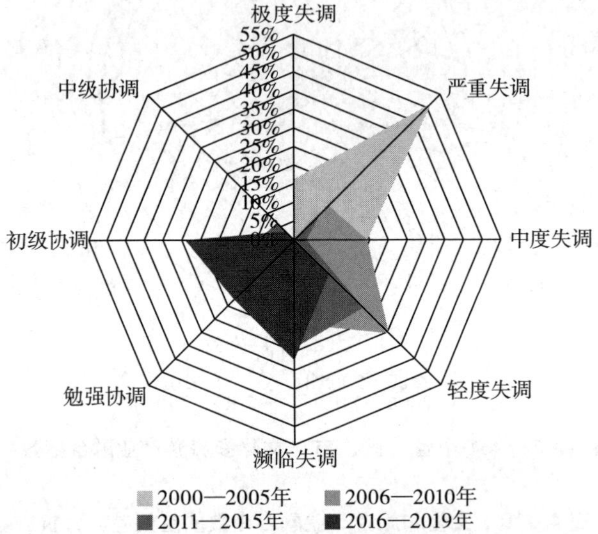

图 4－18　文化和旅游产业融合指数的协调等级比重

进一步探究文化和旅游产业融合指数协调等级的省级差异可知，2000—2005 年，仅北京、江苏、山东、广东四省市处于轻度失调类型，整体协调度偏低。2006—2010 年文化和旅游产业融合指数等级上升明显。与前一个时期相比，各个省份之间的协调等级结构趋于优化，勉强协调类型省份由 0 增加为 3 个（北京、山东、广东），而濒临失调类型增加至 7 个（上海、江苏、江西、河南、湖北、湖南、四川），以中部地区为主，但海南、西藏、青海、宁夏处于严重失调类型。2011—2015 年升迁至勉强协调类型省份大幅增多为 19 个，同时初级协调以上省份由 0 增加至 4 个（北京、山东、广东、四川）。更高等级的协调类型涌现，与这一时期我国文化和旅游产业利好政策有关，表现为节事旅游、民俗活动、文化创意、历史街区、特色小镇、古村落等多种融合业态的快速发展。2016—2019 年，初级协调以上类型增加至 7 个，而勉强协调类型增加至 10 个，且以中部地区为主。整体而言，文化和旅游产业融合指数的协调等级较高地区多集中于东部沿海地区，而失调类型多为西部省份，大部分省份仍旧处于濒临失调向协调发展的过渡阶段。

此外，进一步对文化和旅游产业融合路径进行偏离度分析可知（见图 4－19），图中括号内由左至右依次为旅游产业和文化产业偏离度，排序愈靠后表明偏离度愈低。协调上升类型均表现出低文化产业偏离度，过渡类型具有文化和旅游产业双负向偏离特征，失调衰退类型则呈现出旅游产业关联投入不足和文化产业关联相对投入增长较高的现象。可见，与旅游产业高偏离程度相比，文化产业高偏离度对两个产业融合指数更具敏感性，即文化产业的高偏离必然导致融合水平下降。同时，双正向且低偏离度亦成为融合水平升迁的必要条件。总体上，各省份均未表现出良好的匹配互动，未来上升空间巨大。

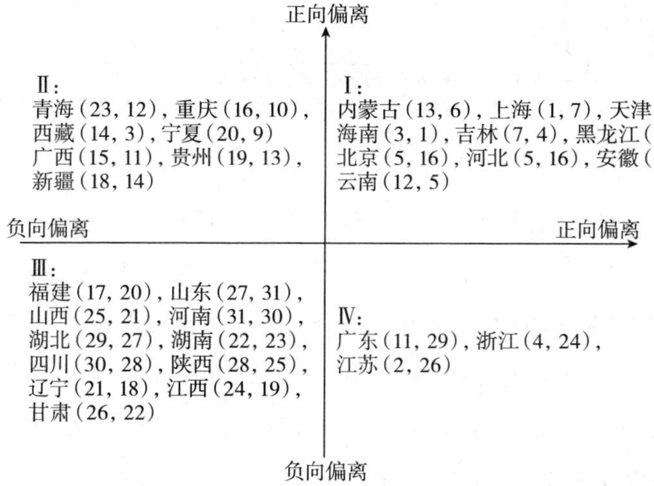

图 4－19　31 个省（区、市）文化产业和旅游产业的偏离

资料来源：由笔者绘制。

（2）区域发展差异及来源。

基于五大经济带文化和旅游产业融合指数来看（见图 4－20），2000—2019 年京津冀由 0.227 上升至 0.556，年均增长率为 1.048%；“一带一路”由 0.148 上升至 0.479，年均增长率为 1.063%；黄河流域由 0.174 上升至

0.497，年均增长率为1.056%；长三角由0.282上升至0.635，年均增长率为1.043%；长江经济带则由0.208上升至0.585，年均增长率为1.055%。结果表明，五大经济带整体呈现上升态势，京津冀、长三角、长江经济带排名居前。年均增长率由高至低依次为“一带一路”、黄河流域、长江经济带、京津冀、长三角，与其均值水平呈反方向变动。“一带一路”与黄河流域内部差异最大，长三角内部差异最小。从均值水平、年均增长率、变差系数三个维度来看，横跨东部、中部、西部的空间单元内部差距显著，不均衡化发展问题明显，需要对其东中西三大地区差异进行进一步解析。

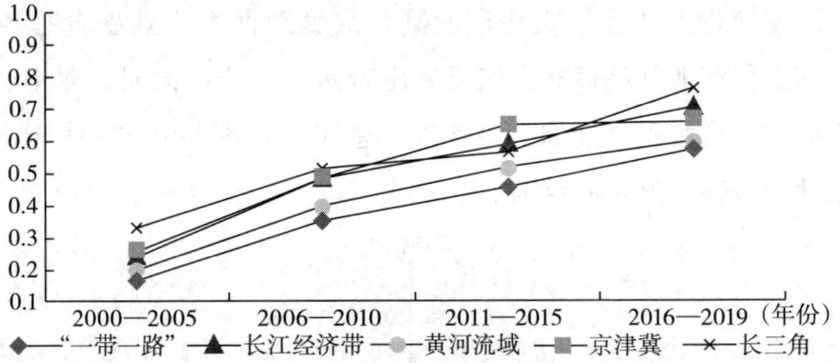

图4-20 区域文化和旅游产业融合指数的时序变化

结合上述两条融合路径来看，均呈现出三大地区由东至西阶梯递减格局，且空间非均衡化发展显著。在此基础上，进一步借助Dagum基尼系数及其分解测算2000—2019年文化和旅游产业融合指数的地区差距来源（见表4-11）。从三大地区差异来看，中部最小，为0.096，西部最高，其基尼系数均值为0.184；地区之间差异整体呈现下降趋势，中东部之间差异最小，其基尼系数均值为0.141，东西部之间差异最大，其基尼系数均值为0.242。从地区差异分解及贡献来看，东中西地区非均衡化发展差异主要来源于地区之间差异，其平均贡献率为52.35%，在2016—2019年贡献率达到最高为59.62%，成为区域空间单元非均衡格局的主要来源。三大地区内差异平均贡献率高于超变密度贡献率，表明我国文化和旅游产业融合指数空间差异主要来源于不同地区间以及地区内部差异，而地区之间的交叉重叠影响强度不高。

表4-11　文化和旅游产业融合指数的Dagum基尼系数及其分解

年份		2000—2005年	2006—2010年	2011—2015年	2016—2019年
地区间差异	东部—中部	0.236	0.133	0.118	0.077
	东部—西部	0.318	0.239	0.236	0.176
	中部—西部	0.218	0.203	0.203	0.161
地区内差异	东部地区	0.198	0.155	0.136	0.081
	中部地区	0.171	0.073	0.073	0.065
	西部地区	0.216	0.203	0.207	0.113
贡献	地区内差异 G_w	0.068	0.052	0.050	0.030
	地区间差异 G_{nb}	0.127	0.085	0.089	0.074
	超变密度差异 G_t	0.049	0.045	0.037	0.020
贡献率	地区内差异 G_w	27.79%	28.55%	28.34%	24.32%
	地区间差异 G_{nb}	52.24%	46.88%	50.66%	59.62%
	超变密度差异 G_t	19.97%	24.56%	21.01%	16.05%
三大地区总体差异 G		0.243	0.182	0.175	0.123

综上可知，文化和旅游产业融合指数的空间格局、协调升迁、区域发展、地区差异方面所呈现的发展特征与文化产业促进旅游产业融合、旅游产业促进文化产业融合两条路径的空间特征基本类似，侧面反映出地区之间在文化旅游业态集聚、文化旅游资源配置、产业发展方式及其增长效率等方面的差异（见图4-21）。从业态集聚来看，业态空间集聚促进了文化旅游产业的专业化和特色化发展，尤其是长三角地区伴随着城市群区域协作强化，自身较高的文化和旅游产业集聚占据绝对优势（洪学婷等，2020）。从文化和旅游产业要素投入的增长速度来看，后发竞争优势促进了中部和西部地区要素投入呈现出较高的增长速度（周建新等，2021）。文化旅游资源配置效率表现最优，且东部地区在产业社会经济发展环境、两个产业增加值、占GDP比重、竞争实力和水平上始终保持领先地位，而中西部地区发展方式更依赖于丰富的文化旅游资源优势所形成的发展惯性，与东部地区相比，中西部地区文化和旅游产业链协作和发展薄弱，产业体系和规模尚不完善，体现为文化和旅游产业开发模式单一，仍旧以观光为主，同时对地区特色文化资源挖掘不足，导致文化旅游产品形式单

一，融合表现形式单一，缺乏多元化，导致投入产出效率带来的区域分化发展问题（潘海岚等，2018）。

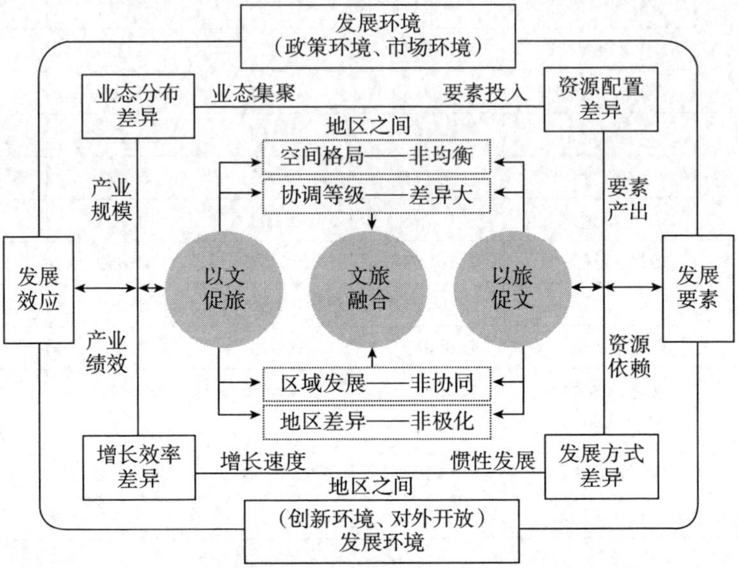

图 4－21　文化和旅游产业融合指数的空间格局特征

4.4　文化和旅游产业融合质量的动态演化规律分析

考虑到文化和旅游产业融合质量是一个动态累积的过程，既体现了目前的发展趋势和状态，即静态时空差异分析，亦能够通过融合质量的线性及非线性演化速度发展脉络进行深入分析，即动态演化规律分析。据此，为探究文化和旅游产业融合路径及其融合指数的动态演化过程和结果，借助 Kernel 密度估计判断其运行状态，并通过 Bayesian 层次时空模型精细化描述其时空线性、非线性演化速度过程，实现了对文化和旅游产业融合质量动态演化规律的全面解析。

4.4.1　动态演化规律的研究方法

（1）Kernel 密度估计。

Kernel 密度估计通过连续的密度曲线来刻画文化和旅游产业融合质量的偏向程度的分布状态。借助 Kernel 密度估计结果在文化和旅游产业融合质量的偏向程度分布的位置、形态及延展性等优势，能够辨析出伴随着时空演变过程中，全国及各个空间单元产业融合质量的动态演化规律。具体 Kernel 密度曲线位置可以反馈出产业融合质量的偏向程度，Kernel 密度曲线的高度与宽度分别为产业融合质量在地区的集聚与分化，曲线的波峰数量能够反映地区之间的极化程度，而延展性则表明产业融合质量偏向程度最高的地区与其他地区之间的差距，拖尾愈长则地区之间的差异愈大（陈景华等，2019）。具体公式如下：

$$f(x) = \frac{1}{Nh}\sum_{i=1}^{N} K\left(\frac{X_i - x_0}{h}\right)$$
$$K(x) = \frac{1}{\sqrt{2\pi}}\exp\left(-\frac{x^2}{2}\right) \tag{4-18}$$

公式（4－18）中，$f(x)$ 表示随机变量 x 对应的 Kernel 密度函数，N 表示观测样本地区个数，X_i、x_0 分别表示独立同分布的研究样本值及样本均值，h 表示带宽，取值愈小表明 Kernel 密度估计结果愈准确，带宽确定为 $h = 0.9SN^{-0.8}$，S 为样本标准差，$K(x)$ 表示高斯核函数。

（2）Bayesian 时空层次非线性模型。

该模型是在 Bayesian 层次线性模型基础上改进而来的，具有 Bayesian 时空交互与 Bayesian 层次双重特性。能够有效避免时空数据在测算过程中暴露出的小样本和自相关问题，通过利用总体、样本及先验信息估算时空参数的后验概率。Bayesian 时空层次非线性模型由三部分内容构成：

$$Y \mid \theta,\Theta \sim P(Y \mid \theta,\Theta) \tag{4-19}$$

$$\theta \mid \theta,\Theta \sim P(Y \mid \theta,\Theta) \tag{4-20}$$

$$\Theta \sim P(\Theta) \tag{4-21}$$

公式（4－19）、公式（4－20）、公式（4－21）依次代表数据模型、过程模型和参数模型。其中，Y 代表样本，θ 代表参数集合，Θ 表示参数域。数据模型为似然函数，表示所收集的样本数据。公式（4－21）参数模型代表先验分布，而公式（4－20）过程模型代表研究观测对象变化机理，是连接公式（4－19）与公式（4－21）的桥梁。进一步结合 Bayesian 理论，其后验概率分布为：

$$P(\Theta,\theta \mid Y) \propto P(Y \mid \theta,\Theta)P(\theta \mid \Theta) \tag{4-22}$$

在具体估算过程中，空间自相关性难以满足数据估算所要求的独立同分布假定，具体空间单元中样本数据信息相对有限，难以满足模型要求的大样本测算条件。Bayesian 时空层次模型是 Bayesian 层次模型与时空交互模型的有机结合（李俊明，2016），具有能够充分运用样本先验信息、空间自相关性等特点。在描述时空过程中，与 Bayesian 时空层次线性模型相比，Bayesian 时空层次非线性模型加入了刻画局域时空交互项演化的二阶项，从更深层次描述时空格局演化中局部速度演化发展（Li et al.，2019），提出了加速度概念，以更为科学和精确化描述时空演化过程。文化和旅游产业融合质量具有连续性特征，可视为连续变量，即针对每一个时间节点上文化和旅游产业融合质量的似然函数，采用多维正态分布进行估算。具体公式如下（Li et al.，2014）：

$$Y_{it} \sim MVN(\mu_{it},\sigma_Y^2) \tag{4-23}$$

$$\mu_{it} \sim MVN(\lambda_{it},\sigma_\mu^2) \tag{4-24}$$

$$\ln\lambda_{it} = \alpha + S_i + (b_0 t + v_t) + b_{1i}t + 0.5b_{2i}t^2 + \varepsilon_{it} \tag{4-25}$$

公式（4-23）、公式（4-24）、公式（4-25）分别代表样本似然函数、参数先验分布、时空过程函数。i 和 t 分别代表各省（区、市）和年份。Y_{it}表示文化和旅游产业融合质量水平（将对以文促旅、以旅促文、融合指数三者分别进行测算），μ_{it}表示融合质量的方差，σ_Y^2表示融合质量的期望值，λ_{it}、σ_μ^2分别表示融合质量期望值的期望和方差。α 代表常量。ε_{it}代表扰动项。S_i代表文化和旅游产业融合质量的总体空间格局。b_0t+v_t表示总体时序演进态势，其中 b_0t 表示线性演化趋势，v_t表示随机效应。$b_{1i}t$表示融合质量的局部演化速度，b_0+b_{1i}表示局部一次线性演化速度。b_0+b_{1i}大于 0 表示 i 地区融合质量的局部线性演化速度增强，b_0+b_{1i}小于 0 表示 i 地区文化和旅游产业融合质量的局部线性演化速度减缓。$b_{2i}t^2$表示 i 地区融合质量的局部二次非线性趋势增强态势。其中，b_0+b_{1i}大于 0 且 $b_{2i}t$大于 0 表示 i 地区文化和旅游产业融合质量的局部二次非线性趋势增速呈现扩大态势，若 b_0+b_{1i} 大于0且 $b_{2i}t$ 小于0则表示 i 地区融合质量的局部二次非线性趋势增速呈现缩小态势。若 b_0+b_{1i} 小于0且 $b_{2i}t$ 大于0表示 i 地区融合质量的局部二次非线性趋势增速呈现下滑趋势，若 b_0+b_{1i} 小于0且 $b_{2i}t$ 小于0表示 i 地区融合质量的局部二次非线性趋势增速下滑出现缓解态势。

在文化和旅游产业融合质量的 Bayesian 时空层次非线性模型中，包含时空参数所对应的先验概率分布采用了 BYM 模型（Besag，1991），将条件自回归的先验概率分布、卷积运算、时空结构及非结构随机效应等纳入其中，具体将时空演化过程中的时空相关特性纳入先验信息。公式如下：

$$S_k = \varphi_k + \psi_k \tag{4-26}$$

$$\varphi_k \mid \sigma^2 \sim N(0,\sigma^2) \tag{4-27}$$

$$\psi = (\psi_1,\cdots,\psi_n) \mid W,\quad \tau_\psi^2 \sim MVN\left(\frac{1}{n_{W_k}}\sum_{j\sim W_k}\psi_j,\frac{\tau_\psi^2}{n_{W_k}}\right) \tag{4-28}$$

公式（4－26）、公式（4－27）、公式（4－28）中，S_k、φ_k 依次表示在时空中，文化和旅游产业融合质量的时空参数和非结构随机效应，$\psi=(\psi_1,\cdots,\psi_n)$、$\tau_\psi^2$ 分别表示先验参数及变异程度，W 为邻接矩阵，n_{W_k} 表示有效的邻接单元个数（Queen 相邻定义空间权重矩阵，即两个地区单元相邻视为1，否则视为0）。进一步通过 Bayesian 统计模型测算可知，该时空参数的后验概率密度函数为：

$$P(\varphi,\psi,\tau_\psi^2,\sigma^2 \mid Y) \propto \prod_{i=1}^{n}\left(\frac{1}{\sigma_Y^2\sqrt{2\pi}}\exp\left(\frac{-(y-\mu)^2}{2\sigma_Y^2}\right)\right)\times$$
$$\frac{\tau_\psi^{-n}}{\sigma^2\sqrt{2\pi}}\exp\left(\frac{-\frac{1}{2\tau_\psi^2}\sum_{i\sim j}(\varphi_i-\varphi_j)^2}{2\sigma^2}\right)\times \tag{4-29}$$
$$\frac{\tau_\psi^{-n-2}}{\sqrt{2\pi}}\exp\left(-\frac{1}{2\sigma^2}\sum_{i=1}^{n}\psi_i^2\right)\times prior(\tau_\psi^2,\sigma^2)$$

需要说明的是，该模型中所有随机变量的方差先验概率分布均为伽马分布。考虑到 Bayesian 时空层次非线性模型具有高维数特点，传统的数值积分方法并不适用，而 MCMC（Markov Chain Monte Carlo）方法则更适合于数据复杂性和高维数运算特点，Bayesian 统计推断结果的可靠性依赖于 MCMC 估算结果的可靠性，即 MCMC 估算生成的马尔科夫链收敛则认为结果可信（Gelman - Rubin 统计参数近于 1，则认为收敛）（Loannis，2009）。

4.4.2 融合质量的总体演化规律

（1）融合指数的分布动态。

借助 OpenBUGS 3.2.1 软件针对 2000—2019 年 31 个省（区、市）文化和旅游产业融合指数进行 Bayesian 时空层次非线性模型测算。Bayesian 时空层次模型估计的方差成分系数值为 92.53%，说明采用该模型对文化和旅游产业融合指数的时空演化过程进行诠释程度高达 92.53%，亦表明了目前我国两个产业融合指数的时空格局趋于稳定。通过 Kernel 密度测算 2000—2019 年我国 31 个省（区、市）文化和旅游产业融合指数空间格局项 S_i后验概率估计的核密度演化，结果如图 4 - 22 所示。

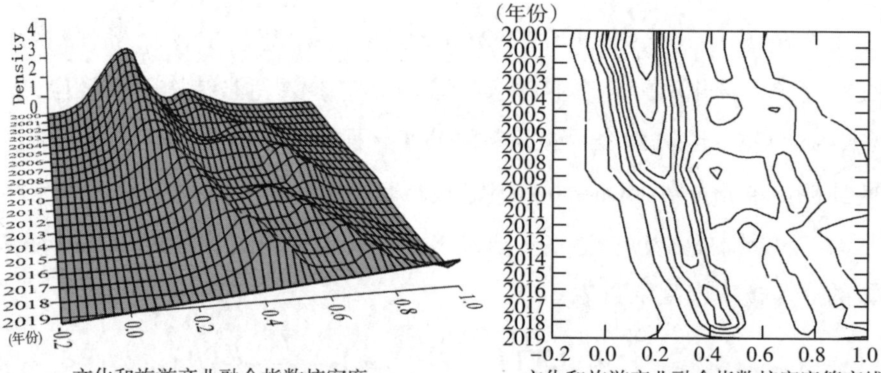

文化和旅游产业融合指数核密度　　文化和旅游产业融合指数核密度等高线

图 4 - 22　融合指数的空间格局项 S_i后验概率估计核密度演化

样本观察期内，我国文化和旅游产业融合指数分布经历了由左至右移动态演化态势。总体上呈现出向右拖尾现象，表现出一定的延展性差异；文化和旅游产业融合指数分布具有多极化趋势。结合核密度等高线来看，密度等高线代表了不同的密度数值，等高线的中心位置愈密集，表明核密度变化愈大，核密度图波动愈大。核密度圈层数量由少变多，文化和旅游产业融合指数分布经历了单峰向多峰演变，尤其是 2009 年以后多峰演化趋势明显，主峰集中于 0.4 ~ 0.5 的中值区域，右侧矮峰集中于 0.6 ~ 0.8 高值区域，表现出梯度效应和微弱的多极化发展。从文化和旅游产业融合指数分布的主峰来看，由 0.2 右迁至 0.4 附近，整体高度有所下降，半峰宽呈现收缩态势，峰坡度由陡峭趋于平缓，表明各省（区、市）之间的相对差异逐渐缩小。

结合图 4 - 23 可知，2000—2019 年我国 31 个省（区、市）文化和旅游产业融合指数空间格局项 S_i后验概率估计值的 Kernel 密度分布趋势存在差异，需要进一步对东部、中部、西部地区文化和旅游产业融合指数空间格局项 S_i后验概率估计值的 Kernel 密度分布趋势进行探析，以明确三大地区文化和旅游产业融合发展是趋于改善，还是趋于恶化，地区之间的融合发展差异是趋于缩小，还是趋于扩大。据此，本书将通过 Kernel 密度分析进一步明确其动态分布的演化规律。

根据图 4 - 23a1、a2 来看，东部地区文化和旅游产业融合指数空间格局项 S_i后验概率估计值的 Kernel 密度分布趋势在 2000 年呈现右侧拖尾，表明东部地区存在文化和旅游产业融合指数水平较高的省份，如北京、江苏等省份。伴随着东部地区文化和旅游产业融合指数水平上升，右边拖尾逐渐收缩，直到 2019 年整体呈现左拖尾现象，表明东部地区文化和旅游产业融合指数整体发展水平较高的省份数量增加，整体上升趋势明显。整体上，东部地区空间分布先后经历了双主峰到右侧单主峰的演变过程。结合核密度等高线来看，样本观察期内左侧主峰由 0.2 向右移动至 0.5，但圈层数量减少，表示密度图形高度下降且坡度趋于平缓，文化和旅游融合指数在空间分布上的梯度扩散发展效应显现，左侧主峰半宽延长，内部差异分化发展趋势；右侧主峰整体向更高水平显现，但峰值高度有所下降，整体发展水平提升明显。

根据图 4 - 23b1、b2 来看，2000—2019 年中部地区文化和旅游产业融合指数空间格局项 S_i后验概率估计值的 Kernel 密度分布趋势呈现右拖尾现象，文化和旅游产业融合指数呈现向右小幅位移，右侧拖尾现象逐渐收缩，且观察期内单峰向右位移，区别于东部地区演化发展，并未出现双主峰特性，表明中部地区两极分化发展现象并未凸显，中部地区伴随着文化和旅游产业融合发展，地区整体之间的发展水平相近，内部分化现象并未显露。从核密度等高线来看，核心圈层由 0.2 持续向右位移至 0.4，2019 年主峰处于 0.4~0.5 位置，该处等高线左侧密度削减但右侧趋于密集，峰值高度上升，空间分布上趋于集聚发展态势。

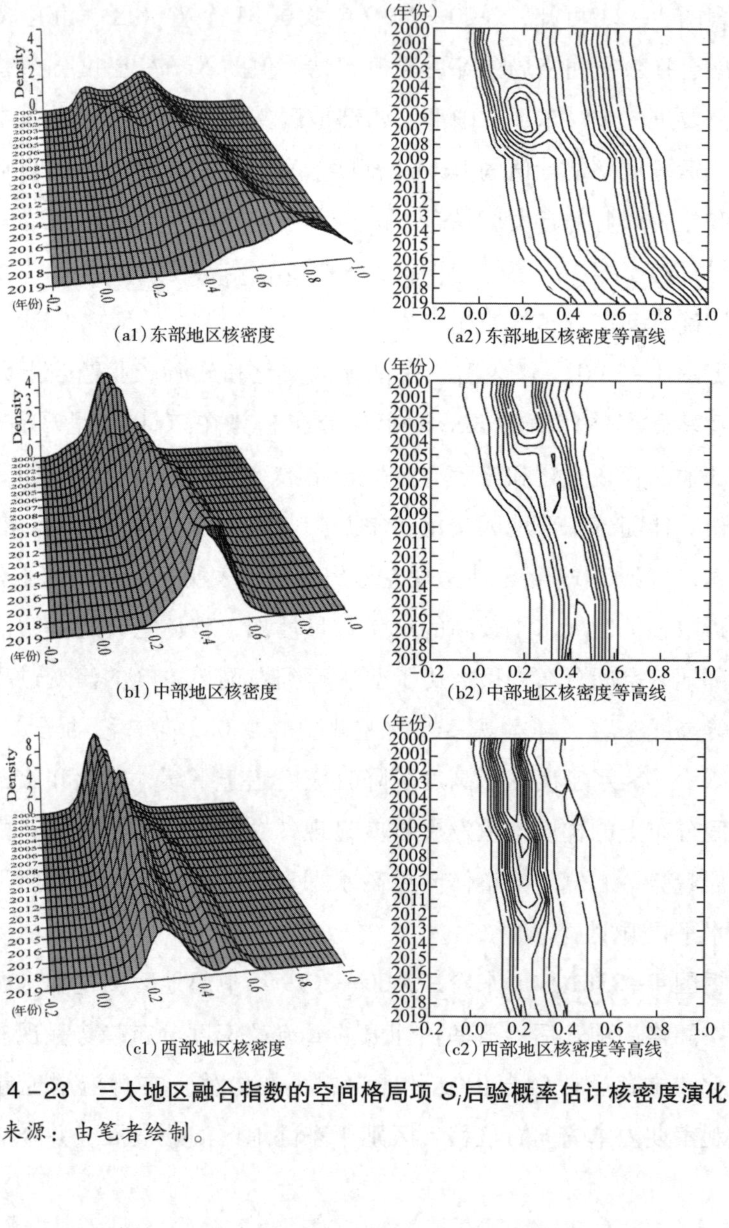

图 4-23　三大地区融合指数的空间格局项 S_i 后验概率估计核密度演化

资料来源：由笔者绘制。

整体上，不同于东部地区由双主峰向单峰演变过程，东部地区内部高水平地区的拉动作用显著，而西部地区则更倾向于地区之间的集聚，缘于地区相近的文化旅游资源基础和社会经济发展水平，在文化和旅游产业融合发展过程中，基于资源和地缘优势的相近属性，地区之间自发的协作和集聚发展越发强烈，促使整体向右位移，但目前这种向更高水平的位移相对缓慢，亟待与其他地区展开合作，尤其是承接、消化和吸收东部地区的优势文旅资源转移，从而推动自身发展水平不断提高，更有利于发挥规模效应下的分工合作，逐渐形成特色化和差异化的文旅融合发展道路。

根据图4－23c1、c2来看，2000—2019年西部地区文化和旅游产业融合指数空间格局项S_i后验概率估计值的Kernel密度分布趋势呈现右拖尾现象，存在融合指数相对较高的省份，且右侧矮峰逐渐凸起显现，直到2019年形成了右侧卫星峰。与东部和中部地区相比，西部地区文化和旅游产业融合指数向右位移相对缓慢，且多极分化发展尤为明显，经历了由单峰向双峰发展趋势，但是右侧峰值高度较低，表明西部地区内部亦存在梯度效应，引发了差异化的发展趋势。结合核密度等高线来看，核心圈层处于0.2～0.4，等高线密度由密变疏，表明峰值坡度变缓，且高度下降，整体发展水平有所改善。与此同时，西部地区虽然整体有所改善，呈现出向更高水平上升态势，但其扩张演化趋势不及东部和中部地区。尤其是表现出不同于东部高值区的显著的带动作用，而西部地区发展动力主要源自早期阶段的整体内部水平上升，观察期后期则内部高水平发展分化趋势显露，但这一分化发展的强度相对不高，未来上升潜力巨大。

总之，东部、中部、西部三大地区文化和旅游产业融合指数空间格局项S_i后验概率估计值的Kernel密度分布趋势具有一定的差异性，且均存在拖尾和延展现象，表明地区内部均存在发展水平较高的地区。在分布动态演化过程中，东部与西部地区均出现双峰现象，而中部则出现单峰的集聚现象。从核密度等高线来看，东部、中部、西部三大地区等高线分布均显现出由密向疏的发展演替，表明地区总体文化和旅游产业融合指数空间格局处于持续上升态势。

（2）融合路径的分布动态。

采用 Kernel 密度估计方法，进一步考察文化和旅游产业融合路径的空间格局项 S_i后验概率估计值分布动态、延展性以及差异分化发展态势。估算结果如图 4 – 24 所示，图中序号 a1 和 a2 分别表示文化产业促进旅游产业融合指数的空间格局项核密度估计态势及相对应的等高线分布图。2000—2019 年文化产业促进旅游产业融合过程中，发展初期呈现出右拖尾现象，但延展性较弱，表明以文促旅较高水平省份与低水平省份差距较小。截至 2019 年右拖尾延展性逐渐趋于收敛，表明发展水平较高的省份相对水平有所下降，亦表明整体水平上升明显。文化产业促进旅游产业融合始终维持着双峰态势。结合核密度等高线来看，2015 年之后双峰向右位移明显，左侧峰由 0.2 向右移动至 0.4 附近，而右侧峰由 0.6 向右移动至 0.8，整体上升趋势鲜明。

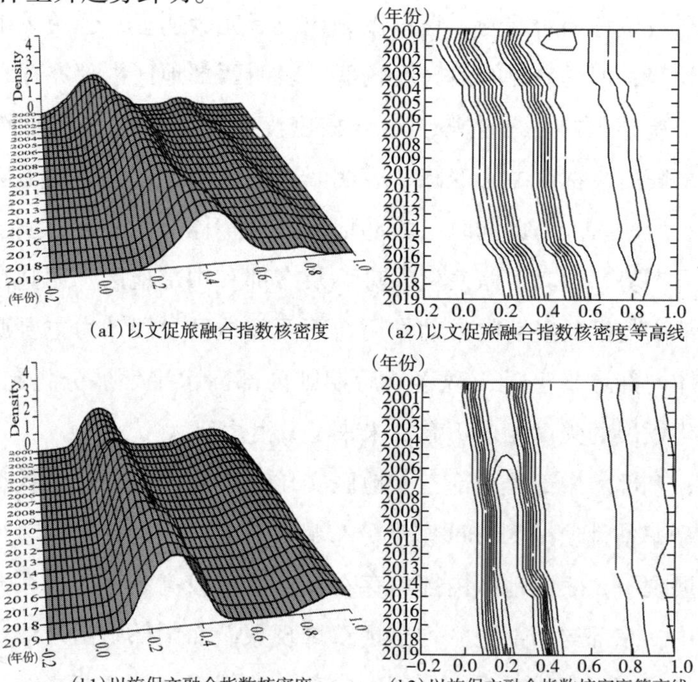

（a1）以文促旅融合指数核密度　（a2）以文促旅融合指数核密度等高线

（b1）以旅促文融合指数核密度　（b2）以旅促文融合指数核密度等高线

图 4 – 24　融合路径的空间格局项 S_i后验概率估计核密度演化

资料来源：由笔者绘制。

图 4 – 24 中序号 b1 和 b2 分别表示旅游产业促进文化产业融合发展的空间格局项 S_i 后验概率估计值的核密度分布动态及其核密度等高线分布图。2000—2019 年旅游产业促进文化产业融合过程中，始终处于右拖尾发展趋势。整体发展水平改善上，与“以文促旅”融合发展相比，“以旅促文”融合指数整体上升演进微弱，且各省份集聚类型改善尚未凸显。结合核密度等高线来看，双峰向右位移幅度偏小，左侧峰由 0.2 右移至 0.3，而右侧峰由 0.7 右移至 0.8，且左侧峰处于 0.4 附近的等高线逐渐趋于密集，对应核密度图形坡度逐渐陡峭，说明该处核密度变化幅度较大，进一步说明了“以旅促文”左侧峰集聚区域高于“以文促旅”。但随后其主峰变化带来的内部差异分化并未促进整体发展水平的显著提升，可能原因在于，旅游产业发展对资源禀赋、目的地服务等具有较高的依赖性，尚未形成如文化产业示范园区和示范基地等极化中心（孙智君等，2015），规模集聚效应发挥仍具有较长周期。

整体而言，“以文促旅”和“以旅促文”两条融合路径指数空间格局项 S_i 后验概率估计值的 Kernel 密度分布趋势不尽相同，且均存在拖尾和延展现象，表明地区内部均存在发展水平较高的地区。在分布动态演化过程中，两条融合路径均出现双峰现象，呈现极化发展趋势。从核密度等高线来看，“以文促旅”等高线在 2015 年之后整体右移动明显，但峰值附近等高线疏密变化并不显著；与之相比，“以旅促文”等高线整体右移演进幅度较小，但左侧峰值附近等高线密集程度增强，规模集聚效应发挥具有一定时滞性。

4.4.3　融合质量的局部演化规律

（1）文化和旅游产业融合质量的 Bayesian 层次聚类。

进一步测算文化和旅游产业融合指数的总体时空项为 exp（S_i），作为总体空间相对度，反映了第 i 个省（区、市）文化和旅游产业融合指数相较于总体的比例关系，大于 1 说明高于总体水平，小于 1 则表明低于总体水平。结合依据 Richardson 等（2004）提出的分类标准，将 exp（S_i）>1 的后验概率 p（exp（S_i）>1 | Y_{it}）估计值划分为热点区（估计值大于等于 0.7）、温点区（估计值介于 0.2 与 0.7 之间）和冷点区（估计值小于

0.2）三类，分别对应第 i 个省（区、市）文化和旅游产业融合指数高于、相当于和低于总体的发展水平。2000—2019 年我国文化和旅游产业融合指数的总体空间发展呈现出由东部向中西部阶梯递减格局，亦验证了前述研究结论的科学性。具体而言，北京、江苏始终处于热点区，广东、山东、浙江、四川四省由温点区升迁至热点区，热点区省份以东部地区为主；湖北、安徽、上海始终处于温点区，辽宁、河北、山西、河南、湖南、陕西、福建、江西、重庆、云南、广西由冷点区升迁至温点区，多以中部省份为主；内蒙古、吉林、黑龙江、天津、海南、贵州、西藏、甘肃、青海、宁夏、新疆始终处于冷点区，且以西部地区为主。总体上等级升迁省份占比达 48.39%，且中西部省（区、市）向更高等级类型的跃迁活跃尤为显著，需要进一步借助 Kernel 密度估计评判其整体运行状态及区域动态演化差异。

（2）文化和旅游产业融合质量一次线性局部变化趋势分析。

考虑到 Bayesian 时空层次非线性模型中包含了刻画文化和旅游产业融合质量演化的局部特征二阶变化项（$0.5b_{2i}t^2$），进一步对公式 Bayesian 时空层次非线性模型中的时间项 t 求导，即对时空演化趋势 $b_0t+b_{1i}t+0.5b_{2i}t^2$ 进行求导运算，可得 $d(b_0t+b_{1i}t+0.5b_{2i}t^2)/dt=b_0+b_{1i}+0.5b_{2i}$，其中 b_0+b_{1i} 代表地区文化和旅游产业融合质量发展水平的一次线性演化趋势（发展速度水平），b_{2i} 代表地区文化和旅游产业融合质量发展水平的二次演化趋势（发展加速度水平）。借助 Bayesian 时空层次非线性模型估算出两个产业融合质量的速度与加速度演化趋势，能够更加精确地估算两个产业融合质量水平，亦能够反映出各省份文化和旅游产业融合质量水平的增长潜力。

综合我国文化和旅游产业融合质量水平的一阶局部变化趋势，即 b_0+b_{1i} 后验中值估计判断，如表 4-12 所示，文化和旅游产业融合质量的一次线性演化速度亦呈现出鲜明的东部、中部、西部阶梯递减格局，具体东部地区多数省份参数 b_0+b_{1i} 后验中值估计值均高于均值，而中部和西部地区多数省份呈现出小于均值情形，东部地区发展速度最快。结合 Bayesian 层次聚类结果来看，北京、山东、江苏、浙江、广东、四川六个热点省份兼具有较高的融合质量等级和局部快速发展态势；温点类型省份中，上海、辽宁、福建、河北、河南、湖北、湖南七个省份两个产业融合质量的参数 $b_0 + b_{1i}$后验中值估计值呈现出高于平均水平的发展趋势。从文化和旅游产业的融合指数和融合路径来看，参数 $b_0 + b_{1i}$后验中值估计值小于均值情形普遍出现在部分温点和冷点类型之中。具体而言，温点类型中山西、陕西、重庆、云南、贵州、江西、安徽七个省份两个产业融合质量的参数 $b_0 + b_{1i}$后验中值估计值呈现出低于平均水平的发展趋势。冷点类型亦呈现出小于均值的发展趋势。由此可见，各省份文化和旅游产业融合质量发展水平速度差异鲜明。可以总结为：高值强增长，低值弱增长，表现出强者愈强的"马太效应"特征。

表 4－12　文化和旅游产业融合质量一次线性趋势

省份		一阶局部变化趋势（参数 $b_0 + b_{1i}$后验中值估计）		
		融合指数	以文促旅	以旅促文
东部地区	北京	0.285	0.520	0.278
	天津	0.055	0.039	0.128
	河北	0.244	0.352	0.323
	辽宁	0.173	0.294	0.183
	上海	0.317	0.391	0.317
	江苏	0.446	0.597	0.399
	浙江	0.386	0.312	0.225
	福建	0.210	0.257	0.263
	山东	0.533	0.469	0.417
	广东	0.388	0.280	0.240
	海南	0.015	0.026	0.030
中部地区	山西	0.125	0.105	0.106
	吉林	0.039	0.013	0.058
	黑龙江	0.040	0.038	0.018
	安徽	0.120	0.110	0.141
	江西	0.164	0.162	0.186
	河南	0.246	0.198	0.218
	湖北	0.277	0.195	0.233
	湖南	0.204	0.204	0.201
西部地区	内蒙古	0.048	0.081	0.092
	广西	0.033	0.070	0.087
	重庆	0.102	0.134	0.104
	四川	0.281	0.260	0.294
	贵州	0.106	0.205	0.094
	云南	0.104	0.117	0.093
	西藏	0.091	0.140	0.145
	陕西	0.137	0.145	0.109
	甘肃	0.096	0.094	0.109
	青海	0.046	0.032	0.075
	宁夏	0.074	0.082	0.073
	新疆	0.104	0.112	0.095
均值		0.177	0.195	0.172

（3）文化和旅游产业融合指数二次非线性局部变化趋势分析。

基于我国文化和旅游产业融合质量的一次线性局部变化趋势分析可知，各省际文化和旅游融合质量的参数 b_0+b_{1i}后验中值估计值增长速度均表现出局部增长态势。在此基础上，需要进一步考察 Bayesian 时空层次非线性模型中速度变化参数 $b_{2i}>0$（或<0）情况，即第 i 个省（区、市）文化和旅游产业融合指数水平加速度是否具有增强（或减缓）态势。结果如表 4-13所示，2000—2010 年东部地区多数省份文化和旅游产业融合指数加速度增强，而中部和西部地区多数省份加速度趋势则呈现出减缓趋势；2011—2019 年东部地区的热点类型省份加速度出现减缓趋势，而中西部地区的多数省份则出现加速度增强态势，说明东部地区高速发展出现放缓趋势，而中部和西部地区虽然早期加速度发展相对迟缓，但加速度上升态势鲜明，发展潜力显现。

表 4-13　文化和旅游产业融合指数的二次非线性局部变化趋势

省份	二次非线性局部变化趋势（参数 b_{2i}后验中值估计）				省份	二次非线性局部变化趋势（参数 b_{2i}后验中值估计）			
	2000—2005 年	2006—2010 年	2011—2015 年	2016—2019 年		2000—2005 年	2006—2010 年	2011—2015 年	2016—2019 年
北京	0.0014	0.0031	-0.0097	-0.0095	河南	-0.0045	0.0010	0.0031	0.0044
天津	-0.0045	-0.0058	-0.0054	0.0058	湖北	0.0032	0.0011	0.0021	-0.0044
河北	-0.0018	-0.0021	0.0027	0.0025	湖南	0.0043	0.0016	0.0024	-0.0020
辽宁	-0.0081	0.0075	0.0024	-0.0021	内蒙古	-0.0026	-0.0027	-0.0043	0.0068
上海	0.0011	0.0021	-0.0015	-0.0024	广西	-0.0015	0.0066	0.0046	0.0024
江苏	0.0088	0.0023	-0.0059	-0.0019	重庆	-0.0024	-0.0013	0.0003	0.0080
浙江	0.0038	0.0026	0.0048	-0.0028	四川	0.0062	0.0037	0.0027	-0.0019
福建	-0.0025	-0.0031	0.0013	0.0020	贵州	-0.0063	-0.0051	-0.0008	0.0156
山东	0.0069	0.0042	0.0034	-0.0047	云南	0.0008	0.0050	0.0031	0.0031
广东	0.0029	0.0015	0.0051	-0.0013	西藏	-0.0070	-0.0082	-0.0080	-0.0022
海南	-0.0097	-0.0065	-0.0010	0.0099	陕西	-0.0022	-0.0030	-0.0024	0.0020
山西	-0.0053	0.0064	0.0011	0.0035	甘肃	-0.0088	-0.0014	-0.0060	0.0054
吉林	-0.0029	-0.0020	-0.0012	0.0030	青海	-0.0033	-0.0015	-0.0066	0.0024

续表

省份	二次非线性局部变化趋势（参数 b_{2i} 后验中值估计）				省份	二次非线性局部变化趋势（参数 b_{2i} 后验中值估计）			
	2000—2005 年	2006—2010 年	2011—2015 年	2016—2019 年		2000—2005 年	2006—2010 年	2011—2015 年	2016—2019 年
黑龙江	-0.0096	-0.0031	-0.0010	0.0038	宁夏	-0.0037	-0.0012	-0.0024	0.0015
安徽	-0.0023	-0.0012	0.0077	0.0073	新疆	-0.0018	-0.0012	0.0046	0.0018
江西	-0.0021	0.0020	0.0041	0.0019	—	—	—	—	—

在热点类型省份中，北京、江苏、浙江、山东、广东、四川六省份高增长水平的加速度趋势出现放缓；温点类型省份中，河北、福建、山西、安徽、江西、河南、重庆、贵州、云南、陕西十省份加速度发展增强态势明显，而辽宁、上海、湖北、湖南四省份加速度发展呈逐渐放缓趋势；冷点类型省份中，除西藏加速度发展放缓外，其余冷点类型省份加速度发展扩大趋势明显。总体来看，我国 31 个省（区、市）文化和旅游产业融合指数发展速度与其加速度演化具有反方向变动关联。具体而言，拥有强发展速度的热点类型省份加速度增长趋势会逐渐衰减，而发展速度相对缓慢的温点和冷点类型省份加速度演进会逐渐扩大。可见，文化和旅游产业融合指数在发展过程中呈现非线性增长趋势。在既定文化和旅游产业融合发展模式情境下，融合指数较高水平省份的持续上升表现为速度及其加速度增强，但也使其越发临近边际水平，比较优势地位逐渐弱化，而温点类型和冷点类型的省份后发追赶优势逐渐显露，较低的发展水平意味着拥有较高的上升空间，导致其加速度发展步入强上升期。

（4）融合路径的二次非线性局部变化趋势分析。

通过我国文化和旅游产业融合指数的二次非线性局部变化趋势分析可知，各省份文化和旅游融合指数的 Bayesian 时空层次非线性模型中速度变化参数 b_{2i} 的演进趋势具有边际效应特征。进一步对文化和旅游产业融合路径的二次非线性局部演化态势解析，综合 $b_{2i}>0$ 的后验概率 $P(b_{2i}>0 \mid Y_{it})$ 估计值，将文化和旅游产业融合路径的加速度扩张趋势细分为：强变类型（$P(b_{2i}>0 \mid Y_{it})>0.7$）、稳态类型（$0.2 \leqslant P(b_{2i}>0 \mid Y_{it}) \leqslant$

0.7）、弱变类型（P（$b_{2i}>0$ ｜ Y_{it}） <0.2），依次对应两个产业融合路径的加速度扩张趋势高于、相当于和低于总体加速度发展趋势。

图 4 – 25 中序号 a ~ c 依次表示东部、中部、西部三大地区文化产业促进旅游产业融合发展路径中刻画速度变化参数 b_{2i} 的演进趋势。从 2000—2019 年划分为四个研究时间段来看，东部地区归属于强变类型最多，加速度波幅趋势尤为剧烈，而中部和西部地区以稳态类型为主。具体而言，截至 2019 年，热点类型中，北京、江苏、浙江、山东、广东、四川均归属于高速扩张的强变类型；温点类型中，除湖北、湖南归属于强变区类型外，其余均归属于稳态类型；冷点类型均处于稳态区域。结合各类型演化来看，热点类型呈现出连续的线性上升态势，温点类型则呈现出“上升—平缓—上升”型发展，冷点类型表现出平缓波动态势，整体上“以文促旅”扩张趋势鲜明。

图 4 – 25 中序号 e ~ g 依次表示 2000—2019 年东部、中部、西部三大地区旅游产业促进文化产业融合发展路径中刻画速度变化参数 b_{2i} 的演进趋势。观察期内，西部地区归属于强变类型的省份明显增多。截至观察期末，热点类型中仅广东和四川两个省份归属于强变类型，其余热点类型省份回落至稳态类型；温点类型中，山西、安徽、江西、重庆、贵州、陕西归属于强变类型，其余则回落至稳态类型；多数冷点类型省份停留于稳态区，但整体扩张态势鲜明。

综合旅游产业促进文化产业加速度演化趋势来看，热点、温点和冷点类型依次呈现“上升—平缓—下降”型、“上升—上升—平缓”型和连续上升型特征。其中，除冷点类型旅游产业促进文化产业融合演进过程中上升扩张趋势明显外，热点类型出现下滑趋势，温点类型部分地区也存在回落趋势。这表明与“以文促旅”相比，“以旅促文”整体融合发展扩张过程具有间歇性和不可连续性，表现出上升和下降交替演化的周期性特征，尤其是热点类型和部分发展水平相对较高的温点类型省份。可能原因在于，“以文促旅”起步相对缓慢，存在较高的发展空间和潜力，加速度扩张趋势也印证了这一观点。“以旅促文”起步较早，尤其是处于先发优势

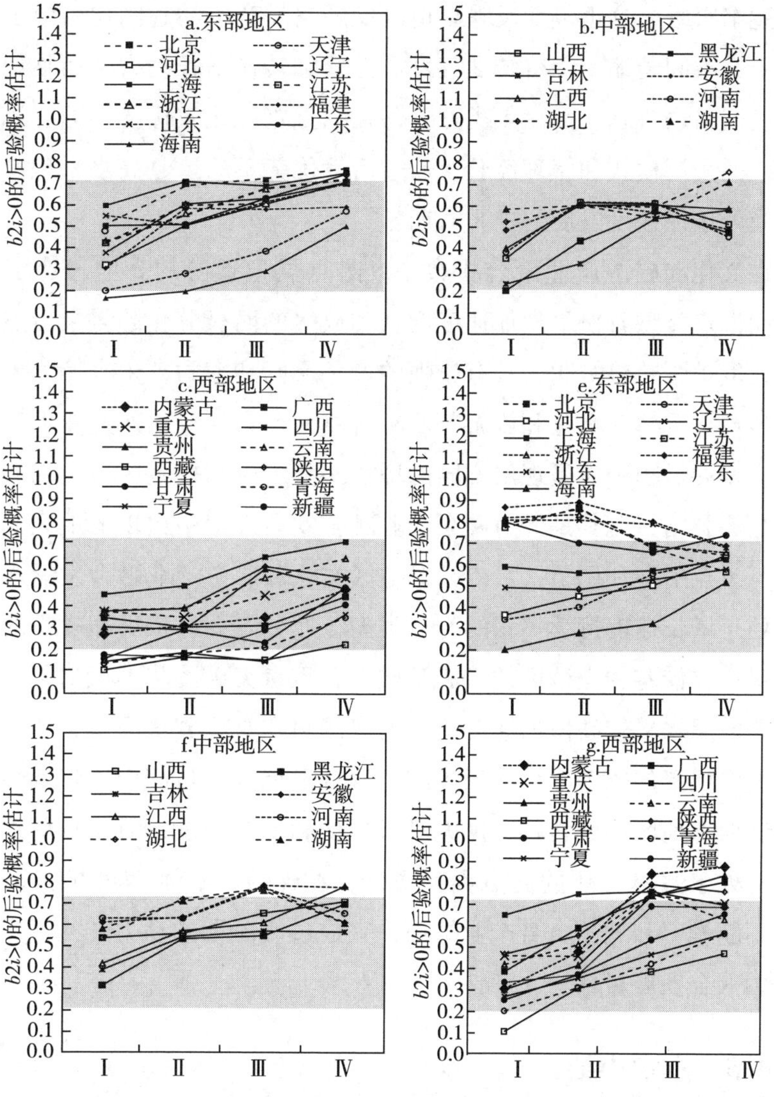

图4－25　文化和旅游产业融合路径加速度发展的后验概率估计

注：阴影区域为 $0.2 \leqslant P\ (b_{2i} > 0 \mid Y_{it}) \leqslant 0.7$ 的稳态区，序号 a～c 与 e～g 分别表示三大地区“以文促旅”和“以旅促文”融合路径的加速度发展趋势，序号Ⅰ～Ⅳ依次表示2000—2005年、2006—2010年、2011—2015年、2016—2019年。

的热点和部分温点类型省份，在既定业态发展模式下，领先地区的先发比较优势逐渐消失，呈现出边际效应递减规律，即地区发展水平提高，从其连续增加的每一单位中所获取的效用增量是递减的，导致其发展速度线性变化逐渐减缓，这也侧面反映出地区发展空间竞争的趋同化引致了加速度发展上升空间萎缩，亟待转变其发展方式和转换增长动力，面临如何形成新的发展格局难题。而冷点类型省份在挖掘资源比较优势的同时，借鉴领先地区的发展模式和管理经验，通过后发优势不断追赶高水平地区，冷点类型尚处于加速度发展的扩张时期。

在文化和旅游产业融合指数中，热点类型省份的高增长速度趋于放缓，而温点类型省份呈现加速度增强和放缓的两极分化趋势，冷点类型省份加速度扩张趋势鲜明，具有较强的增长空间和潜力，未来持续走高态势逐渐显现。具体从文化和旅游产业融合路径而言，文化产业在促进旅游产业融合发展过程中亦呈现出不同的增长态势。应掌握地区文化和旅游产业融合趋势脉络，尤其是针对两个产业融合发展过程中出现的地区非平衡问题进行重点引导和调节。可以针对地区文化和旅游产业融合发展水平较低但尚处于增长速度持续扩张的冷点类型，充分发挥好该类型省份的后发优势力量，在借鉴领先地区的经验基础上，重点突破逐步形成追赶优势；对于当前发展水平较高但加速度趋于放缓的热点类型省份而言，通过寻找两个产业发展新的驱动力，在探寻产业融合发展升级过程中，将剩余要素向中部和西部地区梯度转移，加大对口帮扶和支持力度；对于目前加速度发展趋势处于两极分化的温点类型省份，在保持已有加速度扩张趋势的同时，不断学习和调整自身产业结构，完成过渡时期的动力转换，实现更高水平的融合发展目标。

4.5 本章小结

在第3章文化和旅游产业融合质量理论分析的基础上，本章选取我国31个省（区、市）作为样本数据，分别对我国文化和旅游产业融合质量的发展水平、总体发展特征、静态空间差异、动态时空演化进行实证分析，以进一步回答本章节所提出的问题。首先，回答了关于我国文化和旅游产业融合发展是否充分的问题。本书通过引入空间失配理论，将其划分为失配类型、过渡类型和匹配类型，对我国文化和旅游产业的失配度水平进行分析，明确了我国各地区文化产业、旅游产业发展水平是否充分问题。从失配度结果来看，无论是文化产业还是旅游产业均呈现下降态势，表明文化和旅游产业发展水平在不断上升。从失配度的等级演化来看，失配类型等级发展尤为活跃，等级上升明显。由文化和旅游产业失配度障碍因素分析可知，失配类型普遍存在产业发展要素投入不足问题，而匹配类型则存在产业发展效应短板。在此基础上，运用非参数随机前沿模型测算我国文化产业和旅游产业融合质量，总体上时序演化具有鲜明的阶段性特征。发现“以文促旅”和“以旅促文”均先后经历了“消费市场需求拉动→产业供给结构优化→供需协同扩散”三个演化阶段，结合国家政策实践来看，文化和旅游产业融合指数演化与政策制度息息相关。我国文化和旅游产业融合质量整体尚未达到理想融合状态，其特征表现为文化和旅游产业融合路径及协调水平均呈现周期性波动趋势。从等级变迁特征来看，2009 年融合指数由轻度失调类型升迁至濒临失调类型，2010—2015 年则始终徘徊于濒临失调类型阶段，直到 2016 年才升迁为勉强协调类型。产业融合路径经历了旅游产业促进文化产业为主导、两者相持阶段发展、文化产业促进旅游产业为主导的三个阶段，每一次阶段转换都会显著提升两个产业融合水平，同时相持博弈阶段会影响下一阶段主导路径选择。虽然形式上存在“以旅促文”和“以文促旅”的周期性交替特征，但存在本质区别，产业结构调整带来的技术效率提升是这种区别的结果。同时，文化和旅游产业融合路径指数与其理想水平的偏离度呈现间断交替波动趋势，本质上刻画了两个产业关联投入产出绩效问题，反映出两个产业均存在关联投入过剩或不足现象。

其次，回答了关于我国文化和旅游产业融合质量是否平衡的问题。本章分别对文化和旅游产业融合质量进行了空间格局特征分析、区域发展特征分析、地区差异及来源分析，发现我国文化和旅游产业融合质量在地区之间存在较大差异，总体空间格局上表现出由东部至西部、由沿海至内陆的阶梯递减格局，且等级升迁现象多发生于中西部地区，表明中西部地区活跃程度更高。结合聚类结果来看，整体呈现出低水平和较低水平扎堆的

"金字塔"型分布。"以文促旅"和"以旅促文"两条融合路径在空间差异上具有较高的重叠性质，且均呈现出非均衡化问题、地区极差化发展态势，导致文化和旅游产业融合指数亦呈现相似的非均衡和极差化空间发展格局。

再次，回答了关于不同空间单元文化和旅游产业融合质量的差异问题。基于我国文化和旅游产业融合质量的地区非均衡化现实，进一步从发展均值水平、年均增长率和差异系数等方面解析了五大经济带文化和旅游产业融合质量发展，发现横跨东部、中部和西部的空间单元呈现出均值水平偏低、年均增长率较快和地区内部差异较大的情况，需要对其东中西三大地区差异进行进一步解析。通过 Dagum 基尼系数及其分解可知，三大地区之间的差异是主要来源。

最后，回答了我国文化和旅游产业融合质量地区演化趋势和脉络问题。本章在建构能够深入刻画时空动态演化的 Bayesian 时空层次非线性模型基础上，运用 Kernel 密度估计方法分析了两个产业融合质量的运行状态与趋势，由融合指数的核密度估计可知，全国整体文化和旅游产业融合指数存在差异性，表明地区内部均存在发展水平较高的地区。通过三大地区核密度动态演化来看，东部与西部地区均出现双峰现象，而中部则出现单峰的集聚现象。从融合指数的核密度等高线来看，三大地区等高线分布均显现出由密向疏的发展演替，表明地区总体文化和旅游产业融合指数空间格局处于持续上升态势。从融合路径的核密度估计来看，在整体发展水平改善上，与"以文促旅"融合发展相比，"以旅促文"融合指数整体上升演进微弱，且各省份集聚类型改善尚未凸显。同时，两条融合路径均出现双峰现象，呈现极化发展趋势。从融合路径的核密度等高线来看，"以文促旅"等高线在 2015 年之后整体向右移动明显，但峰值附近等高线疏密变化并不显著。与之相比，"以旅促文"等高线整体右移演进幅度较小，但左侧峰值附近等高线密集程度增强，规模集聚效应发挥具有一定时滞性。

在此基础上，构建了 Bayesian 时空层次非线性模型，尝试对文化和旅游产业融合质量的线性及非线性演化速度脉络进行分析。通过 Bayesian 层次聚类可知，将文化和旅游产业融合指数划分为热点型、温点型和冷点型。发现在文化和旅游产业融合指数中，热点类型省份的高增长速度趋于放缓，而温点类型省份呈现加速度增强和放缓的两极分化趋势，冷点类型省份则加速度扩张趋势鲜明，具有较强的增长空间和潜力，未来持续走高态势逐渐显现。在文化和旅游产业融合路径中，整体上，“以文促旅”起步相对缓慢，存在较高的发展空间和潜力，“以旅促文”起步较早，尤其是处于先发优势的热点和部分温点类型省份，在既定业态发展模式下，领先地区的先发比较优势逐渐消失，地区发展空间竞争的趋同导致了加速度发展上升空间萎缩。应掌握地区文化和旅游产业融合趋势脉络，尤其是针对两个产业融合发展过程中出现的地区非平衡问题进行重点引导和调节。基于此，后续章节将深入探析导致我国文化和旅游产业融合质量非充分和非平衡发展的原因。

第5章 文化和旅游产业融合质量的空间溢出效应分析

本章在前述文化和旅游产业融合质量的时空演化特征分析的基础上，基于我国文化和旅游产业融合质量“不平衡不充分”的发展现实，尝试从空间溢出效应视角持续找寻其深层次原因。本章重点探究文化和旅游产业融合质量的空间溢出效应的竞争机制；文化和旅游产业融合质量的空间溢出现状；如何引导文化和旅游产业融合质量高水平地区发挥积极的溢出效应，带动低水平地区发展；其影响因素和形成机制。为解决这些问题，首先，对文化和旅游产业融合质量的空间溢出的邻近竞争进行分析，通过文献梳理的方式构建了空间溢出影响文化和旅游产业融合质量路径，提出了“见优思齐”和“见劣思缓”的文化和旅游产业融合质量空间溢出效应的邻近竞争机制假说；其次，探究了文化和旅游产业融合质量的空间溢出现状，基于探索性空间数据分析方法验证了建立空间关联网络的可能性，在此基础上，采用社会网络分析建构了文化和旅游产业融合质量的空间关联网络；再次，基于“五大发展理念”分析了文化和旅游产业融合质量空间溢出效应的驱动因素；最后，借助空间计量模型，从全国和分区尺度探究了文化和旅游产业融合质量的空间溢出效应及其驱动机制。

5.1 文化和旅游产业融合质量的空间溢出效应假设提出

5.1.1 空间溢出对地区文化和旅游产业融合质量发展的影响

地区文化和旅游产业融合质量的空间溢出效应主要包括了竞争效应、标杆效应、创新效应和协作效应（孙智君等，2016；Shi et al.，2021）（见图5-1）。从空间竞争效应来看，邻近地区文化和旅游产业的溢出与本地区受益亦存在竞争关系，本地区为保持其竞争优势的垄断地位，会努力改变和优化自身产业结构和发展模式，通过自主变革和创新谋求文化和旅游产业融合质量提升，保持和提高自身竞争优势；从空间标杆效应来看，通过“干中学”的方式（Tanaka et al.，2015），学习融合发展水平较高地区的产业政策、市场和技术等发展经验，与本地文化和旅游产业融合发展相互结合（Porter，2011）；从空间创新效应来看，通过技术创新发展，催生出能够满足市场需求的新产品、新技术、新业态和融合模式，能够带动其他地区业态变革和创新发展；从空间协作效应来看，溢出地区与受益地区文化和旅游产业融合发展深度不断强化，通过产业前向与后向关联，由最初的发展要素融合延展至融合发展效应和融合发展环境的联通，形成专业分工有序发展的产业价值链条（Posner，1961）。基于新经济地理学和新经济增长理论来看，通过空间溢出效应能够显著缩小地区间文化和旅游产业融合发展差距，通过科学把控产业空间溢出效应与文化旅游产业融合发展的内在关联，对平衡地区文化和旅游产业融合发展差异，实现赶超发展具有重要意义。同时，空间溢出效应亦受到溢出方与受益方技术发展差异、消化吸收能力、研发投入、市场环境等因素影响，也有可能加快形成融合发展水平低的地区回波效应，进一步加剧地区文化和旅游产业融合的非均衡发展（Mydal，1968）。

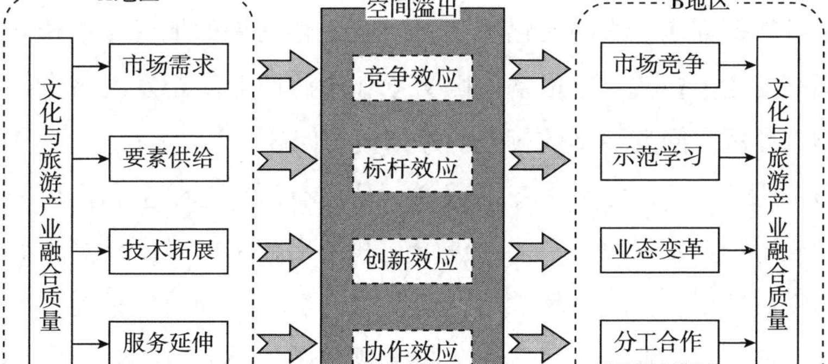

图5－1　空间溢出对地区文化和旅游产业融合质量的影响

5.1.2 文化和旅游产业融合质量空间溢出的邻近竞争机制

由上述分析可知，空间溢出能够影响地区之间的文化和旅游产业融合质量发展。综合已有文献研究来看（翁钢民等，2016；刘安乐等，2020；Shi et al.，2021），文化和旅游产业融合发展存在一定的空间相关性，即本地区文化和旅游产业融合发展会受到邻近地区的影响，相邻地区之间存在显著的溢出效应。而文化和旅游产业作为战略性新兴产业，伴随着2018年文化和旅游部的组建，发挥“文化+”“旅游+”新兴业态功能，建设文化强国和旅游强国战略越发重要，成为地区社会经济转型中各级政府竞争的产业载体之一。贺达等（2016）基于政府干预和经济增长的角度，指出我国地方政府在文化产业发展支出上存在鲜明的空间竞争行为。王凤荣等（2016）基于文化产业政策演化分析，指出应该匡正我国政府部门的行为来优化文化产业发展环境。旅游产业发展的空间竞争行为则一直是旅游地理学研究的重要课题，20世纪90年代以后伴随着竞争优势理论的引入（Crouch et al.，1999），国外学者围绕区域旅游发展的空间竞争力格局进行研究成为趋势。在国外研究的基础上，伴随着国内旅游空间竞争现象显现，旅游地空间竞争行为的本土化研究增多，有关学者提出了旅游地综合竞争优势是地区要素、资源和区位的集合（黄耀丽等，2006），并将这一观点拓展至旅游地空间竞争格局演化中，认为区域之间的资源、产品、服务等差异是引致旅游地空间竞争格局演化的重要原因（李景宜等，2002）。因此，亟待探究地区之间文化和旅游产业融合发展的地区竞争模式，即不同空间邻近竞争模式对于推动地区文化和旅游产业融合发展将会产生怎样的影响、地区之间的溢出效应差异性如何等问题。

（1）假设一：“见优思齐”假说。从已有研究基于空间溢出视角探究文化和旅游产业发展来看，多聚焦于空间溢出带来的正向外部性影响，对于负向溢出情形研究相对较少。结合本书内容，与周边邻近地区相比，本地区文化和旅游产业融合质量存在高于或者低于邻近地区的情形（对于周边和邻近地区文化和旅游产业融合质量相等情形相对鲜少，本书暂不考虑），本地与邻近地区的文化和旅游产业融合质量水平存在差异，对本地区亦将造成不同影响结果。当邻近地区文化和旅游产业融合质量高于本地时，表明本地区文化和旅游产业融合质量发展水平落后于邻近地区。与邻近地区文化和旅游产业融合质量差异拉大同时，对本地产生的溢出效应可能随之增强，有利于本地发挥后发竞争优势，地区之间的正向空间溢出逐渐显现，推动区域文化和旅游产业融合质量提升。基于以上分析，本书提出“见优思齐”假说（见图5－2）。

“见优思齐”即向比自己优秀的人学习，并通过努力达到和优秀者同等的水平。结合本书来看，优秀者无疑是文化和旅游产业融合质量水平较高的地区。“见优思齐”即本地区文化和旅游产业融合质量水平低于邻近地区，在意识到自身存在问题的同时，尝试借助后发优势，学习领先地区先进的文化和旅游产业发展政策、市场培育和业态模式等，提高自身文化和旅游产业融合质量水平，实现自身文化和旅游产业融合水平的加速发展。结合前述空间溢出有关理论分析来看，文化和旅游产业融合质量水平较低地区受到来自邻近融合质量水平较高地区的外部性影响，通过正向溢出效应进一步提高受益地区的融合质量水平，这一地区差异导致的受益地区文化和旅游产业融合质量上升情形，称为由于“见优思齐”而触发“高位压力”。为此，本书预期一个地区文化和旅游产业融合质量滞后于邻近地区，差距愈大，来自邻近地区高融合质量的压力愈明显，对本地区文化

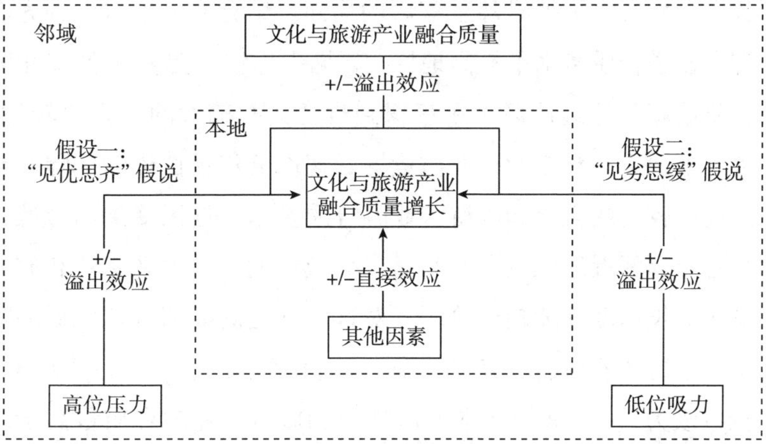

图5－2　文化和旅游产业融合质量空间溢出的邻近竞争机制分析

和旅游产业融合质量的正向影响愈强烈。

（2）假设二：“见劣思缓”假说。当邻近地区文化和旅游产业融合质量水平低于本地区时，表明本地区文化和旅游产业融合质量显著高于周边地区，本地区有可能会放缓自身文化和旅游产业融合质量发展速度，外在表现为出现心理和政策上的惰性，出现本地与邻近地区的“一损俱损”的凝滞发展现象（黄建欢等，2018）。这一凝滞发展表现在地区文化和旅游产业融合发展过程中，一方面，本地逐渐放缓文化和旅游产业融合发展速度，在两个产业融合发展的政策规划和市场环境营造上出现放任现象，使其仍旧依照原有模式进行发展。另一方面，本地区文化和旅游产业融合质量已处于较高水平，持续推动文化和旅游产业融合质量增速提升，需要加大人力、物力、资金以及技术等投入，相比融合资源要素的大力投入，维持已有的稳定发展态势更符合现阶段利益。结合规模报酬理论的边际效应递减来看，文化和旅游产业融合质量领先地区往往更早地由成长期向成熟期过渡，随之而来的规模不经济现象产生，地区发展水平越高，边际效应递减越明显，导致其发展速度线性变化逐渐趋于减缓。基于以上分析，本书提出“见劣思缓”假说。

“见劣思缓”即领先者意识到自身处于优势地位时，在心理惰性的主观原因以及持续提升的阻力较大等客观因素影响下，逐渐放宽对自身的要求，导致自身发展水平停滞甚至落后的局面。结合本书来看，领先者是文化和旅游产业融合质量水平较高地区。“见劣思缓”是本地区文化和旅游产业融合质量高于邻近地区，在意识到自身具有较大的领先比较优势后，进一步提升本地文化和旅游产业质量增长速度的积极性逐渐下降甚至停滞的现象。拥有较高的文化和旅游产业融合质量水平地区受到周边低水平影响，尤其是受到邻近地区负向空间溢出效应影响，本地区文化和旅游产业融合质量的增长速度逐渐趋于放缓，对这一本地高而邻近地区低的差异导致的文化和旅游产业融合质量增长速度下降情形，本书称为“见劣思缓”触发“低位吸力”。本书预期本地区文化和旅游产业融合质量高于邻近地区，这种差异愈大，来自邻近地区低融合质量的吸引愈明显，对本地区文化和旅游产业融合质量产生负面影响愈强烈。

5.2　文化和旅游产业融合质量的空间关联网络建立

5.2.1　空间关联性判断

（1）探索性空间数据分析方法。

基于前述研究可知，文化和旅游产业融合质量的空间溢出实现需要具备鲜明的空间关联特征。为此，本书采用探索性空间数据法对两个产业融合质量发展进行测算（翁钢民等，2016）。探索性空间数据分析能够反馈地区观测数据的空间关联属性，通过将统计数据与图形相结合，采用空间关联分析，实现文化和旅游产业融合质量的空间分布格局可视化展示，检验某一地区文化和旅游产业融合质量与邻近地区是否存在发展关联，从而检验其与相邻地区是否存在空间关联，或者是否存在空间异质属性。本书选取探索性空间数据法中的全局和局部空间自相关分析，借助 GeoDa 软件测算我国文化和旅游产业融合质量的全局及局部 Moran's I 指数，进一步分析我国文化和旅游产业融合质量的空间关联特征。

1）全局空间自相关检验。

该方法是通过构建空间权重矩阵，将空间数据融入观测指标之中，能够反馈文化和旅游产业在空间中总体关联分布情况。借鉴已有学者相关研究，本书选取全局 Moran's I 指数观测我国文化和旅游产业融合质量全局空间自相关性，具体公式如下：

$$\text{Moran's I}_{\text{全局}} = \frac{\sum_{i=1}^{n}\sum_{j=1}^{n} w_{ij}(x_i - \bar{x})(x_j - \bar{x})}{S^2 \sum_{i=1}^{n}\sum_{j\neq i}^{n} w_{ij}} = \frac{\sum_{i=1}^{n}\sum_{j\neq i}^{n} w_{ij}\left(x_i - \frac{1}{n}\sum_{i=1}^{n} x_i\right)\left(x_j - \frac{1}{n}\sum_{i=1}^{n} x_i\right)}{\frac{1}{n}\sum_{i=1}^{n}\left(x_i - \frac{1}{n}\sum_{i=1}^{n} x_i\right)^2 \sum_{i=1}^{n}\sum_{j\neq i}^{n} w_{ij}} \tag{5-1}$$

公式（5－1）中，n 表示观测样本数，为省（区、市）数量；x_i 与 x_j

表示省份 i 与省份 j 的数值，为地区文化和旅游产业融合质量观测值；$\bar{x}$ 表示各省份观测数值的平均值，为文化和旅游产业融合质量均值；S^2 表示观测样本方差；w_{ij}表示地理空间权重矩阵，采用地理邻接权重矩阵（王佳莹和张辉，2021）。具体而言，采用二进制方法构建空间权重矩阵，基于 Rook 地理位置的空间相邻法则，将地区之间存在共同的边界线视为相邻（Le Sage et al.，2009），地区 i、j 存在共同边界线，将 w_{ij}赋值为 1，反之 w_{ij}赋值为 0，文化和旅游产业融合质量的全局空间自相关系数 Moran's I 处于 0 与 1 之间，该值大于 0 表示地区呈现相似属性的空间正相关，小于 0 则表示负相关，等于 0 表示不相关。采用正态分布来检验 n 个样本地区空间自相关的显著性，具体公式如下：

$$\begin{cases} Z = \dfrac{I - E(I)}{\sqrt{Var(I)}} \\ E(1) = -\dfrac{1}{n-1} \\ Var(I) = -\dfrac{nW_1 - nW_2 + 2W_0}{W_0(n^2 - 1)} - E^2(I) \\ W_0 = \sum_{i=1}^{n}\sum_{j=1}^{n} W_{ij};W_1 = \sum_{i=1}^{n}\sum_{j=1}^{n}(W_{ij} + W_{ji})^2;W_2 = \sum_{n=1}^{n}(W_i + W_j)^2 \end{cases} \tag{5-2}$$

公式（5-2）中，W_i、W_j依次为权重矩阵的 i 列、j 行之和，Z 取绝对值，高于 1.96 时，即 P 值小于 0.05，表明通过了显著性检验（赵磊等，2014），文化和旅游产业融合质量在地理空间上具有显著的空间自相关特征。

2）局部空间自相关检验。

考虑到仅测算产业融合质量的全局空间自相关，难以判断局部空间关联发展，而后者是考察一定的空间范围之内，本地区与周边地区发展的相似水平。区别于全局空间自相关检验，局部空间自相关检验能够细致分析局部空间范围内的聚集与分散水平，具体公式如下：

$$\text{Moran's I}_{\text{局域}} = \frac{(x_i - \bar{x})\sum_{j=1}^{n} w_{ij}(x_j - \bar{x})}{S^2} \tag{5-3}$$

公式（5－3）中变量含义与公式（5－1）中相同，具体文化和旅游产业融合质量的局部空间自相关系数 Moran’s I 亦处于 0 与 1 之间，Moran’s I 大于0 表示局部空间范围内，相邻近的空间单元产生集聚，本地高值（低值）邻近地区亦为高值（低值），即形成了“高高”或者“低低”集聚特征。Moran’s I 小于0 表示局部空间范围内，相邻近的空间单元异值分散发展，本地高值（低值）邻近地区亦为低值（高值），即形成了“高低”或者“低高”关联特征。Moran’s I 等于0 表示局部空间范围内不存在空间关联特征，呈现出随机分布现象。此外，运用局部空间自相关指数 Moran’s I，将地区的局部空间自相关指数划分为“高高”“低高”“低低”“高低”，依次对应 Moran’s I 象限图的第一、二、三、四象限，通过可视化来识别文化和旅游产业融合质量的局部空间关联特征。

（2）全局空间自相关检验。

1）文化和旅游产业融合指数的全局空间自相关检验。

本书基于 Geoda 空间数据分析软件，对 2000—2019 年全国及三大地区文化和旅游产业融合指数全局空间自相关进行测算，结果见表 5－1。从全国来看，2000—2003 年全局 Moran’s I 指数处于－0. 198～－0. 103，负相关显著。2004—2019 年全局 Moran’s I 指数处于 0. 105～0. 281，正相关显著，说明两个产业融合指数在空间上并非随机分布，地区之间具有显著的空间关联特征。具体 2000—2003 年呈现出负向全局空间自相关特征，即本地区文化和旅游产业融合指数发展与邻近地区在空间关联发展过程中呈现反方向关联特征。2004—2019 年呈现出正向全局空间自相关特征，即地区文化和旅游产业融合指数发展与邻近地区在空间关联发展过程中呈现正方向关联特征，本地区文化和旅游产业融合指数不仅能够影响周边邻近地区文化和旅游产业发展，也会受到邻近地区发展影响。整体而言，我国文化和旅游产业融合指数全局 Moran’s I 值在观测期间呈现波动发展态势，各省份之间的空间关联特征演化具有阶段性，反映出我国各省份之间在文化和旅游产业融合指数关联发展过程中并未形成稳定的关联状态，这种关联关系表现出高低波动变化趋势。从整体观察期来看，我国文化和旅游产业融合指数在空间分布上逐渐朝均衡化方向发展。

表 5-1 全国及三大地区文化和旅游产业融合指数的全局 Moran's I 值

年份	全国	东部	中部	西部
2000	-0.198 **	-0.183 **	-0.155 ***	-0.198 ***
2001	-0.183 **	-0.158 ***	-0.106 ***	-0.153 ***
2002	-0.103 ***	-0.112 ***	-0.086 ***	-0.112 ***
2003	-0.168 ***	-0.188 **	0.131 ***	-0.185 ***
2004	0.105 ***	0.114 ***	0.194 ***	-0.108 ***
2005	0.208 **	0.126 ***	0.134 ***	-0.127 ***
2006	0.182 **	0.122 ***	0.229 **	-0.157 ***
2007	0.226 *	0.216 **	0.307 *	0.093 ***
2008	0.249 *	0.102 ***	0.363 *	0.089 ***
2009	0.261 *	0.122 ***	0.376 *	0.098 ***
2010	0.266 *	0.154 ***	0.386 *	0.102 ***
2011	0.239 *	0.199 **	0.335 *	0.104 ***
2012	0.251 *	0.188 **	0.302 *	0.113 ***
2013	0.276 *	0.103 ***	0.351 *	0.145 ***
2014	0.227 *	0.179 **	0.373 *	0.188 ***
2015	0.212 *	0.144 ***	0.352 *	0.136 ***
2016	0.217 *	0.181 **	0.368 *	0.102 ***
2017	0.234 *	0.145 ***	0.304 *	0.116 ***
2018	0.253 *	0.158 ***	0.288 *	0.103 ***
2019	0.281 *	0.198 **	0.291 *	0.108 ***

注：*、**、***依次表示在1%、5%和10%的水平上显著。

从三大地区来看，由表5-1可知，东部地区文化和旅游产业融合指数的全局 Moran's I 值在2000—2003年均小于0，处于-0.188～-0.112，均通过了显著性检验，负向相关显著。2004—2019年全局 Moran's I 指数均大于0，处于0.102～0.216，正向相关显著。与东部地区类似，中部地区文化和旅游产业融合指数的全局 Moran's I 值在2000—2002年均小于0（处于-0.155～-0.086），具有显著的负向关联特征。2003—2019年则呈现大于0特征，整体处于0.131～0.386，正向关联特征鲜明。西部地区文化和旅游产业融合指数的全局 Moran's I 值在 2000—2006 年间均小于 0，处于 -0.198 ~ -0.108，呈现显著的负向关联特征。2007—2019 年均大于 0，处于 0.089 ~ 0.188，具有显著的正向关联特征。整体上，东部、中部和西部地区呈现由显著负向关联转变为正向关联特征，呈现强弱交替的发展态势，且整体中部地区正向空间关联水平较高，表明中部地区文化和旅游产业融合指数的空间分布相对均衡，西部地区则空间分布差异较大，空间关联属性相对较弱。

基于上述分析可知，我国文化和旅游产业融合指数整体较强的空间关联属性，亦成为下一步引入社会网络分析以及空间计量方法测算的基础前提。从全局 Moran's I 分析来看，融合指数具有显著的空间关联发展特征，文化和旅游产业融合发展显著增强了各省份之间的联动发展，文旅资源要素在跨省份之间流动趋于频繁，各省份在发展过程中由“各自为政”转向“齐步走”发展，省份之间的相互依存度逐渐提升，最终改变了我国文化和旅游产业融合发展的根本空间格局。

2）文化和旅游产业融合路径的全局空间自相关检验。

在文化和旅游产业融合指数分析的基础上，针对两个产业的融合路径的全局 Moran's I 值进行测算，结果如表 5-2 所示。从全国文化产业促进旅游产业融合发展路径来看，2000—2004 年全局 Moran's I 值处于 -0.125 ~ -0.085，呈现显著的负相关特征。2005—2019 年全局 Moran's I 指数均大于 0，处于 0.093 ~ 0.266，呈现显著的正向相关特征，说明我国文化产业促进旅游产业融合发展过程中亦具有显著空间关联特征。从东部、中部和西部地区文化产业促进旅游产业融合发展而言，东部地区 2000—2003 年全局 Moran's I 处于 -0.190 ~ -0.104，具有显著的负向关联特征，2004—2019 年全局 Moran's I 指数均大于 0，位于 0.121 ~ 0.418，正向关联特征显著。中部地区 2000—2004 年亦处于低于 0 值状态，处于 -0.458 ~ -0.208，负向关联显著。2005—2019 年全局 Moran's I 值位于 0.194 ~ 0.410，正向关联显著。西部地区 2000—2015 年全局 Moran's I 指数均低于 0 值，处于 -0.401 ~ -0.107，负向关联特征显著，2016—2019 年全局 Moran's I 值处于 0.107 ~

0.158，正向关联显著。从三大地区比较来看，邻近省份之间文化产业促进旅游产业融合发展路径呈现显著的空间关联特征，且整体上均呈现波动起伏发展态势，表现出由负转正的空间关联属性。中部地区正向空间关联强度最高，内部相似属性集聚态势鲜明，而西部地区正向空间关联强度相对较低，集聚发展表征较弱。

从旅游产业促进文化产业融合发展而言，2000—2003 年全局 Moran's I 值处于 -0.153 ~ -0.092，空间负向关联特征显著。2004—2019 年全局 Moran's I 值则处于 0.102 ~ 0.214，正向关联特征鲜明。结合东部、中部和西部三大地区来看，东部地区全局 Moran's I 值在 2000—2002 年处于 0.112 ~ 0.135，正向关联显著。2003—2019 年全局 Moran's I 值呈现负向显著特征，处于 -0.232 ~ -0.115，表现出由正向空间关联转变为负向空间关联，空间差异分化发展鲜明。

表 5-2 全国及三大地区文化和旅游产业融合路径的全局 Moran's I 值

年份	文化产业促进旅游产业				旅游产业促进文化产业			
	全国	东部	中部	西部	全国	东部	中部	西部
2000	-0.125***	-0.190**	-0.458*	-0.401*	-0.153**	0.112***	-0.189**	-0.308*
2001	-0.116***	-0.153**	-0.341*	-0.338*	-0.109***	0.135***	-0.157***	-0.195**
2002	-0.108***	-0.104***	-0.308*	-0.268*	-0.092***	0.122***	-0.107***	-0.141***
2003	-0.196**	-0.108***	-0.315*	-0.268*	-0.098***	-0.115***	0.082***	-0.083***
2004	-0.085***	0.121***	-0.208**	-0.155**	0.102***	-0.125***	0.119***	0.093***
2005	0.093***	0.162**	0.198**	-0.163**	0.136***	-0.149***	0.206**	0.076***
2006	0.136***	0.220**	0.242*	-0.195**	0.125***	-0.135***	0.212**	0.096***
2007	0.145**	0.129***	0.379*	-0.168**	0.179**	-0.194**	0.331*	0.102***
2008	0.146**	0.164**	0.326*	-0.198**	0.175**	-0.225*	0.273*	0.119***
2009	0.163**	0.371*	0.377*	-0.127***	0.182**	-0.192**	0.363*	0.135***
2010	0.158**	0.295*	0.410*	-0.196**	0.188**	-0.206**	0.247*	0.188**
2011	0.192**	0.218*	0.282*	-0.178**	0.179**	-0.230*	0.245*	0.195**
2012	0.180**	0.198**	0.296*	-0.107***	0.195**	-0.231*	0.277*	0.126***
2013	0.193**	0.336*	0.281*	-0.178**	0.168**	-0.168**	0.341*	0.180**
2014	0.201*	0.418*	0.194**	-0.176**	0.201*	-0.128***	0.311*	0.182**

续表

年份	文化产业促进旅游产业				旅游产业促进文化产业			
	全国	东部	中部	西部	全国	东部	中部	西部
2015	0.208 *	0.264 *	0.207 **	-0.131 ***	0.177 **	-0.178 **	0.373 *	0.197 **
2016	0.213 *	0.247 *	0.223 *	0.107 ***	0.214 *	-0.232 *	0.362 *	0.173 **
2017	0.262 *	0.338 *	0.253 *	0.119 ***	0.201 **	-0.204 *	0.358 *	0.163 **
2018	0.255 *	0.385 *	0.281 *	0.138 ***	0.193 **	-0.127 ***	0.308 *	0.186 **
2019	0.266 *	0.402 *	0.256 *	0.158 **	0.186 **	-0.102 ***	0.406 *	0.156 ***

注：*、**、***依次表示在1%、5%和10%的水平显著。

从中部地区来看，2000—2002 年全局 Moran's I 值处于 -0.189 ~ -0.107，负向关联显著，2003—2019 年全局 Moran's I 值位于 0.082 ~ 0.406，正向关联显著。2000—2003 年西部地区全局 Moran's I 值处于 -0.308 ~ -0.083，负向关联显著，2004—2019 年全局 Moran's I 值则处于 0.076 ~ 0.197，正向关联特征显著。从三大地区整体来看，与文化产业促进旅游产业融合发展全局 Moran's I 值空间布局类似，旅游产业促进文化产业融合发展具有显著的空间关联特征，且整体表现出波动发展态势。除东部地区由空间正向关联转变为负向关联发展外，其余地区均由空间负向关联转变为正向关联发展，表明东部本省与邻近地区旅游产业促进文化产业融合发展差异较大，呈现出强者愈强的马太效应特征。

（3）局部空间自相关检验。

通过全局空间自相关检验可知，我国文化和旅游产业融合质量整体具有显著的空间相关特征，但针对各个省份的局部空间关联有待明晰。为此，借助 Geoda 软件测算我国文化和旅游产业融合质量的局部空间自相关 Moran's I 值，并依次绘制了 2000—2005 年、2006—2010 年、2011—2015 年、2016—2019 年四个时期的文化和旅游产业融合指数 Moran's I 象限图，进一步反馈出我国文化和旅游产业融合指数的局部空间关联格局演化趋势，结果如图 5-3 所示。

第一象限为“高高”集聚类型，表示本省份文化和旅游产业融合指数相对较高，其周围邻近省份融合指数亦高，具有“中心高，周边高”的空

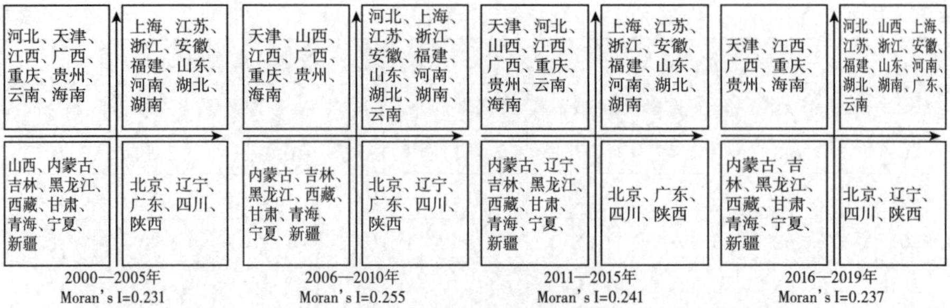

图5－3　文化和旅游产业融合指数的 Moran's I 象限图

间均衡关联特征。该类地区往往是文化和旅游资源相对丰富，且本身以及周边省份拥有良好的社会经济开发条件，相似的资源基础和发展环境，更有利于驱动地区之间文化和旅游产业产生协作关联，产生“齐步走”的集聚共生，有利于不断提升自身和邻近省份的文化和旅游产业融合水平。

第二象限为“低高”集聚类型，表示本省份文化和旅游产业融合指数相对较低，而周围邻近省份融合指数较高，具有“中心低，周边高”的空间非均衡关联特征。不同于“高高”集聚类型发展的均衡关联分布，该类型在空间分布上更为分散，其发展更依托于周边邻近的高值区省份发挥带动作用，具有“近朱者赤”的地理位置优势。

第三象限为“低低”集聚类型，表示本省份文化和旅游产业融合指数相对较低，而周围邻近省份融合指数亦低，具有“中心低，周边低”的空间均衡关联特征。与“高高”集聚类型相比，该类型虽然满足了相同发展水平的集聚前提条件，但低水平发展难以形成空间聚合和规模化的发展趋势，发展基础薄弱，不利于产业发展要素流动，极化带动后劲不足。表现在文化和旅游产业融合过程之中，面临着不利于本省份发展的外部环境，对自身文化和旅游资源形成路径锁定，在业态开发、产品创新、技术进步等方面存在短板，制约了其上升发展空间。

第四象限为“高低”集聚类型，表示本省份文化和旅游产业融合指数相对较高，而周围邻近省份融合指数亦低，具有“中心高，周边低”的空间非均衡关联特征。虽然与“低高”空间关联相类似，“高低”集聚类型亦呈现出非均衡特征，具有分散发展，但本省份文化和旅游产业融合发展明显高于周边地区，空间分布上“鹤立鸡群”，面临着不利于本省份发展的外部环境，周边地区在文化和旅游产业发展要素、发展效应和发展环境方面具有滞后性，亦不利于其未来进一步发展。

为进一步识别我国文化和旅游产业融合质量的局域空间关联状态与集聚位置演化，本书绘制了文化和旅游产业融合路径的 Moran's I 象限图（见图5－4），并统计了观测期间内 Moran's I 象限图之中各个象限省份数量变化（见图5－5）。在空间分布特征上，结合我国文化和旅游产业融合路径和融合指数来看，总体上，处于第一、第三象限的“高高”“低低”集聚类型数量最多，具体东部“高高”集聚最多，形成了以上海、江苏、浙江等为代表的长三角高值集聚区。而西部地区“低低”集聚占据主导，呈现鲜明的“俱乐部”集聚现象，空间邻近同伴效应明显。处于第二、第四象限的“低高”“高低”在空间分布上相对分散，具体“高低”类型多与低值类型相邻近，如四川、广东、北京等省份，分别处于成渝经济区、粤港澳大湾区、京津冀，自身文化旅游市场潜力巨大，且集聚了文化和旅游产业发展所需要的资源要素，是地区文化和旅游产业融合发展的先行地区。在自身发展的同时，逐渐对邻近省市文化和旅游资源要素产生扩散（虹吸）效应，推动（抑制）周边省份的发展。

从空间分布位置来看，整体上，“高高”“低高”集聚类型主要分布于东部沿海（高值区集聚于长三角、珠三角、山东半岛等）和西部部分地区（如广西、重庆、贵州等）；“低低”“高低”多集中于中部部分地区和西部地区（如西藏、甘肃、青海、宁夏、新疆等）。结合“高高”集聚类型融合路径而言，中西部地区文化促进旅游产业融合集聚类型数量有所上升，在旅游促进文化产业融合中数量减少，而东部地区数量则有所上升。可能原因在于，东部地区社会经济发展优势明显，京津冀、长三角、珠三角、山东半岛等具备产业规模集聚的先行优势，在文化旅游市场、要素集聚、业态创新、技术开发方面具有优势，而中西部地区高值呈现点状零星分布，聚合优势尚未显现。中西部地区则在文化文物等资源方面具有后发竞争优势，伴随着文化产业崛起，后发优势能够显著提升文化和旅游产业融合水平。

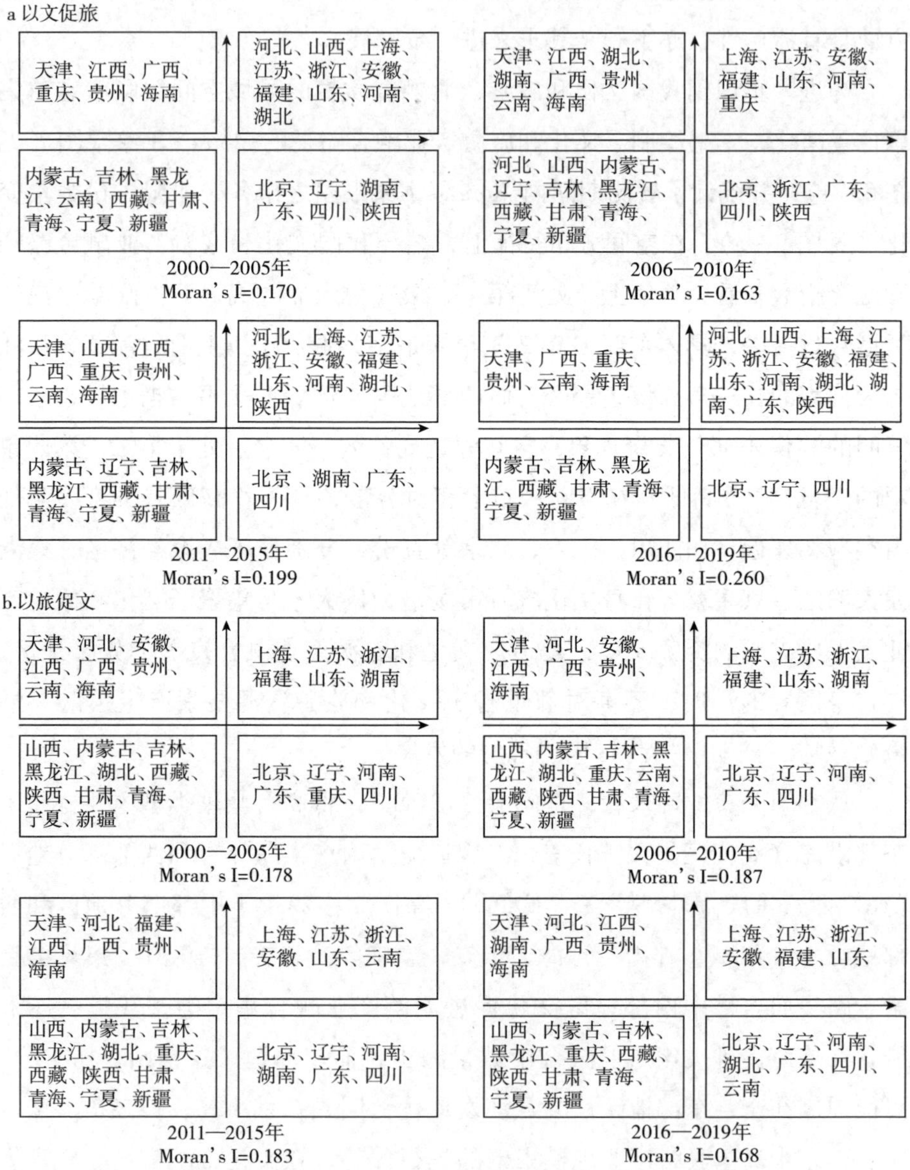

图 5－4　文化和旅游产业融合路径的 Moran's I 象限图

综上可知，我国文化和旅游产业融合发展质量具有显著的空间关联特征，表现在空间邻近的同伴效应和空间溢出效应，尤其是“高高”集聚类型邻近省份相似的文化旅游资源、产业基础、市场环境、交通条件，加快了文化和旅游融合要素流动，加之地区良好的社会经济协作基础条件，引致地区相互之间的模仿、学习和竞争，形成文化和旅游产业融合质量的地区互补和趋同态势。结合经济地理学第一定律（杨喜，2020），伴随着省份之间的地理距离增加，省份之间的空间关联成本亦随之上升，形成了我国文化和旅游产业融合发展的片状和点状的“大集聚，小分散”的空间格局。

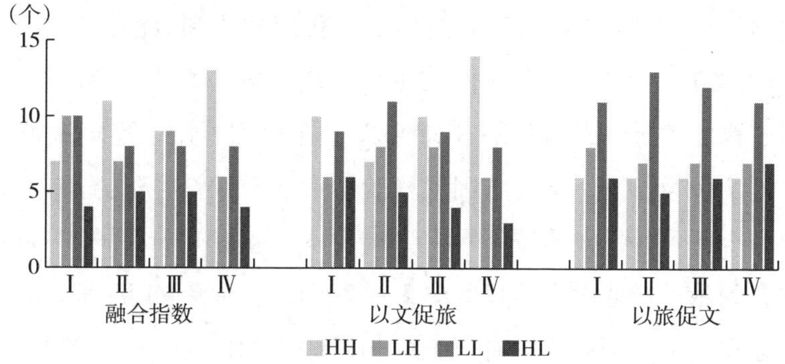

图5-5　文化和旅游产业融合质量局域空间关联格局数量演变特征

注：Ⅰ、Ⅱ、Ⅲ、Ⅳ依次代表2000—2005年、2006—2010年、2011—2015年、2016—2019年四个时期。

5.2.2　空间关联网络构建

通过全局和局部Moran's I分析可知，我国文化和旅游产业融合质量存在显著的空间关联特征。地区文化和旅游产业融合发展过程中的关联属性将有助于产业融合质量的提升。在此基础上，有必要对我国文化和旅游产业融合质量空间关联结构形态进行深入探析。该部分将重点围绕以下问题展开：一是在文化和旅游产业融合发展的时间序列中，两个产业融合质量的空间关联网络在整体与个体层面中将表现出怎样的网络结构与演化特征；二是各个省份在整体空间关联网络中的作用如何。为解决以上问题，该部分将聚焦于我国文化和旅游产业融合质量的空间关联形态。首先，采用修正的引力模型，建构两个产业融合质量的空间关联网络；其次，运用社会网络分析方法，分别从整体及个体两个层面解析文化和旅游产业融合质量的网络结构演化特征；最后，通过块模型分析方法，将我国 31 个省（区、市）文化和旅游产业融合质量的网络结构划分为净溢出、主受益、经纪人和双向溢出四种板块类型。

（1）空间关联网络构建——修正的引力模型。

文化和旅游产业融合质量的空间关联网络是地区文化和旅游融合发展在空间关系的集合，各个省份是文化和旅游产业融合质量空间关联网络中的"节点"，各个省份文化和旅游产业融合发展过程中的空间关联是网络中的"线"。"点"和"线"共同构成了我国文化和旅游产业融合质量的空间关联网络。可见，找寻省份之间的"线"成为文化和旅游产业融合质量网络建构的关键。结合已有文献来看，在建构网络的空间关联关系中，一般采用了引力模型、格兰杰因果检验等方法。结合本书选题，采用引力模型更为合适。并针对传统引力模型结合本书主题进行了修正，以此构建我国文化和旅游产业融合质量的空间关联网络。原因如下：一是基于引力模型构建空间关联网络在已有研究中相对成熟和广泛。如王俊等（2017）、陈金丹等（2017）、殷杰等（2019）、李华等（2021）分别通过引力模型，构建了区域旅游经济以及文化产业发展的空间关联网络。二是通过引力模型能够分年度测算我国文化和旅游产业融合质量空间关联网络的动态演化规律。三是通过对引力模型的修正，将省份之间的经济地理距离纳入引力模型，以提高引力模型测算的科学性与合理性。基于上述分析基础，本书构建了基于修正引力模型的省域文化和旅游产业融合质量的空间关联关系，具体公式如下：

$$F_{ij} = k\frac{M_iM_j}{D_{ij}^b} \tag{5-4}$$

公式（5－4）为传统引力模型，F_{ij}、D_{ij}表示省份 i、j 之间的引力和距离，M 表示省份 i、j 的"质量"，b 表示距离衰减系数，k 表示引力系数，通常取 1。本书选取文化和旅游产业融合质量作为省份 i 与省份 j 之间的

"质量"测度指标。综合经济与地理距离来测算省份 i 与省份 j 之间的"距离"。结合已有文献设定的标准［王俊等（2017）、陈金丹等（2017）］，将距离衰减系数 b 设定为 2。由于单纯考虑省份之间的地理空间距离，容易出现地理距离较远的省份之间的空间关联水平相对较低问题。为此，本书同时引入了地理距离和经济距离。具体公式如下：

$$y_{ij} = k_{ij}\frac{M_iM_j}{\left(\dfrac{D_{ij}}{g_i - g_j}\right)^2},\quad k_{ij} = \frac{G_i}{G_i + G_j} \tag{5-5}$$

公式（5－5）是修正后的引力模型。考虑到传统引力模型在测算过程中并未考虑到地区空间关联的方向属性，导致在空间关联过程中省份间的引力强度难以区分的问题，而省份文化和旅游资源的禀赋差异具有非对称性，为凸显文化和旅游产业融合质量空间关联网络的有向性，在借鉴已有学者研究基础上，对传统的引力模型进行修正，具体将某一个省份文化和旅游资源丰度占关联省份的比重作为修正引力系数 k_{ij}，其中 G_i 与 G_j 分别表示省份 i 与省份 j 之间的文化和旅游资源丰度；M_i 与 M_j 表示省份 i、省份 j 的文化和旅游产业融合质量，D_{ij} 为两个省份之间的经纬度，作为地理距离，g_i、g_j 为省份 i 与省份 j 的人均 GDP 值。基于公式（5－5）进一步测算我国 31 个省（区、市）文化和旅游产业融合质量的空间关联网络矩阵，$X = (x_{ij})_{31\times 31}$，$X$ 为非对称矩阵，公式如下：

$$x_{ij} = \begin{cases} 1 & y_{ij} \geq \dfrac{\sum_{j=1}^{N} y_{ij}}{N} \\ 0 & y_{ij} < \dfrac{\sum_{j=1}^{N} y_{ij}}{N} \end{cases} \tag{5-6}$$

（2）空间关联网络特征分析——社会网络分析方法。

基于引力模型构建的我国文化和旅游产业融合质量空间关联网络实质上为关系数据，区别于传统的属性数据类型，选取社会网络分析方法（SNA）从整体网络结构特征、个体网络结构特征和块模型三个部分深入阐述我国文化和旅游产业融合质量的空间关联网络结构演化。

1）整体网络特征指标。

整体网络结构描述了网络内部成员之间的关联关系（田卫民等，2020）。其中，网络密度表示实际呈现的关系数与网络最大的关系数之比，能够反映整体文化和旅游产业关联网络关系的疏密，具体公式如下：

$$Density = \frac{L}{N \times (N-1)} \tag{5-7}$$

公式（5－7）中，*Density* 表示网络密度，N 为观测样本总数，L 表示实际观测的网络关系数，分母表示网络整体拥有的最大关系数。*Density* 愈大，表示网络成员之间的关联愈密切。

网络关联度（Connectedness）能够反馈文化和旅游产业融合质量发展的空间关联网络的稳健性，具体公式如下：

$$Connectedness = 1 - \frac{V}{N \times (N-1)/2} \tag{5-8}$$

公式（5－8）中，N 为样本数，V 为网络中不可关联点的对数。如果某一省份在文化和旅游产业融合质量的空间关联网络中很多关联关系均能够联通该点，说明该网络关联关系整体相对脆弱，整体网络关系不够稳健；如果某一省份在文化和旅游产业融合质量的空间关联网络中很多关联关系并非仅围绕该点展开，表明网络具有较高的稳健性。网络关联度表达了网络中任何两个省份成员直接或者间接的联通关系，该值愈大，表明网络结构愈稳健。

网络等级度（Hierarchy）表示网络成员在多大程度上的非对称可达性，具体公式如下：

$$Hierarchy = 1 - \frac{K}{\max(K)} \tag{5-9}$$

公式（5－9）中，K 表示网络中对称可达点的对数。网络等级度愈高，网络等级结构愈森严，表明愈多的成员在产业融合质量发展的空间关联网络中处于边缘。

网络效率（Efficiency）是反馈各个网络成员在文化和旅游产业融合质

量空间关联网络中的联通效率：

$$Efficiency = 1 - \frac{M}{\max(M)} \quad (5-10)$$

公式（5－10）中，M 为网络中存在多余连线数，max（M）表示最大值。若网络效率值低，表明省份之间多余连线数量较高，各个省份在文化和旅游产业融合质量的空间关联网络中的联系更密切，说明文化和旅游产业融合质量的空间关联网络更稳固，能够显著通过网络发展推动省份之间的文化和旅游产业融合质量提升。

2）个体网络特征指标。

个体网络包括点度中心度、接近中心度和中介中心度。其中，点度中心度（Degree centrality）反映了各省份成员在文化和旅游产业融合质量网络的中心位置，具体公式如下：

$$Degree\ centrality = \frac{n}{N-1} \quad (5-11)$$

公式（5－11）中，n、N 分别表示与样本存在直接关联的省份数及其最大的数量。该值愈高的样本，其在网络中与其他样本之间的联通关系愈频繁，愈可能成为网络的中心位置。

接近中心度（Closeness centrality）是反映空间关联网络中该成员不受其他成员影响的水平，表达公式如下：

$$Closeness\ centrality = \sum_{j=1}^{N} d_{ij} \quad (5-12)$$

公式（5－12）中，d_{ij} 表示省份 i、j 间的捷径距离。接近中心度高，表明该省份在文化和旅游产业融合质量的空间关联网络中与其成员之间存在较高的直接关联，与其他成员的协同发展较密切，是中心行动者位置。

中介中心度（Betweenness centrality）是反映网络中该成员能够影响和控制其他成员的关联水平，计算公式如下：

$$Betweenness\ centrality = \frac{2\sum_{j}^{N}\sum_{k}^{N} b_{jk}(i)}{N^2 - 3N + 2}, b_{jk}(i) = \frac{g_{jk}(i)}{g_{jk}} \quad (5-13)$$

公式（5－13）中，N 表示观测样本总数，g_{jk}、g_{jk}（i）、b_{jk}（i）分别表示省份 j、k 之间的捷径数、捷径联通省份 i 数及处于该捷径的概率值（$j \neq k \neq i$，$j < k$）。中介中心度愈高，表明该省份能够影响和控制其他省份文化和旅游产业融合质量发展的能力愈强，其中介地位愈鲜明。

3）块模型分析。

块模型分析能够估算关联网络成员所承担的功能和作用。结合已有块模型研究来看（李敬等，2014；张新成等，2021），包括四种角色位置：一是主受益，向其他板块的溢出关系较少，与外部关系较低；二是净溢出，内部关系较少，但向其他板块发出关系较多，接收外部关系较少；三是双向溢出，内部关联较高，也向其他板块发出关系，接收关系较少；四是经纪人，内部关系较少，且与其他板块同时存在着较高的外部发送和接受关系数，其在文化和旅游产业融合质量的空间关联网络中发挥桥梁作用。Wasserman 等（1994）提出了估算板块内部关系的方法。就某一个板块内部关系而言，假定其内部存在 c 个样本，其内部最大关系数为 $c(c-1)$。假定整个文化和旅游产业融合质量的空间关联网络中有 C 个样本，该板块内部成员所有产生的关系数量为 $c(C-1)$。由此，某一个板块总关系的期望值为 $c(c-1)/c(C-1)=(c-1)/(C-1)$，结合这一指标，进一步对四个板块进行区分。

5.3 文化和旅游产业融合质量的空间关联及溢出特征分析

5.3.1 网络整体结构特征

考虑到研究期间，我国文化和旅游产业融合指数的空间关联网络的影响方向及关键节点并未产生较大改变，以 2019 年为例，借鉴有关学者研究（张新成等，2021），排除了空间关联强度值小于 2 的空间关联关系，构建了我国文化和旅游产业融合指数的双向空间关联网络。我国文化和旅游产业融合指数具有显著的空间关联关系，关键节点省份以两个产业融合指数的热点类型为主，尤其是北京、山东、江苏、上海、广东等对其他省份影响具有显著的空间关联关系。与此同时，本书借助 Ucinet6.0 软件，将从网络的密度、关联度、等级度和效率四个方面对 2000—2019 年我国文化和旅游产业融合指数的空间关联网络特征进行测算。需要进一步将网络的关联引力矩阵转换为关系矩阵，并将各行剔除极值后平均作为临界数值，高于该值则取 1，表明省份之间文化和旅游产业融合指数具有较高的空间关联性，低于该值则取 0，表明不具有空间关联性（Carrington et al. ，2011）。

（1）网络密度分析。

依据图 5 -6 中 2000—2019 年我国文化和旅游产业融合指数的空间关联网络密度数值可知，网络密度与网络关系数变化具有较高的一致性，呈现出波动上升的演化趋势。网络密度由 2000 年的 0. 133 上升为 2019 年的 0. 194，网络关联趋于密切，但目前密度最高值仍为 0. 209，整体网络关联程度仍旧偏低，未来在促进各省份文化和旅游产业融合发展空间关联发展较大。

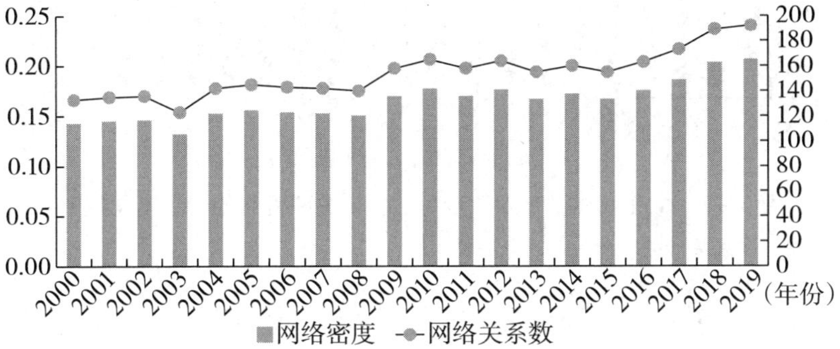

图 5 -6　文化和旅游产业融合指数空间关联网络的密度与关系数

资料来源：由笔者绘制。

（2）网络关联性分析。

测算文化和旅游产业融合指数空间关联网络的等级度和效率(见图 5 -7)，2000—2019 年我国文化和旅游产业融合指数的空间网络的关联度均为 1，表明我国文化和旅游产业融合发展过程中，具有较高的联通性和溢出关联，不存在尚未联通的省份。从网络等级度来看，整体表现出波动下降态势，表明 2000 年等级森严的网络结构存在较高的等级壁垒问题，伴随着文化和旅游产业融合发展，省份之间的空间关联性逐渐增强，形成了有利于各个省份之间文化和旅游产业融合协作发展的良好态势。网络效率演化趋势与网络等级类似，在观察期间内也经历了波动下降的演化过程。网络效率下降，表明各省份在文旅产业融合发展空间网络中联系越发频繁，多重关系的增多，有利于网络多重叠加效应的发挥，促使其空间关联网络越发稳固。由此可见，伴随着文化旅游产业融合发展，省份之间的行政壁垒逐渐被打破，文化旅游市场化进程加快，两个产业融合不仅促进了地区经济收入增长，还进一步增强了两个产业融合效应辐射力、延展力和波及力，融合诞生了一批新兴业态，有效促进了省份之间的人力、资源、技术和资金的协同发展，从而强化了地区协作的稳定性，形成良性循环网络。

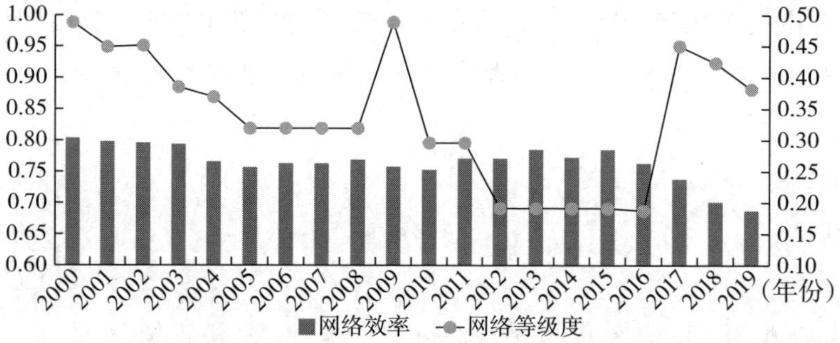

图5－7　文化和旅游产业融合指数空间关联网络的等级度与效率

资料来源：由笔者绘制。

此外，本书进一步对文化和旅游产业融合路径的整体网络结构特征及其演化进行了分析。具体绘制了2000年、2009年文化产业促进旅游产业和旅游产业促进文化产业的整体网络关联结构图（见图5－8、图5－9）。文化和旅游产业融合路径的空间关联网络结构中所有省份均不可或缺，即两者空间网络关联度均为1。就网络密度而言，文化产业促进旅游产业融合发展过程中，其由2000年的0.186上升至2019年的0.229，旅游产业促进文化产业融合发展则由2000年的0.215上升至2019年的0.260，整体上升趋势明显。结合空间格局来看，融合路径网络关联结构呈现出由“带状”“零星点状”向“块状”和由行政区划向经济带集聚，表现出鲜明的区域协调发展性。

结合文化产业发展来看，该时期伴随着文化体制机制改革不断深入发展，文化企业的跨区域发展成为常态，地区之间的产业发展联系越发密切。从旅游产业发展来看，大众旅游发展，地区交通条件改善，以往旅游产业发展过度集中于发达地区的情形有所改善，跨区域旅游逐步强化了区域之间的联系。从网络效率而言，“以文促旅”和“以旅促文”的网络效率分别由 2000 年的 0.763 下滑至 2019 年的 0.659，由 2000 年的 0.768 下降至 2019 年的 0.708，整体呈现出波动下降态势。这缘于近年来，我国文化旅游市场需求逐渐繁荣，文化旅游产品供给水平提高，加之文化和旅游产业融合发展的区域开放性提高，政府对文化和旅游产业发展偏弱地区的政策支撑有关，以往相对严密的区域发展壁垒逐渐降低，区域之间的联系越发密切。但整体网络效率仍相对较高，网络结构仍存在优化空间。

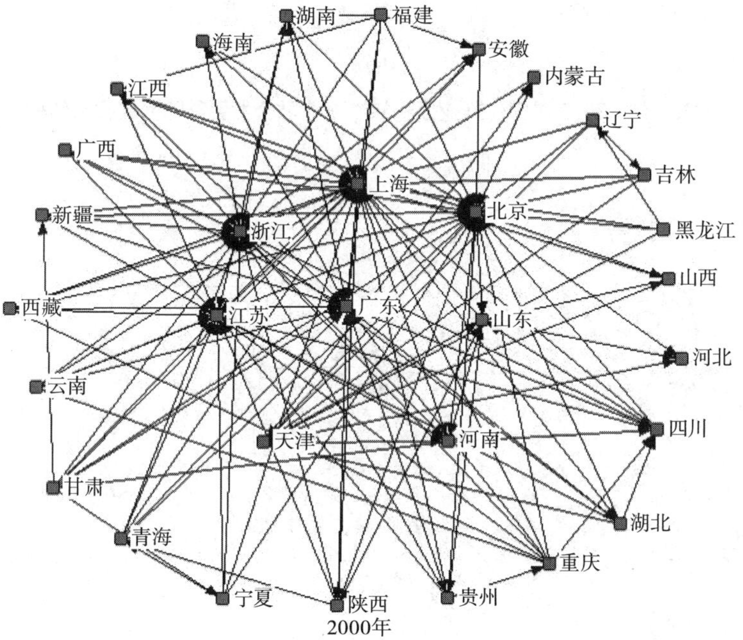

图 5－8　2000 年、2019 年文化产业促进旅游产业融合发展整体网络关联结构

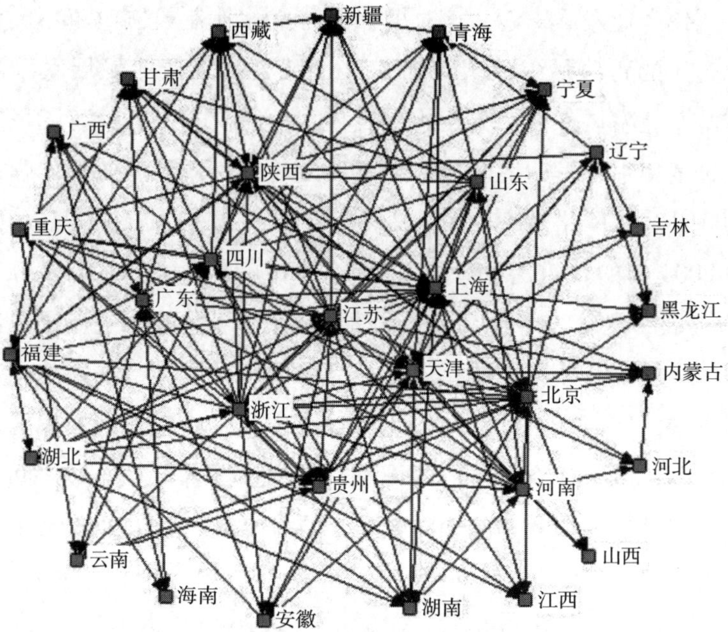

2019年

图5－8　2000 年、2019 年文化产业促进旅游产业融合发展整体网络关联结构（续图）

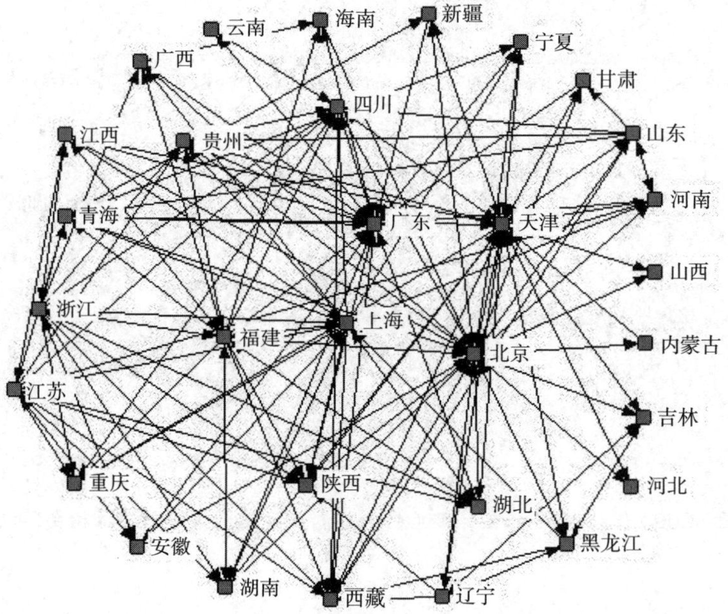

2000年

图5－9　2000 年、2019 年旅游产业促进文化产业融合发展整体网络关联结构

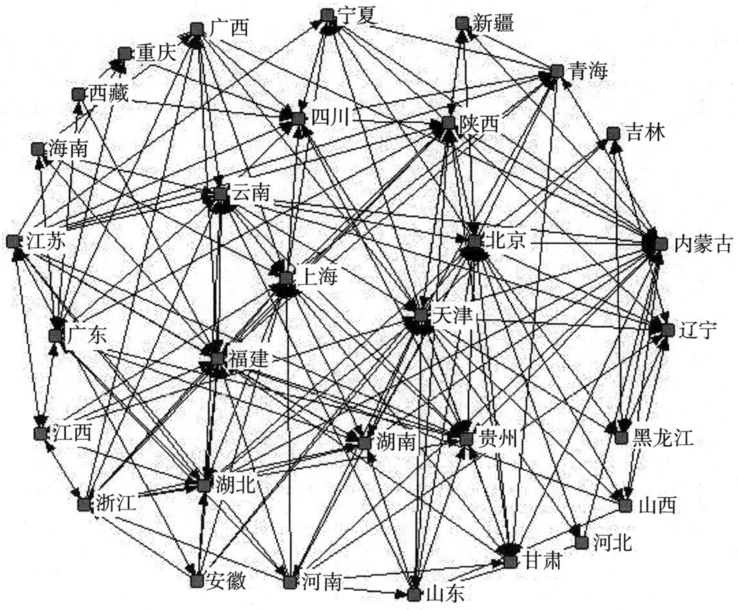

图5-9 2000年、2019年旅游产业促进文化产业融合发展整体网络关联结构（续图）

5.3.2 网络个体结构特征

在整体网络结构特征及演变的基础上，进一步从度数中心度、接近中心度和中介中心度三个层面探究内部个体结构特征，通过网络内部个体结构特征分析，有助于揭示各个省份文化和旅游产业融合指数在整体空间关联网络结构中的地位和功能。通过对观察期内文化和旅游产业融合指数进行全面测算，各个省份在文化和旅游产业融合发展过程中的关键节点及其地位并未产生显著性改变。为此，本书对2019年各省份文化和旅游产业融合指数的空间关联网络特征进行分析，结果如表5-3所示。

表5-3 文化和旅游产业融合指数空间关联网络的中心性分析

省份	度数中心度					接近中心度		中介中心度	
	点出度	点入度	总度数	中心度	排名	中心度	排名	中心度	排名
北京	23	10	33	86.667	1	88.235	1	19.617	1
天津	4	11	15	36.667	13	61.224	13	2.441	8
河北	2	4	6	16.667	28	54.545	28	0.151	25

续表

省份	度数中心度					接近中心度		中介中心度	
	点出度	点入度	总度数	中心度	排名	中心度	排名	中心度	排名
山西	4	4	8	23. 333	19	55. 556	21	0. 525	17
内蒙古	4	4	8	23. 333	19	55. 556	21	0. 753	16
辽宁	2	7	9	30. 000	15	58. 824	15	1. 192	14
吉林	2	5	7	20. 000	23	55. 556	21	0. 246	23
黑龙江	1	2	3	10. 000	31	51. 724	31	0. 018	31
上海	20	8	28	76. 667	2	81. 081	2	11. 061	2
江苏	15	3	18	53. 333	4	68. 182	4	2. 751	7
浙江	12	6	18	53. 333	4	68. 182	4	3. 126	6
安徽	8	8	16	43. 333	10	63. 83	9	1. 148	15
福建	11	10	21	46. 667	8	65. 217	7	1. 246	13
江西	0	6	6	20. 000	23	55. 556	21	0. 059	29
山东	11	5	16	36. 667	13	61. 224	13	1. 331	12
河南	11	9	20	50. 000	6	66. 667	6	2. 277	9
湖北	8	8	16	43. 333	10	63. 830	9	1. 409	11
湖南	6	10	16	43. 333	10	63. 830	9	1. 455	10
广东	14	4	18	50. 000	6	63. 830	9	3. 833	5
广西	0	6	6	20. 000	23	55. 556	21	0. 138	27
海南	3	7	10	30. 000	15	58. 824	15	0. 505	19
重庆	1	4	5	16. 667	28	54. 545	28	0. 22	24
四川	17	5	22	63. 333	3	73. 171	3	8. 335	3
贵州	0	8	8	26. 667	17	56. 604	18	0. 470	20
云南	5	5	10	26. 667	17	57. 692	17	0. 368	21
西藏	1	3	4	13. 333	30	53. 571	30	0. 056	30
陕西	7	8	15	46. 667	8	65. 217	7	4. 075	4
甘肃	1	5	6	20. 000	23	55. 556	21	0. 306	22
青海	1	6	7	23. 333	19	56. 604	18	0. 148	26
宁夏	0	6	6	20. 000	23	55. 556	21	0. 117	28
新疆	0	7	7	23. 333	19	56. 604	18	0. 510	18
均值	6. 258	6. 258	12. 516	35. 269	—	61. 360	—	2. 254	—

（1）度数中心度。

根据表 5－3 可知，我国文化和旅游产业融合指数的度数中心度均值为 35.269，共有 14 个省份高于中心度均值，依次为北京、天津、上海、江苏、浙江、安徽、福建、山东、河南、湖北、湖南、广东、四川、陕西，以文化和旅游产业融合指数的温点类型和热点类型省份为主。即在空间关联网络中，其他省份能够与这些省份产生较高的关联关系，而整体网络结构的稳定性与这些中心度较高的省份相关。其中，北京最高，为 86.667，表明北京在我国文化和旅游产业融合发展中处于中心位置。而河北、吉林、黑龙江、江西、广西、重庆、西藏、甘肃、宁夏等省份在空间关联度中处于较低位置，与其他省份之间的关联和溢出效应相对较少，且多集中于文化和旅游产业融合发展的冷点类型区，在文化和旅游产业融合发展的空间关联中处于弱势位置，更依赖于其热点和温点类型省份的溢出扶持，在整体的空间关联网络中处于从属地位。

由表 5－3 可知，点出度和点入度均值为 6.258。点出度高于均值的省份有 9 个，即北京、上海、江苏、浙江、福建、山东、河南、广东、四川点出度高于点入度，这些省份以东部沿海地区为主，是文化和旅游产业融合指数的热点地区，也是在整体空间关联网络中发挥溢出效应的主要成员。点入度高于均值的省份有 13 个，分别为北京、天津、辽宁、上海、安徽、福建、河南、湖北、湖南、海南、贵州、陕西、新疆，这些省份在度数中心度排名中亦居于前列，安徽和湖北的点出度与点入度持平，除去北京、上海、江苏、浙江、福建、山东、河南、广东、四川属于点出度高于点入度的省份外，其余天津、辽宁、湖南、海南、贵州、陕西、新疆等省份点入度高于点出度，属于文化和旅游产业融合发展过程中的受益地区。总体来看，在地区文化和旅游产业融合发展过程中，点出度高于点入度的省份在空间关联网络度数中心度较高，且这些省份在整体空间关联网络中具有溢出和受益的双重属性。整体而言，文化和旅游产业融合发展过程中的热点类型省份在整体空间关联网络中处于中心地位，发挥桥梁功能，通过溢出关系与受益关系的良性耦合，逐渐影响着我国文化和旅游产业融合发展的整体空间格局。

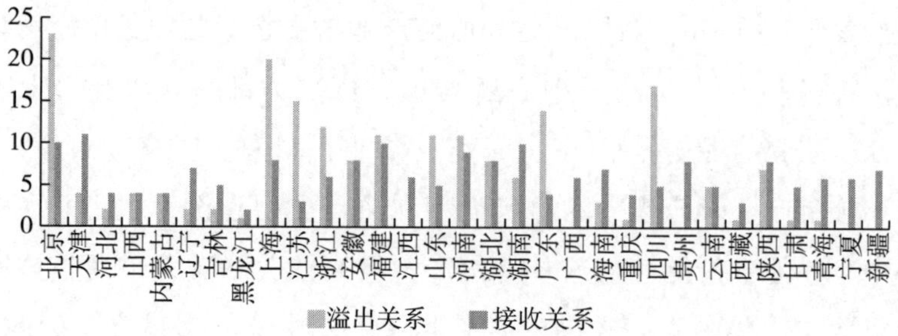

图 5-10 文化和旅游产业融合指数的溢出与接收关系

资料来源：由笔者绘制。

（2）接近中心度。

根据表 5-3 可知，我国文化和旅游产业融合指数的接近中心度均值为 61.360，其中北京、上海、江苏、浙江、安徽、福建、河南、湖北、湖南、广东、四川、陕西高于均值，地理空间分布上以东部省份为主，该类省份同时拥有较高的度数中心度，在整体空间网络结构中具有中心行动者功能，能够较快地与其他省份建立空间关联。北京的接近中心度最高，为 88.235，处于第二位的上海为 81.081，这两个省份与其他省份在空间网络关联过程中更为接近，处于文化和旅游产业融合空间关联网络的中心；而河北、山西、内蒙古、吉林、黑龙江、江西、广西、重庆、西藏、甘肃、宁夏在接近中心度中排名居后，地理空间分布上以西部省份为主，多来源于文化和旅游产业融合指数的冷点类型区，两个产业融合发展水平较低，在整体空间关联网络中处于边缘位置。

（3）中介中心度。

根据表 5-3 可知，我国文化和旅游产业融合指数的中介中心度均值为 2.254。其中，北京、天津、上海、江苏、浙江、河南、广东、四川、陕西为高于均值的省份，表明该类省份在文化和旅游产业融合发展的空间网络中能够迅速与其他省份建立关联关系，该类省份集中于热点类型区，在网络中处于中心地位，能够较强地影响其他省份；河北、吉林、黑龙江、江西、广西、重庆、云南、西藏、甘肃、青海、宁夏在整体网络中介中心度排名靠后，这些地区多为文化和旅游产业融合发展的冷点区域，容易受到中介中心度高的地区影响和支配。综合来看，高中介中心度省份具有作为区域发展的服务贸易中心、资金融通中心、交通运输和信息技术中心等的优势地位，对全国空间关联网络具有较强的调节控制能力，如果这些节点省份出现问题，将导致网络出现结构断裂。而处于两个产业融合发展冷点区类型的省份，由于融合水平、经济制约和地理位置等影响，在整体网络中调节控制力较低，处于边缘位置。

（4）融合路径的网络个体特征分析。

通过计算文化和旅游产业融合发展路径的度数中心度、接近中心度和中介中心度，进一步探究文化和旅游产业融合路径的空间网络地位和作用（见表 5 -4）。从度数中心度来看，文化产业促进旅游产业融合发展过程中，度数中心度均值为 35.913。其中，北京、天津、上海、江苏、浙江、福建、山东、河南、广东、四川、贵州、陕西为高于均值的省份，而排名靠后的省份为河北、山西、内蒙古、吉林、黑龙江、安徽、江西、广西、海南、云南。排名靠前的省份多为传统的文化旅游资源大省，且多位于沿海地区。而排名靠后的省份与其他省份之间的空间关联效应并不明显，且多位于西部内陆地区。从旅游产业促进文化产业融合发展来看，度数中心度均值为 33.763，北京、天津、上海、江苏、浙江、山东、福建、河南、湖北、广东、四川、贵州、云南、陕西高于均值，排名靠后的省份为河北、山西、吉林、黑龙江、安徽、江西、海南、重庆、西藏、新疆，这些排名靠前的省份大多数为旅游市场开发较早的地区，相对于排名落后地区，这些省份具有更好的先发优势，形成了相对较强的马太效应。从溢出关系与受益关系来看，文化产业促进旅游产业共有 14 个省份溢出关系数高于受益关系数，而在旅游产业促进文化产业中共有 14 个省份溢出关系数高于受益关系数，表明不论是“以文促旅”还是“以旅促文”，溢出效应都是空间关联网络的重要特征。结合各个省份来看，多数省份的外溢关系不仅停留于本省周边地区，亦存在着跨越多个省份的相对广泛的关联关系，说明文化和旅游产业融合路径的空间关联网络已经超越了时空相邻的制约，能够在更为广泛的空间内产生辐射和影响。

从接近中心度来看，文化产业促进旅游产业的接近中心度均值为61.005。其中，北京、天津、上海、江苏、浙江、福建、山东、河南、广东、四川、贵州、陕西为高于均值的省份。排名靠后的省份为河北、山西、内蒙古、吉林、黑龙江、江西、广西、海南、云南。旅游产业促进文化产业的接近中心度均值为58.201，高于均值的省份共有15个，分别为北京、天津、上海、江苏、福建、山东、河南、湖北、湖南、广西、四川、贵州、云南、陕西、青海，排名靠后的省份为河北、山西、辽宁、吉林、黑龙江、广东、海南、重庆、西藏、新疆。

表5－4　文化和旅游产业融合路径空间关联网络的中心性分析

省份	文化产业促进旅游产业			旅游产业促进文化产业		
	度数中心度	接近中心度	中介中心度	度数中心度	接近中心度	中介中心度
北京	73.333	78.947	12.094	60.000	68.182	8.598
天津	60.000	69.767	8.498	70.000	76.923	15.522
河北	13.333	50.847	0.038	13.333	46.875	0.038
山西	10.000	50.000	0.018	20.000	53.571	0.405
内蒙古	20.000	54.545	0.361	30.000	56.604	1.027
辽宁	26.667	56.604	0.629	26.667	55.556	1.133
吉林	13.333	51.724	0.014	13.333	46.875	0.013
黑龙江	16.667	53.571	0.090	16.667	47.619	0.122
上海	83.333	85.714	14.184	53.333	63.83	4.130
江苏	63.333	73.171	4.308	43.333	60.000	3.413
浙江	73.333	78.947	7.252	36.667	57.692	0.965
安徽	23.333	56.604	0.255	23.333	56.604	0.459
福建	50.000	66.667	5.530	56.667	65.217	7.293
江西	16.667	54.545	0.019	23.333	56.604	0.418
山东	43.333	62.500	0.851	53.333	66.667	5.452
河南	43.333	63.830	3.054	36.667	61.224	2.269
湖北	30.000	58.824	0.199	40.000	62.500	1.841
湖南	30.000	58.824	0.199	33.333	60.000	1.404
广东	40.000	62.500	3.542	36.667	55.556	3.359

续表

省份	文化产业促进旅游产业			旅游产业促进文化产业		
	度数中心度	接近中心度	中介中心度	度数中心度	接近中心度	中介中心度
广西	20.000	53.571	0.650	33.333	60.000	2.960
海南	10.000	44.776	0.029	16.667	50.847	0.062
重庆	33.333	60.000	0.654	16.667	46.875	0.276
四川	60.000	71.429	4.697	36.667	61.224	3.959
贵州	36.667	61.224	1.041	40.000	62.500	2.001
云南	20.000	54.545	0.135	50.000	66.667	5.036
西藏	26.667	56.604	0.186	13.333	46.875	0.231
陕西	50.000	66.667	1.858	46.667	65.217	4.760
甘肃	30.000	58.824	0.240	30.000	57.692	0.433
青海	33.333	60.000	0.768	33.333	58.824	1.485
宁夏	30.000	57.692	0.149	26.667	57.692	0.436
新疆	33.333	57.692	0.433	16.667	51.724	0.040
均值	35.913	61.005	2.321	33.763	58.201	2.565

整体上，无论是“以文促旅”还是“以旅促文”，两者的接近中心度均相对较高，表明我国文化和旅游产业融合路径在空间关联网络中均表现出能够快速与其他省份建立关联的特征，其中“以旅促文”的接近中心度相对较高。原因在于，一方面，旅游产业发展本身离不开旅游者的深入参与，尤其是大众旅游时代，旅游经济的地区互动逐渐频繁。另一方面，旅游市场在开发文化资源过程中，缘于文化资源自身属性的差异化，不断寻求与其他省份市场的合作，进行优势互补的协同发展。

从中介中心度来看，文化产业促进旅游产业的中介中心度均值为 2.321，其中，北京、天津、上海、江苏、浙江、福建、河南、广东、四川为高于均值的省份，排名靠后的省份为河北、山西、吉林、黑龙江、江西、湖北、湖南、海南、云南、宁夏、新疆。旅游产业促进文化产业的中介中心度均值为 2.565，北京、天津、上海、江苏、福建、山东、广东、广西、四川、云南、陕西为高于均值的省份，排名靠后的省份为河北、山西、吉林、黑龙江、江西、海南、重庆、西藏、甘肃、宁夏、新疆。结合

"以文促旅"和"以旅促文"来看，排名靠前的省份多为东部地区的经济发达省份，在融合路径中亦处于热点类型省份为主，这些省份在网络中具有较高支配和影响能力，网络中多数成员需要通过该节点省份实现联通功能。

5.3.3 块模型分析

(1) 文化和旅游产业融合指数的块模型分析。

在网络内部个体结构特征分析的基础上，本书将借助 Ucinet 的 CONCOR 方法，通过块模型方法能够解析文化和旅游产业融合发展的空间关联网络中的交互关联结构。具体将 Ucinet 中的 CONCOR 模块最大切分深度设置为 2，集中标准设置为 0.2，在深入分析溢出关联的基础上，将我国 31 个省（区、市）划分为四大板块，如表 5－5 所示。具体来看，我国文化和旅游产业融合指数的空间关联网络关系数总数为 194，四大板块内部关系数为 58，占比达 29.89%，而四大板块之间的关系数为 136，占比为 70.11%，表明各个板块之间的溢出关系是我国文化和旅游产业融合发展在空间格局中的重要表现。四大板块具体成员为：第一板块（Ⅰ）由北京、上海、广东、四川、浙江、陕西 6 个省份构成；第二板块（Ⅱ）由湖南、海南、江苏、湖北、福建、云南、河南、安徽 8 个省份构成；第三板块（Ⅲ）由内蒙古、吉林、辽宁、山东、山西、天津、河北、黑龙江 8 个省份构成；第四板块（Ⅳ）由江西、贵州、重庆、西藏、广西、甘肃、青海、宁夏、新疆 9 个省份构成。

第一板块（Ⅰ）主要集中于文化和旅游产业融合发展的热点地区，是文化旅游产业融合发展相对成熟地区。该板块向其他板块溢出关系较多，而内部溢出以及接收其他板块的溢出关系偏少，属于"净溢出"板块。该板块内部成员多为文化和旅游产业融合高水平的热点类型，如北京是全国率先在省级层面出台文化旅游融合发展意见，提出明确扩大北京文化旅游产业融合圈层。广东通过发掘南粤古驿道、粤港澳大湾区文化遗产等新业态，不断寻求与其他省份的协作发展。上海通过大力发展创意文化旅游业态，文化创意旅游服务、文化创意营销及文化旅游创意商品等不断丰富。上海与浙江就文化旅游深度开发展开区域合作，通过旅游产业的渗透性、辐射力和带动力，推动长三角文化旅游高质量融合发展。可见，众多的新兴文旅融合产品和业态对其他地区产生显著的空间溢出效应，充当“引擎”角色。

表 5－5　文化和旅游产业融合指数各板块的溢出效应

板块	接收关系				接收板块外关系	溢出板块外关系	期望内部比例关系	实际内部比例关系	板块特征
	Ⅰ	Ⅱ	Ⅲ	Ⅳ					
Ⅰ	13	29	17	34	28	80	0.167	0.139	净溢出
Ⅱ	20	28	8	11	32	39	0.233	0.418	双向溢出
Ⅲ	8	3	15	4	27	15	0.233	0.500	经纪人
Ⅳ	0	0	2	2	49	2	0.267	0.500	主受益

第二板块（Ⅱ）主要集中于文化和旅游产业融合发展的温点地区。该板块向其他板块溢出关系较多，同时接收关系相对较少，属于“双向溢出”板块，表明该板块省份在实践和规划自身文化旅游产业发展长远发展的同时也不断与其他省份展开协作。如由湖南、湖北、贵州和重庆四个省市组成的武陵山旅游联盟，借助武陵山丰富的文化旅游资源，通过跨区域合作，形成优势叠加区，共同打造武陵山区文化产业与旅游产业融合发展示范区。

第三板块（Ⅲ）内部成员除山东为热点区外，多数是来自温点区和冷点区的省份。该板块存在着一定的发送与接收溢出关系，其实际的内部比例关系为0.5，属于“经纪人”板块。该板块作为温点区与冷点区省份交互耦合的板块，能够起到中介和桥梁的功能，如天津、河北作为京津冀一体化重要成员，能够有效承接北京优质的文化旅游要素资源，为带动和辐射其他地区发挥中介功能。

第四板块（Ⅳ）内部汇聚了多数文化和旅游产业融合发展的冷点区省份，在地理空间上呈现连片分布格局。该板块实际内部比例关系远高于期望内部比例关系，且溢出关系在四大板块之中最少，属于“主受益”板块。该板块成员为文化和旅游产业融合发展的滞后地区，以文化旅游资源丰富但开发水平整体偏低的西部地区为主，在发展过程中更依赖于其他板块的溢出资源关系。

在此基础上，为探究四大板块之间的关联关系路径和传递机制，通过构建网络密度矩阵，进一步考察四大板块之间的溢出路径。具体测算方法为：以文化和旅游产业融合指数的空间关联网络密度0.209为标准，如果板块之间的密度高于0.209，表示该板块密度高于总体发展水平，说明该板块文化和旅游产业融合发展呈现集聚态势，将密度矩阵转换为像矩阵（见表5-6），并由此绘制图5-11。结合像矩阵来看，第一、第二、第三板块对角线均为1，表明除第四板块外，文化和旅游产业融合发展在各板块内部具有显著的空间关联特征，能够产生显著的空间集聚效应，呈现俱乐部集聚。具体来看，板块一溢出关系指向板块二、板块三、板块四，在四大板块中充当“发动机”角色，处于核心位置。板块二则外溢指向板块一，而板块三和板块四外溢效应并未凸显，在整体板块中扮演“跟随者”角色。结合文化和旅游产业融合发展分类来看，呈现为热点类型向温点和冷点区逐层传递过程，综合东部、中部和西部三大地区来看，溢出集聚的东部地区向承接和受益功能为主的中西部地区传递，梯度传递特征鲜明。

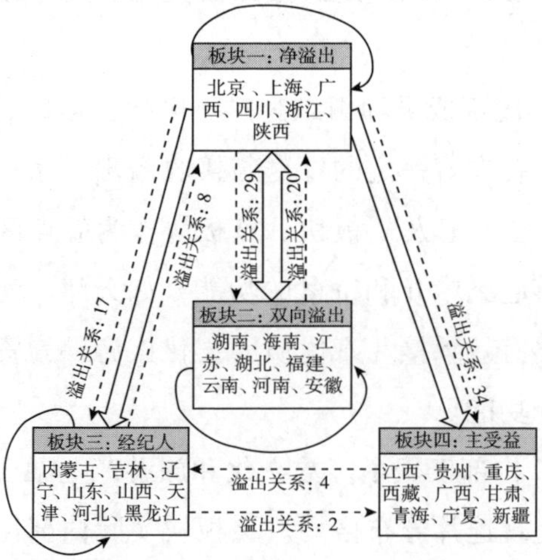

图5-11　四大板块之间的传递关系

表5-6 板块密度矩阵与像矩阵

板块	密度矩阵				像矩阵			
	Ⅰ	Ⅱ	Ⅲ	Ⅳ	Ⅰ	Ⅱ	Ⅲ	Ⅳ
Ⅰ	0.433	0.604	0.354	0.630	1	1	1	1
Ⅱ	0.426	0.500	0.125	0.155	1	1	0	0
Ⅲ	0.167	0.047	0.268	0.056	0	0	1	0
Ⅳ	0.000	0.000	0.000	0.028	0	0	0	0

（2）文化和旅游产业融合路径的块模型分析。

运用Ucinet的CONCOR方法，通过块模型进一步解析关联网络的结构特征。从文化促进旅游产业融合的溢出效应划分来看（见表5-7），第一板块（Ⅰ）由北京、上海、江苏、广东、四川、福建、浙江7个省份构成，该板块实际内部比例关系较低，且板块外溢出关系最多，属于文化产业促进旅游产业融合发展的“净溢出”板块；第二板块（Ⅱ）由天津、河北、河南、山西、山东、湖北、湖南7个省份构成，属于“双向溢出”板块；第三板块（Ⅲ）由辽宁、吉林、青海、内蒙古、安徽、陕西、贵州、新疆、黑龙江、宁夏10个省份构成，该板块接收溢出关系最高，属于“主受益”板块；第四板块（Ⅳ）由重庆、西藏、海南、云南、江西、广西、甘肃7个省份构成，该板块内部关系较少，与其他板块之间存在一定的溢出和受益关系，属于“经纪人”板块。

表5-7 文化产业促进旅游产业融合的各板块溢出效应

板块	接收关系				接收板块外关系	溢出板块外关系	期望内部比例关系	实际内部比例关系	板块特征
	Ⅰ	Ⅱ	Ⅲ	Ⅳ					
Ⅰ	19	16	40	32	41	88	0.200	0.177	净溢出
Ⅱ	23	21	8	2	25	33	0.200	0.388	双向溢出
Ⅲ	7	8	13	4	53	19	0.300	0.406	主受益
Ⅳ	11	1	5	3	38	6	0.200	0.150	经纪人

在此基础上，进一步构建了文化产业促进旅游产业融合发展的板块密度矩阵与像矩阵（见表5-8），具体测算方法为：以文化产业促进旅游产

业融合指数的空间关联网络密度 0.229 为标准，如果板块之间的密度高于 0.229，说明该板块文化产业促进旅游产业融合发展呈现集聚态势，将密度矩阵转换为像矩阵，并将相应位置赋值为 1，否则为 0。结合像矩阵来看，板块一与板块二、板块三、板块四产生显著的空间关联，板块一是我国文化产业促进旅游产业融合发展的“发动机”，能够将发展动能转递给具有“双向溢出”的板块二和“桥梁”功能的板块四，通过这种空间传递机制促使文化产业促进旅游产业融合发展在东西和南北方向（以板块二为代表的中部地区、板块三主为代表的东北和西北地区、板块四为代表的西南地区）呈现明显的梯度溢出效应。

表 5-8　文化产业促进旅游产业融合的板块密度矩阵与像矩阵

板块	密度矩阵				像矩阵			
	Ⅰ	Ⅱ	Ⅲ	Ⅳ	Ⅰ	Ⅱ	Ⅲ	Ⅳ
Ⅰ	0.452	0.327	0.571	0.667	1	1	1	1
Ⅱ	0.469	0.500	0.114	0.043	1	1	0	0
Ⅲ	0.100	0.114	0.149	0.059	0	0	0	0
Ⅳ	0.224	0.020	0.076	0.071	0	0	0	0

从旅游促进文化产业融合的溢出效应划分来看（见表 5-9），第一板块（Ⅰ）由北京、天津、辽宁、内蒙古、山东 5 个省份构成，该板块实际内部比例关系高于期望内部比例关系，且存在溢出关系，属于旅游产业促进文化产业融合发展的“双向溢出”板块；第二板块（Ⅱ）由广东、江苏、福建、上海、浙江、四川 6 个省份构成，该板块实际内部比例关系偏低，且溢出关系较高，属于“净溢出”板块；第三板块（Ⅲ）由吉林、河北、青海、陕西、河南、贵州、甘肃、山西、黑龙江、宁夏、新疆 11 个省份构成，该板块内部关系较少，存在一定的溢出和受益关系，属于“经纪人”板块；第四板块（Ⅳ）由重庆、广西、云南、西藏、湖南、海南、江西、安徽、湖北 9 个省份构成，该板块溢出关系较少，接收溢出关系最高，属于“主受益”板块。

表5-9　旅游产业促进文化产业融合的各板块溢出效应

板块	接收关系				接收板块外关系	溢出板块外关系	期望内部比例关系	实际内部比例关系	板块特征
	Ⅰ	Ⅱ	Ⅲ	Ⅳ					
Ⅰ	12	1	36	10	51	47	0.133	0.203	双向溢出
Ⅱ	0	8	17	31	52	48	0.167	0.143	净溢出
Ⅲ	36	17	12	1	54	54	0.333	0.182	经纪人
Ⅳ	15	34	1	11	42	35	0.267	0.180	主受益

以旅游产业促进文化产业融合指数的空间关联网络密度0.260为标准，如果板块之间的密度高于0.260，表示该板块密度高于总体发展水平，说明该板块旅游产业促进文化产业融合发展呈现集聚态势，将密度矩阵转换为像矩阵，并将相应位置赋值为1，否则为0。据此，构建旅游产业促进文化产业融合的板块密度矩阵与像矩阵（见表5-10）。结合像矩阵来看，板块一溢出效应体现在板块三，板块二溢出效应体现在板块三、板块四，板块三溢出效应仅体现在板块一，板块四溢出效应体现在板块一、板块二。

表5-10　旅游产业促进文化产业融合的板块密度矩阵与像矩阵

板块	密度矩阵				像矩阵			
	Ⅰ	Ⅱ	Ⅲ	Ⅳ	Ⅰ	Ⅱ	Ⅲ	Ⅳ
Ⅰ	0.600	0.033	0.636	0.222	1	0	1	0
Ⅱ	0.000	0.267	0.288	0.574	0	1	1	1
Ⅲ	0.655	0.258	0.109	0.010	1	0	0	0
Ⅳ	0.333	0.611	0.010	0.153	1	1	0	0

综合文化和旅游产业融合路径的块模型分析，结果基本验证了目前我国文化和旅游产业融合发展的基本态势。总体而言，文化旅游资源禀赋丰富且社会经济发展水平相对较高的省份对其他省份的溢出关系较多；而社会经济发展水平相对较弱的省份受益关系较多；地理位置相对独特的省份如重庆等发挥着“桥梁”作用，促使溢出关系在空间进行流动；长三角、珠三角周边省份既受益于内部成员省份的溢出关系，又向其他省份产生外溢效应，发挥“双向溢出”的功能。

5.4 文化和旅游产业融合质量的空间溢出效应及驱动因素分析

5.4.1 驱动因素理论分析

基于相关文献研究，本书将从实践层→理论层→要素层的逻辑体系综合探究文化和旅游产业融合质量的驱动因素作用机理。

（1）实践层：影响文化和旅游产业融合发展的因素。

本书在参考有关文献研究的基础上（李峰，2014；刘安乐等，2020；侯兵等，2020），综合文化和旅游产业融合发展实践，认为影响文化和旅游产业融合发展的外部因素有生产、技术、升级、消费等。具体而言，生产互融指文化和旅游产业具有高度的互融性，体现在文化和旅游生产方式上的相互影响广度和深度不断强化的过程。如非物质文化在传承和发展过程中，可以通过非遗旅游节事、非遗主题的旅游线路、非遗文化入驻景区等产业和业态方式实现深度互融；技术支持是深度整合文化和旅游产业要素资源，提升其附加值的先决条件，如文化旅游演艺通过引入现代技术支持，通过技术创新拓展文化和旅游产业融合链条；产业升级是指文化和旅游产业融合由初级向高级状态不断演进的必然因素（Mowery et al.，1979）；伴随着文化和旅游产业发展逐步上升为国家战略性支柱产业，市场对文化和旅游的消费需求呈现出个性化、特色化和多样化的特征，消费需求的结构与内容改变促使文化和旅游供给要素发生变革，倒逼文化和旅游产业供给横向不断丰富产品类型，纵向拓展产业链条。闫秦勤等（2016）、尹华光等（2017）提出消费需求已成为推动我国文化和旅游产业融合发展的重要动力之一。可见，在产业价值链视角下，伴随着日益多元化的消费需求，文化和旅游产业将进一步解构和重构，并结合自身的功能属性逐步实现对文化和旅游产业的创新置换、拆分和重组；在市场经济条件下，文化和旅游产业融合已成为产业实现技术创新和上升发展的重要方式，融合创新发展满足了市场群体需要更具有个性化和多样化的消费需求，对提升产业竞争力、扩大产业发展空间、延展产业链等均具有重要作用；与此同时，在解决文化和旅游产业融合发展的供给与需求的现实矛盾过程中，文化和旅游产业融合发展的外部体制、机制、政策等外部环境约束，亦成为解决现实供需矛盾的重要障碍（Richards，2011）；体系共享能够为文化和旅游产业深入融合发展提供外部保障，尤其是文化和旅游公共服务的融合发展和公共文化空间的共享性发展，城市公园、文博场馆等旅游功能的持续融入，通过公共资源的共享互通，有助于突破文化和旅游产业融合边界，从而提高两个产业融合质量。

（2）理论层：面向高质量发展要求的文化和旅游产业融合质量驱动力。

基于实践层分析可知，文化和旅游产业融合发展是多维因素共同作用的结果，受文化旅游市场经济运行规律、文化和旅游自身的运动与发展规律、文化和旅游的消费发展规律以及产业自身发展要素、发展效应和发展环境等内部因素共同制约。除此之外，还受外部因素制约，已有研究认为技术创新、产业协调、生态环境、政府扶持、对外交流等是影响文化和旅游产业融合发展的重要外部因素（李峰，2014；王学军，2015；刘安乐等，2020；侯兵等，2020）。这些因素与揭示我国社会经济规律的“五大发展理念”相契合。具体而言，创新发展是推动文化和旅游产业融合质量发展的外部推动力，协调发展检验了文化和旅游产业融合质量与地区社会经济系统的协调共生性，绿色发展反映了文化和旅游产业融合质量发展带来的外部性影响，开放发展反映了文化和旅游产业融合质量与区域外界要素的联动性，共享发展体现了文化和旅游产业融合质量发展的公共性和公益性。据此，本书尝试将创新、协调、绿色、开放、共享作为文化和旅游产业融合质量发展的影响因素来源，并绘制了面向高质量发展要求的文化和旅游产业融合质量驱动力图（见图 5 - 12）。

（3）要素层。

1）创新发展驱动力。

创新发展作为推动文化和旅游产业融合质量发展的首要动力，一方面促使原嵌于文化和旅游产业内部的模块相互关联和渗透，通过协同整合诞生新的业态模式；另一方面在技术变革过程中，打破了文化和旅游产业原有的惯常发展态势，优化了文化和旅游产业内部结构，改变了原有成本曲

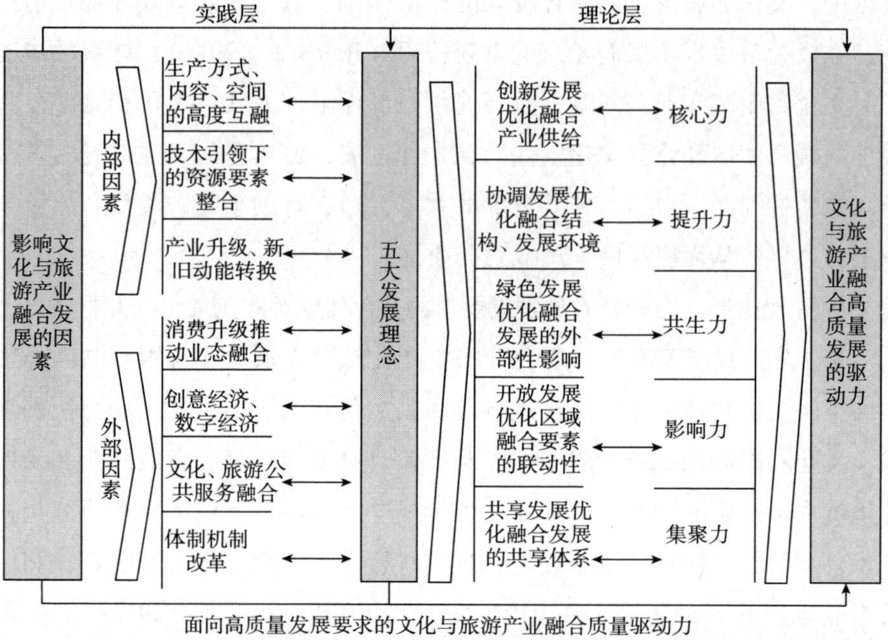

图5－12　面向高质量发展要求的文化和旅游产业融合质量驱动力

线，推动文化和旅游产业发展趋向于帕累托最优化发展，推动其向生产规模报酬最优化方向演进。结合创新发展的空间扩散和溢出效应来看，创新发展能够有效推动地区文化和旅游资源要素的集聚与溢出。创新发展的地区差异推动文化和旅游产业融合发展的空间溢出方向产生差异。若本地区创新发展水平相对较高，有可能吸引周边其他地区创新要素的流入，增强本地区文化和旅游产业的融合能力。若本地区创新发展水平相对较低，囿于本地区创新发展的规模报酬下降，创新要素向周边其他地区外流，最终形成强者恒强的循环累积。据此，本书将通过知识积累和创新能力两个层面反馈创新发展驱动力。

知识积累。知识积累是文化和旅游产业融合创新发展的基础前提，而人力资本在知识积累中处于核心地位（杨爽，2010），人力资本管理亦成为创新发展的核心内容。人力资本规模作为文化和旅游产业融合创新发展的主体，考虑到文化和旅游产业融合发展具有较高的关联性、辐射性和复合性，两个产业融合创新发展的覆盖范围相对广泛。在前述指标体系中已选取了文化和旅游产业相关从业人员作为产业发展要素的人力资本变量，为避免指标内生性且为迎合文化和旅游产业融合的高度复合关联性质，在参考张新成等（2020）、杨春宇等（2016）研究基础上，选取每万人拥有高等学校在校生人数、科学研究和技术服务人员从业比分别表征人力资本现状及结构，两项指标通过熵值法赋权加总转换为知识积累综合指标，以表征地区知识积累发展水平。

创新能力。创新能力是文化和旅游产业融合创新发展的重要特征，创新发展能力与两个产业融合发展是相互渗透、相互作用的有机体。一个地区创新能力愈强，创新发展效率愈高，愈有助于加速推动地区文化和旅游产业融合。可见，文化和旅游产业融合创新能力成为反映两个产业融合发展能力的重要指标。本书在参考杨春宇等（2016）、袁丹等（2013）研究的基础上，将创新能力解构为由创新投入和创新产出两个部分构成，以综合反映地区创新能力发展。其中创新投入选取 R&D 投入占 GDP 比重表征，创新产出则选取发明专利授权量表征，两项指标通过熵值法赋权加总转换为创新能力综合指标，以综合反映地区创新发展能力。

2）协调发展驱动力。

协调发展是驱动地区文化和旅游产业融合质量提升与判断其社会经济系统能否协调的重要标准。协调发展一方面能够系统揭示文化和旅游产业融合发展过程中的产业自身结构问题，另一方面能够检验文化和旅游产业融合发展能否与社会经济发展相协调。地区协调发展水平关系着文化和旅游产业生产要素的空间集聚态势，影响着区域文化和旅游产业融合集群化发展及其产业链条形成，决定着文化和旅游产业融合发展的规模和效益。地区较高的协调发展水平，能够有效促进文化和旅游产业融合发展的规模收益递增发展，能够有效化解产业融合发展过程中的结构矛盾，同时地区之间良好的区域合作关系，有利于实现区域之间文化和旅游产业融合发展要素的互联互通，由区域竞争逐渐向区域协作转变，缩小地区文化和旅游产业融合发展差异，推动地区文化和旅游产业深入融合发展。据此，本书将从产业协调和区域协调两个层面反映地区协调发展驱动力水平。

产业协调。产业协调是加快文化和旅游产业发展，化解产业自身结构性矛盾，实现内生性和业态协同性发展，加深文化和旅游产业融合水平的重要途径。聚焦于文化和旅游产业发展，文化和旅游产业发展本身具有较高的关联性、延展性和波及效应，即文化和旅游产业融合发展不仅局限于产业本身，两个产业的融合发展也离不开更为广泛的国民经济其他部门的融入，尤其是伴随着第三产业发展，能够为文化和旅游产业融合发展提供服务。文化和旅游产业与第三产业的关联度水平愈高，愈有利于构建“文旅＋N”的发展模式（黄蕊等，2020），为文化和旅游产业融合发展提供多点支撑。为此，本书在参考吕雁琴等（2021）、唐业喜等（2021）、左鑫等（2021）研究的基础上，选取文化产业总收入、旅游产业总收入与地区第三产业收入之比作为文化和旅游产业关联度，综合表征地区产业协调水平。

区域协调。区域协调有利于缩小地区产业发展差异，推动地区产业实现跨越式发展。而消费差异代表了地区市场发展环境，文化和旅游消费差异不仅是两个产业融合发展的圈层环境，亦是制约其融合发展的跨地区合作乃至建设区域性的文化和旅游产业融合发展共同体的重要制约因素，文化和旅游消费的均衡性是推动地区文化和旅游产业融合发展的基础。据此，本书构建了地区文化和旅游消费差距指标，其中文化消费指标参考张肃等（2018）的研究，采用科教文卫指标近似文化消费规模，旅游消费借鉴吕雁琴等（2021）的研究，以地区与全国的人均文化和旅游消费绝对差作为区域协调指数，综合表征区域协调水平。

3）绿色发展驱动力。

绿色发展能够有效提升文化和旅游产业融合质量发展的正外部性影响。绿色发展是推动生态文明建设，加快建设环境友好型和资源节约型的绿色产业体系。绿色发展有利于推动文化和旅游产业融合发展过程中产生的外部性影响与地区生态环境动态平衡发展。结合已有研究来看（张新成等，2020），地区生态环境因素对文化和旅游资源开发与利用以及生态文化旅游发展具有重要影响。生态环境决定着文化和旅游产业供给环境质量。地区绿色发展水平提高，将有助于打造明星化的文化旅游形象，提高目的地的吸引力。据此，本书将从生态资源和环境质量两个层面表征绿色发展驱动力发展水平。

生态资源。生态资源与文化旅游资源在保护优先、合理开发、业态融合等方面具有较高的关联耦合性质，是影响民族地区文化旅游、红色文化旅游、乡村文化旅游、生态文化旅游等核心要素。地区丰富的生态资源有助于丰富文化和旅游产业融合发展业态类型，通过地区生态资源的先天优势，并与地区文化旅游特色相互交融，能够显著提升地区文化和旅游产业融合水平。据此，本书在参考郭清霞等（2012）研究的基础上，选取森林覆盖率、湿地占辖区面积两项指标，借助熵值法赋权加总转换为生态资源指标。

环境质量。环境质量是低耗能和低污染的绿色产业发展的重要表征，文化和旅游产业作为我国推进生态文明建设和实现新旧动能转换的重要引擎，生态环境质量亦将成为文化和旅游产业推进绿色发展、低碳发展和循环的重要目标。地区绿色环保水平影响和制约着文化和旅游产业融合上升发展潜力。为此，本书在参考张涛等（2021）、吕雁琴等（2021）研究的基础上，选取 PM2. 5 年均值表征地区环境质量水平。PM2. 5 作为考察地区空气质量的重要指标，不仅直接影响着旅游者的体验和感知，也影响着文化和旅游产业业态开发类型和发展潜力。

4）开放发展驱动力。

开放发展反映了文化和旅游产业融合质量与区域外界要素的联动性，地区开放发展水平能够显著提升文化和旅游产业融合发展的影响力和传播力，开放促使人流、物流和资金流在地区之间密切关联，通过开放发展不仅要实现“引进来”，吸引其他地区的要素资源向本地区集聚，同时也要兼顾“走出去”战略的实施，实现与周边地区文化和旅游产业的协同发展。可见，开放发展水平愈高，愈有利于推动本地文化和旅游产业融合发展要素资源与周边乃至更远地区的联动发展。为此，本书将从“引进来”

和“走出去”两个层面表征地区开放发展驱动力水平。

引进来。“引进来”是构建区域文化和旅游产业融合发展新平台的重要支撑，地区“引进来”水平亦是反映文化和旅游产业融合发展影响力的重要指标。较高的“引进来”水平，能够显著提升地区文化和旅游产业发展形象，通过整合国际和国内两大要素资源，提供共识度高的文化旅游资源，打造区域文化旅游节事活动和构建对外文化旅游品牌体系，形成融合发展的互利共赢和多元平衡新发展格局。为此，本书在借鉴吕雁琴等（2021）、冯斐等（2020）研究的基础上，选取外资依存度指标反馈地区“引进来”发展水平，具体通过外商直接利用投资额与地区 GDP 之比进行测算。

走出去。“走出去”是一个地区对外开放水平的重要体现，是检验文化和旅游产业融合质量的重要指标。较高的“走出去”发展水平，一方面表明地区拥有较高的开放发展程度，另一方面意味着能够有效拓展本地区文化旅游市场边界。一般而言，旅游外汇收入是反映地区开放发展水平的重要表征，较高的外汇收入，表明地区对外开放取得了显著成效，接待外来旅游者人数则能够反映出地区文化旅游市场边界的影响力，是地区“走出去”发展效果的集中反映（左鑫等，2021）。为此，本书在参考已有研究的基础上（刘安乐等，2020；吕雁琴等，2021），综合选取入境旅游收入和入境过夜游客数两项指标分别反映入境旅游收益和发展规模，借助熵值法赋权加总转换为“走出去”指标。

5）共享发展驱动力。

共享发展反映了文化和旅游产业融合质量发展所产生的公共性和公益性。共享发展为文化和旅游产业融合质量提升搭建桥梁，其一方面遵循我国共同富裕的宏伟发展目标，另一方面通过共享共建能够有效提高文化和旅游资源的利用效率，实现文化和旅游融合质量的全面提升。地区较高的共享发展水平，有利于促进文化旅游基础设施完善，完善文化旅游公共服务，在地区之间形成推拉效应。为此，本书将通过文化惠民、旅游服务、基础设施三个层面表征共享发展驱动力水平。

文化惠民。文化惠民是改善地区文化投资环境，促进地区繁荣文化发展，拓展地区文化消费领域，进一步改善地区文化和旅游公共服务发展环境，是提高文化和旅游产业服务受众群体的关键指标。文化服务水平提升将有利于文化旅游项目开展，从而助推两个产业深度融合发展。为此，本书在参考周建新等（2019）、贺培育等（2018）、连静茹等（2019）研究的基础上，选取人均文化事业费综合衡量文化惠民发展水平。

旅游服务。旅游服务水平是文化和旅游产业融合发展的核心要素，旅行社作为某一个地区提供旅游有关服务的代表性服务组织，是旅游者信息咨询和开展消费娱乐活动的窗口。而星级饭店是反映地区旅游服务接待水平的重要表征，是地区旅游基础设施的重要构成。综合来看，旅行社数和星级饭店数是反馈地区旅游产业基础设施的集中体现，是反映地区旅游市场经济需求和发展规模的重要平台。为此，在参考吴丽等（2021）、汪永臻等（2020）、翁钢民等（2016）、侯兵等（2015）研究的基础上，本书选取万平方公里星级饭店数、万平方公里旅行社数来分别衡量地区旅游专项服务和旅游接待服务水平，借助熵值法赋权加总将该两项指标转换为旅游服务综合指标。

基础设施。地区发展的公共性和公益性是共享发展的集中体现，亦是地区社会经济发展全民共享的重要反映。在推动地区文化和旅游产业融合发展上，地区基础设施尤其是道路交通，作为联通产业空间集聚和完善产业链条的重要媒介，是推动地区之间文化和旅游产业融合发展协作的支撑。地区较高的道路交通水平，一方面有利于客源市场的集散功能，另一方面有利于提高文化旅游资源要素的流动效率。为此，在参考刘安乐等（2018，2020）、孙剑锋等（2019）、许春晓等（2018）研究的基础上，本书选取公路交通里程与国土面积之比来综合反馈地区基础设施水平。

综合上述分析，绘制文化和旅游产业融合质量的空间溢出效应及驱动因素分析图（见图 5 – 13）。

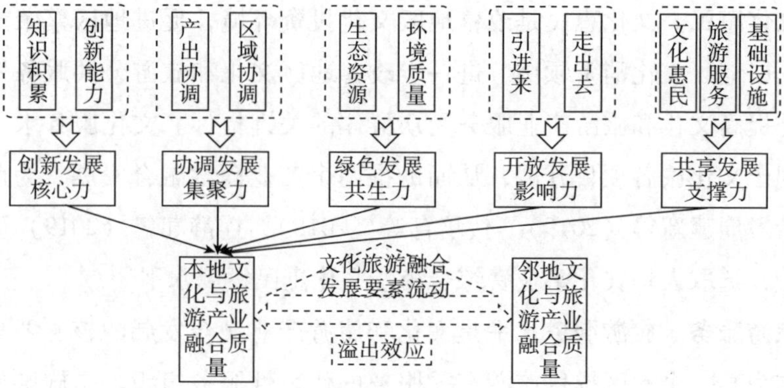

图5－13　文化和旅游产业融合质量的空间溢出效应及驱动因素分析框架

资料来源：由笔者绘制。

5.4.2　模型构建与数据来源

（1）模型构建。

基于前述空间相关性和空间关联网络分析可知，文化和旅游产业融合质量在空间发展上存在显著的空间关联性，即本地区文化和旅游产业融合发展会受到邻近地区的空间溢出，这种空间溢出效应可以归结为两大类：一是邻近地区文化和旅游产业融合质量高于本地，二是邻近地区文化和旅游产业融合质量低于本地。这两类文化和旅游产业融合质量在空间溢出上存在明显差异，若邻近地区文化和旅游产业融合质量高于本地，表明本地区文化和旅游产业融合质量整体表现相对较差，邻近地区文化和旅游产业融合发展将对本地产生高位压力，推动本地融合发展水平提升，向邻近地区较高的产业融合水平看齐；若邻近地区文化和旅游产业融合质量低于本地，表明本地区文化和旅游产业融合质量发展具有显著的优势，邻近地区较低的文化和旅游产业融合质量水平将对本地产生低位吸引力，导致本地文化和旅游产业发展积极性下降，造成本地文化和旅游产业融合发展的增长速度放缓乃至停滞。基于上述分析，本书尝试识别和区分这种邻近地区的高位压力和低位吸力对本地文化和旅游产业融合质量的空间溢出影响。需要说明的是，当邻近地区文化和旅游产业融合质量与本地发展水平相当时，本书将其归属于高位压力空间溢出类型。

1）高位压力类型。

高位压力表示邻近地区文化和旅游产业融合质量发展水平较高的地区对本地区的总空间溢出值，公式表达如下：

$$High_{it} = \sum W_{ij(t-1)}(D_{j(t-1)} - D_{i(t-1)}),\quad \text{if } D_{j(t-1)} \geqslant D_{i(t-1)}, j \in \tau_i \tag{5-14}$$

$High_{it}$表示高位压力，i、j 为省份，t 为年份，D 表示其对应省份的文化和旅游产业融合质量，τ_i 表示省份 i 某一个邻近地理距离范围内的所有省份，W_{ij}表示省份 i 与省份 j 文化和旅游融合质量差异对省份 i 溢出的经济权重矩阵，为避免内生性，采用上期指标测算本期数据。

2）低位吸力类型。

低位吸力表示邻近地区文化和旅游产业融合质量发展水平较低的地区对本地区的总空间溢出值，公式表达如下：

$$Low_{it} = \sum W_{ij(t-1)}(D_{j(t-1)} - D_{i(t-1)}),\quad \text{if } D_{j(t-1)} < D_{i(t-1)}, j \in \tau_i \tag{5-15}$$

Low_{it}表示低位吸力，i、j 为省份，t 为年份，D 表示其对应省份的文化和旅游产业融合质量，τ_i 表示省份 i 某一个邻近地理距离范围内的所有省份，W_{ij}表示省份 i 与省份 j 文化和旅游融合质量差异对省份 i 溢出的经济权重矩阵，为避免内生性，采用上期指标测算本期数据。

3）空间权重矩阵构建。

与传统计量模型相比，空间权重矩阵的设置是空间计量模型的重要特征，能够反馈地区之间的相互作用关系，将空间关系嵌入传统计量模型之中，能够深入观测空间属性的演化规律。结合已有研究来看，依据不同空间关系量化方式，学者们采用了不同的研究方式。

首先，邻近空间权重矩阵是基于地区空间单元是否存在共同的邻接边界，存在则赋值为 1，否则为 0，公式表达如下：

$$w_{ij} = \begin{cases} 1 & i \text{ 与 } j \text{ 空间相邻,存在共同邻接边界} \\ 0 & i \text{ 与 } j \text{ 空间不相邻,或者 } i = j \end{cases} \tag{5-16}$$

公式（5－16）中，i 与 j 分别表示省份 i 与省份 j，进一步将其转换为矩阵形式，公式表示如下：

$$W = \begin{pmatrix} w_{11} & w_{12} & \cdots & w_{1n} \\ w_{21} & w_{22} & \cdots & w_{2n} \\ \vdots & \vdots & \ddots & \vdots \\ w_{n1} & w_{n2} & \cdots & w_{nn} \end{pmatrix} \tag{5-17}$$

如公式（5－17）所示，矩阵中对角线上元素均为0。空间邻近矩阵运算方法相对简单，在已有文化产业以及旅游产业研究中相对广泛（赵磊等，2014），但采用该方法构建空间邻近矩阵亦存在一些不足：一是采用邻近空间权重矩阵认为两个省份相邻近才产生空间相互作用和影响，明显与客观发展现实存在一定偏差；二是采用邻近空间权重矩阵方法测算，认为两个相互邻近省份之间的相互作用强度是对等的，不存在差异，但实际地区文化和旅游产业发展存在较大差异，这种空间差异引致相互影响方向和强度存在不对等，简单地将该种关系划分为同等强度明显与实际发展存在偏差。

其次，地理距离空间权重矩阵认为相近的事物之间关联作用更大，公式表达如下：

$$w_{ij} = \begin{cases} 1/d^{a}, i \neq j \\ 0, i = j \end{cases} \tag{5-18}$$

如公式（5－18）中，d 表示省份 i、j 的空间距离，a 表示距离衰减系数，能够反馈地区之间伴随着空间距离增加而衰减的程度。该方法能够判断邻近省份之间的影响关系，但也存在只是考虑了地理因素，忽视了地区发展的社会经济发展水平差异，这种差异亦是地区之间发展不对等影响的重要来源。

再次，经济距离权重矩阵是地理距离空间权重矩阵在社会经济研究领域的拓展，该方法的核心思想是依据省份之间经济关系构建权重矩阵，公式表达如下：

$$w_{ij}=\begin{cases}\dfrac{1}{|\bar{X}_i-\bar{X}_j|},i\neq j\\0,i=j\end{cases}\tag{5-19}$$

如公式（5－19）中，i 与 j 分别表示省份 i 与省份 j，$\bar{X}_i$ 与 $\bar{X}_j$ 分别表示省份 i 与省份 j 经济发展水平。

最后，本书在已有学者研究的基础上，构建了经济地理空间权重矩阵。将省份之间的文化和旅游产业融合质量地理特征与经济发展特征同时纳入经济地理空间权重矩阵。具体来看，一是结合 Tobler 地理学第一定律思想，地理距离衰减思想的嵌入能够有效地估算省份之间即使不存在相邻关系，仍存在相互作用和影响。二是结合文化和旅游产业发展实际来看，考虑到地区之间的相互影响存在差异，社会经济发展滞后的地区对发达地区的影响相对较小，反之，发达地区对社会经济发展滞后地区的影响更大，具有更高的辐射力和吸引力，整体空间影响力和控制能力更强。为此，构建了经济距离权重矩阵。公式表达为 $W=w$、E，其中 w 表示地理距离权重矩阵，E 表示地区之间的社会经济发展差异矩阵。在此基础上，通过构建本地实际 GDP 与所有地区实际 GDP 之比，综合评估该地区社会经济发展水平。

具体公式如下：

$$\begin{cases}W_{ij}=w_{ij}\cdot diag\left(\dfrac{\bar{y}_1}{},\dfrac{\bar{y}_2}{},\cdots,\dfrac{\bar{y}_n}{}\right)\\w_{ij}=1/d_{ij}^2,i\neq j;w_{ij}=0,i=j\\\bar{y}_i=\dfrac{1}{t_1-t_0+1}\sum\limits_{t=t_0}^{t_1}y_{it};\bar{y}=\dfrac{1}{n(t_1-t_0+1)}\sum\limits_{i=1}^{n}\sum\limits_{t=t_0}^{t_1}y_{it}\end{cases}\tag{5-20}$$

公式（5－20）中，$diag$ 表示对角矩阵符，n 代表一定距离范围内比本地文化和旅游产业融合质量水平更高的地区数，t 为研究时期数，y 表示地区 GDP，W 表示地区经济距离权重矩阵，w 表示地理距离权重矩阵。

（2）计量模型。

为进一步探究空间溢出对地区文化和旅游产业融合质量发展的影响机

制，本书构建了以下计量模型：

$$D_{i(t)}/D_{i(t-1)} = \alpha_0 + \beta_1 High_{it} + \beta_2 Low_{it} + \theta_i X_{it} + \eta_i + \lambda_t + \varepsilon_{it} \quad (5-21)$$

公式（5－21）中，D 表示地区文化和旅游产业融合质量，为衡量地区两个产业融合质量的演化程度，采用增长率方法进行测算（$CTR = D_{i(t)}/D_{i(t-1)}$），$High_{it}$为高位压力，$Low_{it}$为低位吸力，$X_{it}$为前述控制变量，即驱动因素变量，$\beta_i$为系数，$\alpha_0$、$\lambda_i$、$\eta_i$、$\varepsilon_{it}$分别为常数项、时间效应、个体效应和误差项。基于上述文化和旅游产业融合质量空间溢出效应驱动因素的模型构建分析可知，不同的空间竞争模式下，地区之间所产生的溢出效应对地区文化和旅游产业融合质量发展的影响不同，β_1、β_2分别表示高位压力和低位吸力的系数。β_1如果为正向符号，表明邻近地区高位压力所产生的空间溢出效应能够显著推动本地区文化和旅游产业融合质量上升发展，说明邻近地区竞争表现出“见优思齐”特征。反之，如果为负向符号，则表明邻近地区高位压力所产生的空间溢出会阻碍本地区文化和旅游产业融合质量发展。β_2如果为正向符号，表明邻近地区低位吸力所产生的空间溢出效应能够显著推动本地区文化和旅游产业融合质量上升发展。反之，如果为负向符号，则表明邻近地区低位吸力所产生的空间溢出会阻碍本地区文化和旅游产业融合质量发展，说明邻近地区竞争表现出“见劣思缓”的特征。

（3）数据来源与说明。

考虑到本书中数据跨越时期数相对较长，现有统计资料数据口径存在不一致以及可获取性等原因，本书样本数据不包含香港、澳门和台湾地区，依据国家统计局划分方法，并参考和借鉴了国内学者研究（高楠等，2021），将31个省（区、市）划分为东中西三大地区。为了增强整体数据的可比性，涉及价值型指标均进行了不变价处理。变量数据均来源于《中国旅游统计年鉴》《中国文化文物统计年鉴》《中国交通统计年鉴》《中国统计年鉴》《中国科技统计年鉴》《旅游抽样调查资料》《中国林业统计年鉴》及各省份统计年鉴，此外对于其中缺失的数据资料，采用了趋势外推法和插值法进行补齐（高楠等，2017）。

5.4.3　全国尺度文化和旅游产业融合质量空间溢出效应及驱动因素分析

基于上述空间计量模型，依据 Hausman 检验判断（杨喜，2020），并结合本书的主题来看，本书适用固定效应模型。为了进一步估算省份之间距离的不断扩大，各个省份之间的相互影响和相互作用情况，在借鉴黄建欢等（2018）研究成果的基础上，构建基于不同邻近距离阈值的权重矩阵，以邻近省份的 200km 开始构建空间赋权矩阵，在距离范围设定上，仅考虑将两个省份的省会城市距离作为阈值，距离采用的是经纬度坐标测算的距离。据此，本书将从全国尺度和区域尺度两个层面展开文化和旅游产业融合质量空间溢出效应的驱动因素分析。

（1）文化和旅游产业融合指数的空间溢出效应及驱动因素分析。

从空间溢出效应来看，依据表 5－11 文化和旅游产业融合指数的不同邻近范围内全样本回归结果可知，高位压力（*High*）在 600km、800km、1000km、1200km 的邻近范围内显著为正，对本地区文化和旅游产业融合指数具有显著的推动作用。低位吸力（*Low*）在 200km、400km、600km 的邻近范围内显著为负。整体上，基于不同邻近范围内全样本实证分析证明了文化和旅游产业融合指数存在本地与邻近省份的竞争机制，但是在具体的运行机制上存在较大差异。具体而言，高位压力仅在 600km、800km、1000km、1200km 的范围内显著为正，表明正向空间溢出的范围相对较远，对距离较近地区溢出并不显著。低位吸力所产生的负向空间溢出伴随着距离增加，呈现出由显著到不显著演化，表明负向溢出的空间影响波及地区相对较小。总之，高位压力的正向溢出并不符合严格意义上的距离衰减规律，而低位吸力的负向溢出符合距离衰减规律。

表 5－11 的回归结果证明了假说 1 和假说 2，即文化和旅游产业融合发展的空间邻近竞争过程中，存在着“见优思齐”和“见劣思缓”两种溢出效应。具体而言，“见优思齐”的正向空间溢出在 600km 和 800km 范围内影响系数较高，即高位压力每增长 1 个单位，文化和旅游产业融合指数增长率分别提高 12.6% 和 15.7%，而“见劣思缓”的负向空间溢出在

600km影响系数最高，即低位吸力每增长1个单位，文化和旅游产业融合指数增长率会下降22%。可见，高位压力的正向溢出增长不及低位吸力负向溢出的降低影响，表明两者在空间溢出方向和作用力大小上存在分歧和不对称。可能原因在于，一方面，从高位压力的正向空间溢出的实现条件来看，受益方需要一定的文化旅游产业发展基础和消化吸收能力，具备一定的文化旅游市场开放水平，正向溢出效应才能达到较高水平；另一方面，地区之间文化旅游产业联动发展不足，虽然地区内文化旅游产业存在一定合作，但在强者愈强、弱者愈弱的马太效应作用下，文化旅游产业融合发展的提升能力有限，单纯依赖外部性推动，缺乏与本省份进行实际的有效结合，正向溢出的作用受限。

表5-11　不同邻近范围内全样本回归结果

变量	200 km	400 km	600 km	800 km	1000 km	1200 km
	CTR	*CTR*	*CTR*	*CTR*	*CTR*	*CTR*
High	0.005 (0.987)	0.074 (1.062)	0.126** (2.587)	0.157** (2.808)	0.106** (2.432)	0.101** (2.472)
Low	-0.285** (-2.539)	-0.229** (-2.065)	-0.220* (-2.296)	-0.169 (-1.727)	-0.103 (-1.297)	-0.128 (-1.204)
ZSJL	0.483** (2.141)	0.329** (2.023)	0.327** (2.654)	0.360** (1.900)	0.332** (2.554)	0.319** (2.505)
CXNL	0.359** (2.037)	0.274** (2.907)	0.256** (2.472)	0.234** (2.420)	0.221** (2.619)	0.258** (2.119)
CYXT	0.385** (3.045)	0.326** (3.174)	0.292** (2.950)	0.301** (3.001)	0.303** (3.012)	0.340** (3.037)
QYXT	0.021 (0.598)	0.004 (1.146)	0.017 (0.397)	0.006 (0.463)	0.005 (0.314)	0.001 (0.245)
STZY	0.305** (2.023)	0.301** (2.345)	0.275** (2.475)	0.298** (2.008)	0.263** (2.672)	0.284** (2.580)
HJZL	-0.064 (-0.473)	-0.132 (-0.823)	-0.094 (-0.487)	-0.034 (-0.377)	-0.053 (-0.278)	-0.049 (-0.305)
YJL	0.006 (0.419)	0.091 (0.513)	0.032 (0.635)	0.015 (0.561)	0.039 (0.554)	0.021 (0.489)

续表

变量	200 km	400 km	600 km	800 km	1000 km	1200 km
	CTR	*CTR*	*CTR*	*CTR*	*CTR*	*CTR*
ZCQ	-0.031 (-0.626)	-0.002 (-0.124)	-0.070 (-0.088)	-0.013 (-0.073)	-0.043 (-0.024)	-0.038 (-0.011)
WHHM	0.273** (3.596)	0.322** (3.663)	0.407*** (1.814)	0.360** (2.025)	0.278** (2.554)	0.351** (2.417)
LYFW	0.278** (2.198)	0.295** (3.328)	0.191** (2.089)	0.204** (2.190)	0.183** (2.294)	0.192** (2.001)
JCSS	0.101*** (1.816)	0.067** (2.397)	0.079** (2.614)	0.088** (2.328)	0.094** (2.027)	0.097** (2.034)
常数项	0.293*** (2.535)	0.286** (2.909)	0.277*** (1.801)	0.258** (2.313)	0.243** (2.097)	0.208** (2.200)
个体效应	控制	控制	控制	控制	控制	控制
时间效应	控制	控制	控制	控制	控制	控制
R - squared	0.803	0.886	0.745	0.781	0.801	0.829

注：*、**、***依次表示在1%、5%和10%的水平上显著。

从驱动因素来看，在所有邻近空间范围内，仅环境质量（*HJZL*）、“引进来”（*YJL*）和“走出去”（*ZCQ*）三项指标并未具有显著性，其他指标均通过了显著性检验，对我国文化和旅游产业融合发展具有显著的推动作用。具体而言，以知识积累（*ZSJL*）和创新能力（*CXNL*）为代表的创新发展具有正向驱动作用，在所有邻近空间范围内均显著，且影响系数值最高，是推动地区文化和旅游产业融合指数增长的首要动力来源，表明各个省份知识积累和创新能力愈高，愈有利于充分发展地区文化，通过创新驱动实现文化和旅游资源要素的整合，优化文化和旅游产品供给，提升其产业融合的附加值，创造出新的市场消费需求，为文化和旅游产业融合发展的新业态和新模式提供动力，形成新的竞争优势。

从产业协调（*CYXT*）和区域协调（*QYXT*）为代表的协调发展来看，产业协调发展具有正向驱动作用，在所有邻近空间范围内均显著。产业协调能够提高两个产业融合发展与第三产业的关联性和延展性，从而优化两个产业融合发展的协作与分工，更有利于与第三产业部门协作发展，形成高效发展的有机体（侯兵等，2020）。与之相比，区域协调（*QYXT*）发展的驱动作用并不显著，可能原因在于我国地区之间文化和旅游产业发展从短期来看差异较大，增加了地区之间文化和旅游产业融合发展要素的关联成本和协调成本，较大的发展差异成为地区产业合作的障碍。

从以生态资源（*STZY*）和环境质量（*HJZL*）为代表的绿色发展来看，生态资源（*STZY*）发展具有正向驱动作用，在所有邻近空间范围内均显著，表明地区丰富的生态资源能够显著提升文化和旅游产业融合水平，一方面验证了地区生态资源与文化旅游资源具有较高的关联耦合性质（冯斐，2020），另一方面，生态资源通过文化和旅游融合开发，有利于转化为经济优势。环境质量（*HJZL*）的驱动作用并不显著，可能原因在于，环境质量效应产生作用具有一定的周期性，尤其是地区环保目标规划从制定到执行，这一过程牵涉多个部门的协同合作。与此同时，空气质量问题改善需要其他产业的共同减排、环保投入与产出等，诸多不确定性因素叠加最终引致环境质量对文化和旅游产业融合指数增长的驱动作用并不显著。

从以“引进来”（*YJL*）和“走出去”（*ZCQ*）为代表的开放发展来看，在所有邻近空间范围内，两者均未表现出显著的驱动作用。可能原因在于，一方面，文化旅游事业属性并未与产业发展完全剥离，体制机制改革仍在进行中，“引进来”的市场化发展滞缓，导致外部投资受限；另一方面，我国入境旅游占旅游总收入比重偏低，以 2019 年为例，入境旅游占旅游总收入比重仅为 13. 66%，虽然我国入境旅游收入每年都在上涨，但整体发展水平仍旧比较低。结合已有研究来看（冯斐，2020），对外开放水平从长期发展上能够显著推动文化和旅游产业融合的入境旅游收入增长和外部投资增长，但是短期来看既定的投入产出发展模式难以改变，存在自我选择效应，如在外部投资环境改善、入境旅游的宣传推广和提供国际化的服务等方面存在短期锁定效应，从而对文化和旅游产业融合指数增长驱动作用并不显著。

从文化惠民（*WHHM*）、旅游服务（*LYFW*）、基础设施（*JCSS*）为代表的共享发展来看，均具有正向驱动作用，在所有邻近空间范围内均表现出较高的显著性。具体从人均文化事业费为代表的文化惠民来看，文化惠民的实施能够改善群众性的文化活动，能够显著提升地区文化服务水平，通过以公共文化服务为载体，并与旅游公共服务相互结合，将群众“需要的”和“想要的”有机结合，搭建出具有体验性的文化场景，通过文化消费拉动文旅产业融合发展，催生出文化和旅游融合的新型业态，推动文化和旅游产业融合指数增长；从星级饭店和旅行社为代表的旅游服务来看，旅游服务能够显著提升旅游者对地区的参与度、获得感和满意度（陈慰等，2020），通过丰富旅游服务类型，与地区文化内涵进行深度融合，比如饭店业融入地区民俗文化，发挥创新文化品牌的示范效应，同样具有刺激地区文化旅游消费和推动文化旅游融合发展的作用；从地区公路交通里程占比为代表的基础设施来看，其能够显著推动地区交通的通达性，提升地区的可以进入性，增强客源市场的流入，推动地区之间人流、物流和资金等要素的流动，强化地区之间的联系，为促进文化和旅游产业的空间集聚，形成规模集聚效应提供基础支撑（刘安乐等，2020）。

（2）文化和旅游产业融合路径的空间溢出效应及驱动因素分析。

为进一步验证上述文化和旅游产业融合指数在空间溢出效应和驱动因素结论上的合理性，本书对两条融合路径进行了实证，作为融合指数实证结论的扩展性检验，具体结果如下。

从空间溢出效应来看，依据表5－12，高位压力在600km、800km、1000km、1200km上显著为正。低位吸力在200km、400km上显著为负。验证了文化产业促进旅游产业融合指数存在本地与邻近省份的竞争机制，但与融合指数相比，低位吸力的影响范围相对较小，可能原因在于距离较近的地区之间，往往拥有相近的文化和文物资源基础，相似的文化发展环境，文化资源开发和产业发展水平相对较低，难以形成区域联动的发展格局。总体上，该回归结果验证了假说1和假说2，即文化产业促进旅游产业融合发展过程中存在空间邻近竞争过程，存在着“见优思齐”和“见劣思缓”两种溢出效应。具体而言，“见优思齐”的正向空间溢出在

1000km 范围内影响系数最高，即高位压力每增长 1 个单位，文化产业促进旅游产业融合指数增长率提高 25.8%，而“见劣思缓”的负向空间溢出在 200km 影响系数最高，即低位吸力每增长 1 个单位，文化产业促进旅游产业融合指数增长率会下降 39.7%。可见，低位吸力的负向溢出较高。同时，与两个产业融合指数相比，文化产业促进旅游产业融合发展的高位压力影响范围相对更广，结合其空间关联网来看，文化产业促进旅游产业的正向空间溢出更倾向于在经济基础、产业发展、业态规模相对接近地区进行溢出。

表 5-12　文化产业促进旅游产业融合（*CPTR*）不同邻近范围内全样本回归结果

变量	200 km	400 km	600 km	800 km	1000 km	1200 km
	CPTR	*CPTR*	*CPTR*	*CPTR*	*CPTR*	*CPTR*
High	0.063 (0.721)	0.027 (0.124)	0.111*** (2.026)	0.185*** (2.120)	0.258** (2.898)	0.175*** (2.254)
Low	-0.397** (-2.842)	-0.342** (-2.442)	-0.105 (-0.251)	-0.032 (-0.598)	-0.121 (-0.790)	-0.193 (-1.273)
ZSJL	0.725* (3.142)	0.651* (3.007)	0.774* (3.544)	0.690* (3.185)	0.588* (3.547)	0.607* (2.971)
CXNL	0.578* (3.901)	0.447* (3.012)	0.532* (3.257)	0.509* (3.411)	0.520* (3.009)	0.537* (3.276)
CYXT	0.404* (2.887)	0.395* (2.754)	0.387* (2.302)	0.407* (2.080)	0.331* (2.253)	0.342* (2.055)
QYXT	0.422*** (1.845)	0.358** (2.018)	0.408** (1.933)	0.395** (2.015)	0.403** (2.141)	0.306** (2.101)
STZY	0.114 (0.785)	0.098 (0.669)	0.127 (0.524)	0.114 (0.637)	0.128 (0.701)	0.109 (0.601)
HJZL	0.126 (0.896)	0.118 (0.701)	0.110 (0.688)	0.107 (0.612)	0.130 (0.854)	0.126 (0.759)
YJL	2.187*** (1.917)	2.034 (2.019)	0.187 (2.028)	0.179 (1.980)	0.203 (2.088)	0.213 (2.147)
ZCQ	-0.098 (-0.247)	-0.120 (-0.358)	-0.085 (-0.209)	-0.869 (-0.338)	-0.938 (-0.213)	-0.114 (-0.281)

续表

变量	200 km	400 km	600 km	800 km	1000 km	1200 km
	CPTR	CPTR	CPTR	CPTR	CPTR	CPTR
WHHM	0. 638 ** (2. 893)	0. 588 ** (2. 388)	0. 608 ** (2. 975)	0. 661 ** (2. 754)	0. 590 ** (2. 838)	0. 604 ** (2. 684)
LYFW	0. 618 ** (3. 461)	0. 650 ** (3. 583)	0. 674 ** (3. 335)	0. 601 ** (2. 891)	0. 582 ** (3. 305)	0. 620 ** (3. 017)
JCSS	-0. 065 (-0. 998)	-0. 038 (-0. 875)	-0. 052 (-0. 804)	-0. 047 (-0. 781)	-0. 045 (-0. 909)	-0. 050 (-0. 982)
常数项	0. 463 ** (2. 697)	0. 451 (2. 402)	0. 443 (2. 614)	0. 486 (2. 595)	0. 469 (2. 541)	0. 437 (2. 472)
个体效应	控制	控制	控制	控制	控制	控制
时间效应	控制	控制	控制	控制	控制	控制
R - squared	0. 804	0. 815	0. 835	0. 780	0. 839	0. 807

注：*、**、***依次表示在 1%、5%和 10%的水平上显著。

根据表 5 - 13 旅游产业促进文化产业融合路径的不同邻近范围内全样本回归结果可知，高位压力在 200km、400km、600km 上显著为正。低位吸力在 200km 上显著为负，表明旅游产业促进文化产业融合指数存在本地与邻近省份的竞争机制，且高位压力还是低位吸力的影响距离范围较小。结合回归估计结果来看，旅游产业促进文化产业融合发展过程中存在着“见优思齐”和“见劣思缓”两种溢出效应。其中，“见优思齐”的正向空间溢出在 400km 范围内影响系数最高，即高位压力每增长 1 个单位，旅游产业促进文化产业融合指数增长率提高 42. 3%，而“见劣思缓”的负向空间溢出在 200km 影响系数最高，即低位吸力每增长 1 个单位，旅游产业促进文化产业融合指数增长率会下降 23. 8%。高位压力的正向空间溢出较高，可能原因在于，不同于文化产业促进旅游产业正向溢出更聚焦于发展水平基础，而旅游产业促进文化产业正向溢出更注重地区相近的文化旅游客源市场（张舒宁等，2019），邻近性会影响地区旅游流动的空间影响范围，具有明显的距离衰减规律。

从驱动因素来看，文化产业促进旅游产业融合过程中，知识积累、创新能力、产业协调、区域协调、文化惠民具有显著的正向促进作用。“引进来”则呈现出负向显著，结合已有学者研究来看，文化产业引进外资分类上，以文化旅游类占比最高，尤其是主题公园在引入外资上规模较大，且该类主题公园往往聚集于一线城市，与本土主题公园形成激烈竞争，在开发模式上具有趋同效应，降低了差异化优势，不利于良性发展（中国旅游研究院文化旅游研究基地，2020）；在旅游产业促进文化产业融合过渡中，知识积累、创新能力、产业协调、生态资源、旅游服务和基础设施呈现显著的正向促进作用。从文化和旅游产业融合路径的区别来看，区域协调、文化惠民对文化产业促进旅游产业融合发展的正向促进作用显著，而生态资源、旅游服务和基础设施对旅游产业促进文化产业融合发展更为显著，可能的原因是，在区域协调上，从地区开展文化生产与消费的文化产业园来看，其文化活动能够有效集聚多种资源，发挥协同作用和规模效应，有效激发文化产业融合功能（戚梅，2018）。与之相比，旅游产业更多围绕景区以及提供服务展开，区域协调对其直接推动作用相对有限。文化惠民上，更关注围绕文化公共服务，搭建出具有感知性和体验性的文化旅游场景，通过文化消费带动旅游发展。生态资源上，其与文化旅游资源融合业态主要体现为生态旅游、康养旅游、乡村旅游等，通过旅游地服务功能和基础设施服务促进生态文化体验和感知。旅游服务上，旅游服务能够显著提升旅游者对地区的参与度、获得感和满意度（陈慰等，2020），通过丰富旅游服务类型，与地区文化内涵进行深度融合，刺激地区文化旅游消费和推动文化旅游融合发展。基础设施上，最主要的是能够提高地区的可进入性，强化地区之间的联系，对地区旅游流具有显著的促进作用（吴磊等，2019），刺激旅游消费市场活跃，通过客源市场推动文化产业发展。

表5－13　旅游产业促进文化产业融合（*TPCR*）不同邻近范围内全样本回归结果

变量	200 km	400 km	600 km	800 km	1000 km	1200 km
	TPCR	*TPCR*	*TPCR*	*TPCR*	*TPCR*	*TPCR*
High	0.362** (2.721)	0.423** (2.043)	0.285*** (1.873)	0.137 (0.271)	0.169 (0.659)	0.125 (0.467)

续表

变量	200 km	400 km	600 km	800 km	1000 km	1200 km
	TPCR	*TPCR*	*TPCR*	*TPCR*	*TPCR*	*TPCR*
Low	−0.238 ** （−2.353）	−0.167 （−0.467）	−0.326 （−0.652）	−0.118 （−0.345）	−0.141 （−1.057）	−0.163 （−0.819）
ZSJL	0.309 ** （2.351）	0.328 ** （2.460）	0.300 ** （2.154）	0.327 ** （2.174）	0.338 ** （2.672）	0.309 ** （2.502）
CXNL	0.393 ** （2.618）	0.325 ** （2.151）	0.387 ** （2.314）	0.337 ** （2.318）	0.308 ** （2.125）	0.302 ** （2.112）
CYXT	0.450 * （3.472）	0.385 * （3.080）	0.337 * （3.422）	0.340 * （3.596）	0.322 * （3.613）	0.375 * （3.169）
QYXT	0.097 （0.421）	0.093 （0.221）	0.082 （0.215）	0.081 （0.227）	0.090 （0.212）	0.092 （0.211）
STZY	0.261 *** （1.814）	0.205 ** （2.207）	0.294 ** （2.358）	0.208 ** （2.290）	0.204 *** （1.946）	0.242 *** （1.991）
HJZL	−0.018 （−0.133）	−0.047 （−0.081）	−0.029 （−0.092）	−0.034 （−0.121）	−0.024 （−0.139）	−0.015 （−0.120）
YJL	−0.172 （−0.362）	−0.107 （−0.315）	−0.158 （−0.293）	−0.164 （−0.226）	−0.137 （−0.247）	−0.131 （−0.354）
ZCQ	−0.001 （−0.444）	−0.013 （−0.401）	−0.008 （−0.404）	−0.005 （−0.352）	−0.015 （−0.395）	−0.003 （−0.340）
WHHM	−0.051 （−0.975）	−0.078 （−0.873）	−0.094 （−0.793）	−0.059 （−0.724）	−0.045 （−0.877）	−0.050 （−0.836）
LYFW	0.117 ** （2.611）	0.134 ** （2.793）	0.101 ** （2.103）	0.139 ** （2.184）	0.104 ** （2.139）	0.138 ** （2.180）
JCSS	0.138 ** （2.132）	0.184 ** （2.087）	0.135 ** （2.031）	0.140 ** （2.042）	0.152 ** （2.170）	0.102 ** （2.030）
常数项	0.186 （1.044）	0.152 （1.006）	0.188 （1.021）	0.201 （1.206）	0.175 （1.251）	0.172 （1.043）
个体效应	控制	控制	控制	控制	控制	控制
时间效应	控制	控制	控制	控制	控制	控制
R − squared	0.823	0.808	0.790	0.782	0.823	0.816

注：*、**、***依次表示在1%、5%和10%的水平上显著。

综上所述，来自邻近省份的高位压力能够显著提升本省份文化和旅游产业融合质量，具有追赶效应，表现出“见优思齐”的发展趋势，但是其产生的空间溢出效应受到空间邻近范围约束，有效作用距离有限；来自邻近省份的低位吸力则影响距离较小，表现出与邻近范围的省份竞争过程中，其融合质量增长放缓现象，具有路径依赖效应，呈现“见劣思缓”态势。

5.4.4 区域尺度文化和旅游产业融合质量空间溢出效应及驱动因素分析

（1）区域尺度文化和旅游产业融合指数的空间溢出效应及驱动因素分析。

结合前述研究来看，我国文化和旅游产业融合质量亦存在融合不充分和地区不平衡发展现实，通过全国层面的空间溢出效应及驱动因素分析，虽然能够从宏观尺度科学把控文化和旅游产业融合质量整体的空间溢出效应，但不同区域尺度下驱动力显著性是否会存在差异。据此，为进一步分析邻近竞争模式差异下不同区域尺度下文化和旅游产业融合质量的邻近竞争模式，对三大地区进行细致分析。

从空间溢出效应来看，依据表 5 – 14 可知，三大地区的空间溢出效应差异较大。东部邻近省份的高位压力空间溢出显著为正，为 0. 212，即高位压力每增加 1 个单位，文化和旅游产业融合指数增长率提高 21. 2%，表明对本地区文化和旅游产业融合指数具有显著推动作用。邻近省份的低位吸力并不显著。中部地区邻近省份的高位压力显著为正（0. 165），即高位压力每增加 1 个单位，文化和旅游产业融合指数增长率提高 16. 5%。低位吸力显著为负（ – 0. 019），即低位吸力每增加 1 个单位，文化和旅游产业融合指数增长率降低 1. 9%。而西部地区高位压力不显著，低位吸力显著为负（ – 0. 201），即低位吸力每增加 1 个单位，文化和旅游产业融合指数增长率降低 20. 1%。结合影响系数来看，三大地区文化和旅游产业融合指数在空间溢出显著性、溢出方向和作用力上差异较大。可见，“见优思齐”和“见劣思缓”两种空间溢出效应表现在三大地区存在差异，结合文化和旅游产业融合指数的空间关联网络探究这一现象的可能原因在于，东部地区低位吸力溢出效应并不显著。北京、上海、广东、浙江、江苏、福建等属于“净溢出”和“双向溢出板块”，属于溢出关系的集聚地区，溢出影响远强于受益影响，同时京津冀、长三角、珠三角、山东半岛等经济区域具有良好的协作基础，导致东部地区低位吸力影响较弱；山西、吉林、黑龙江、湖北、湖南等中部地区属于“经纪人”和“双向溢出”板块，属于承接空间溢出板块和受益关系板块的中介和桥梁，促使中部地区受高位压力和低位吸力的双向空间溢出影响；贵州、重庆、西藏、广西、甘肃、青海、宁夏、新疆等西部省份属于“主受益”板块，西部地区虽然具有丰富的文化旅游资源，但文化旅游资源开发不足，地区之间社会经济关联不足，虽然属于“主受益”板块，但受益方需要一定的文化旅游产业发展基础和消化吸收能力，正向空间溢出发生后劲不足，较难与周边地区形成联动发展格局（刘安乐等，2020），导致西部地区高位压力影响力较弱。

表 5－14　区域尺度全样本回归结果

变量	东部地区	中部地区	西部地区
	CTR	*CTR*	*CTR*
High	0.212** (3.047)	0.165** (2.103)	0.064 (0.502)
Low	-0.093 (-0.403)	-0.019** (-2.277)	-0.201* (-3.197)
ZSJL	0.186*** (2.559)	0.337** (1.903)	0.082 (0.424)
CXNL	0.289** (2.081)	0.045** (1.917)	0.096 (0.580)
CYXT	0.237*** (1.924)	0.237*** (1.808)	0.643* (3.672)
QYXT	0.465* (2.495)	0.303* (2.555)	0.015 (0.078)
STZY	0.027** (2.519)	0.294** (2.743)	0.284** (2.419)
HJZL	0.004 (0.335)	0.060 (1.187)	0.003 (0.002)

续表

变量	东部地区	中部地区	西部地区
	CTR	CTR	CTR
YJL	-0.075* (-1.953)	0.139 (0.668)	0.018 (0.800)
ZCQ	0.032*** (1.917)	0.250 (1.462)	0.203 (1.075)
WHHM	0.131** (2.661)	0.068 (1.508)	0.128 (0.589)
LYFW	0.048*** (2.047)	0.429* (3.759)	0.312** (2.001)
JCSS	0.104** (1.953)	0.199** (2.276)	0.036 (1.035)
常数项	0.076** (2.753)	0.144** (1.931)	0.385** (3.011)
个体效应	控制	控制	控制
时间效应	控制	控制	控制
R-squared	0.858	0.890	0.814

注：*、**、***依次表示在1%、5%和10%的水平上显著。

从驱动因素分析来看（见表5-14），五大驱动因素影响在东部、中部和西部地区之间存在显著差异。创新发展在东部和中部地区显著性较高，西部影响并不显著，虽然受“西部大开发”“一带一路”等的正向拉动，但西部文化旅游创新发展环境整体偏低，在创新主体、创新资源和投入产出方面与中东部地区存在显著差距，且短期内政府财政倾斜和发达地区的对口帮扶效应尚未凸显（郭峦，2017）。协调发展在东部和中部地区显著性较高，而西部地区仅产业协调表现出显著性，区域协调并不显著。结合前述研究来看，西部地区内部差异最大，内部非均衡现象尤为严重，难以形成集聚发展优势。就绿色发展而言，仅环境质量未表现出显著性，短期来看，环境质量的驱动效应并不显著。开放发展中，仅东部地区表现出显著性，且“走出去”呈现负向显著性，“引进来”呈现正向显著性，结合前述分析来看，东部地区本身拥有较高的经济发展基础和消费市场环境，往往是吸引外资流入的重点地区，但容易与本土的文化旅游产业争夺资源和竞争趋同，且外商投资文化旅游重点集中于饭店、主题乐园等，投资领域相对集中，分流并不显著，存在一定的滞后性和迟缓性。共享发展上，中西部地区文化惠民驱动并不显著，结合已有研究来看（杜荷花，2020），中部地区公共文化服务资源配置水平发展相对缓慢，而西部地区虽然经过西部大开发，公共文化事业改善明显，但其省份之间的差异较大，加剧了两极分化，对文化和旅游融合发展的驱动作用并不显著。仅西部地区基础设施驱动力不显著，虽然经过多年发展，西部地区交通改善明显，但与东部和中部地区相比仍存在差距，且公路交通的通达性短板，尤其是旅游目的地的可进入性较差，制约了文化旅游发展。

（2）区域尺度文化和旅游产业融合路径的空间溢出效应及驱动因素分析。

为进一步检验文化和旅游产业融合指数的空间溢出效应及驱动因素分析的合理性与科学性，对文化和旅游产业融合路径进行扩展性分析，具体结果如下：

从空间溢出效应来看（见表 5 – 15），从文化产业促进旅游产业融合发展的角度看，东部邻近省份的高位压力正向空间溢出效应显著为正（0.028），即高位压力每增加 1 个单位，文化和旅游产业融合指数增长率提高 2.8%，低位吸力的负向空间溢出并不显著。中部地区高位压力（即高位压力每增加 1 个单位，文化和旅游产业融合指数增长率提高 3.4%）和低位吸引均表现出显著性（即低位吸力每增加 1 个单位，文化和旅游产业融合指数增长率降低 1.6%）。西部地区仅低位吸力的负向溢出显著，即低位吸力每增加 1 个单位，文化和旅游产业融合指数增长率降低 17.4%。这一结论与区域尺度的两个产业融合指数溢出效应相一致。从旅游产业促进文化产业融合发展的角度，东部地区邻近省份的高位压力正向空间溢出效应显著为正，低位吸力的负向空间溢出效应亦通过了显著性检验。东部地区出现“见劣思缓”的空间溢出，可能原因在于，热点类型集聚的东部地区虽然发展水平始终处于领先水平，但在边际效应递减情形下，邻近地区的旅游消费市场增量空间趋于饱和（中国旅游研究院，2018），其增长速度逐渐放缓，引致对文化产业的提升难度增加。而中西部地区的邻近省份的空间溢出表现与两个产业融合指数的一致，侧面说明了结果具有稳健性。

表 5－15　区域尺度文化和产业融合路径不同邻近范围内全样本回归结果

变量	*CPTR—Eastern*	*CPTR—Central*	*CPTR—Western*	*TPCR—Eastern*	*TPCR—Central*	*TPCR—Western*
High	0.028** (2.135)	0.034** (2.557)	0.112 (0.146)	0.050** (2.784)	0.037** (2.739)	0.005 (0.104)
Low	−0.071 (−1.775)	−0.016** (−2.933)	−0.174** (−2.805)	−0.003** (−2.127)	−0.032** (−2.069)	−0.118** (−2.695)
ZSJL	0.038** (2.032)	0.061** (2.100)	0.009 (0.037)	0.416** (2.747)	0.199* (3.739)	0.061 (1.107)
CXNL	0.474* (3.639)	0.176** (2.018)	0.045 (0.527)	0.316** (2.543)	0.132* (3.054)	0.035 (0.231)
CYXT	0.301** (2.817)	0.138** (2.042)	0.578* (3.539)	0.366** (2.883)	0.119** (2.092)	0.102* (3.247)
QYXT	0.178** (3.284)	0.032** (2.350)	0.101 (0.619)	0.180** (2.450)	0.471** (2.712)	0.443 (1.067)
STZY	0.292 (0.041)	0.184 (0.211)	0.170** (2.815)	0.095** (2.006)	0.323* (4.219)	0.218* (2.985)
HJZL	0.001 (0.309)	0.067 (0.131)	0.003 (0.190)	0.018 (0.693)	0.024 (0.438)	0.043 (0.435)
YJL	−0.078*** (−2.331)	0.050 (0.072)	0.012 (0.073)	−0.043** (−1.946)	0.082 (0.315)	0.126 (0.508)
ZCQ	0.228** (1.978)	0.031 (0.811)	0.027 (0.693)	0.680* (3.980)	0.025 (0.382)	0.075* (2.570)
WHHM	0.256** (2.677)	0.005 (0.072)	0.260 (1.308)	0.007 (1.604)	0.206 (0.934)	0.039 (0.773)
LYFW	0.226 (1.689)	0.048 (0.528)	0.295 (1.586)	0.191** (2.901)	0.159** (2.350)	0.084** (3.212)
JCSS	0.018 (0.309)	0.087 (0.210)	0.048 (0.190)	0.072** (2.368)	0.137** (2.681)	0.126 (1.332)

续表

变量	*CPTR—Eastern*	*CPTR—Central*	*CPTR—Western*	*TPCR—Eastern*	*TPCR—Central*	*TPCR—Western*
常数项	0.357** (2.058)	0.401** (2.234)	0.875** (2.527)	2.284** (2.179)	0.285** (2.492)	0.222** (2.466)
个体效应	控制	控制	控制	控制	控制	控制
时间效应	控制	控制	控制	控制	控制	控制
R - squared	0.909	0.866	0.805	0.833	0.835	0.909

注：*、**、***依次表示在 1%、5%和 10%的水平上显著。

从驱动因素分析来看，文化产业促进旅游产业融合发展的驱动因素上，创新发展在东部和中部地区通过了显著性检验，西部地区未通过显著性检验。就协调发展驱动力而言，仅西部地区区域协调驱动力不显著，中部和东部地区的影响作用显著。绿色发展仅西部地区生态资源驱动力具有显著性，缘于西部地区不仅生态资源丰富，而且通过大力发展生态经济，由粗放型向集约化转型发展，为文化产业发展提供了物质基础，尤其是文化产业的高附加值、低能耗及环保等特征与生态经济相符合，成为西部生态经济发展新的增长点。开放发展上，仅东部地区具有显著驱动性，这一结论与文化和旅游产业融合指数一致。共享发展上，仅东部地区文化惠民通过了显著性检验。从旅游产业促进文化产业融合发展的驱动因素来看，创新发展上仅西部地区未通过显著性检验。协调发展上，西部地区区域协调发展未通过显著性检验。绿色发展上，生态资源在东部、中部和西部均通过了显著性检验，这一结论亦与两个产业融合指数的回归结果一致。开放发展上，东部地区驱动作用显著，且西部地区的“引进来”驱动效应显著，出现这一现象可能原因在于，我国入境旅游流发展水平由高至低为东部、西部、中部，东部是集聚了全国改革开放口岸城市和特区最多的地区，入境旅游流具有先天优势，而西部地区则拥有重庆、成都、西安、昆明等一批重点旅游城市，伴随着西部大开发战略实施以及丰富的文化旅游资源，西部入境旅游发展迅速（高楠等，2020）。共享发展上，文化惠民在东部、中部和西部未通过显著性检验，旅游服务在西部地区未通过显著性检验。整体上，文化和旅游产业融合路径在区域尺度的驱动因素显著性与两个产业融合指数的结论具有较高的一致性，表明了本书结论的可靠性。

基于以上分析可知，我国当前文化和旅游产业融合发展的“不充分”和“不平衡”是阻碍其更高质量发展的突出矛盾。不平衡表现为省份间横向差距较大，而不充分则表现为两个产业融合质量纵向偏低，亦成为两个产业融合质量不平衡发展的主导原因。结合前述章节研究，将文化和旅游产业融合质量不充分归纳为图 5－14。首先，基于技术效率考量下的内部因子层，文化和旅游产业融合路径均存在与理想水平的偏离，暴露出两个产业关联投入不足的弊端，其根源为两个产业自身结构的技术效率问题，表现在文化旅游企业规模不大、文旅产业细分比例不协调、文旅产业集聚不高等方面，不利于化解产业自身结构矛盾和提高产业融合发展的内生性。其次，基于面向高质量发展的“五大发展理念”驱动因子层，创新发展是文化和旅游产业融合发展的核心力。通过知识积累和创新能力实现增长动力从传统资源要素的比较优势向创新竞争优势转换，有助于多元文化旅游产品的开发，延伸文化旅游产业链条，能够有效增强文化和旅游产品的供给能力，是提升地区文化和旅游产业融合质量的根本。协调发展是文化和旅游产业融合发展的提升力。通过产业协调和区域协调实现融合质量由数量规模向结构优化转变，形成地区文化和旅游生产要素的空间集聚优势，影响着文化和旅游产业融合集群化发展及其产业链条形成，决定着文化和旅游产业融合发展的规模和效益。绿色发展是文化和旅游产业融合发展的共生力。通过生态资源和环境质量直接影响区域文化旅游供给环境质量，有利于形成绿色低碳循环的融合发展方式。开放发展是文化和旅游产业融合发展的对外影响力，揭示了地区文化和旅游产业融合发展“走出去”现状，能够有效扩大和提升地区文化和旅游产业融合发展的知名度和影响力，形成明星化的文化旅游形象。共享发展是文化和旅游产业融合发展的集聚力。通过文化惠民、旅游服务和基础设施，揭示出地区共享发展水平，地区较高的共享发展水平，有利于完善文化旅游基础设施和文化旅游公共服务，吸引要素资源在地区之间形成推拉效应。最后，基于空间溢

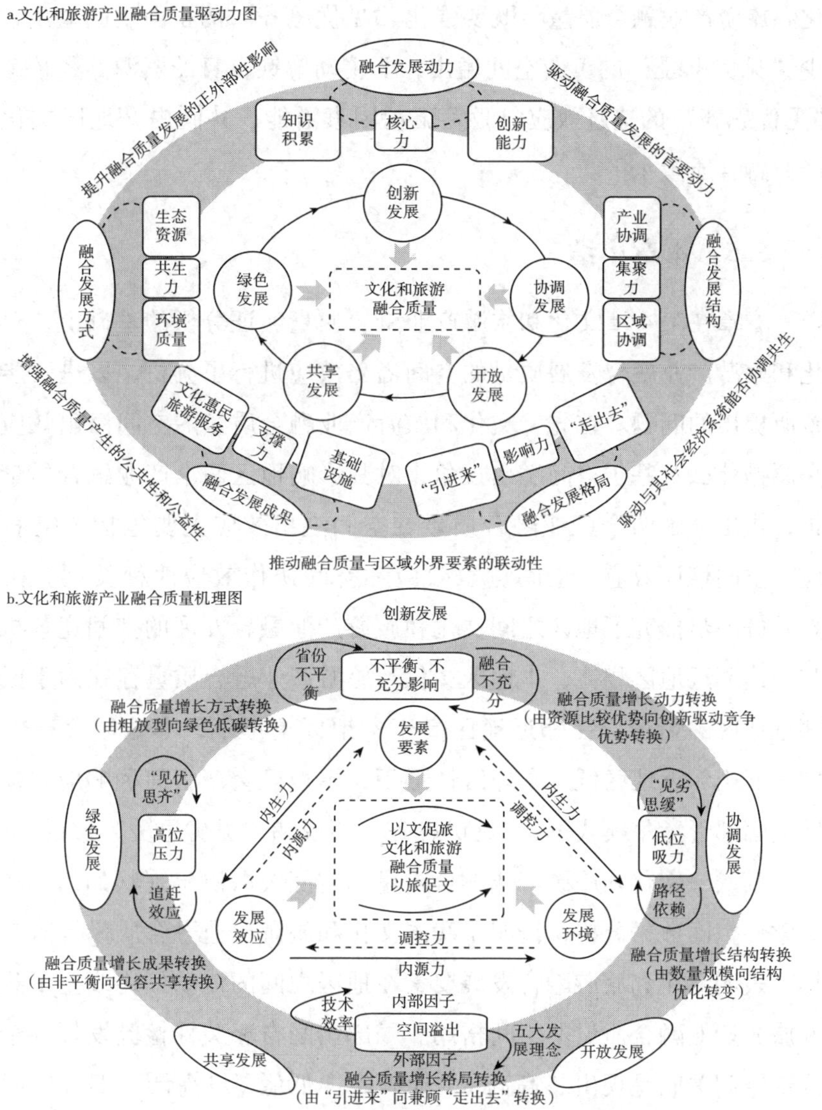

图 5－14　文化和旅游产业融合质量的空间溢出效应及驱动力

出，高位压力的追赶效应和低位吸力的互补效应在空间影响范围上并不符合严格意义上的距离衰减规律，且两种空间溢出效应在东部、中部和西部表现存在差异，引致其空间溢出效应受限，不利于内部因子与外部因子的互动循环发展，加重文化和旅游产业融合质量的波动性。同时，为提高文化和旅游产业融合质量，既要强化“见优思齐”的正向空间溢出，也要减少“见劣思缓”的负向空间溢出，要主动解锁自身的资源路径依赖，发挥“见优思齐”的追赶效应，激发驱动因素潜能，共同提升地区文化和旅游产业融合质量水平。

5.5 本章小结

本章在第4章文化和旅游产业融合质量实证分析的基础上，对我国文化和旅游产业融合发展质量的空间溢出效应进行了分析，以进一步回答本章所提出的问题。首先，文化和旅游产业融合质量的空间溢出效应的理论来源是什么？基于空间溢出视角，对其影响地区两个产业融合质量路径分析，指出地区两个产业融合质量的空间溢出效应主要包括了空间示范效应、空间培训效应、空间竞争效应和空间协作效应四种类型。在此基础上，进一步探究了地区之间文化和旅游产业融合发展的空间竞争机制。即与周边邻近地区相比，本地区文化和旅游产业融合质量存在高于或者低于邻近地区的情形，在邻近地区高于本地区情形下，本地区会产生何种响应，而当邻近地区低于本地区情形下，本地区会产生何种响应。提出了不同空间邻近竞争模式下，“见优思齐”假说和“见劣思缓”假说。

其次，文化和旅游产业融合质量的空间关联溢出现状如何？本书基于探索性空间数据分析，证明了我国文化和旅游产业融合质量具有空间关联性，表明文化和旅游融合发展要素在地区之间的流动最终改变了我国文化和旅游产业融合质量的空间格局。局部空间自相关性检验发现各个省份的局部空间关联呈现出“高高”“低高”“低低”“高低”四种空间集聚类型。其中，“高高”集聚类型邻近省份相似的文化旅游资源、产业基础、市场环境、交通条件，加快了文化和旅游融合要素流动，加之地区良好的社会经济协作基础条件，导致地区相互之间的模仿、学习和竞争，引致文化和旅游产业融合质量的地区互补和趋同态势。“低高”集聚类型则区别于“高高”的同类属性集聚特征，表现出分散发展态势。“低低”类型虽然同为相似属性在空间上的分布，但低水平难以形成空间集聚效应，不利于地区之间要素的流动，极化效应带动后劲不足。“高低”类型面临着周边发展水平低，而本地发展水平高，面临着不利于本地区发展的外部环境。结合空间分布位置来看，“高高”“低高”集聚类型主要分布于东部沿海和西部部分地区，“低低”“高低”多集中于中部部分地区和西部。

在此基础上，通过修正引力模型构建了文化和旅游产业融合质量的空间关联网络，并运用社会网络分析方法，分别从整体及个体两个层面解析文化和旅游产业融合质量的网络结构演化特征。具体从融合指数的整体空间关联网络来看，网络密度呈现上升趋势，但整体网络关联程度仍旧偏低。网络关联度上具有较高的联通性和溢出关联，不存在尚未联通的省份。网络效率演化趋势与网络等级类似，在观察期间内亦经历了波动下降的演化过程，表明网络成员之间的关系呈现良性发展态势。从融合指数的个体空间关联网络来看，高中介中心度省份往往是区域发展的服务贸易中心、资金融通中心、交通运输和信息技术中心等优势地区，对全国空间关联网络具有较强的调节控制能力。而处于两个产业融合发展冷点区的省份，处于边缘位置。从融合路径网络关联来看，两条融合路径均呈现出由“带状”向“块状”、由零星点状向“块状”、由行政区划向经济带集聚，表现出鲜明的向区域协调发展方向演进。通过块模型分析方法发现：从融合指数来看，呈现出热点类型向温点和冷点区逐层传递的特征，综合东部、中部和西部三大地区来看，溢出集聚的东部地区向承接和受益功能为主的中西部地区传递，梯度传递特征鲜明。从融合路径的块模型分析来看，文化旅游资源禀赋丰富且社会经济发展水平相对较高的省份对其他省份的溢出关系较多。而社会经济发展水平相对较弱的省份受益关系较多。地理位置相对独特的省份如重庆等发挥着“桥梁”作用，促使溢出关系在空间进行流动。长三角、珠三角周边省份既受益于内部成员省份的溢出关系，又向其他省份产生外溢效应，发挥“双向溢出”的作用。

再次，影响文化和旅游产业融合质量空间溢出的驱动因素有哪些？在总结已有文献的基础上，综合“五大发展理念”，依照实践层到理论层的推导次序，构建了面向高质量发展要求的文化和旅游产业融合质量驱动力框架。具体包括：创新发展（包含知识积累和创新能力）、协调发展（包含产业协调和区域协调）、绿色发展（包含生态资源和环境质量）、开放发展（包含“引进来”与“走出去”）和共享发展（包含文化惠民、旅游服务和基础设施）五大维度共十一个指标，作为文化和旅游产业融合质量空间溢出效应驱动因素分析框架。

最后，文化和旅游产业融合质量的空间溢出效应及驱动机制如何？构建空间溢出对地区文化和旅游产业融合质量发展影响机制的空间计量模型，依据其实证结果可知：全国尺度实证结果上，融合指数来看，高位压力的正向空间溢出带来增长不及低位吸力负向空间溢出带来的降低，表明正向空间溢出作用受限。从融合指数的驱动因素来看，仅环境质量、“引进来”和“走出去”三项指标并未通过显著性检验，其他指标均通过了显著性检验，对我国文化和旅游产业融合发展具有显著的推动作用。就融合路径而言，文化产业促进旅游产业融合发展的高位压力影响范围相对更广，结合其空间关联网来看，文化产业促进旅游产业的正向空间溢出更倾向于在经济基础、产业发展、业态规模相对接近地区进行溢出，但其低位吸力的影响范围相对较小。而在旅游产业促进文化产业融合发展过程中，其高位压力的正向空间溢出不高，表明“以旅促文”过程中的邻近性会影响地区旅游流动的空间范围，具有明显的距离衰减规律。三大地区实证结果上，无论是融合指数还是融合路径，空间溢出效应以及驱动因素在三大地区均存在显著差异。从东部地区来看，高位压力表现出普遍的显著性，而低位吸力影响仅在“以旅促文”融合中表现出显著性。从中部地区来看，高位压力和低位吸力均表现出显著性。从西部地区来看，高位压力并未呈现出显著性，低位吸力具有普遍的显著性。总而言之，发现来自邻近省份的高位压力能够显著提升本省份文化和旅游产业融合质量增长，具有追赶效应，表现出“见优思齐”的发展趋势，但是其产生的空间溢出效应受到空间邻近范围约束，有效作用距离有限；来自邻近省份的低位吸力则影响距离较小，表现出在与邻近的省份竞争过程中，其融合质量增长放缓，具有路径依赖效应，呈现“见劣思缓”态势。

第 6 章　结论与展望

文化产业和旅游产业作为现代服务业的支柱产业，在我国社会经济发展中的作用越来越显著，并形成了一大批文化旅游融合发展的新兴业态，尤其是文化和旅游部重组以来，文化旅游融合问题成为研究的热点话题。国内理论界早在 20 世纪 80 年代就已关注文化旅游关系的研究，相继提出了“灵魂载体说”“诗和远方说”“资源市场说”等。但在融合实践中，具体怎样融合、融合的成效如何等成为新问题和新挑战。针对如何融合，文化和旅游部提出了“宜融则融，能融尽融，以文促旅，以旅彰文”的工作思路。针对融合发展成效，《“十四五”文化和旅游发展规划》中明确将提高文化和旅游产业融合发展质量和综合效益作为基本原则。然而，经过多年发展，文化和旅游产业融合实现了多少理论和实践预期？“以文塑旅、以旅彰文”处于何种融合程度？省份之间产业融合的溢出效应究竟有多大？如何引导产业融合高水平地区发挥积极的溢出效应，带动低水平地区发展？其影响因素和形成机制如何？回答这些问题，能够进一步揭示出我国文化和旅游产业存在的融合不充分和地区间发展不平衡的发展现实。基于此，本书分析了我国文化和旅游产业融合质量时空演化特征，通过时空演化特征解析了产业融合发展不充分的现实，并借助空间溢出效应及驱动因素分析探究了产业融合地区发展不平衡的形成机制，为促进地区文化和旅游产业深度融合发展提供了有益参考。

6.1　主要结论

（1）文化和旅游产业融合质量概念内涵及指标体系构建。将文化和旅游产业融合质量界定为：文化产业和旅游产业相互作用与相互促进，以实现技术效率趋向于最优目标转变的过程或过程状态。同时构建了假定未考虑文化和旅游产业融合演化过程中摩擦阻力问题的完全竞争模型，以及将摩擦阻力和主动协调行为纳入模型之中的不完全竞争情形下的文化和旅游产业融合质量概念模型，通过条件趋同理论的数理推导验证了概念模型的合理性。在此基础上，基于扎根理论的三级编码对已有文献成果进行系统梳理，得出了文化和旅游产业指标体系具有多维度和多层级的复杂性结论，具体由文化资源、人力资本、产业投资、产业规模、传播力、产业绩效、政策环境、市场环境、技术进步、对外交流十个因子构成。借助 TOE 理论中的技术、组织、环境三个维度进一步验证了选择性编码核心范畴提取出的发展要素、发展效应、发展环境结论的可靠性。最后通过多轮专家访谈和资料汇总，以主观和客观的赋权方法构建了文化和旅游产业的 3E 指标体系。

（2）文化和旅游产业融合质量时序演化具有鲜明的阶段性特征且并未达到理想融合水平。①整体上，我国文化和旅游产业融合质量整体尚未达到理想融合状态。截至观察期内，两个产业融合指数处于勉强协调类型。文化和旅游产业融合指数呈现周期约为 5 年的间断性波动趋势，这也与国家战略规划周期吻合，侧面说明文化和旅游是受国家政策影响极强的产业。②从历史阶段特征来看，无论是文化产业促进旅游产业融合发展还是旅游产业促进文化产业融合发展，均经历了消费市场需求拉动—产业供给结构优化—供需协同扩散三个演化阶段，且该演化阶段形成与国家政策制度发展息息相关，表现为产业定位由事业型向产业型转变、政策调控由供需协调向多元协同发展、体制机制由职能分散向职能融合发展，进一步推动了产业层面融合程度由浅层分立向深层扩散，融合模式由要素融合向服务融合发展，融合业态由供给数量向供给质量转化。这一演化过程亦是不断打破原有的发展路径“锁定”，实现由“浅层”向“深层”递进，由“量化”向“质化”发展，由“速度”向“效益”转型，初步形成了文化和旅游产业融合的“发展要素—发展效应—发展环境”链式协同发展体系。③从等级变迁特征来看，2009 年融合指数由轻度失调类型升迁至濒临失调类型，2010—2015 年则始终徘徊于濒临失调类型阶段，直到 2016 年才升迁为勉强协调类型。产业融合路径经历了旅游产业促进文化产业为主导、两者相持阶段发展、文化产业促进旅游产业为主导的三个阶段，每一次阶段转换都会显著提升两个产业融合水平，同时相持博弈阶段会影响下一阶段主导路径选择。虽然形式上存在"以旅促文"和"以文促旅"的周期性交替特征，但存在本质区别，产业结构调整带来的技术效率提升是这种区别的结果。同时，文化和旅游产业融合路径指数与其理想水平的偏离度呈现间断交替波动趋势，本质上刻画了文化和旅游产业关联投入产出绩效问题，反映出两个产业均存在关联投入过剩或不足现象。

（3）我国文化和旅游产业融合质量地区分异特征鲜明且动态演化趋势稳中向好。从静态视角的空间差异分析来看，观察期内，文化和旅游产业融合质量表现出空间非均衡、区域非协同、地区非极化发展特征。整体空间分异特征明显，等级上呈现出较低水平和低水平扎堆集聚的"金字塔"型特征。具体而言，①空间格局上，呈现出由东部至西部阶梯递减的空间格局，且等级升迁现象多发生于中西部地区，表明中西部地区活跃程度更高。②区域协同上，横跨东部、中部、西部的空间单元，均呈现出均值水平偏低、年均增长率较快和地区内部差异较大的现实。③进一步对三大地区差异来源解析可知，东部、中部和西部地区之间的差异是造成区域之间差异的主要来源，超变密度差异贡献率不高，表明三大地区内部的极化发展尚未造成交叉重叠效应，尤其是中部和西部地区的极化发展强度不高。

基于动态视角进行空间演化分析。①从融合指数的核密度估计可知，全国整体文化和旅游产业融合指数存在差异性，表明地区内部均存在发展水平较高的地区。从三大地区核密度动态演化来看，东部与西部地区均出现双峰现象，而中部则出现单峰的集聚现象。从融合指数的核密度等高线来看，三大地区等高线分布均显现出由密向疏的发展演替，表明地区总体文化和旅游产业融合指数空间格局处于持续上升态势。②从融合路径的核密度估计来看，两条融合路径均出现双峰现象，呈现极化发展趋势。从融合路径的核密度等高线来看，“以文促旅”等高线在 2015 年之后整体向右移动明显，但峰值附近等高线疏密变化并不显著。与之相比，“以旅促文”等高线整体右移演进幅度较小，但左侧峰值附近等高线密集程度增强，规模集聚效应发挥具有一定时滞性。③从 Bayesian 时空层次非线性模型结果来看，将文化和旅游产业融合指数划分为热点型、温点型和冷点型，具体热点型省份包括北京、江苏、广东、山东、浙江、四川；温点型省份包括湖北、安徽、上海、辽宁、河北、山西、河南、湖南、陕西、福建、江西、重庆、云南、广西；冷点型省份包括内蒙古、吉林、黑龙江、天津、海南、贵州、西藏、甘肃、青海、宁夏、新疆。④从局部线性变化趋势来看，融合指数和融合路径呈现一致性变化趋势，表现出热点类型强增长，温点和冷点类型弱增长，具有强者愈强的“马太效应”特征。⑤从局部非线性变化趋势来看，融合指数和融合路径表现出差异化，融合指数中热点类型省份的高增长速度趋于放缓，而温点类型省份呈现加速度增强和放缓的两极分化趋势，冷点类型省份则加速度扩张趋势鲜明，具有较强的增长空间和潜力。而在融合路径中，与“以文促旅”相比，“以旅促文”整体融合发展扩张过程具有间歇性和不可连续性，表现出上升和下降交替演化的周期性特征，表明“以文促旅”起步相对缓慢，但发展空间和潜力较大。而“以旅促文”起步较早，但在边际效用递减规律作用下，领先地区的先发比较优势逐渐消失，地区发展空间竞争的趋同化导致了加速度发展上升空间萎缩。

（4）我国文化和旅游产业融合质量具有显著的空间关联发展特征和复杂的空间关联网络结构。从文化和旅游产业融合质量的空间关联特征来看：①整体上表现出空间邻近的同伴效应和空间溢出效应，有利于文化和旅游资源要素在跨省份之间流动，各省份在发展过程中由“各自为政”向“齐步走”方向发展，省份之间的相互依存度正在逐渐提升。②从空间位置来看，“高高”“低高”集聚类型主要分布于东部沿海和西部部分地区，“低低”“高低”多集中于中部部分地区和西部地区。③结合产业融合路径而言，文化促进旅游产业融合过程中，中西部地区“高高”集聚类型数量有所上升。而旅游产业促进文化产业融合过程中，中西部地区“高高”集聚类型数量减少，东部地区数量则有所上升。

从文化和旅游产业融合质量的空间关联网络可知：①整体空间关联网络结构复杂，但网络关联程度偏低，未来上升空间较大。网络关联度表明各省份节点均处于网络之中，具有较强的稳定性。网络等级度呈现下降趋势，说明省份之间的空间关联性逐渐增强。网络效率亦呈现下滑趋势，有利于网络多重叠加效应的发挥，促使其空间关联网络越发稳固。②从个体空间关联网络结构来看，热点类型省份在整体空间关联网络中处于中心地位，在空间网络关联中承担桥梁功能，通过溢出关系与受益关系的良性耦合，逐渐影响着我国文化和旅游产业融合发展的整体空间格局。整体高水平和较高水平类型省份处于核心地位，呈现“核心—边缘”空间关联网络格局。文化和旅游产业融合路径表现出跨越多个省份的相对广泛的关联关系，说明融合路径的空间关联网络能够在更为广泛的空间内产生辐射和影响。③由块模型分析可知，就融合指数而言，净溢出板块成员由热点类型省份构成，双向溢出则多来自温点类型省份，经纪人板块属于温点和冷点区类型，主受益板块由冷点区省份构成。板块间具有显著的传递关系，具有“俱乐部”集聚特点。进一步综合融合路径的块模型分析可知，文化旅游资源禀赋丰富且社会经济发展水平相对较高的省份对其他省份的溢出关系较多；而社会经济发展水平相对较弱的省份受益关系较多；地理位置相对独特的省份如重庆等发挥着“桥梁”作用，促使溢出关系在空间进行流动。长三角、珠三角周边省份既受益于内部成员省份的溢出关系，又向其他省份产生外溢效应，发挥“双向溢出”的作用。

（5）我国文化和旅游产业融合质量是受邻近地区空间溢出影响以及五大系统共同作用形成。实证结果证明了“见优思齐”假说和“见劣思缓”假说的存在。具体而言，来自邻近省份的高位压力能够显著提升本省份文化和旅游产业融合质量增长，具有追赶效应，表现出“见优思齐”的发展趋势，但是其产生的空间溢出效应受到空间邻近范围约束，有效作用距离有限；来自邻近省份的低位吸力则影响距离较小，表现出在与邻近省份的竞争过程中，其融合质量增长放缓，具有路径依赖效应，呈现“见劣思缓”态势。

全国尺度上：①从文化和旅游产业融合指数的空间溢出效应及驱动因素来看，高位压力的正向空间溢出范围相对较远，而对距离较近地区影响并不显著，低位吸力负向溢出的空间影响波及地区相对较小。②从融合指数的驱动因素而言，在所有邻近空间范围内，仅环境质量、“引进来”和“走出去”三项指标未通过显著性检验，其他指标均通过了显著性检验，对我国文化和旅游产业融合指数发展具有显著的推动作用。③从文化和旅游产业融合路径的空间溢出效应及驱动因素来看，与两个产业融合指数相比，文化产业促进旅游产业融合发展的高位压力影响范围相对更广。而旅游产业促进文化产业正向溢出更注重地区相近的文化旅游客源市场，邻近性会影响地区旅游流动的空间范围，具有明显的距离衰减规律。从两条融合路径的驱动因素的显著性差异来看，区域协调、文化惠民对文化促进旅游产业融合发展的正向作用显著，而生态资源、旅游服务和基础设施对旅游产业促进文化产业融合发展更为显著。

三大地区尺度上，“见优思齐”和“见劣思缓”两种空间溢出效应表现为东部、中部和西部具有鲜明的差异性特征。①从文化和旅游产业融合指数的空间溢出效应来看，高位压力在东部和中部空间溢出显著为正，低位吸力在中部和西部空间溢出显著为负。从三大地区融合指数的驱动因素显著性差异来看，创新发展在东部和中部地区显著性较高，西部影响并不显著。协调发展在东部和中部地区显著性较高，而西部地区仅产业协调表现出显著性，区域协调并不显著。就绿色发展而言，仅环境质量未表现出显著性。开放发展仅东部地区表现出显著性。共享发展上，中西部地区文化惠民驱动并不显著。②三大地区融合路径的驱动因素呈现显著性差异。其中，从文化产业促进旅游产业融合发展的驱动因素来看，创新发展在东部和中部地区通过了显著性检验。协调发展驱动力中仅西部地区区域协调不显著。绿色发展仅西部地区生态资源驱动力具有显著性。开放发展仅东部地区具有显著驱动性。共享发展仅东部地区文化惠民通过了显著性检验。从旅游产业促进文化产业融合发展的驱动因素来看，创新发展仅西部地区未通过显著性检验。协调发展上，西部地区区域协调发展未通过显著性检验。绿色发展上，生态资源在三大地区均通过了显著性检验。开放发展上，东部地区作用显著，且西部地区“引进来”驱动效应显著。共享发展上，文化惠民在三大地区均未通过显著性检验，旅游服务在西部地区未通过显著性检验。

结合面向高质量发展要求的“五大发展理念”驱动因子层来看：①创新发展驱动是文化和旅游产业融合发展的核心力，重点解决两个产业融合的动力问题，实现融合质量增长动力由资源比较优势向创新驱动竞争优势转换。②协调发展驱动是文化和旅游产业融合发展的集聚力，重点解决两个产业融合的结构问题，实现融合质量增长结构由数量规模向结构优化转变。③绿色发展驱动是文化和旅游产业融合发展的共生力，重点解决两个产业融合的发展方式问题，实现融合质量增长方式由粗放型向绿色低碳转变。④开放发展驱动是文化和旅游产业融合发展的影响力，重点解决两个产业融合的发展格局问题，实现融合质量增长格局由“请进来”向兼顾“走出去”转变。⑤共享发展驱动是文化和旅游产业融合发展的支撑力，重点解决两个产业融合的发展成果问题，实现融合质量增长成果由非平衡向包容共享转变。

6.2　对策建议

面向更高水平目标，在促进文化和旅游产业融合质量发展上，一方面，针对文化和旅游产业融合发展要素、发展效应和发展环境所面临的问题，以供给侧结构性改革为主线，逐步实现系统结构的优化发展；另一方面，以“五大发展理念”为指导，针对产业融合发展中存在的问题，逐步完善文化和旅游产业融合发展的驱动力支撑。具体而言：

（1）强化文旅融合发展要素协同。

文化和旅游产业融合发展要素短板主要集中于中、西部冷点地区，面临人力资本和产业投资发展滞后问题。中、西部冷点地区多数为社会经济发展条件落后地区，该类省份区位条件较差，经济发展外向度不高，且多位于胡焕庸线西北侧，在吸引文化旅游人才和发展投资上存在瓶颈，单纯依赖自身发展难以改变现状，需要引入周边或者发达地区的帮扶，建立起地区之间的协同与合作，通过资源优势互补形成相互促进的发展格局。①人力资本。中部和西部冷点类型地区应增加人力资本存量，强化人力资本投入。通过出台积极的人才引进政策，并与东部地区高校和机构开展合作，进一步强化文化旅游专业化人才培育和相互推送，提高人力资本的利用率，促进文化和旅游融合发展。还可以将人才培育和地区文化及旅游资源优势相结合，如乡村地区，可以培养乡村地区手工业者，重点发展特色乡村匠人，将乡土特色文化和旅游产品开发相结合，通过节事活动、非遗展示、工作坊等，推广和形成一大批乡村文化旅游的示范者和带动者。②产业投资。中部和西部地区具备相对丰厚的文化旅游资源，具有极高的开发利用价值，可以借助“西部大开发”“中部崛起战略”和“一带一路”发展的历史机遇，积极发挥文化旅游投资产生的空间集聚效应。同时，在加强投资的同时，还应该构筑文化旅游发展的品牌效应，提升地区文化旅游知名度、传播力、影响力和吸引力。

（2）提振文旅融合发展效应水平。

目前，文化和旅游产业的发展规模偏低和发展绩效不高，严重影响了文化和旅游产业融合发展的成效，不利于文化和旅游产业融合的规模集聚和结构优化，反映出两个产业融合发展中的投入产出非平衡问题，这种非平衡现象将引导要素资源流向获利更高的行业领域，会严重降低地区文化和旅游产业融合的资源整合能力，阻碍地区文化和旅游产业融合发展的规模集聚。结合已有学者研究来看（古冰，2017），文化和旅游产业融合效应发挥离不开融合的方式与方法，更应该注重文化和旅游产业融合路径的优化和提升。①文化产业促进旅游产业融合发展过程中，应该重点把握和提升旅游的文化内涵，需要对各类文化文物资源进行系统梳理和整合，建立起完善的文化文物资源保护和管理制度。通过积极与其他地区展开协作，从多个方向深入挖掘地区文化资源内涵，形成地区间文化资源共享和优势互补，特别是中西部地区具备相似文化背景的区域，可以找寻出文化资源的共性特征，通过文化纽带进行文化旅游产品的整合开发。②旅游产业促进文化产业融合发展过程中，其所产生的外部性影响较高，尤其是旅游产业具有市场化程度高特性，能够有效拓展文化市场边界，促进地区文化传播。可以利用旅游景区、导游、旅游者、旅行社、酒店等作为传播和弘扬中华文化的媒介，拓展文化产业的发展空间。③培育文化和旅游产业融合发展的新业态。推动文化和旅游产业在产品、市场及其他行业领域的全方位融合，不应仅局限于两个产业之间的融合，更应该注重与工业、农业、交通等行业领域的融合，提高两个产业融合的关联辐射效应。

（3）补齐文旅融合发展环境短板。

文化和旅游产业融合发展环境短板主要集中于冷点类型地区，造成文化和旅游产业融合发展过程中存在较高的协调成本，不利于调节与控制文化和旅游产业融合发展要素及发展效应，呈现出摩擦阻力特征。文化和旅游产业融合发展离不开政府政策环境的宏观调控以及满足消费市场环境多样化的需求。①政策环境。考虑到冷点类型以西部地区为主，转移支付机制应该重点倾向于该类地区，将文化和旅游产业融合视为重点扶持领域，发挥政策的引导力量，吸引社会力量和资金参与进来。同时，两个产业深入融合发展离不开科学合理的规划引领，尤其是西部和东北地区，政府在资源开发过程中，应该结合现实发展情况，制定出合理的产业发展规划，推动文化和旅游产业协调发展。②市场环境。一方面，提高对文化旅游消费者的宣传营销力度，通过区域合作，树立统一的文化旅游现象，例如对于黄河流域而言，通过演出、景区、博物馆等高度整合和展示文化流域自然和人文资源，提升黄河流域母亲河的形象以及旅游者的认同感。另一方面，需要增加新产品和新业态，提升文化和旅游产业融合的供给水平，创造出新的文化旅游消费市场需求。如打造夜间文化旅游，通过沉浸式的体验和区别于日间旅游，打造出全新的文化旅游产品和业态，进一步激活文化旅游消费市场。此外，应重点关注旅游者的真实诉求，避免陷入“无效供给”和“有价无市”的困境。

（4）增强文旅融合发展创新驱动。

创新发展作为文化和旅游产业融合发展的核心动力，其中知识积累和创新能力在多数冷点地区存在发展滞后现象，严重阻碍了其创新能力驱动作用发挥，降低了数字化、智慧化、信息化等技术在文化和旅游产业以及与其他行业领域融合发展的转化水平。应该重点构建地区科技创新生态体系和加快信息化建设。①构建科技创新生态体系。“十四五”时期，科技创新生态将为文化旅游创新发展提供更为广阔的空间和应用场景，在创新生态的产业链条上，建设上游的文化和旅游重点实验室和创新中心，下游的示范园区，形成上下游共建和资源共享的创新生态体系。强化科技创新成果在文化旅游产业融合过程中的吸收和转化能力，推动文旅科技创新发展的标准化建设、智库建设、人力资源建设等，重点开展文化旅游创新主体培育。②信息化和数字化建设。伴随着数字经济崛起，“数字 + 文旅”概念被提出，传统意义上的文化旅游时空局限被打破，通过新兴的数字化技术应用于景区、博物馆、图书馆等，培育出“云旅游”、“云展览”、智慧旅游、数字博物馆、数字图书馆等在线文化旅游体验项目，文化和旅游的服务群体由旅游者向大众扩散。通过线上和线下、实景和虚拟结合等交织，既拓展了文化和旅游产业的融合模式，也满足了旅游者的个性化体验。此外，关注当下文化旅游内容创新发展趋势，尤其是新时代发展背景下，数字内容创作将成为文化旅游消费市场的重要创新源泉。

（5）优化文旅融合协调发展空间。

协调发展关系着地区之间文化和旅游产业融合发展要素的空间流动，决定着文化和旅游产业融合发展的规模和效益，应该从完善空间布局和推进区域协调发展入手。①在优化空间布局上，应该立足于地区文化和旅游资源禀赋、交通、流域、城市群、经济带等，在已有区域社会经济发展的基础上，强化文化和旅游融合的空间网络布局。如在推进国家文化公园建设上，通过对地区的文化文物资源进行整合，突出地区历史文化精神内涵，弘扬文化自信和旅游景观价值，建设一批代表性的文化和旅游深度融合发展示范区。在区域整合层面上，结合国土空间规划，打造不同区域的主体定位，实现东部、中部和西部地区之间的文化和旅游产业优势互补，同时依托交通网络，促进文化旅游资源点线面结合，形成一体化的文化旅游空间布局网络。②在推进区域协调上，重点将京津冀、“一带一路”、黄河流域等作为区域发展空间单元的重中之重，如京津冀地区加快建设京张体育文化旅游带，长江三角洲地区建设文化旅游一体化发展示范区，黄河流域在推进生态保护和高质量发展下，打造黄河文化旅游带。此外，支持革命老区、边境地区、乡村地区等地区的文化旅游发展建设，建成一批典型的文化和旅游示范区。

（6）深挖文旅融合绿色发展潜力。

绿色发展直接影响文化和旅游产业融合发展的产品、业态环境发展质量，在“两山”理论指导下，有利于形成绿色低碳循环的融合发展方式。囿于地区生态跨区域范围广，涉及地区多，且在治理协作方面存在困难，容易引致“搭便车”行为。需要提高生态与文化旅游融合发展的成效，提高两个产业融合绿色发展的地区协同水平。①推进生态文化旅游深度融合。对于生态资源和文化文物资源相对丰富的西部地区，尤其是黄河流域、长江流域等生态资源和人文资源复合叠加地带，打造生态文化旅游示范区，打破生态与文化旅游资源要素壁垒，发挥区域示范带动作用，构建文化、生态与旅游融合一体化的发展机制，在组织结构、管理方式等方面实现共管。②构建绿色协同发展机制。结合生态资源的跨区域范围广属性，迫切需要跨区域谋求合作。可以通过地区政府之间互联互通，改变以往单独管理和运行的方式，通过会议沟通、搭建平台、签订联盟等方式，强化顶层设计，形成区域绿色文化旅游协同发展联盟，构建地区共同参与相互协作的监督管理网络。

（7）建设文旅融合开放发展体系。

开放发展揭示了地区文化和旅游产业融合“引进来”“走出去”发展现状，目前除了东部部分发达省份外，多数省份开放发展水平不高，不利于文化和旅游产业融合发展的知名度和影响力传播，不利于形成国际化的文化旅游形象，不利于引导入境旅游流，难以形成多元平衡的开放发展格局。一方面需要提高本省份文化和旅游产业融合对外传播力，另一方面通过构建地区之间的协同营销机制，降低对外宣传成本，提高开放水平。①提高对外传播力。目前，我国地区之间文化旅游传播力和影响力处于非均衡发展态势，更多的地区文化旅游传播推广能力较弱，在传播内容上同质化严重，缺乏差异化和特色化引流。应深入挖掘和提炼中华特色文化，扩展传播渠道，吸引入境旅游流。同时，通过开展与其他国家的合作交流，开展文化和旅游国家合作项目，积极参与国际旅游组织，举办和参与国际文化旅游发展论坛、文化旅游年等系列节事活动，在文化和旅游产业发展领域对外资开放。②构建地区协同营销机制。我国多数地区之间在文化旅游传播、营销方面缺乏合作，关联营销匮乏，联动性和互动性不足，从而不利于对外宣传营销。可以与周边地区相近的文化旅游资源，且近似的入境旅游的客源国，建立统一的国际对外文化旅游形象，形成国际化的文化旅游营销推广品牌，能够有效降低对外营销宣传成本，同时强化地区之间的客源互送，形成规模经济。

（8）推进文旅融合共享发展服务。

共享发展能够驱动文化和旅游融合发展的公共性和公益性，是提升文化和旅游产业融合水平的重要内容。目前，我国部分冷点区在文化和旅游公共服务设施上存在短板，且存在公共服务内容界定不清和关注不足问题。要解决这些问题，应该进一步明确文化和旅游公共服务融合的内容和提升路径。①建立现代化文化公共服务体系。扩大文化公共服务覆盖面，坚持文化惠民工程实施，缩小地区差异，促进地区之间的文化公共服务均等化发展。同时，推进城乡融合过程中基本公共服务体系均等化发展，推动城乡文化服务设施联动发展。②明确新时代文化和旅游公共服务融合内容。可以积极开展文化和旅游公共服务融合的项目试点工作，推动公共文化服务资源与旅游产业深度融合发展，通过文化和旅游公共服务功能融合，提升文化和旅游公共服务融合发展效能，探索文化和旅游公共服务融合发展新模式。在一些公共文化空间建设过程中增加地方文化内涵，突出地方文化特色，打破文化服务和旅游服务原有界限，重新统一配置文化和旅游公共服务资源。如推动文化场馆进入旅游景区，通过旅游景区平台，文化服务场馆可以集中开展文化纪念活动，弘扬地区文化。尤其是旅游者除了享受景区公共服务外，也可以享受地区公共文化场馆服务，做到景区与文化场馆的互惠互补。

6.3 理论贡献

（1）通过技术效率视角引入，拓展了文化和旅游产业融合理论研究的涉及面。已有文化和旅游产业融合发展研究重点聚焦于文化和旅游关系及其融合效应、文化和旅游产业融合及新兴业态发展、文化和旅游产业政策即融合体制机制改革等方面，鲜少直接分析文化和旅游产业融合质量问题，多以评测文化和旅游产业融合协调度为主，但对两个产业融合质量关注不够，难以反映出文化和旅游产业随机融合过程中的技术效率问题，导致缺少有效诠释文化和旅游产业融合质量的理论与实证检验。因此，本书基于技术效率视角，界定了文化和旅游产业融合质量概念，结合产业融合理论、趋同理论等建立了文化和旅游产业融合质量发展的概念模型、测度方法模型和指标体系，并通过时空统计分析、空间计量分析等定性和定量实证方法对概念模型进行了验证，以提高本书选题的科学性与合理性。本书不仅回应了新时代促进文化和旅游产业深度融合发展，还在一定程度上拓展了文化和旅游产业融合的研究视角。

（2）基于数理推导形式构建了文化和旅游产业融合质量的概念模型，并选取我国31个省（区、市），从时间序列阶段性、空间格局动态性、融合网络关联性等多个层面进行了实证探讨。理论上较好地诠释了2000年以来我国文化和旅游产业融合发展政策和发展实践。对于融合质量、摩擦成本、协调成本等概念进行了规范化的表述。目前，已有研究成果探讨文化和旅游产业融合多基于耦合协调水平展开实证，但该方法对于文化和旅游产业相互作用的融合路径关注不足，难以表达两个产业融合的动态过程演化特征。为此，本书在借鉴已有研究的基础上，引入了随机前沿分析方法，重点探究了我国文化促进旅游产业融合、旅游促进文化产业融合发展的主要特征是什么，政策指导依据是什么，融合路径的实践发展效果如何，不仅实现了与文化和旅游产业融合质量概念模型相契合，而且能够较好地反馈两个产业相互作用的融合路径演化。

（3）将空间邻近竞争机制引入文化和旅游产业融合质量的空间溢出效应研究，丰富了文化和旅游产业融合的空间效应研究。具体总结了空间溢出对文化和旅游产业融合质量的影响，包括竞争效应、标杆效应、创新效应和协作效应。在空间溢出理论分析的基础上，引入两个产业融合质量的空间邻近竞争机制，提出了本地和邻近地区产业融合质量影响关系的"见优思齐"假说和"见劣思缓"假说，设计了能够表达空间邻近竞争溢出的高位压力和低位吸力两个变量，将其纳入空间计量模型之中进行了实证检验。同时，与已有研究相比，本书不仅探索了地区之间产业融合是否存在空间关联属性，还构建了文化和旅游产业融合质量的空间关联网络，系统探究了文化和旅游产业融合质量的空间溢出现状。具体对两个产业融合质量空间溢出关联进行了可视化解析，并结合空间计量模型进行了全国层面和三大地区层面的驱动因素的分析，检验了空间邻近竞争假说的存在性。总结出了影响文化和旅游产业融合质量的驱动机制，即创新发展驱动是文化和旅游产业融合发展的核心力，协调发展驱动是集聚力，绿色发展驱动是共生力，开放发展驱动是影响力，共享发展驱动是支撑力。本书丰富和发展了文化和旅游产业融合的空间效应相关理论和实践，为产业融合的空间研究提供了新的视角。

6.4 研究不足与展望

（1）文化和旅游产业融合质量的研究内容亟待丰富。本书尝试从产业技术效率视角界定文化和旅游产业融合质量，但文化和旅游产业融合辐射面相对广泛，跨越领域较多，对文化和旅游产业融合产生的公共服务社会价值、生态文明环境价值、文化自信精神价值等关注不足，这些也是衡量和考察文化和旅游融合质量的重要维度，未来将在文献梳理的基础上，尝试从更多维度诠释文化和旅游融合质量问题。与此同时，本书在结合已有学者研究的基础上，从宏观数据层面测算文化和旅游产业融合质量，更对文化和旅游产业的供给层面进行了探讨。虽然本书尽量将消费市场环境、关注度、搜索量等纳入指标体系之中，但缺少从旅游者的体验视角对两个产业融合进行系统科学评价。未来研究将尝试通过理论梳理，设计文化和旅游产业融合质量的评价模型和问卷，将微观层面研究与宏观层面研究相结合，提高文化和旅游产业融合质量研究的理论丰度。

（2）文化和旅游产业指标体系仍有改善空间。考虑到数据的可获取性和研究区域尺度问题，为保证文化和旅游产业指标体系的科学性、客观性与合理性，本书通过文献扎根、多轮专家访谈和问卷分析，构建了最终的 3E 指标体系。但该指标体系仍存在指标维度不够完善和覆盖面不够广泛的问题。未来将通过实地调研方式，尽可能地获取更多维度指标，提高指标的代表性和覆盖面，以进一步丰富研究结论。

（3）文化和旅游产业融合业态的发展质量研究关注不足。本书聚焦于文化和旅游产业融合质量问题，但对文化和旅游产业融合对接点研究关注不足，同时囿于现有统计数据缺陷，对文化和旅游产业融合新兴业态发展质量测度、其产生的融合效应如何，以及其能否成为推动地区发展的新增长点等问题并未涉及。新兴产业、融合业态、融合产品等研究也是文化和旅游产业融合质量的重要领域，对该领域进行研究将有助于推动文化和旅游产业在更广泛领域展开融合。据此，未来将在实地调研和深入访谈基础上，通过科学构建评价体系来判断新兴文化旅游业态和产品增长潜力。

（4）微观尺度的城市以及乡村地区文化和旅游产业融合质量探讨有待深入。本书尝试从宏观视角勾勒出我国文化和旅游产业融合质量发展全貌，但囿于数据的可获得性，对微观地区关注不足。未来将通过选取典型案例地的方式，如国家文化和旅游消费试点城市、乡村旅游重点村等，进行更微观和更精细化的分析。同时，研究观察期截至 2019 年，考虑到 2020 年新型冠状病毒对文化和旅游产业造成了较大的冲击和影响，不利于研究结论的平稳性和可靠性，并未将其纳入本书观察期范围内。未来将对数据进行持续追踪和更新，尤其是“十四五”开局以后文化和旅游产业融合质量的演化。

（5）文化和旅游产业融合政策所产生的效应尚需进一步研究。本书得出文化和旅游产业融合是受国家政策影响较强的产业的结论，尤其文化和旅游部的组建、提出两个产业融合发展的指导思想，文化和旅游融合进程逐渐加快。但政策能够多大程度上推动文化和旅游产业融合，在两个产业融合质量发展过程中的作用如何，针对不同空间单元的政策实施效果如何，国家层面和地方层面的政策组合会产生哪些影响，均是未来文化和旅游产业融合质量研究需要持续关注的领域。

参考文献

[1]ABED S S. Social Commerce Adoption Using TOE framework: An Empirical Investigation of Saudi Arabian SMEs[J]. International Journal of Information Management, 2020(53): 102-118.

[2]AGBA A M O, IKOH M U, BASSEY A O, et al. Tourism Industry Impact on Efik's Culture, Nigeria[R]. International Journal of Culture, Tourism and Hospitality Research, 2010.

[3]ALIPOUR H, KILIC H. An Institutional Appraisal of Tourism Development and Planning: The Case of the Turkish Republic of North Cyprus (TRNC) [J]. Tourism Management, 2005, 26(1): 79-94.

[4]ALTUNEL M C, ERKURT B. Cultural Tourism in Istanbul: The Mediation Effect of Tourist Experience and Satisfaction on the Relationship Between Involvement and Recommendation Intention[J]. Journal of Destination Marketing & Management, 2015, 4(4): 213-221.

[5]ASSAF A G, MAGNINI V. Accounting for Customer Satisfaction in Measuring Hotel Efficiency: Evidence from the US hotel industry [J]. International Journal of Hospitality Management, 2012, 31(3): 642-647.

[6]AWA H O, OJIABO O U. A model of Adoption Determinants of ERP Within TOE Framework[J]. Information Technology & People, 2016.

[7]AYTUĞ H K, MIKAEILI M. Evaluation of Hopa's Rural Tourism Potential in the Context of European Union Tourism Policy[J]. Procedia Environmental Sciences, 2017(37): 234-245.

[8]BAKAS F E , DUXBURY N , REMOALDO P C , et al. The Social Utility of Small - Scale Art Festivals With Creative Tourism in Portugal [J]. International Journal of Event & Festival Management, 2019, 10(3):248 -266.

[9]BALLESTEROS R E, RAMÍREZ M H. Identity and Community—Reflections on the Development of Mining Heritage Tourism in Southern Spain [J]. Tourism Management, 2007, 8(3):677 -687.

[10]BESAG J, YORK J, MOLLI A. Bayesian Image Restoration, with two Applications in Spatial Statistics[J]. Annals of the Institute of Statistical Mathematics, 1991,43(1):1 -20.

[11]BOB MCKERCHER,PAMELA S Y HO. Relationship Between Tourism and cultural heritage Management;Evidence from Hong Kong [J]. Tourism Managent,2005(26).

[12]BOLE D , HRIBAR M M , PIPAN P . Participatory Research in Community Development: A case Study of Creating Cultural Tourism Products [J]. Acta Universitatis Carolinae. Geographica. Univerzita Karlova, 2017, 52(2): 1 -12.

[13]BOUKAS N, ZIAKAS V. Tourism Policy and Residents' Well - Being in Cyprus: Opportunities and Challenges for Developing an Inside - Out Destination Management Approach[J]. Journal of Destination Marketing & Management, 2016, 5(1): 44 -54.

[14]BOUZARTH E L , FORRESTER R J , HUTSON K R , et al. A Comparison of Algorithms for Finding an Efficient Theme Park Tour[J]. Journal of Applied Mathematics, 2018, 2018:1 -14.

[15]BRENDAN CANAVAN. Tourism Culture:Nexus,Characteristics,Context And Sustainability [J]. Tourism Management,2016(53):229 -243.

[16]BUI H T, JONES T E, WEAVER D B, et al. The Adaptive Resilience of Living Cultural Heritage in a Tourism Destination[J]. Journal of Sustainable Tourism, 2020, 28(7): 1022 -1040.

[17]BUJDOSÓ Z, DÁVID L, TÓZSER A, et al. Basis of Heritagization and Cultural Tourism Development [J]. Procedia – Social and Behavioral Sciences, 2015(188):307 – 315.

[18]CANAVAN B. Tourism Culture: Nexus, Characteristics, Context And Sustainability[J]. Tourism Management, 2016(53): 229 – 243.

[19]CARRINGTON P J, SCOTT J. The SAGE Handbook of Social Network Analysis[R]. The SAGE Handbook of Social Network Analysis,2011.

[20]CHAI L T. Culture Heritage Tourism Engineering at Penang: Complete the Puzzle of "The Pearl of Orient" [J]. Systems Engineering Procedia, 2011 (1): 358 – 364.

[21]CHAI L T. Culture Heritage Tourism Engineering at Penang:Complete the Puzzle of "The Pearl of Orient" [J]. Systems Engineering Procedia,2011 (1):358 – 364.

[22] CHAMBERS E. From Authenticity to Significance: Tourism on the Frontier of Culture and Place[J]. Futures, 2009, 41(6): 353 – 359.

[23]CHEER J M, REEVES K J, LAING J H. Tourism and Traditional Culture: Land Diving in Vanuatu [J]. Annals of Tourism Research,2013 (43): 435 – 455.

[24]CONNELL J. Film tourism - Evolution, Progress and Prospects [J]. Tourism management, 2012, 33(5): 1007 – 1029.

[25]CRACOLICI M F, NIJKAMP P, RIETVELD P. Assessment of Tourism Competitiveness by Analysing Destination Efficiency [J]. Tourism Economics, 2008, 14(2): 325 – 342.

[26]CROUCH G I, ROTCHIE J R B. Tourism, Competitiveness, and Societal Prosperity[J]. Journal of Business Research, 1999, 44(3): 137 – 152.

[27] CSAPO J. The Role and Importance of Cultural Tourism in Modern Tourism Industry[J]. Strategies for Tourism Industry – Micro and Macro Perspectives, 2012(10): 201 – 212.

[28]DANS E P, GONZÁLEZ P A. Sustainable Tourism and Social Value at World Heritage Sites: Towards a Conservation Plan for Altamira, Spain [J]. Annals of Tourism Research, 2019(74): 68 – 80.

[29]DAVIDOVÁ J, IVANOVIC N , L PRÁZONVCOVÁ. Participation in Pharmaceutical Costs and Seniors' Access to Medicines in the Czech Republic [J]. Cent Eur J Public Health, 2008, 16(1):26 – 28.

[30]DiMaggio,Paule Walter Powel. The Iron Cage Revist · ed: Institutional Isomorphism and Collective Rationality[J]. American Sociological Review, 1984 (42):726 – 743.

[31]EDELHEIM J R. With the Simpsons as Tour Guides: How Popular Culture Sources Can Enhance the Student Experience in a University Tourism Unit [J]. Journal of Hospitality and Tourism Management, 2009, 16(1): 113 – 119.

[32]ENGLMANN F C, WLAZ U. Industrial Centers and Regional Growth in the Presence of Local Inputs[J]. Journal of Regional Science, 1995,22(6): 22 – 31.

[33]FARRELL, M. J. The Measurement of Productive Efficiency [J]. Journal of the Royal Statistical Society Series A Statistics in Society, 1957, 120(3) 253 – 281.

[34] FATIMAH T. The Impacts of Rural Tourism Initiatives on Cultural Landscape Sustainability in Borobudur Area [J] . Procedia Environmental Sciences, 2015(28): 567 – 577.

[35]FLUTUR L M , NEDELEA A M . Cultural Tourism [J] . Journal of Tourism – Studies and Research in Tourism, 2018(25).

[36]GARCÍA B. Cultural Policy and Urban Regeneration in Western European Cities: Lessons From Experience, Prospects for the Future[J]. Local economy, 2004, 19(4): 312 – 326.

[37]GARCÍA – ALMEIDA D J. Knowledge Transfer Processes in the authenticity of the Intangible Cultural heritage in Tourism Destination Competitiveness [J]. Journal of Heritage Tourism, 2019, 14(5 – 6): 409 – 421.

[38]GAVIILIDIS K. Social Connectedness and tourism demand[J]. Current Issues in Tourism, 2021, 24(14): 1930 - 1934.

[39]GROSSMAN G M, HELPMAN E. Trade, Knowledge Spillovers, and Growth [J]. European Economic Review, 1991,35(2):517 - 526.

[40]GUACHALLA, A. Perception and Experience of Urban Areas for Cultural Tourism: A social constructivist Approach in Covent Garden[J]. Tourism and Hospitality Research, 2018, 18(3):297 - 308.

[41]HAGGETT P Contagious Processes in a Planar Graph: An Epidemiological Application [M]. Medical geo graphy edited by ND MacGlashan. Methuen, London, 1972.

[42]HENDERSON, D J,R J CORROLL, and Q LI. Nonparametric Estimation and Testing of Fixed Effects Panel Data Models[J]. Journal of Econometrics, 2008(144):257 - 275.

[43]HERRERO - PRIETO L C, GOMEZ - VEGA M. Cultural resources as a Factor in Cultural Tourism Attraction: Technical Efficiency Estimation of Regional Destinations in Spain[J]. Tourism Economics, 2017, 23(2): 260 - 280.

[44]HOBIKOǦLU E H, CETINKAYA M. In Innovative Entertainment Economy Framework, Economic Impacts of Culture Industries: Turkey and Hollywood Samples[J]. Procedia - Social and Behavioral Sciences, 2015(195): 1435 - 1442.

[45] HURST C E, GRIMWOOD B S R, LEMELIN R H, et al. Conceptualizing Cultural Sensitivity in tourism: A Systematic Literature Review [J]. Tourism Recreation Research, 2020: 1 - 16.

[46]IDAJAJATI H. Cultural and Tourism Planning as Tool for City Revitalization: The Case Study of Kalimas River, Surabaya Indonesia[J]. Procedia - Social and Behavioral Sciences, 2014,135(14):136 - 141.

[47]IVANOVIC M. Cultural tourism[M]. Juta and Company Ltd, Cape Town, 2008.

[48]JELEN J. Mining Heritage and Mining Tourism[J]. Czech Journal of

Tourism,2018,7(1): 93 –105.

[49]JOVICIC D. Cultural Tourism in the Context of Relations Between Mass and alternative Tourism[J]. Current Issues in Tourism, 2016, 19(6): 605 –612.

[50]JULIET M CORBIN,ANSELM L STRAUSS. 质性研究的基础:形成扎根理论的程序与方法[M]. 朱光明,译. 重庆:重庆大学出版社,2015.

[51]KAIN J F. Housing Segregation, Negro Employment, and Metropolitan Decentralization[J]. The Quarterly Journal of Economics,1968,82(2):175 –197.

[52]KAYNAK E , MARANDU E E . Tourism Market Potential Analysis in Botswana: A Delphi Study[J]. Journal of Travel Research, 2017, 45(2): 227 –237.

[53]KIM W, KIM H. Regional Development Strategy for Increasing Cultural Tourism Business in South Korea[J]. Asia Pacific Journal of Tourism Research, 2013, 18(6): 534 –548.

[54]KOURI M. Merging Culture and Tourism in Greece: An Unholy Alliance or an Opportunity to Update the Country's Cultural Policy? [J]. The Journal of Arts Management, Law, and Society, 2012, 42(2): 63 –78.

[55]LARSON M, LUNDBERG C, LEXHAGEN M. Thirsting for Vampire Tourism: Developing Pop Culture Destinations[J]. Journal of Destination Marketing & Management, 2013, 2(2): 74 –84.

[56]LAWRENCE T B,PHILLIPS N. Understanding the Cultural Industries [J]. Joumal of Management Inquiry,2002(4):430 –441.

[57]LEE C K, AHMAD M S, PETRICK J F, et al. The Roles of Cultural Worldview and Authenticity in Tourists' Decision – Making Process in a Heritage Tourism Destination Using a Model of Goal – Directed Behavior[J]. Journal of Destination Marketing & Management, 2020(18).

[58]LEE S J, BAI B. Influence of Popular Culture on Special Interest Tourists' Destination Image[J]. Tourism Management, 2016(52): 161 –169.

[59]LEIBENSTEIN, H. Allocative Efficiency vs X – efficiency [J]. Amer-

cian Economic Review,1966(56):392 -415.

[60]LESAGE J, PACE R. Introduction to Spatial Econometrics [M]. Boca Raton: CRC Press/Taylor & Francis,2009.

[61]LI G, HAINING R, RICHARDSON S, et al. Space - time Variability in Burglary Risk:A Bayesian Spatio - Temporal Modeling Approach [J]. Spatial Statistics, 2014(9):180 -191.

[62]LI J, HAN X, JIN M et al. Globally Analysing Spatiotemporal Trends of Anthropogenic PM2. 5 Concentration and Population's PM2. 5 Exposure from 1998 to 2016[J]. Environment International, 2019(128): 46 -62.

[63]LI M M, WU B H, CAI L P. Tourism development of World Heritage Sites in China:A geographic perspective[J]. Tourism Management,2008,29(2): 308 -319.

[64]LIEBOWITZ S J, MARGOLIS S E. The Fable of the Keys[J]. The Journal of Law and Economics, 1990, 33(1): 1 -25.

[65]LOANNIS NTZOUFRAS. Bayesian Modeling Using WinBUGS [M]. Willey,2009.

[66]LOULANSKIT, LOULANSKIV. The Sustainable Integration of Cultural Heritage and Tourism: A Meta - Study[J]. Journal of Sustainable Tourism, 2011, 19(7): 837 -862.

[67]LUCAS JR R E. On the Mechanics of Economic Development [J]. Journal of monetary economics, 1988,22(1):3 -42.

[68]LYNCH M F, DUINKER P N, SHEEHAN L R, et al. The demand for Mi'kmaw cultural tourism: Tourist perspectives[J]. Tourism Management, 2011, 32(5): 977 -986.

[69]MACINTOSH R, GERBERT S. Tourism: Elements, Practices, Basic Principles[M]. Shanghai: Shanghai Cultural Press, 1985.

[70]MALHOTRA A. Firm Strategy in Converging Industries: An Investigation of United States Commercial Bank Responses to United States Commercial -

investment Banking Convergence [D] . University of Maryland, College Park, 2001.

[71] MARSHALL A. Principles of economics [M]. Digireads. com Publishing, 2004.

[72] METELKA C J. One Delegate's Opinion of the white House Conference on Travel and Tourism [J]. Journal of Vacation Marketing, 1996, 2(3): 286 – 288.

[73] MOOSA Z. Authenticity and Commodification of Cultural Events for the Maldivian tourism industry [J]. International Journal of Asian Business and Information Management (IJABIM), 2016, 7(2): 15 – 24.

[74] MOREY R C, DITTMAN D A. Evalatn a Hotel GM's Performance: A Case Study in Benchmarking [J]. Cornell Hotel and Restaurant Administration Quarterly, 1995, 36(5): 30 – 35.

[75] MOWERY D, ROSENBERG N. The Influence of Market Demand Upon Innovation: A Crucial Review of Some Recent Empirical Studies [J]. Research Policy, 1979, 8(2): 102 – 153.

[76] MUNGKALAKEEREE N , WONGPONGKHAM N , PHOTHISANE S. Cultural Capital: The Management to Support Cultural Tourism Through Community Participation in Kalasin Province [J]. Journal of Engineering and Applied fences, 2018, 13(14): 5904 – 5910.

[77] MUNTEAN M C, NISTOR C, NISTOR R, et al. Cultural Tourism – a Model for Economic Development [J]. Risk in Contemporary Economy, 2012: 79 – 86.

[78] OLIVEIRA T, MARTINS M F. Literature Review of Information Technology Adoption Models at Firm Level [J]. Electronic Journal of Information Systems Evaluation, 2011, 14(1): 110121.

[79] OSMAN K A, FARAHAT B I. The Conservation of the Water Front of Saida: A model for Tourism and Culture – Led Revitalization in Valuable Areas

[J]. Housing and Building National Research Center Journal, 2018, 14 (3): 321 - 333.

[80] PANDIT N R. The Creation of Theory: A Recent Application of the Grounded Theory Method[J]. The Qualitative Report, 1996, 2(4): 1 - 15.

[81] PARENTI B , CAPASSO S , ERCOLANO S , et al. Quantitative Methods for the Economic Valuation of a Cultural Tourism Destination: Case Study of the Pisa Charterhouse[J]. Quality & Quantity, 2019:1 - 14.

[82] PETREVSKA B, TERZIĆ A, Andreeski C. More or Less Sustainable? Assessment from a Policy Perspective[J]. Sustainability, 2020, 12(8): 3491.

[83] PORTER M E. Competitive Advantage of Nations: Creating and Sustaining Superior Performance [M]. Simon and Schuster,2011.

[84] POSNER M V. International Trade and Technical Change [J]. Oxford Economic Papers, 1961:323 - 341.

[85] RAVENSTEIN E G The Laws of Migration[J]. Journal of the Statistical Society of London, 1885:167 - 235.

[86] REEVES C A, BEDNAR D A. Defining Quality: Alternatives and Implications[J]. Academy of Management Review, 1994, 19(3): 419 - 445.

[87] RICHARDS G. Creativity and tourism: The State of the art[J]. Annals of Tourism Research, 2011, 38(4): 1225 - 1253.

[88] RICHARDS G. Cultural Tourism: A review of Recent Research and Trends[J]. Journal of Hospitality and Tourism Management, 2018 (36): 12 - 21.

[89] RICHARDSON S, THOMSON A, BEST N, et al. Interpreting Posterior Relative Risk Estimates in Disease - mapping Studies[J]. Environ. Health Perspect,2004,112(9):1016 - 1025.

[90] RUSSO A P, VAN DER BORG J. Planning Considerations for Cultural Tourism: A Case Study of four European Cities[J]. Tourism Management, 2002, 23(6): 631 - 637.

[91]SAATY TL. The Analytic Hierarchy Process[M]. NewYork: McGrawHill, 1980.

[92]SÁNCHEZ - SÁNCHEZ M D, De - Pablos - Heredero C, Montes - Botella J L. A Behaviour Model for Cultural Tourism: Loyalty to Destination [J]. Economic Research - Ekonomska Istraživanja, 2021, 34(1): 2729 - 2746.

[93]SANTA - CRUZ F G, LÓPEZ - GUZMÁN T. Culture, Tourism and World Heritage Sites [J]. Tourism Management Perspectives, 2017 (24): 111 - 116.

[94]SCHOLTZ M , VIVIERS P A , MAPUTSOE L . Understanding the Residents' Social Impact Perceptions of an African Cultural Festival: The Case of Macufe [J]. Journal of Tourism and Cultural Change, 2019, 17(2):166 - 185.

[95]SCOTT A. J. Cultural - Products Industries and Urban Eeonomic Development: Prospects foe Growth and Market Contestation in Global Context [J]. Urban Affairs Review,2004,39(4):461 - 490.

[96]SHAN S. Chinese Cultural Policy and the Cultural Industries[J]. City, Culture and Society, 2014, 5(3): 115 - 121.

[97]SHI Z, CHENG Q, XU D. Spatial Econometric Analysis of Cultural Tourism Development Quality in the Yangtze River Delta[J]. Asia Pacific Journal of Tourism Research, 2021, 26(6): 597 - 613.

[98]SMITH K M. Issues in Cultural Tourism Studies [M]. Routledge, London, 2003.

[99]SOLOW R M. A Contribution to the Theory of Economic Growth [J]. The Quarterly Journal of Economics, 1956, 70(1): 65 - 94.

[100]SU X, LI X, CHEN W, et al. Subjective Vitality, Authenticity Experience, and Intangible Cultural Heritage Tourism: An Empirical Study of the Puppet Show [J]. Journal of Travel & Tourism Marketing, 2020, 37 (2): 258 - 271.

[101]SZAJT M . Changes in Tourism Flow in the European Union in the

Years 2002 –2014 at the Regional Level, statistical analysis[J]. Prace Naukowe Uniwersytetu Ekonomicznego we Wrocławiu, 2017:272 –280.

[102]TANAKA K, HASHIGUCHI Y. Spatial spillovers from foreign direct investment:Evidence from the Yangtze River Delta in China [J]. China& World economy, 2015,23(2):40 –60.

[103]THEOPISTI S. Gazing from Home: Cultural Tourism and Artmuseums [J]. Annals of Tourism Research,2011,38(2):403 –421.

[104]TOBLER WR. A Computer Movie Simulating Urban Growth in the Detroit Region[J]. Economic Geography, 1970(46):234 –240.

[105]TOLBERT,Pamela and Frank Dobbin. Institutional Sourcesof Change in the Formal Structure of Organizations:The Diffusion of Civil Service Reform [J]. Administrative Science Quar – terly, 1983(90):697 –728.

[106] TOMLJENOVIĆ R, Marušić Z, Weber S, et al. Croatian Cultural Tourism Policy: Strategic Development[J]. Tourism, 2004, 52(4).

[107] TORRES – DELGADO A, PALOMEQUE F L. The Growth and Spread of the Concept of sustainable Tourism: The Contribution of Institutional Initiatives to Tourism Policy[J]. Tourism Management Perspectives, 2012(4): 1 –10.

[108]TUNG V W S , LEE S , HHDSON S . The Potential of Anime for Destination Marketing: Fantasies, Otaku, and the Kidult Segment[J]. Current issues in tourism, 2019, 22(11):1423 –1436.

[109]ULLMAN E L. Regional Development and the Geography of Concentration[J]. Papers in Regional Science, 1958,4(1):179 –198.

[110] UNWTO. UNWTO Tourism Definitions [M]. Chengdu: UNWTO, 2019: 1 –55.

[111]VERGORI A S, ARIMA S. Cultural and Non – Cultural Tourism: Evidence from Italian experience[J]. Tourism Management, 2020(78).

[112]WALKER R M. Internal and External Antecedents of Process Innova-

tion：A Review and Extension[J]. Public Management Review，2014，16(1)：21 –44.

[113]WASSERMAN S，FAUST K. Social Network analysis：Methods and applications[R]. 1994.

[114]WEAVER D B，KWEK A，WANG Y. Cultural Connectedness and Visitor Segmentation in Diaspora Chinese Tourism[J]. Tourism Management，2017(63)：302 –314.

[115]WHANG H，YONG S，KO E. Pop Culture，Destination Images，and Visit Intentions：Theory and Research on Travel Motivations of Chinese and Russian Tourists[J]. Journal of business Research，2016，69(2)：631 –641.

[116]WHITFORD M M，RUHANEN L M. Australian Indigenous Tourism Policy：Practical and Sustainable Policies？[J]. Journal of Sustainable Tourism，2010，18(4)：475 –496.

[117]WORLD TOURISM ORGANIZATION. Tourism and Culture Synergies[M]. Madrid：UNWTO，2018：1 –160.

[118]YIN R K. CASE Study Research：Design and methods[M]. Los Angeles：Sage Publications，1984.

[119]ZHANG N，ZHAO X，ZHANG Z，et al. What Factors Drive Open Innovation in China's Public Sector？A Case Study of Official Document Exchange Via Microblogging（ODEM）in Haining[J]. Government Information Quarterly，2017，34(1)：126 –133.

[120]ZHANG Z，LIANG Z，BAO J. From Theme Park to Cultural Tourism Town：Disneyization turning of tourism space in China[J]. Regional Sustainability，2021，2(2)：156 –163.

[121]把多勋．改革开放 40 年：中国文化旅游融合发展的价值与趋势[J]．甘肃社会科学，2018(5)：10 –20.

[122]白凯，于江波．在线文旅知识产权金融服务的市场机制创新[J]．旅游学刊，2021，36(7)：3 –5.

[123]保继刚，陈苑仪，马凌．旅游资源及其评价过程与机制：技术性评价到社会建构视角[J]．自然资源学报，2020，35(7)：1556－1569.

[124]毕绪龙．从人才培养角度看文化和旅游的关系[J]．旅游学刊，2019，34(4)：9－10.

[125]曾博伟，安爽．“十四五”时期文化和旅游融合体制机制改革的思考[J]．旅游学刊，2020，35(6)：3－6.

[126]陈红玲，郑馨，赵赞．我国文化和旅游产业融合效率的时空动态演化及其驱动机理[J/OL]．资源开发与市场：1－13.

[127]陈红玲，郑馨．城镇化与文旅融合发展的动态关联研究——基于产业融合视角的 PVAR 模型分析[J]．生态经济，2021，37(8)：112－117.

[128]陈金丹，黄晓．我国文化产业发展的空间关联网络结构研究[J]．经济问题探索，2017(1)：177－184.

[129]陈景华，王素素，陈敏敏．中国服务业 FDI 分布的区域差异与动态演进：2005—2016[J]．数量经济技术经济研究，2019，36(5)：118－132.

[130]陈世香．大部制视角下地方政府文化管理体制改革进程及其挑战[J]．上海行政学院学报，2010，11(5)：38－48.

[131]陈慰，巫志南．文化和旅游公共服务深度融合问题、战略及机制研究[J]．文化艺术研究，2020，13(2)：1－12.

[132]陈文锋，刘薇．区域战略性新兴产业发展质量评价指标体系的构建[J]．统计与决策，2016(2)：29－33.

[133]陈小英，曾志兰．文化和旅游公共服务融合的理论与实践[J]．福建论坛(人文社会科学版)，2020(12)：109－117.

[134]陈秀琼，黄福才．中国旅游业发展质量的定量评价研究[J]．旅游学刊，2006(9)：59－63.

[135]陈怡宁，李刚．空间生产视角下的文化和旅游关系探讨——以英国博物馆为例[J]．旅游学刊，2019，34(4)：11－12.

[136]程虹，黄颖．不同质量能力企业的质量信号选择偏好分析——基于中国企业—员工匹配调查的实证研究[J]．科技进步与对策，2017，34

(18):59 -66.

[137]程圩，张澄．中国文化遗产竞争力指标体系构建与测评[J]．人文地理，2021，36(3)：76 -86.

[138]程晓丽，祝亚雯．安徽省旅游产业与文化产业融合发展研究[J]．经济地理，2012，32(9)：161 -165.

[139]程正中，吴永林，谢朝阳．我国高技术产业经济运行质量评价研究[J]．科学学与科学技术管理，2007(5)：113 -116.

[140]崔凤军，徐鹏，陈旭峰．文旅融合高质量发展研究——基于机构改革视角的分析[J]．治理研究，2020，36(6)：98 -104.

[141]戴斌，杨宏浩．夜间旅游引领文化旅游新潮流[J]．中国房地产，2019(14)：73 -75.

[142]邓爱民，张馨方．西方旅游本真性研究的知识图谱——基于CiteSpace Ⅲ的计量分析[J]．旅游学刊，2018，33(1)：95 -104.

[143]邓安球．文化产业发展理论研究——兼论湖南文化产业发展[D]．江西财经大学，2009.

[144]邓兰，刘旭玲，高超，等．我国文化旅游资源利用效率测算及时空演化分析[J]．无锡商业职业技术学院学报，2021，21(5)：71 -80.

[145]丁仕潮，胡方晨，魏引娣．文化产业高质量发展的评价体系构建与实证研究[J]．安庆师范大学学报(社会科学版)，2020，39(6)：60 -67.

[146]杜荷花．我国公共文化服务资源配置的时空分异研究[J]．图书情报工作，2020，64(7)：56 -66.

[147]范建华，秦会朵．“十四五”我国文化产业高质量发展的战略定位与路径选择[J/OL]．云南师范大学学报(哲学社会科学版)：1 -13.

[148]范建华，秦会朵．文化产业与旅游产业深度融合发展的理论诠释与实践探索[J]．山东大学学报(哲学社会科学版)，2020(4)：72 -81.

[149]方法林，尹立杰，张郴．城市旅游综合竞争力评价模型建构与实证研究——以长三角地区16个城市为例[J]．地域研究与开发，2013，32(1)：92 -97.

[150]方叶林，黄震方，王芳，等．中国大陆省际旅游效率时空演化及其俱乐部趋同研究[J]．地理科学进展，2018，37(10)：1392－1404.

[151]冯斐．长江经济带文旅融合产业资源评价、利用效率及影响因素研究[D]．华东师范大学，2020.

[152]冯亮，党红艳，金媛媛．晋中市红色文化旅游资源的评价与开发优化[J]．经济问题，2018(7)：92－98.

[153]冯学钢，梁茹．促进我国在线新文旅市场主体建设的对策建议[J]．旅游学刊，2021，36(7)：1－3.

[154]弗朗索瓦·科尔伯特．文化产业营销与管理[M]．上海：上海人民出版社，2002.

[155]付晨玉，杨艳琳．中国工业化进程中的产业发展质量测度与评价[J]．数量经济技术经济研究，2020，37(3)：3－25.

[156]付业勤．文旅融合背景下城市旅游地文化软实力评价与发展策略研究[J]．四川轻化工大学学报(社会科学版)，2020，35(3)：27－43.

[157]高楠，张新成，王琳艳．中国红色旅游网络关注度时空特征及影响因素[J]．自然资源学报，2020，35(5)：1068－1089.

[158]高楠，张新成，王琳艳．中国乡村旅游公共服务水平时空格局与形成机理[J]．地理科学，2021，41(2)：252－260.

[159]高楠，张旭红，马耀峰，等．入境旅游流与世界遗产依附地协调发展的时空特征及影响因素[J]．陕西师范大学学报(自然科学版)，2020，48(4)：1－13.

[160]古冰．基于投入产出法及ANN模型的文化产业和旅游产业融合分析[J]．商业经济研究，2017(18)：170－173.

[161]顾江，陈鑫，郭新茹，等．“十四五”时期健全现代文化产业体系的逻辑框架与战略路径[J]．管理世界，2021，37(3)：9－18.

[162]顾江．全球价值链视角下文化产业升级的路径选择[J]．艺术评论，2009(9)：80－86.

[163]桂拉旦，唐唯．文旅融合型乡村旅游精准扶贫模式研究——以广

东林寨古村落为例[J]. 西北人口, 2016, 37(2): 64-68.

[164]郭鸿雁. 产业边界漂移:信息产业合作竞争中的产业融合[J]. 改革与战略, 2008(5): 110-112.

[165]郭金花, 郭淑芬. 文化产业融合创新能力评价指标体系构建与测评[J]. 统计与决策, 2019, 35(12): 62-65.

[166]郭峦. 西部边疆五省区旅游创新系统评价研究[J]. 广西大学学报(哲学社会科学版), 2017, 39(3): 36-42.

[167]郭清霞, 鲁娟. 鄂西生态文化旅游圈生态竞争力分析[J]. 经济地理, 2012, 32(1): 168-170.

[168]郭英之, 董坤. 改革开放40年中国民族文化旅游开发的挑战和对策[J]. 旅游学刊, 2019, 34(1): 10-11.

[169]郭芸, 范柏乃, 龙剑. 我国区域高质量发展的实际测度与时空演变特征研究[J]. 数量经济技术经济研究, 2020, 37(10): 118-132.

[170]韩丽群. 以历史文化促进旅游产业的发展[J]. 中国商贸, 2011(31): 229-230.

[171]韩元军. 以大众冰雪旅游助力北京冬奥会战略[J]. 旅游学刊, 2020, 35(4): 9-11.

[172]何立胜. 产业融合与产业竞争力[J]. 河南社会科学, 2005(3): 13-15.

[173]何昀, 谢迟, 毛中根. 文化消费质量:内涵刻画、描述性评价与现状测度[J]. 财经理论与实践, 2016, 37(5): 115-120.

[174]贺达, 顾江. 地方政府文化财政支出竞争与空间溢出效应——基于空间计量模型的实证研究[J]. 财经论丛, 2018(6): 12-23.

[175]贺培育, 邓子纲. 基于文化建设的脱贫攻坚路径创新研究——以湖南省为例[J]. 湘潭大学学报(哲学社会科学版), 2018, 42(2): 33-37.

[176]洪学婷, 黄震方, 于逢荷, 等. 长三角城市文化资源与旅游产业耦合协调及补偿机制[J]. 经济地理, 2020, 40(9): 222-232.

[177]侯兵, 杨君, 余凤龙. 面向高质量发展的文化和旅游深度融合:

内涵、动因与机制[J]. 商业经济与管理, 2020(10): 86-96.

[178]侯兵, 周晓倩, 卢晓旭, 等. 城市文化旅游竞争力评价体系的构建与实证分析——以长三角地区城市群为例[J]. 世界地理研究, 2016, 25(6): 166-176.

[179]胡惠林. 论文化产业的本质——重建文化产业的认知维度[J]. 山东大学学报(哲学社会科学版), 2017(3): 1-15.

[180]胡金星. 产业融合的内在机制研究[D]. 上海:复旦大学, 2007.

[181]胡静, 贾垚焱, 谢鸿璟. 旅游业高质量发展的核心要义与推进方向[J/OL]. 华中师范大学学报(自然科学版): 1-11.

[182]胡永佳. 从分工角度看产业融合的实质[J]. 理论前沿, 2007(8): 30-31.

[183]胡钰, 王一凡. 文化旅游产业中 PPP 模式研究[J]. 中国软科学, 2018(9): 160-172.

[184]黄大勇, 刘军林. 文化旅游融合的认知、动力与发展向度[J]. 贵州社会科学, 2019(12): 141-146.

[185]黄继元. 旅游企业在旅游产业价值链中的竞争与合作[J]. 经济问题探索, 2006(9): 97-101.

[186]黄建欢, 方霞, 黄必红. 中国城市生态效率空间溢出的驱动机制:见贤思齐 VS 见劣自缓[J]. 中国软科学, 2018(3): 97-109.

[187]黄剑锋, 胡孟姣, 董坤, 等. 供给侧改革背景下的旅游与文化产业融合机制——基于文化生产视角的新分析框架[J]. 生产力研究, 2017(10): 1-12.

[188]黄蕊, 侯丹. 东北三省文化与旅游产业融合的动力机制与发展路径[J]. 当代经济研究, 2017(10): 81-89.

[189]黄蕊, 徐倩. 产业发展的效率锁定与效率变革——基于“文化+旅游”产业融合视域[J]. 江汉论坛, 2020(8): 37-45.

[190]黄锐, 谢朝武, 李勇泉. 中国文化旅游产业政策演进及有效性分析——基于2009—2018年政策样本的实证研究[J]. 旅游学刊, 2021, 36

(1):27-40.

[191]黄先开. 新时代文化和旅游融合发展的动力、策略与路径[J]. 北京工商大学学报(社会科学版), 2021, 36(4):1-8.

[192]黄耀丽, 李凡, 郑坚强, 等. 珠江三角洲城市旅游竞争力空间结构体系初探[J]. 地理研究, 2006, 25(4):730-740.

[193]黄渊基, 匡立波, 贺正楚. 武陵山片区生态文化旅游扶贫路径探索——以湖南省慈利县为例[J]. 经济地理, 2017, 37(3):218-224.

[194]黄震方, 陆林, 苏勤, 等. 新型城镇化背景下的乡村旅游发展——理论反思与困境突破[J]. 地理研究, 2015, 34(8):1409-1421.

[195]纪小美, 陈金华, 付业勤. 中国入境旅游流的收敛与空间溢出效应分析[J]. 旅游科学, 2015, 29(4):47-60.

[196]焦世泰. 基于因子分析的民族文化旅游演艺产品游客感知评价体系研究——以"印象刘三姐"实景演出为例[J]. 人文地理, 2013, 28(1):150-154.

[197]金碚. 关于"高质量发展"的经济学研究[J]. 中国工业经济, 2018(4):5-18.

[198]靳代平, 王新新, 姚鹏. 品牌粉丝因何而狂热?——基于内部人视角的扎根研究[J]. 管理世界, 2016(9):102-119.

[199]蒯大中. 文化产业释义[J]. 上海人大月刊, 2009(10):13.

[200]雷宏振, 李芸. 文化产业发展效率时空差异及影响因素分析[J]. 当代经济管理, 2020, 42(6):50-56.

[201]李飞, 邹统钎. 论国家文化公园:逻辑、源流、意蕴[J]. 旅游学刊, 2021, 36(1):14-26.

[202]李峰. 文化产业与旅游产业的融合与创新发展研究[M]. 北京:中国环境出版社, 2014.

[203]李光勤, 胡志高, 曹建华. 制度变迁与旅游经济增长——基于双重差分方法的"局改委"政策评估[J]. 旅游学刊, 2018, 33(1):13-24.

[204]李华, 王丽娜. 长江中游区域旅游经济空间关系与网络特征研究

[J]. 统计与决策, 2021(11):93 - 98

[205]李慧, 王春峰, 李博, 等. 我国省际体育文化旅游节事资源支撑能力评价[J]. 统计与决策, 2018, 34(15): 111 - 116.

[206]李江帆, 李美云. 旅游产业与旅游增加值的测算[J]. 旅游学刊, 1999(5): 16 - 19.

[207]李江帆. 文化产业:范围、前景与互动效应[J]. 经济理论与经济管理, 2003(4): 26 - 30.

[208]李景宜, 孙根年. 旅游市场竞争态模型及其应用研究[J]. 资源科学, 2002, 24(6): 91 - 96.

[209]李敬, 陈澍, 万广华, 等. 中国区域经济增长的空间关联及其解释——基于网络分析方法[J]. 经济研究, 2014, 49(11): 4 - 16.

[210]李俊明. 基于 Bayesian 层次时空模型的我国老龄化分析与预测[J]. 统计研究, 2016, 33(8): 89 - 94.

[211]李俊霞. 文化旅游新业态的出现和产业发展对策研究——以兰州为例[J]. 开发研究, 2012(4): 126 - 129.

[212]李美云. 论旅游景点业和动漫业的产业融合与互动发展[J]. 旅游学刊, 2008(1): 56 - 62.

[213]李平, 于国才, 宋丽丽. FDI 行业内技术溢出的双重效应检验[J]. 世界经济研究, 2009(6): 55 - 60.

[214]李秋雨, 黄悦, 周丽君, 等. 基于旅游体验的影视主题公园发展策略研究——以长影世纪城为例[J]. 地理科学, 2013, 33(11): 1362 - 1369.

[215]李涛, 刘家明, 朱鹤, 等. 中国旅游产业投资及旅游发展空间结构响应——基于 2000—2015 年旅游业三大核心部门数据的分析[J]. 地理科学, 2019, 39(2): 204 - 213.

[216]李天元. 旅游学概论(第五版)[M]. 天津: 南开大学出版社, 2003.

[217]李西建. 以文化创意激活非物质文化遗产资源的旅游美学效用[J]. 旅游学刊, 2019, 34(5):9 - 11.

［218］李先跃．中国文化产业与旅游产业融合研究进展及趋势——基于 Citespace 计量分析［J］．经济地理，2019，39(12)：212 - 220.

［219］李向民，王晨．文化产业:变革中的文化［M］．北京:经济科学出版社,2005.

［220］李晓标，解程姬．文化资本对旅游经济增长的结构性影响［J］．管理世界,2018,34(11):184 - 185.

［221］李勇军，王庆生．乡村文化与旅游产业融合发展研究［J］．财经理论与实践，2016，37(3)：128 - 133.

［222］厉无畏．产业融合与产业创新［J］．上海管理科学，2002(4)：4 -6.

［223］厉新建，宋昌耀．文化和旅游融合高质量发展:逻辑框架与战略重点［J/OL］．华中师范大学学报(自然科学版)：1 - 11.

［224］连静茹．公共财政如何更好地助推文化产业发展［J］．人民论坛，2019(14)：130 - 131.

［225］廖春花，明庆忠．旅游开发与城市历史街区保护［J］．城市问题，2015(4)：17 - 22.

［226］林明水，鄢沂，曾春水，等．中央苏区红色旅游资源跨区域整合开发研究:文化生态学视角［J］．自然资源学报，2021，36(7)：1734 - 1748.

［227］林拓，李惠斌，薛晓源．世界文化产业发展前沿报告［M］．北京:社会科学文献出版社，2004.

［228］刘安乐，王成，杨承玥，等．边疆山区旅游城市的交通与旅游发展耦合关系——以丽江市为实证案例［J］．经济地理，2018，38(1)：196 - 203.

［229］刘安乐，杨承玥，明庆忠，等．中国文化产业与旅游产业协调态势及其驱动力［J］．经济地理,2020，40(6):203 - 213.

［230］刘凤良，高东明．“趋同”问题的研究及其为增长理论发展带来的新课题［J］．当代经济研究，2006(6)：23 - 27.

［231］刘恒．区域物流产业发展的软环境质量评价指标体系构建［J］．物流技术，2013，32(21)：136 - 138.

［232］刘佳，王娟，奚一丹．中国旅游经济增长质量的空间格局演化

[J]. 经济管理, 2016, 38(8): 160-173.

[233]刘家明, 刘莹. 基于体验视角的历史街区旅游复兴——以福州市三坊七巷为例[J]. 地理研究, 2010, 29(3): 556-564.

[234]刘家明. 旅游特色小镇创新发展的WREATH模式与实践[J]. 旅游学刊, 2018, 33(5): 10-12.

[235]刘瑞明, 毛宇, 亢延锟. 制度松绑、市场活力激发与旅游经济发展——来自中国文化体制改革的证据[J]. 经济研究, 2020, 55(1): 115-131.

[236]刘少艾, 林迎星. 游客参与、真实性感知与非遗文化旅游价值开发[J]. 福建论坛(人文社会科学版), 2020(12): 99-108.

[237]刘洋, 杨兰. 技术融合·功能融合·市场融合:文化旅游产业链优化策略——基于"多彩贵州"的典型经验[J]. 企业经济, 2019(8): 125-131.

[238]刘英基, 韩元军. 要素结构变动、制度环境与旅游经济高质量发展[J]. 旅游学刊, 2020, 35(3): 28-38.

[239]刘玉珠. 论文化管理体制改革[J]. 管理世界, 1988(5): 184-188.

[240]刘源张. 中国质量的过去、现在和将来[J]. 机械工业标准化与质量,2012(8):9-11.

[241]刘治彦. 文旅融合发展: 理论、实践与未来方向[J]. 人民论坛·学术前沿, 2019(16): 92-97.

[242]陆明明, 石培华. 文化和旅游的关系网络及其融合路径研究[J]. 资源开发与市场,2021,37(3):340-348.

[243]吕腾捷. 旅游业高质量发展的测度与促进[D]. 北京:中国社会科学院研究生院, 2020.

[244]吕宛青. 居民可持续遗产旅游参与行为研究——基于计划行为理论视角[J]. 社会科学家, 2019(12): 89-100.

[245]吕雁琴, 陈静, 邱康权. 新发展理念下中国旅游业发展水平的空间非均衡及动态演变研究[J]. 新疆大学学报(哲学·人文社会科学版), 2021, 49(3): 1-9.

[246]马波, 张越. 文旅融合四象限模型及其应用[J]. 旅游学刊,

2020, 35(5): 15 - 21.

[247]马慧强，论宇超，席建超，等. 中国旅游经济系统失配度空间格局分异与形成机理分析[J]. 地理科学, 2018, 38(8): 1328 - 1336.

[248]马慧强，燕明琪，李岚，等. 我国旅游公共服务质量时空演化及形成机理分析[J]. 经济地理,2018, 38(3): 190 - 199.

[249]马凌. 旅游中的文化生产与文化消费[J]. 旅游学刊, 2020, 35(3): 9 - 11.

[250]马胜清. 文化产业与旅游产业融合机理及经济效应[J]. 社会科学家, 2021(5): 101 - 106

[251]马勇，童昀. 从区域到场域：文化和旅游关系的再认识[J]. 旅游学刊, 2019, 34(4): 7 - 9.

[252]牛君，刘智. 湖南省文化产业投入产出效率实证分析——基于DEA - BCC 和 Malmquist 指数模型[J]. 湘南学院学报, 2021, 42(2): 35 - 41.

[253]潘海岚，李培英，樊爱霞，等. 西南民族地区文化产业与旅游产业融合发展研究[M]. 北京:民族出版社,2018.

[254]彭攀. 试论科技系统与经济系统的耦合机制[J]. 系统辩证学学报, 1995(4): 44 - 47.

[255]戚梅. 新时代我国文化产业园区的功能与发展方向[J]. 山东社会科学, 2018(12): 135 - 140.

[256]齐飞. 旅游消费者行为:后现代主义下的趋同与分化[J]. 旅游学刊, 2014, 29(7): 11 - 12.

[257]钱兆悦. 文旅融合下的博物馆公众服务:新理念、新方法[J]. 东南文化, 2018(3): 90 - 94.

[258]秦可德. 空间溢出、吸收能力与我国区域新兴产业发展[D]. 上海:华东师范大学, 2014.

[259]曲景慧. 中国文化产业与旅游产业融合发展的时空变动分析[J]. 生态经济, 2016, 32(9): 129 - 134.

[260]任保平，钞小静，魏婕，等. 中国经济增长质量发展报告 2015,

中国产业与行业发展质量评价[M]. 北京:中国经济出版社, 2015.

[261]任佳燕. 旅游业已成为国民经济新的增长点——1999年我国旅游业发展形势分析[J]. 中国统计, 2000(2): 50-52.

[262]任云兰. 整合历史文化遗产资源促进京津冀旅游产业协同发展[J]. 城市发展研究, 2016, 23(12): 19-22.

[263]桑彬彬. 旅游产业与文化产业融合发展的理论分析与实证研究[M]. 北京: 中国社会科学出版社, 2014.

[264]生延超, 钟志平. 旅游产业与区域经济的耦合协调度研究——以湖南省为例[J]. 旅游学刊, 2009, 24(8): 23-29.

[265]师守祥, 徐丽霞. 论旅游产业构成界定的逻辑与原则[A]//中国区域科学协会区域旅游开发专业委员会,海南省旅游发展委员会,海南大学. 区域旅游:创新与转型——第十四届全国区域旅游开发学术研讨会暨第二届海南国际旅游岛大论坛论文集[C]. 2009:7.

[266]石燕, 詹国辉. 文旅融合高质量发展的指数建构、影响因素与提升策略——以江苏为例[J]. 南京社会科学, 2021(7): 165-172.

[267]石映昕, 杨尚勤. 传统文化观与现代生态旅游的融合发展价值及路径[J]. 社会科学家, 2021(5): 45-50.

[268]史灵歌, 彭永娟. 旅游产业发展质量评价模型及实证研究——以河南省旅游业为例[J]. 北京第二外国语学院学报, 2014, 36(5): 35-42.

[269]宋昌耀, 厉新建, 张琪. 红色旅游的高质量发展[J]. 旅游学刊, 2021, 36(6): 3-5.

[270]宋子千, 郑向敏. 旅游业产业地位衡量指标的若干理论思考[J]. 旅游学刊, 2001(4): 27-30.

[271]宋子千. 从国家政策看文化和旅游的关系[J]. 旅游学刊, 2019, 34(4): 5-7.

[272]苏卉. 文化旅游产业的融合发展及政府规制改革研究[J]. 资源开发与市场, 2012, 28(11): 1044-1049.

[273]孙才志, 朱云路. 基于Dagum基尼系数的中国区域海洋创新空

间非均衡格局及成因探讨[J]. 经济地理, 2020, 40(1): 103 - 113.

[274]孙根年, 潘潘. 陕西十地市旅游业发展的地区差异及其影响因素分析[J]. 干旱区资源与环境, 2013, 27(11): 184 - 191.

[275]孙剑锋, 李世泰, 纪晓萌, 等. 山东省文化资源与旅游产业协调发展评价与优化[J]. 经济地理, 2019 ,39(8): 207 - 215.

[276]孙九霞. 数字世界中旅游体验的健康想象[J]. 旅游学刊, 2021, 36(7):7 - 9.

[277]孙盼盼, 夏杰长. 中国省际旅游产业效率的空间格局与空间效应——基于质量产出的视角[J]. 经济与管理研究, 2017, 38(10): 61 - 70.

[278]孙巍溥, 马晓驰, 赵天鹭. "文旅融合"视域下近代工业文化旅游资源协同开发与精准扶贫——以北盘江流域为例[J]. 社会科学家, 2019(3): 106 - 112.

[279]孙学工, 郭春丽, 李清彬. 科学把握经济高质量发展的内涵、特点和路径[N]. 经济日报,2019 - 09 - 17.

[280]孙智君, 李响. 文化产业集聚的空间溢出效应与收敛形态实证研究[J]. 中国软科学, 2015(8): 173 - 183.

[281]谭海波, 范梓腾, 杜运周. 技术管理能力、注意力分配与地方政府网站建设——一项基于 TOE 框架的组态分析[J]. 管理世界, 2019, 35(9): 81 - 94.

[282]唐晓莉, 李山. 区域间旅游需求溢出测度的缺口模型及其验证[J]. 旅游学刊, 2016, 31(6):17 - 37.

[283]唐晓云. 中国旅游发展政策的历史演进(1949—2013)——一个量化研究的视角[J]. 旅游学刊, 2014, 29(8): 15 - 27.

[284]唐业喜, 左鑫, 伍招妃, 等. 旅游经济高质量发展评价指标体系构建与实证——以湖南省为例[J]. 资源开发与市场, 2021, 37(6): 641 - 647.

[285]田里, 田媛, 钟晖. 基于 CiteSpace 的国内高铁旅游研究可视化分析[J]. 资源开发与市场, 2018, 34(5): 715 - 719.

[286]田卫民, 孟帅康, 王桀. 云南、广西面向东盟的旅游经济联系及

社会网络演化——基于“一带一路”建设前后的比较[J]. 世界地理研究，2020，29(6)：1226－1236.

[287]汪建,朱婷婷,安稳飞,等. 质量要素促进国家竞争力提升的路径研究[J]. 中国软科学,2021(3):1－8.

[288]汪永臻，曾刚. 西北地区文化产业和旅游产业耦合发展的实证研究[J]. 经济地理，2020，40(3)：234－240.

[289]王凤荣，夏红玉，李雪. 中国文化产业政策变迁及其有效性实证研究——基于转型经济中的政府竞争视角[J]. 山东大学学报(哲学社会科学版)，2016(3)：13－26.

[290]王慧敏. 旅游产业的新发展观:5C 模式[J]. 中国工业经济，2007(6)：13－20.

[291]王佳莹，张辉. 旅游发展、空间溢出与区域经济不平衡[J]. 旅游科学，2021，35(2)：73－94.

[292]王经绫. 民族地区文化和旅游融合发展影响要素的系统建构——基于 71 个民族县域文旅融合发展要素调查问卷的分析[J]. 西南民族大学学报(人文社科版)，2020，41(8)：24－30.

[293]王静，王玉霞. 北京博物馆文化旅游服务质量提升研究[J]. 北京联合大学学报(人文社会科学版)，2017，15(3)：26－30.

[294]王娟. 国外文化旅游若干问题研究综述[C]. 2019 中国旅游科学年会论文集,2019.

[295]王俊，徐金海，夏杰长. 中国区域旅游经济空间关联结构及其效应研究——基于社会网络分析[J]. 旅游学刊，2017，32(7)：15－26.

[296]王克岭，刘佳，张扬楣. 文化旅游产业链治理模式研究[J]. 企业经济，2012，31(12)：124－127.

[297]王琪延，徐玲. 基于产业关联视角的北京市旅游业与文化产业融合研究[J]. 经济与管理研究，2014(11)：80－86.

[298]王世伟. 高质量视域下文旅融合实践的忧虑与思考[J]. 图书馆建设，2021(4)：12－19.

[299]王松茂，何昭丽，郭英之，等．旅游减贫具有空间溢出效应吗？[J]．经济管理，2020，42(5)：103－119.

[300]王文姬，顾江．长江经济带文化产业效率的测度及时空演化[J]．南京社会科学，2021(6)：169－178.

[301]王细芳，陶婷芳．中国旅游业发展质量的实证研究——旅游业外贸竞争力之贸易实得指数的理论分析及测算[J]．财经研究，2011，37(9)：91－100.

[302]王新越，芦雪静，朱文亮．我国主要旅游城市旅游业发展影响因素分析与评价[J]．经济地理，2020，40(5)：198－209.

[303]王学军．甘肃省区域文化产业效率及影响因素分析[J]．甘肃社会科学，2015(3)：169－172.

[304]王永明，马耀峰．城市旅游经济与交通发展耦合协调度分析——以西安市为例[J]．陕西师范大学学报(自然科学版)，2011，39(1)：86－90.

[305]王长松，何雨，杨矞．中国文化产业政策演进研究(2002—2016)[J]．南京社会科学，2018(7)：133－142.

[306]王兆峰．基于产业集群的旅游产业结构升级优化动力机制研究[J]．山东社会科学，2011(10)：161－164.

[307]魏婕，李梦，任保平．中国旅游业发展质量的时序变化与地区差异研究[J]．商业经济与管理，2016(10)：78－87.

[308]魏鹏举．中国文化产业高质量发展的战略使命与产业内涵[J]．深圳大学学报(人文社会科学版)，2020，37(5)：48－55.

[309]魏小安．主题酒店：时代的呼唤　市场的需要[J]．饭店现代化，2005(9)：24－31.

[310]翁钢民，李凌雁．中国旅游与文化产业融合发展的耦合协调度及空间相关分析[J]．经济地理，2016，36(1)：178－185.

[311]吴必虎．旅游规划原理[M]．北京：中国旅游出版社，2010.

[312]吴金梅，宋子千．产业融合视角下的影视旅游发展研究[J]．旅游学刊，2011，26(6)：29－35.

[313]吴磊，焦华富，叶雷．皖南国际文化旅游示范区旅游经济与交通耦合协调发展的时空特征[J]．地理科学，2019，39(11)：1822－1829.

[314]吴丽，梁皓，虞华君，等．中国文化和旅游融合发展空间分异及驱动因素[J]．经济地理，2021,41(2)：214－221.

[315]吴丽慧，马达，王诗龙．国内外文化旅游研究进展概述及启示[J]．当代经济，2017(22)：64－66.

[316]吴丽慧，王诗龙，马达．基于 DEA 模型的湖北省文化旅游产业效率评价[J]．湖北第二师范学院学报，2017，34(6)：56－60.

[317]吴玉鸣．旅游经济增长及其溢出效应的空间面板计量经济分析[J]．旅游学刊，2014，29(2)：16－24.

[318]肖洁，师小坤．文旅融合对社会福祉的影响——以扬州为例[J]．旅游学刊，2019，34(7)：6－8.

[319]肖静华，谢康，周先波，等．信息化带动工业化的发展模式[J]．中山大学学报(社会科学版)，2006(1)：98－104.

[320]肖黎明，于翠凤．中国绿色文旅融合发展的时空特征及影响因素分析[J]．生态经济，2021，37(8)：118－125.

[321]肖妮，黄悦，刘继生．中国本土主题公园旅游体验质量评价及空间分异特征研究[J]．地理科学，2019，39(6)：978－986.

[322]谢朝武，樊玲玲，吴贵华．黄河流域城市旅游效率的空间网络结构及其影响因素分析[J/OL]．华中师范大学学报(自然科学版)：1－18.

[323]谢春山．旅游文化学[M]．北京：高等教育出版社，2017.

[324]谢康，李礼，谭艾婷．信息化与工业化融合、技术效率与趋同[J]．管理评论，2009，21(10)：3－12.

[325]谢康，肖静华，周先波，等．中国工业化与信息化融合质量：理论与实证[J]．经济研究，2012,47(1)：4－16.

[326]谢康．系统不确定性、趋同与优化——论非系统中的管理科学问题[J]．中山大学学报(社会科学版)，2005(2)：90－96.

[327]谢彦君，胡迎春，王丹平．工业旅游具身体验模型：具身障碍、障

碍移除和具身实现[J]. 旅游科学, 2018, 32(4): 1-16.

[328]辛向阳. 准确把握文化事业与文化产业的辩证关系[N]. 中国青年报, 2012-01-04.

[339]徐翠蓉, 张广海. 新时代文化产业与旅游业互动融合发展研究[M]. 北京: 中国社会科学出版社, 2019.

[330]徐翠蓉, 赵玉宗, 高洁. 国内外文旅融合研究进展与启示: 一个文献综述[J]. 旅游学刊, 2020, 35(8): 94-104.

[331]徐虹, 张行发. 基于主成分分析和熵值法的历史文化街区游客感知评价研究——以天津市五大道为例[J]. 天津商业大学学报, 2021, 41(3): 3-11.

[332]徐金海. 文化和旅游关系刍论: 幸福的视角[J]. 旅游学刊, 2019, 34(4): 3-5.

[333]徐菊凤. 旅游文化与文化旅游: 理论与实践的若干问题[J]. 旅游学刊, 2005(4): 67-72.

[334]徐侠, 陈圻, 徐健荣. 国有高技术产业增长质量评价与影响因素分析[J]. 财贸研究, 2007(4): 145-146.

[335]许春晓, 胡婷. 大湘西地区文化与旅游融合潜力及其空间分异[J]. 经济地理, 2018, 38(5): 208-216.

[336]闫秦勤. 国内外旅游产业与文化产业融合研究述评[J]. 湖北理工学院学报(人文社会科学版), 2016, 33(6): 17-23.

[337]杨春宇, 邢洋, 左文超, 等. 文化旅游产业创新系统集聚研究——基于全国31省市的PEF实证分析[J]. 旅游学刊, 2016, 31(4): 81-96.

[338]杨军. 青海藏区旅游业与文化产业深度融合发展研究——以玉树州文旅产业多元融合为例[J]. 青海社会科学, 2018(5): 131-134.

[339]杨立青. 中国文化管理体制改革的动力来源、约束条件与路径依赖[J]. 云南社会科学, 2013(2): 119-123.

[340]杨丽, 陈季君, 时朋飞, 等. 红色旅游发展效率评价及影响因素研究——以黔北黔西红色旅游区为例[J]. 自然资源学报, 2021, 36(11):

2763 – 2777.

[341]杨头平，潘桑桑．中部地区文化产业竞争力评价与差异分析[J]．经济地理，2018，38(12)：119 – 125.

[342]杨喜．新旧动能转换背景下中国城市土地绿色利用效率时空格局及溢出效应研究[D]．武汉：华中师范大学，2020.

[343]杨玉珍．区域 EEES 耦合系统演化机理与协同发展研究[D]．天津：天津大学，2011.

[344]殷杰，郑向敏，李实．合作态势与权力角色："一带一路"沿线国家旅游合作网络解构[J]．经济地理，2019，39(7)：216 – 224.

[345]尹华光，邱久杰，姚云贵，等．武陵山片区文化产业与旅游产业融合发展效益评价研究[J]．北京联合大学学报(人文社会科学版)，2016，14(1)：79 – 88.

[346]尹华光，姚云贵，熊隆友．旅游产业与文化产业融合发展研究[M]．北京：中国书籍出版社，2017.

[347]于光远．旅游与文化[J]．瞭望周刊，1986(14)：35 – 36.

[348]喻蕾．文化产业高质量发展：评价指标体系构建及其政策意义[J]．经济地理，2021，41(6)：147 – 153.

[349]袁丹，雷宏振．我国西部地区文化旅游产业发展效率与产业集群研究[J]．内蒙古社会科学(汉文版)，2013，34(4)：158 – 162.

[350]袁渊，于凡．文化产业高质量发展水平测度与评价[J]．统计与决策，2020，36(21)：62 – 66.

[351]袁中许．乡村旅游业与大农业耦合的动力效应及发展趋向[J]．旅游学刊，2013，28(5)：80 – 88.

[352]詹浩勇．产业融合的涵义及其理论研究[J]．广西工学院学报，2005(S2)：6 – 9.

[353]张朝枝，朱敏敏．文化和旅游融合：多层次关系内涵、挑战与践行路径[J]．旅游学刊，2020，35(3)：62 – 71.

[354]张朝枝．文化与旅游何以融合：基于身份认同的视角[J]．南京社

会科学，2018(12)：162－ 166.

[355]张春晖，马耀峰，吴晶，等．供需视角下西部入境旅游流与目的地耦合协调度及其时空分异研究[J]．经济地理，2013，33(10)：174－181.

[356]张春香．基于钻石模型的区域文化旅游产业竞争力评价研究[J]．管理学报，2018，15(12)：1781－1788.

[357]张海燕，王忠云．旅游产业与文化产业融合运作模式研究[J]．山东社会科学，2013(1)：169－172.

[358]张建国，庞赞．城市河流旅游开发适宜性评价模型建构及实证分析[J]．经济地理，2017，37(2)：209－215.

[359]张梁梁，林章悦．我国居民文化消费影响因素研究——兼论文化消费的时空滞后性[J]．经济问题探索，2016(8)：56－64.

[360]张舒宁，李勇泉，阮文奇．旅游地客源市场出游力时空格局演化及其影响因素[J]．地理与地理信息科学，2019，35(3)：127－133.

[361]张苏秋，顾江，王英杰．文化旅游融合发展研究知识图谱分析——基于知网CSSCI(1998—2019)数据[J]．南京社会科学，2020(4)：142－149.

[362]张肃，黄蕊．文化旅游产业融合对文化消费的影响[J]．商业研究，2018(2)：172－176.

[363]张涛，武金爽．中国文化产业绿色发展效率的空间网络结构及影响机理研究[J]．地理科学，2021，41(4)：580－587.

[364]张涛．旅游业内部支柱性行业构成辨析[J]．旅游学刊，2003(4)：24－29.

[365]张新成，高楠，何旭明，等．乡村旅游公共服务质量评价及提升模式研究[J]．干旱区资源与环境，2020，34(10)：179－186.

[366]张新成，梁学成，高楠，等．长征主题红色旅游资源关注度的空间网络结构及其形成机制分析[J]．旅游科学，2021，35(3)：1－23.

[367]张新成，梁学成，宋晓，等．黄河流域旅游产业高质量发展的失配度时空格局及成因分析[J]．干旱区资源与环境，2020，34(12)：

201 -208.

[368]张艳，张勇．乡村文化与乡村旅游开发[J]．经济地理，2007(3)：509 -512.

[369]张宜．民俗文化产业化发展“乘数效应”如何释放——以洛阳为例[J]．人民论坛，2017(2)：136 -137.

[370]张祝平．以文旅融合理念推动乡村旅游高质量发展:形成逻辑与路径选择[J]．南京社会科学,2021(7)：157 -164.

[371]赵磊，方成，吴向明．旅游发展、空间溢出与经济增长——来自中国的经验证据[J]．旅游学刊，2014，29(5)：16 -30.

[372]赵书虹，陈婷婷．民族地区文化产业与旅游产业的融合动力解析及机理研究[J]．旅游学刊，2020，35(8)：81 -93.

[373]郑憩．加快推进数字文旅产业高质量发展[J]．宏观经济管理，2020(12)：63 -68.

[374]中国旅游文化学会．旅游文化研究[M]．北京：中国旅游出版社，1995.

[375]中国旅游研究院．中国国内旅游发展年度报告 2018[M]．北京：旅游教育出版社，2018.

[376]中国旅游研究院文化旅游研究基地，河南文化旅游研究院．中国文化旅游发展报告 2019—2020[M]．北京：中国旅游出版社,2020.

[377]周春波．文化与旅游产业融合对旅游产业结构升级的影响效应[J]．当代经济管理，2018，40(10)：69 -75.

[378]周建新，胡鹏林．中国文化产业研究 2020 年度学术报告[J]．深圳大学学报(人文社会科学版)，2021，38(1)：54 -66.

[379]周建新，刘宇．我国省域文化资本估算及其空间差异——基于 2007—2017 年省域面板数据的研究[J]．山东大学学报(哲学社会科学版)，2019(5)：72 -83.

[380]周先波，盛华梅．信息化产出弹性的非参数估计分析[J]．数量经济技术经济研究，2008，25(10)：130 -141.

[381]周振华．信息化与产业融合[M]．上海：上海三联书店、上海人民出版社，2002.

[382]朱鹤，张圆刚，林明水，等．国土空间优化背景下文旅产业高质量发展：特征、认识与关键问题[J]．经济地理，2021，41(3)：1－15.

[383]朱鹏．基于循环经济理论框架的生态文化旅游发展机制研究——以大湘西区域为例[J]．管理世界，2014(6)：180－181.

[384]庄志民．复合生态系统理论视角下的文化与旅游融合实践探索——以上海为例[J]．旅游科学，2020，34(4)：31－45.

[385]邹统钎，金川，王晓梅．中国遗产旅游资源管理体制的历史演变、问题及改革路径研究[J]．资源科学，2013，35(12)：2325－2333.

[386]左鑫，唐业喜，袁媛，等．张家界旅游经济高质量发展评价及阻碍因素研究[J]．统计与管理，2021，36(6)：110－115.

附录一：文化和旅游产业融合质量指标体系筛选咨询问卷

尊敬的专家：

您好！本次问卷是本书《文化和旅游产业融合质量评价及空间溢出效应研究》中的指标构建部分，本问卷共包括三部分，第一部分为文化产业指标体系，第二部分为旅游产业指标体系，第三部分为专家基本信息。本次问卷数据仅用于论文研究使用，并不会涉及单位及个人信息，需要占用您宝贵的几分钟时间填写此表，非常感谢您的大力支持和帮助！

※ 主体问卷 1：文化产业指标体系

一级指标	二级指标	具体指标	是否认同	修正内容
发展要素	文化资源	文化资源总量（包括各级文物保护单位、各级非物质文化遗产、文物藏品数加总）	○认同 ○不认同	
		文化资源密度（文化资源总量与省份面积之比）	○认同 ○不认同	
		文化资源等级（国家级文化资源数、省级文化资源数、市县级文化资源数加权求和）	○认同 ○不认同	
	人力资本	公共图书馆、博物馆从业人员	○认同 ○不认同	
		艺术表演团体从业人员	○认同 ○不认同	
		文化市场从业人员	○认同 ○不认同	
	产业投资	文化及相关产业固定资产投资	○认同 ○不认同	

续表

一级指标	二级指标	具体指标	是否认同	修正内容
如果您认为还需要增加其他指标，请补充				
发展效应	产业规模	文化市场经营机构数量	○认同 ○不认同	
		文化产业示范基地数	○认同 ○不认同	
		艺术表演团体数	○认同 ○不认同	
	影响力	报纸、杂志、图书出版量	○认同 ○不认同	
		广播、电视节目覆盖率	○认同 ○不认同	
		地区文化媒体指数（百度新闻网站检索“省份名＋文化”）	○认同 ○不认同	
	产业绩效	文化市场经营机构营业收入	○认同 ○不认同	
		艺术表演团体经营收入	○认同 ○不认同	
		规模以上文化制造业营业收入	○认同 ○不认同	
		重点文化服务业企业营业收入	○认同 ○不认同	
如果您认为还需要增加其他指标，请补充				
发展环境	政策环境	文化产业发展法规条例数	○认同 ○不认同	
		文化产业财政资金拨款额	○认同 ○不认同	
	市场环境	文化娱乐消费支出	○认同 ○不认同	
		文化产业商标注册数	○认同 ○不认同	

续表

一级指标	二级指标	具体指标	是否认同	修正内容
发展环境	技术进步	R&D 文化制造业企业数	○认同 ○不认同	
		文化部门教育毕业生数	○认同 ○不认同	
		文化产业相关学术论坛举办数	○认同 ○不认同	
	对外交流	对外交流活动人次	○认同 ○不认同	
		对外交流活动项目	○认同 ○不认同	
如果您认为还需要增加其他指标，请补充				

※ 主体问卷 2：旅游产业指标体系

一级指标	二级指标	具体指标	是否认同	修正内容
发展要素	旅游资源	旅游资源总量（风景名胜区、自然保护区、国家级森林公园、国家级湿地公园数、景区数）	○认同 ○不认同	
		旅游资源密度（旅游资源总量占省份面积之比）	○认同 ○不认同	
	人力资本	星级饭店从业人员	○认同 ○不认同	
		旅行社从业人员	○认同 ○不认同	
		景区从业人员	○认同 ○不认同	
		住宿餐饮业从业人员	○认同 ○不认同	
	产业投资	星级饭店固定资产投资	○认同 ○不认同	
		旅行社固定资产投资	○认同 ○不认同	
		景区固定资产投资	○认同 ○不认同	

续表

一级指标	二级指标	具体指标	是否认同	修正内容
如果您认为还需要增加其他指标，请补充				
发展效应	产业规模	星级饭店数	○认同 ○不认同	
		旅行社数	○认同 ○不认同	
		景区数量	○认同 ○不认同	
		住宿餐饮法人企业数	○认同 ○不认同	
	影响力	旅游媒体指数（百度新闻网站检索“省份名+旅游”）	○认同 ○不认同	
		旅游传播指数（维普、知网、万方等期刊网站检索“省份名+旅游”）	○认同 ○不认同	
	产业绩效	星级饭店营业收入	○认同 ○不认同	
		旅行社营业收入	○认同 ○不认同	
		旅游景区营业收入	○认同 ○不认同	
		住宿业企业营业额	○认同 ○不认同	
		餐饮业企业营业额	○认同 ○不认同	
如果您认为还需要增加其他指标，请补充				
发展环境	政策环境	旅游产业发展法规条例	○认同 ○不认同	
	市场环境	国内旅游人次	○认同 ○不认同	
		旅游产业商标注册数	○认同 ○不认同	

续表

一级指标	二级指标	具体指标	是否认同	修正内容
发展环境	技术进步	旅游高等院校	○认同 ○不认同	
		旅游高等院校学生数	○认同 ○不认同	
		旅游产业相关学术论坛举办数	○认同 ○不认同	
	对外交流	入境过夜游客数	○认同 ○不认同	
		入境旅游收入	○认同 ○不认同	
如果您认为还需要增加其他指标，请补充				

※主体问卷3：专家基本信息

您的年龄：○40岁及以下　○41～50岁　○51～60岁　○60岁以上
您的研究领域：○文化产业　○旅游管理　○文旅融合○旅游规划与管理 ○人文地理　其他________
您从事相关研究多长时间？○5年以下　○5～10年　○11～20年　○20年以上

问卷编号：______

再次感谢您的参与！

附录二：文化和旅游产业融合质量指标体系权重打分问卷

尊敬的专家：

您好！本次问卷是本书《文化和旅游产业融合质量评价及空间溢出效应研究》中的指标体系权重确定部分。主体问卷共包括两部分，第一部分为文化产业指标两两打分，第二部分为旅游产业指标两两打分。本次问卷数据仅用于论文研究使用，并不会涉及单位及个人信息，需要占用您宝贵的几分钟时间填写此表，非常感谢您的大力支持和帮助！

一、填写说明

在上一轮《文化和旅游产业融合质量指标体系筛选咨询问卷》基础上，已经明确了文化和旅游产业融合质量指标体系，结果如附表1和附表2所示。本问卷为专家打分问卷，通过两两指标对比的层次分析方法，由专家打分并通过软件计算得出各项指标权重值。

附表1　文化产业指标体系

一级指标	二级指标	三级指标（指标阐释）
发展要素	文化资源	文化资源丰度（全国重点文物单位、非物质文化遗产、文物藏品数赋权求和）
		文化资源密度（文化资源丰度与省份面积之比）
	人力资本	文化及相关产业从业人员比重（占第三产业从业人员比重）
		图书馆、博物馆从业人员比重（占第三产业从业人员比重）
	产业投资	文化及相关产业固定资产投资占 GDP 比重
		文化事业实际完成基建投资占 GDP 比重

续表

一级指标	二级指标	三级指标（指标阐释）
发展效应	产业规模	文化及相关产业法人单位增长率（本期数与上期数之比）
		文化产业示范基地密度（国家级文化产业示范基地累计数与省份面积之比）
		文化出口重点企业密度（文化出口企业数与省份面积之比）
	传播力	人均报纸、杂志、图书出版量
		广播、电视节目覆盖率
		地区文化媒体指数（百度新闻网站检索“省份名 + 文化”）
	产业绩效	文化及相关产业收入增长率
		文物部门收入增长率
		文化及相关产业劳动生产率（文化及相关产业收入与文化及相关产业从业人员数之比）
		文化产业集聚度（（地区文化及相关产业收入/地区 GDP）与（全国文化及相关产业收入/全国 GDP）之比）
		文化产业集聚效率（文化及相关产业收入与省份面积之比）
发展环境	政策环境	文化产业发展法规条例占比（中国法律法规信息库检索各省份推出的文化产业相关政策累计数与服务业相关法规累计数之比）
		文化政策法规关注指数（百度指数中检索“文化产业政策”）
	市场环境	人均文化娱乐消费支出
		文化产业商标注册数增长率（中国商标网第 16 类、第 35 类、第 38 类、第 41 类获取各省份产业商标注册数）
	技术进步	开展 R&D 活动文化企业密度（R&D 文化制造业企业数与省份面积之比）
		文化部门教育毕业生数增长率
		文化产业相关学术论坛增长率（中国学术会议在线）
	对外交流	对外交流活动人次增速
		对外交流活动项目增速

附表 2　旅游产业指标体系

一级指标	二级指标	三级指标（指标阐释）
发展要素	旅游资源	旅游资源丰度（风景名胜区、自然保护区、森林公园、湿地公园数、旅游景区数赋权求和）
		旅游资源密度（旅游资源丰度与省份面积之比）
	人力资本	旅游三大部门从业人员比重（星级饭店、旅行社和景区从业人员占第三产业从业人员比重）
		住宿和餐饮从业人员比重（住宿和餐饮从业人员占第三产业从业人员比重）
	产业投资	星级饭店、旅行社、景区固定资产投资占 GDP 比重
		住宿和餐饮固定资产投资占 GDP 比重
发展效应	产业规模	星级饭店增长率
		旅行社增长率
		旅游景区增长率
		餐饮和住宿增长率
	传播力	地区旅游关注指数（百度指数检索“省份名 + 旅游攻略”）
		地区旅游媒体指数（百度新闻网站检索“省份名 + 旅游”）
		旅游传播指数（维普、知网、万方等期刊网站检索“省份名 + 旅游”）
	产业绩效	旅游总收入增长率
		星级饭店、旅行社、旅游景区、餐饮和住宿收入增长率
		旅游产业劳动生产率（旅游总收入与旅游从业人员数之比）
		旅游产业集聚度（（地区旅游总收入/地区 GDP）与（全国旅游总收入/全国 GDP）之比）
		旅游产业集聚效率（地区旅游总收入与省份面积之比）
发展环境	政策环境	旅游产业发展法规条例占比（中国法律法规信息库检索各省份推出的旅游产业相关政策累计数与服务业相关法规累计数之比）
		旅游政策法规关注指数（百度指数中检索“旅游政策与法规”等）
	市场环境	国内旅游人次增速
		旅游产业商标注册数增长率（中国商标网第 39 类、第 43 类获取各省份旅游产业商标注册数）

续表

一级指标	二级指标	三级指标（指标阐释）
发展环境	技术进步	旅游高等院校密度（旅游高等院校与省份面积之比）
		旅游高等院校学生数增长率
		旅游相关学术论坛增长率（中国学术会议在线）
	对外交流	国际旅游人次增速
		国际旅游收入增速

二、填写规则

本次问卷需要对附表1和附表2中的指标进行两两比较，具体打分规则如附表3所示，并以附表4为例进行说明。

附表3　打分规则

备注	说明	赋值
a与b同样重要	同等重要	1
a比b重要	a稍微重要	3
	a明显重要	5
	a非常重要	7
	a极端重要	9
	介于上述值之间	2、4、6、8
b比a重要	a稍微不重要	1/3
	a明显不重要	1/5
	a非常不重要	1/7
	a极端不重要	1/9
	介于上述值之间	1/2、1/4、1/6、1/8

附表4　指标打分示范

一级指标	发展要素	发展效应	发展环境
发展要素	1	3（“发展要素”比“发展效应”稍微重要）	1/5（“发展要素”比“发展环境”明显不重要）
发展效应	—	1	7（“发展效应”比“发展环境”强烈重要）
发展环境	—	—	1

注：—表示无须填写。

三、问卷填写

（一）主体问卷1：文化产业指标两两打分

1. 一级指标重要性对比

附表1-1　一级指标重要性对比分析

一级指标	发展要素	发展效应	发展环境
发展要素	1		
发展效应	—	1	
发展环境	—	—	1

2. 二级指标重要性对比

附表2-1　发展要素重要性对比分析

二级指标	文化资源	人力资本	产业投资
文化资源	1		
人力资本	—	1	
产业投资	—	—	1

附表2-2　发展效应重要性对比分析

二级指标	产业规模	传播力	产业绩效
产业规模	1		
传播力	—	1	
产业绩效	—	—	1

附表2-3　发展环境重要性对比分析

二级指标	政策环境	市场环境	技术进步	对外交流
政策环境	1			
市场环境	—	1		
技术进步	—	—	1	
对外交流	—	—	—	1

3. 三级指标重要性对比

附表3－1　文化资源重要性对比分析

三级指标	文化资源丰度	文化资源密度
文化资源丰度	1	
文化资源密度	—	1

附表3－2　人力资本重要性对比分析

三级指标	文化及相关产业从业人员比重	图书馆、博物馆从业人员比重
文化及相关产业从业人员比重	1	
图书馆、博物馆从业人员比重	—	1

附表3－3　产业投资重要性对比分析

三级指标	文化及相关产业固定资产投资占 GDP 比重	文化事业实际完成基建投资占 GDP 比重
文化及相关产业固定资产投资占 GDP 比重	1	
文化事业实际完成基建投资占 GDP 比重	—	1

附表3－4　产业规模重要性对比分析

三级指标	文化及相关产业法人单位增长率	文化产业示范基地密度	文化出口重点企业密度
文化及相关产业法人单位增长率	1		
文化产业示范基地密度	—	1	
文化出口重点企业密度	—	—	1

附表 3－5　传播力重要性对比分析

三级指标	人均报纸、杂志、图书出版量	广播、电视节目覆盖率	地区文化媒体指数
人均报纸、杂志、图书出版量	1		
广播、电视节目覆盖率	—	1	
地区文化媒体指数	—	—	1

附表 3－6　产业绩效重要性对比分析

三级指标	文化及相关产业收入增长率	文物部门收入增长率	文化及相关产业劳动生产率	文化产业集聚度	文化产业集聚效率
文化及相关产业收入增长率	1				
文物部门收入增长率	—	1			
文化及相关产业劳动生产率	—	—	1		
文化产业集聚度	—	—	—	1	
文化产业集聚效率	—	—	—	—	1

附表 3－7　政策环境重要性对比分析

三级指标	文化产业发展法规条例占比	文化政策法规关注指数
文化产业发展法规条例占比	1	
文化政策法规关注指数	—	1

附表 3－8　市场环境重要性对比分析

三级指标	人均文化娱乐消费支出	文化产业商标注册数增长率
人均文化娱乐消费支出	1	
文化产业商标注册数增长率	—	1

附表3－9　技术进步重要性对比分析

三级指标	开展R&D活动文化企业密度	文化部门教育毕业生数增长率	文化产业相关学术论坛增长率
开展R&D活动文化企业密度	1		
文化部门教育毕业生数增长率	—	1	
文化产业相关学术论坛增长率	—	—	1

附表3－10　对外交流重要性对比分析

三级指标	对外交流活动人次增速	对外交流活动项目增速
对外交流活动人次增速	1	
对外交流活动项目增速	—	1

（二）主体问卷2：旅游产业指标两两打分

1. 一级指标重要性对比

附表4－1　一级指标重要性对比分析

一级指标	发展要素	发展效应	发展环境
发展要素	1		
发展效应	—	1	
发展环境	—	—	1

2. 二级指标重要性对比

附表5－1　发展要素重要性对比分析

二级指标	旅游资源	人力资本	产业投资
旅游资源	1		
人力资本	—	1	
产业投资	—	—	1

附表 5－2　发展效应重要性对比分析

二级指标	产业规模	传播力	产业绩效
产业规模	1		
传播力	—	1	
产业绩效	—	—	1

附表 5－3　发展环境重要性对比分析

二级指标	政策环境	市场环境	技术进步	对外交流
政策环境	1			
市场环境	—	1		
技术进步	—	—	1	
对外交流	—	—	—	1

3. 三级指标重要性对比

附表 6－1　旅游资源重要性对比分析

三级指标	旅游资源丰度	旅游资源密度
旅游资源丰度	1	
旅游资源密度	—	1

附表 6－2　人力资本重要性对比分析

三级指标	旅游三大部门从业人员比重	住宿和餐饮从业人员比重
旅游三大部门从业人员比重	1	
住宿和餐饮从业人员比重	—	1

附表 6－3　产业投资重要性对比分析

三级指标	星级饭店、旅行社、景区固定资产投资占 GDP 比重	住宿和餐饮固定资产投资占 GDP 比重
星级饭店、旅行社、景区固定资产投资占 GDP 比重	1	
住宿和餐饮固定资产投资占 GDP 比重	—	1

附表 6-4　产业规模重要性对比分析

三级指标	星级饭店增长率	旅行社增长率	旅游景区增长率	餐饮和住宿增长率
星级饭店增长率	1			
旅行社增长率	—	1		
旅游景区增长率	—	—	1	
餐饮和住宿增长率	—	—	—	1

附表 6-5　传播力重要性对比分析

三级指标	地区旅游关注指数	地区旅游媒体指数	旅游传播指数
地区旅游关注指数	1		
地区旅游媒体指数	—	1	
旅游传播指数	—	—	1

附表 6-6　产业绩效重要性对比分析

三级指标	旅游总收入增长率	星级饭店、旅行社、旅游景区、餐饮和住宿收入增长率	旅游产业劳动生产率	旅游产业集聚度	旅游产业集聚效率
旅游总收入增长率	1				
星级饭店、旅行社、旅游景区、餐饮和住宿收入增长率	—	1			
旅游产业劳动生产率	—	—	1		
旅游产业集聚度	—	—	—	1	
旅游产业集聚效率	—	—	—	—	1

附表 6-7　政策环境重要性对比分析

三级指标	旅游产业发展法规条例占比	旅游政策法规关注指数
旅游产业发展法规条例占比	1	
旅游政策法规关注指数	—	1

附表 6－8　市场环境重要性对比分析

三级指标	国内旅游人次增速	旅游产业商标注册数增长率
国内旅游人次增速	1	
旅游产业商标注册数增长率	—	1

附表 6－9　技术进步重要性对比分析

三级指标	旅游高等院校密度	旅游高等院校学生数增长率	旅游相关学术论坛增长率
旅游高等院校密度	1		
旅游高等院校学生数增长率	—	1	
旅游相关学术论坛增长率	—	—	1

附表 6－10　对外交流重要性对比分析

三级指标	国际旅游人次增速	国际旅游收入增速
国际旅游人次增速	1	
国际旅游收入增速	—	1

问卷编号：__________

再次感谢您的参与！